“十三五”江苏省高等学校重点教材（编号:2020-1-06

商务谈判

（第二版）

主　编　李文舒　沈正榜

南京大学出版社

内容提要

本书主要包括10章内容：商务谈判概述；商务谈判的准备；商务谈判的开局；商务谈判中的报价和讨价还价；磋商过程中的让步和打破僵局；商务谈判的结束与签约；商务谈判礼仪；国际商务谈判中的文化差异及谈判风格；商务谈判中的沟通；21世纪商务谈判新技术。

本书每一章的开始都有"学习目标""技能目标"，使读者明确每章的学习重点、难点及应掌握的技能；通过"案例导入"，对读者产生一定的吸引力，并使读者对本章的相关内容产生感性的认识，便于进一步深入学习；正文部分补充穿插大量相关的小型"案例应用"，引导读者思考讨论，补充相关知识；每章后有"本章小结""思考与练习""实训题"等相关内容，帮助读者巩固本章基本知识，引发对所学问题的深入思考，同时给课任老师提供一个实践实训的参考思路。

图书在版编目(CIP)数据

商务谈判 / 李文舒，沈正榜主编. -- 2版. -- 南京：南京大学出版社，2022.1
ISBN 978-7-305-24560-2

Ⅰ. ①商… Ⅱ. ①李… ②沈… Ⅲ. ①商务谈判一高等职业教育一教材 Ⅳ. ①F715.4

中国版本图书馆CIP数据核字(2021)第113857号

出版发行　南京大学出版社
社　　址　南京市汉口路22号　　　邮　编　210093
出 版 人　金鑫荣

书　　名　商务谈判
主　　编　李文舒　沈正榜
责任编辑　尤　佳　　　编辑热线　025-83592315

照　　排　南京南琳图文制作有限公司
印　　刷　南京人民印刷厂有限责任公司
开　　本　787×1092　1/16　印张16　字数390千
版　　次　2022年1月第2版　2022年1月第1次印刷
ISBN 978-7-305-24560-2
定　　价　45.00元

网址：http://www.njupco.com
官方微博：http://weibo.com/njupco
官方微信号：njupress
销售咨询热线：(025) 83594756

序　言

商务谈判既是一门有着丰富内涵的、融多方面知识为一体的综合性学科，又是一项充满艺术和科学的人类活动。随着我国社会主义市场经济的不断发展和完善、市场竞争的加剧，商务谈判已经成为当今社会经济生活中普遍存在的活动，引起了包括企业界在内的全社会的广泛关注，并已成为现代企业日常经营管理中不可或缺的一部分。各种商务活动的实现、商务目标的达成，都离不开商务谈判活动，离不开高素质的商务谈判人员。而商务谈判的成败与得失，在很大程度上影响企业整体系统的运行。加强对商务谈判活动的理论研究，揭示其内在规律，在方法、策略和技巧上为规范商务谈判行为提供基本的理论依据具有十分重要的现实意义

商务谈判是一门技能性很强的应用型课程，具有较强的实用性和可操作性。为了体现上述原则，我们从应用型高职院校的教育要求出发，遵循“以应用为目的，理论以够用为度，强化技能训练”的编写要求，以商务谈判的程序与要素为线索，以商务谈判的原则方法、策略和技巧为核心，构建了本书的内容体系，力求生动、易懂、实用，系统而真实地反映商务谈判的内容与技巧。

本书在论述商务谈判的基本理论、基本观点的基础上，着重介绍了有关商务谈判的流程、策略与技巧，并引用了大量案例，以期增强实用性和可操作性，使读者的商务谈判能力有较大的提高。具体而言，本书主要有以下特点。

（1）创意新颖，内容实用。通过大量案例分析，开阔学生的视野，汲取国内外商务谈判的新观念、新理论和新经验；在构思上始终围绕着商务谈判的“备局、开局、对局、结局”这条主线，阐述商务谈判的全过程；并且以全新的视角对商务谈判的策略、商务谈判的技巧、商务谈判礼仪及商务谈判人员所应具备的素质进行了详细的介绍。

（2）框架清晰，结构完整。本教材在保证学科体系系统性和全面性的基础上，充分体现“基础理论必须够用，专业知识重点保证，能力培养综合强化”的原则。理论阐述力求简明扼要，由浅入深，循序渐进，难易适中，精炼实用。通过本书的学习，学生可全面系统地掌握商务谈判的基本知识、原理、方法和技能。

（3）体例设计新颖，强调实用性和可操作性。为培养学生独立分析、思考问题和口头表达能力，每章前有“学习目标”“技能目标”“案例引入”“案例应用”“课后思考与练习”，便于给教师的课堂教学和学生的思考留下更大的空间；为了培养学生的调查研究和实训能力，每章后附有实训题，这样既提高了学生的实践能力，又体现了高职高专应用型人才的培养目标和职业定位。能够有力地促进师生间的开拓性思维，形成“读、讲、思、练、演、创”的新型教学模式。

（4）重在实训，操作性强。本书紧紧围绕“如何提高学生的商务谈判能力”，让学生在商务谈判的实际演练中了解和掌握商务谈判的具体实务流程，使学生通过实际操作训练掌握

商务谈判的必要礼节与运作技巧,学会与人沟通、拟订商务谈判策略,学分析问题处理问题和解决问题的方法。

(5) 内容突出前沿性和先进性。本书紧扣时代脉搏,引入当前商务谈判的新理念、新观点、新方法,力求吸收最新的理论研究成果,融入各位参编教师长期在教学第一线的教学体会和成果,使所提供的知识反映前沿,与时代同步。

本书由李文舒、沈正榜任主编,负责本书的总体设计、编写大纲并最终定稿。

参加本书编写的人员有南通职业大学的王中林、季敏、柳艳娇、王乐老师、江苏工程职业技术学院的陈小荣老师以及南通科技职业学院的陶怡老师,并得到林森物流集团的刘海蓉副总裁、曹卫峰经理提供的企业案例和修订意见,充分体现校企合作的教材建设意图。具体编写如下:第一章由沈正榜老师负责编写、第二章由王中林老师负责编写,第三章由季敏老师负责编写,第四章由柳艳娇老师负责编写,第五章由李文舒老师负责编写、第六章由王乐老师负责编写,第七章、第八章由陈小荣老师负责编写;第九章、第十章由陶怡老师负责编写。

本书在编写过程中,参考和引用了大量国内外有关商务谈判的文献资料,在此向原作者致以诚挚的谢意。由于编者的水平有限,书中不妥之处在所难免,敬请广大读者批评指正,以便进一步修订完善。

编者

2021 年 11 月

目 录

第一章　商务谈判概述

学习目标

◆ 了解谈判的内涵和基本原理
◆ 理解商务谈判的意义和基本功能
◆ 掌握商务谈判的含义和主要类型

技能目标

◆ 能根据谈判原理判别什么是谈判
◆ 掌握商务谈判产生的前提，并能根据谈判的需要选择商务谈判类型

第一节　谈判与商务谈判的含义

案例导入

你就是一个谈判者

当你呱呱坠地后，就用哭声同你的父母谈判，来争取你想要得到的食物、温情和爱抚。你已经在用你的感情武器来同别人谈判。

到上学的年龄，你也许与同学商量课桌上的“三八线”应当怎样画，最后你们在桌子上画了一条线。你还说：“如有越界，将罚违约者擦桌子一个星期。”你是用恐惧唤醒术在进行谈判。

步入青春年华，你准备结婚了，未来的岳母提出的购买“清单”超出了你的预算，你必须拒绝。你说：“妈妈，你的想法很对，我也想把婚事办得好一些，可是……”最后，你在不失未来岳母欢心的前提下避免了你的财政赤字。你这是在运用赞赏拒绝术与未来的岳母谈判。

建立家庭后，你可能是一个贤妻良母或模范丈夫，你必然要经常上集市，经常同商贩讨价还价。商贩对你说，“少一分也不卖！”你对他说：“不卖就算了！”并且故意装作一副无所谓的样子，抬腿就要走。就在你将跨出这一步的时候，老板让步，按照你要价卖给了你。你应该意识到，这就是最后通牒术的威力。

在单位里，为了让领导和同事们了解和支持你的工作、你的计划，你游说、你鼓励，甚至还要耍些“小手腕”。如果你能成功运用谈判中的众多策略，你将迎接胜利。

如果你想成为一名产品推销员，那么谈判对你来说就是家常便饭。你向任何一个顾客推销产品的过程，就是一个谈判的过程。你说这台电视机确实不贵，它可以无故障工作

25 000小时，平均每小时只花1角钱，顾客便感到2 500元的电视机不贵。你就是在运用除法报价术。

如果你想在某一天成为一名企业家，那么首先学习谈判吧！它是你踏入企业家之门的第一个阶梯。因为，如果你不能说服董事会任命你为厂长或经理，纵然你有满腹经营之道，也无从施展自己的才能。如何说服董事会的董事们？这是一种“推销自己”的谈判！

如果你是一名私营业主，那么谈判是你经营致富的必备素质。你作为买主，与批发商苦磨硬泡、吹毛求疵，以最低廉的价格取得商品。摇身一变，你又成为卖主，与消费者谈判，鼓励你的顾客以较高的价格买下你的商品。

如果你想成为一名政治家，那么谈判对于你来说更是一门必修课！你将要和你的选民们谈判——满足他们的合理要求，让他们投你的票；你将要和其他的政治家谈判，寻求必要的支持。你允诺、拒绝，你发怒、大笑，使出浑身解数……

不管你从事什么工作，你天天都在进行着一场又一场的谈判。不管你是否意识到，谈判已经成了我们生活中不可缺少的一部分。说句毫不夸张的话，人生就是谈判，谈判构成了人生的重要组成部分。

问题思考：你认为本案例说明什么问题？对你有何启示？

（资料来源：杜宇.商务谈判.哈尔滨：哈尔滨工业大学出版社，2011.7）

一、谈判的概念和动因

1. 谈判的概念

谈判一词听起来比较严肃和深邃。其实，在我们的日常工作和生活中，涉及谈判的业务无处不在，请看下面的资料：

情景1

某食品加工企业要采购一批原料，各供应商纷至沓来，对该企业来说是福音多多。负责采购的业务主管立即召集本企业相关人员召开专题会议，研究对策，制定具体的谈判方案，以期寻找长期合作的业务伙伴，实现质量最优，价格最低，服务最好，而且友谊久远。

情景2

某职业培训机构招收学员，学生入学时交了一学年的学费，不久发现招生简章上的承诺与实际情况出入较大，学习不足月余后发现机构的教学水平更是出乎意料地不如人意，遂提出退学，该机构同意退学但学费却不退还，于是该生将对方告到法院。

情景3

刘某与其妻离异，父母已过世，子女有二。刘某病故后留大笔遗产，两子女因遗产继承问题展开了旷日持久的纷争。

以上四个情景说明，围绕一定的政治、经济、社会文化及家庭生活中的各种利益关系形成的类似情况比比皆是，要解决这一系列问题就离不开协商、调解，这就是谈判。而且社会越发展，谈判扮演的角色就越重要，尤其是随着商品经济的产生，与之共生的商务业务为谈判的发展提供了更加崭新和丰富的内容，上述“情景2”就是商务谈判。

谈判，有狭义和广义之分。狭义的谈判，仅指在正式专门场合下安排和进行的谈判。而广义的谈判，则包括各种形式的“交涉”“洽谈”“磋商”等。作为探讨谈判实践内在规律的谈判理论，主要以建立在广义谈判基础之上的狭义谈判为研究对象。

谈判，实际上包含“谈”和“判”两个紧密联系的环节。谈，即说话或讨论，就是当事人明确阐述自己的意愿和所要追求的目标，充分发表关于各方应当承担和享有的责、权、利等看法；判，即分辨和评定，它是当事各方努力寻求关于各项权利和义务的共同一致的意见，以期通过相应的协议正式予以确认。因此，谈是判的前提和基础，判是谈的结果和目的。

给谈判下一个大家都认同的定义，可能也还需要一个“谈判”的过程。目前，出现在各类文献中关于谈判的定义，见仁见智、多种多样，比较有代表性的至少可列举如下：

美国谈判学会主席杰勒德·I. 尼尔伦伯格 1968 年在其所著的《谈判的艺术》中写道：“谈判的定义最为简单，而涉及的范围却最为广泛，每一个要求满足的愿望和每一项寻求满足的需要，至少都是诱发人们展开谈判过程的潜因。只要人们为了改变相互关系而交换观点，只要人们是为了取得一致而磋商协议，他们就是在进行谈判。”

英国学者 P. D. V. 马什 1971 年在《合同谈判手册》一书中对谈判所下的定义是：“所谓谈判是指有关各方为了自身的目的，在一项涉及各方利益的事务中进行磋商，并通过调整各自提出的条件，最终达成一项各方较为满意的协议这样一个不断协调的过程。”

法国谈判学家克里斯托夫·杜邦全面研究了欧美许多谈判专家的著述后在其所著的《谈判的行为、理论与应用》中给谈判下了这样一个定义：“谈判是使两个或数个角色处于面对面位置上的一项活动。各角色因持有分歧而相互对立，但他们彼此又互为依存。他们选择谋求达成协议的实际态度，以便终止分歧，并在他们之间（即使是暂时性的）创造、维持、发展某种关系。”

美国著名谈判咨询顾问 C. 威恩·巴罗和格莱恩·P. 艾森在他们合著的《谈判技巧》一书中指出：“谈判是一种双方致力于说服对方接受其要求时所运用的一种交换意见的技能。其最终目的就是要达成一项对双方都有利的协议。”

我国学者为谈判所下的定义，主要有以下观点：

“所谓谈判，乃是个人、组织或国家之间，就一项涉及双方利害关系的标的物，利用协商手段，反复调整各自目标，在满足己方利益的前提下取得一致的过程。”

“谈判是谈判双方（各方）观点互换、情感互动、利益互惠的人际交往活动。”

“谈判是人们为了协调彼此之间的关系，满足各自的需要，通过协商而争取达到意见一致的行为和过程。”

“谈判是指人们为了各自的利益动机而进行相互协商并设法达成一致意见的行为。”

研究以上定义便可发现，虽然中外学者对谈判概念的文字表述不尽相同，但其内涵却包含着一些相近的或相通的基本点。这些基本点大致有：

（1）谈判的目的性

谈判均有各自的需求、愿望或利益目标，是目的性很强的活动。没有明确的谈判目的，不明白为什么而谈和在谈什么，至多只能叫作“聊天”或“闲谈”。因此，上述定义都强调谈判的目的性，即追求一定的目标这一基本点，如：“满足愿望”和“满足需要”“为了自身的目的”“对双方都有利”或者“满足己方利益”“利益互惠”“满足各自的需要”“为了各自的利益动机”等。

（2）谈判的相互性

谈判是一种双边或多边的行为和活动，谈判总要涉及谈判的对象。否则，自己和自己谈,就不能称其为谈判,也达不到谈判的目的。因此,人们在谈判的定义中都指出谈判的相互性,即谋求一种合作这一基本点,如:"为了改变相互关系""涉及各方""使两个或数个角色处于面对面位置上""双方致力于说服对方"或者"个人、组织或国家之间""谈判双方""协调彼此之间的关系"等。

(3) 谈判的协商性

谈判是通过相互合作实现各自目标的有效手段。谈判不是命令或通知,不能由一方说了算。所以,在谈判中,一方既要清楚地表达其立场和观点,又必须认真地听取他方的陈述和要求并不断调整对策,以沟通信息、增进了解、缩小分歧、达成共识,这就是彼此之间的协商或磋商。因此,谈判的定义不能不阐明谈判的协商性,即寻求一致意见这一基本点,如:"交换观点""进行磋商""说服对方"或者"利用协商手段""观点互换""通过协商""进行相互协商"等。

综合上述的基本点,我们可以把谈判理解为:谈判是人们为了各自的目的而相互协商的活动。

2. 谈判的动因

人们为什么要谈判?谈判发生的一般动因是什么?对此,应从谈判的内涵中去思考。

(1) 追求利益

谈判是一种具有明确的目的性的行为。这里,最基本的目的就是追求自身的利益需要。

人们的利益需要是多种多样的。从内容上看,有物质的需要、精神的需要;从层次上看,有生理需要、安全需要、社交需要、尊敬需要、自我实现需要;从时间上看,有短期需要、长期需要;从主体上看,有个人需要、组织需要、国家需要等。人们的种种利益需要,有些是可以依靠自身及其努力来满足的,但是,更多则必须与他人进行交换。显然,这种交换是比较有效益的客观要求,其直接动因是为了利益需要得到更好的满足。

其实,在利益需要的交换中,双方或各方都是为了追求自身的利益目标。就一方而言,当然是要追求自身利益的最大化,但是,这种自身利益的扩大如果侵害或者不能保证对方的最低利益,对方势必宁可退出,这样利益交换便不能实现。可见,在利益交换中,有关各方追求并维护自身的利益需要,不仅是谈判之必要,而且是谈判的首要动因。

(2) 谋求合作

在现实生活中,由于社会分工、发展水平、资源条件、时空制约等原因,人们及各类组织乃至地区或国家之间,往往形成各种各样的相互依赖关系。例如,一方生产某产品,另一方正需要该产品;一方拥有农产品但需要工业品,另一方拥有工业品而需要农产品;一方拥有市场但需要技术,另一方拥有技术而需要市场等。这种相互差异,为各方发挥优势、实现互补提供了客观基础。

当今时代,科学技术的发展和社会的进步,出现着两种平行的趋势:一种是社会分工日益明显,生产和劳动的专业化日益提高;另一种是社会协作日益紧密,人们之间的相互依赖性日益增强。在这种社会生活相互依赖关系不断增强的客观趋势下,人们的某种利益目标的实现和实现的程度,越来越不仅取决于自身的努力,而且取决于与自身利益目标相关的方面的态度和行为,取决于彼此之间的互补合作。相互之间的依赖程度越强,就越需要加强相互的合作。可见,社会依赖关系的存在,不仅为相互间的互补合作提供了可能性,同时也是一种必要。正是这种在相互依赖的可能中谋求合作的必要,成了谈判的又一重要动因。

(3) 寻求共识

借助他人的资源满足自身的利益需要，必然出现不同主体利益归属的要求和矛盾。古往今来，强权掠夺、发动战争确是达到一方利益目标的手段。然而，随着社会文明的进程加快和社会生活相互依赖关系及观念的增强，人们越来越认识到暴力并非处理矛盾的理想方式，它不仅造成许多严重后果并留下诸多隐患，而且大多同时或最终仍要通过非暴力的方式得以解决；人们也越来越认识到摒弃对抗、谋求合作才是处理日益密切的社会联系和相互依赖关系的明智之举，而谈判正是实现互利的最佳选择。

谈判行为的特征是平等协商，即在相互依赖的社会关系中有关各方的地位相对平等，并在此基础上通过彼此商讨和相互沟通来寻求互利合作中各方都能认可和自愿接受的交换条件与实施程序。随着社会的进步以及社会生活的法制有序，利益主体维护自身权益的意识自觉增强并日益受到社会的尊重与保护。在这种社会环境下，只有通过谈判来寻求相互合作的共同利益并达成共识、形成协议，才能使互助互惠成为客观现实。因此，寻求共识进而实现互利合作，同样是谈判的动因之一。

综上所述，追求利益、谋求合作、寻求共识是谈判的主要动因。其中，追求利益是谈判的必要；谋求合作及其所依据的相互依赖关系既是谈判的必要，又是谈判的可能；寻求共识的必要与可能最终成为现实的有效途径。

二、商务谈判的含义

理解商务谈判的含义，首先要了解什么是商务。商务或称商事，即商业上的事务，它是指经法律认可，以社会分工为基础，以提供商品、劳务、资金或技术等为内容的营利性的经济活动，俗称“做生意”。

商务谈判就是关于商业事务的谈判。具体是指两个或两个以上从事事务活动的组织或个人，为了满足各自经济利益的需要，对涉及各方切身利益的分歧进行交换意见和磋商，谋求取得一致和达成协议的经济交往活动，也有人称之为经济谈判。商务谈判是最普遍的谈判类型。产生商务谈判的前提是：① 双方（或多方）有共同的利益，也有分歧之处；② 双方（或多方）都有解决问题和分歧的愿望；③ 双方（或多方）愿意采取一定行动达成协议；④ 双方（或多方）都能互利互惠。

商务谈判是商品经济的产物。商品经济是交换经济。在商品交换中，买者希望以较少的货币，获取较多较好的商品，而卖者则希望同样的商品较快较多地换回货币。买卖双方各自的需要与欲望及其相互矛盾产生了商务谈判。

随着我国社会主义市场经济体制的建立和完善，企业作为独立法人的地位得到充分体现，尤其是加入 WTO 后，企业自主权越多，意味着活动的空间愈大，而需要处理与外界之间的事务关系也就越多。企业在扩大对内与对外的经济交往活动中，需要用谈判来促进彼此了解，沟通信息，推销商品，引进技术与设备，采购原材料、燃料，广泛地开展经济与技术协作。与此同时，由于种种原因出现经济利益冲突、争议、纠纷的情况也会越来越多，企业需要运用谈判方式来协商解决。因此，谈判不仅就在我们身边，而且作为商业事务的谈判越来越成为企业经营管理的重要议事日程，并有越来越多的企业家、经理开始把更多的时间和精力花费在筹划和参加商务谈判活动上。

三、商务谈判基本特征

商务谈判作为谈判的一种主要类型，当然具有一般谈判所表现出的特征。但是，商务谈判作为商务活动方面的谈判，是一种特殊类型的谈判，因而除了一般特征外，还具有自身的特殊性，具体表现在以下几个方面：

1. 商务谈判具有利益性

商务谈判是以为己方谋取较大经济利益为目的的谈判，因此，在商务谈判过程中，谈判者必须时时刻刻注意谈判的经济效益，即谈判的成本和收益如何。商务谈判这一利益性特征决定了商务谈判是以价格为核心的谈判，因为价格最直接地表明了谈判双方的经济利益，谈判双方在其他利益上的得与失，拥有的多与少，在很多情况下都可以折算为一定的价格，通过价格的高低而得到体现。商务谈判者一方面要以价格为核心坚持自己的利益，另一方面也可在价格之外，从其他利益因素上争取更多的利益，促成一致的意见。例如，对方在价格上不肯让步，那么就要求对方在售后服务等方面提供优惠条件，以此让对方易于接受，并且行为也比较隐蔽。

2. 商务谈判具有平等性

商务谈判一定要遵循价值规律并根据等价交换的原则进行。参加商务谈判的各方不论组织大小还是实力强弱，在价值规律面前和相互关系上都是平等的。这是商务谈判的平等性。这一特征决定了在商务谈判中谈判者向对方提出什么条件，如何进行讨价还价，可以做出何种最大限度的让步，根据什么标准来确定能达成协议等一系列问题的思考和解决，都受着价值规律和等价交换原则的制约，并且迫使谈判双方既要争取自己的经济利益，又要顾及对方的经济利益。无视商务谈判的平等，只想要对方让步而自己不想做丝毫妥协，是不可能达成协议和取得谈判成果的。当然，这并不是说在商务谈判中双方利益的分配是绝对平均的，而是要达到平衡，只要一方的要求得到满足，另一方也得到补偿，双方相互满意，就是达到了利益上的平衡。

3. 商务谈判具有多样性

商务谈判的多样性，不是指谈判内容的多样性，而是指商务谈判的当事人是有多种多样的。既有企业或其他经济法人之间的各种商务谈判，也有个人之间进行的谈判，还有各层次之间相互交叉进行的商务谈判。就商品的买卖而言，买者可以货比三家，同商品质量好、价格合理的卖者建立谈判关系和买卖关系；卖者面向多家，同结算形式多样、信用好的用户或经销商建立协作关系。商务谈判者要正确认识自己所进行的商务谈判所处的层次，选择具有可合作性的对象建立谈判关系和买卖关系。

4. 商务谈判具有组织性

早期的商务谈判大多限制在货物贸易范围内，只需要一个人就可以完成，而现代商务谈判领域已经扩大到劳务、技术、资金、信息等方面，交易条款多而复杂，给谈判增大了难度，尤其是大型的、综合性的、一揽子谈判，必须成立由各方面专家组成的谈判小组，分工协作，处理谈判中的有关事务。

5. 商务谈判具有约束性

商务谈判在内容和结果上受外部环境的制约，这是商务谈判的约束性。政治法规环境对国际商务谈判影响最大;经济环境中的市场供求变化和竞争情况对商务谈判的约束性最强;社会环境如风俗习惯、宗教信仰、教育程度等因素制约着商务谈判者的沟通和交流。因此,作为商务谈判人员不仅要掌握商务知识、谈判策略和技巧,还要掌握政策法规、社会文化等方面的知识。这样才能控制复杂的谈判局势,实现谈判目标。

案例应用

合资谈判中的饮水问题

某外商和某中国企业洽谈合资事宜,当外商谈起当地环境时,认为当地饮水质量差,空气污染严重,但中方人员认为这些无关痛痒,就随意附和。但是到了议论外方派驻中国的人员的待遇时,外方提出,为了他们驻外人员的健康,饮用水必须从国外进口,费用应该由合资企业承担。这时,中方人员才明白,表面上与经济利益无关的议题,其实也是和经济利益密切相关的。

问题思考:此案例说明什么问题？对你有何启示？

(资料来源:鲁小慧,徐晓飒主编.商务谈判.长春:东北师范大学出版社,2012.12)

四、商务谈判的地位

商务谈判贯穿于商务活动的全过程,在商务活动中居于重要的地位,表现在:

1. 商务谈判是商业交易活动中的桥梁和纽带

企业的商务活动,无论是采购商品还是销售商品,商务人员都会面临两方面的工作。从国内商务活动来看,需要与货源即供应商或用户进行联系,确定商品的数量、质量或服务量、商品价格、交货条件、结算条件、期限、包装与运输条件等。对国外商务活动而言,需要与外商就这些具体条件与国际贸易惯例进行谈判以求达成一致。从静态上看,商务谈判是桥梁和纽带,维系着买卖双方的关系;从动态上看,通过有效的谈判活动能够促成交易。

2. 商务谈判是信息流传播的有效途径与信息流的载体

商务活动是商流、物流、信息流、资金流的统一过程,是一个完整的系统。这个系统活动本身形成了两个截然相反的信息流向,即生产信息流和消费信息流。前者是指从生产企业流向消费者的信息,后者是指从消费者流向生产企业的信息。商务谈判的过程就是信息的交流过程。在这里,商务谈判成了生产信息流和消费信息流的具体传播途径与信息流的载体。

3. 商务谈判是企业营销战略思想的具体实践

现代企业市场营销导向的主要内容是树立良好的企业形象,采取以市场活动为中心,以消费者为中心的方针,视顾客为企业活动的最高目标,以顾客的观点来检验企业的营销策略。企业生产和销售那些能满足顾客现实和潜在需要的东西。那么,在这一思想指导下,企业的产品营销活动要体现三种精神:首先,确保产品价值的体现,吸引顾客和争取利润是商务活动中的重要目标;其次,"顾客利益至上",顾客第一、服务第一;最后,贡献于社会发展,销售的商品为顾客所认可,使社会物质文明得以进步,社会文化水平得以提高。商务人员通过商务谈判来实践企业整体营销战略,满足顾客需求,实现商品的价值,改善企业形象和提高产品声誉。所以，商务谈判人员是企业营销战略的执行者、实施者，使营销战略思想最终在谈判过程中得以实践与体现。

4. 商务谈判是企业经营管理的重要内容

商务活动离不开商务谈判。要谈判，就要进行计划、组织和协调，要投入人、财、物。商务谈判一旦达成协议，企业必须认真履行，按照协议规定的权利、义务组织生产经营活动，围绕协议条款安排人力、物力、财力。若在履行协议过程中出现纠纷，则需要协调甚至重新谈判。可见，商务谈判也是企业经营管理的一项重要内容。

五、商务谈判的基本功能

实践证明，一次成功的谈判可以救活整个企业，而一次失败的谈判可能葬送一个企业。商务谈判的特殊地位，决定了它在商务活动中具有重要作用。商务谈判的基本功能是商务谈判产生与存在的基础，是其价值所在，具体包括协调功能、沟通功能、促销功能、发展功能、效益功能和社会功能。

1. 协调功能

在商务活动中，做一笔买卖或交易，在交易的程序上，首先要进行询价或报价，并进行磋商，然后进行签订合同、履行合同等一系列的工作程序。从询价或报价到签订合同，买卖双方将就商务或劳务的数量、质量、价格、付款方式、交货日期等方面进行反复磋商，取得一致意见，才能达成交易。而这些磋商，往往是通过谈判桌来较量和解决。正因为谈判更好地协调了彼此的利益关系，因此谈判被视为“合作的事业”。

2. 沟通功能

商务谈判是企业与客户的桥梁和纽带。通过谈判使企业与客户之间的沟通变成了现实。这种沟通的重要内容之一，则是信息的交流与传递。在谈判桌上一般可获得下述情报或信息：顾客对产品设计以及对产品的主要评价与要求；顾客的抱怨资料以及对产品的使用情况；对价格的意见，以及顾客愿付的价格与产品成本的关系；同类产品市场变化情况；竞争者的产品品质、特点与功能；竞争者有关市场营销的战略与战术的变化情况等。商务谈判人员在谈判过程中，不仅会搜集到自己所需要的情报，供企业决策者参考，而且会向顾客传递有关的产品、服务以及企业发展的信息。商务谈判实现信息的双向沟通，而这些信息对于签订合同和扩大企业影响是至关重要的。

3. 促销功能

企业的商务活动的中心任务就是推销商品或劳务。推销的成败完全依赖于产品或劳务的条件和商务人员的业务素质，其中包括谈判的能力和技巧。从某种意义来说，介绍与推荐自己企业的商品、服务或表达合作的愿望是一种被动的行动，而吸引顾客的注意和兴趣，激发顾客的合作愿望和得到顾客对企业的信任则是一种主动行为的结果。通过谈判，一个优秀的商务谈判者或较好的谈判者，不仅是能够妥善处理各种意见、问题的能手，而且也是消除各种误解与疑虑，增进顾客信心的重要保证。这些都是顺利洽谈交易的必要条件。通过顺利的谈判，达成协议，在发生商品短缺时，将有助于保证企业持续正常供应；当某种商品充斥市场之时，也将保证销售渠道畅通无阻，货畅其流。

4. 发展功能

商务谈判关系到企业的生存与发展。对于一个企业而言，应有其规模经济与效益以及长期的发展目标。这就要为建立长期稳定的销售渠道并保持其畅通无阻而努力。同时，对许多企业来说，为了扩大市场占有率和降低管理成本，节约费用，宁可寻找中间商经销产品，而不愿意负责全过程的销售。然而，对许多陌生的客户来说，指望他们积极主动的订货则是不现实的，这就要需要通过谈判以相互增进了解来获得解决。了解并巩固原有的顾客固然很重要，但善于发展和培养新的顾客则更为重要，因为，不开发潜在的市场，不拓展新的市场，企业就没有发展。要发展和培养新的顾客，并维护与老客户的关系，则离不开商务谈判。

5. 效益功能

商务谈判是以经济利益为目的的谈判。经过商务谈判人员的艰苦努力，消除分歧、达成共识，结果是我方以较优惠的价格条件购得商品、劳务或技术，或对方接受了我方的建议，增加订货量等。这些都直接为本企业创造了经济效益。

6. 社会功能

商务谈判虽然主要体现为企业经济活动，但它也属于谈判，是人类行为的一个组成部分。所以，商务谈判客观上是直接为企业服务，但也间接地为推动社会文明进步服务。商务谈判方式、手段的改进都给商务谈判研究提供了新的内容；商务谈判成功的策略、技巧、风格等，也为人们改进人际关系、培养沟通能力提供了典范，为整个社会文明进步做出了贡献。

案例应用

分橙子

有一位母亲把一个橙子给了两个邻居的孩子。这两个孩子便讨论起来如何分这个橙子。两人吵来吵去，最终达成了一致意见：由一个孩子负责切橙子，而另一个孩子先选橙子。结果，这两个孩子按照商定的办法各自取得了一半橙子，高高兴兴地拿回家去了。其中一个孩子把半个橙子拿到家，把皮剥掉扔进了垃圾桶，把果肉放到果汁机上打果汁喝；另一个孩子回到家把果肉挖掉扔进了垃圾桶，把橙子皮留下来磨碎了，混在面粉里烤蛋糕吃。

问题思考：对这个分橙子的方法你有什么看法？可不可以通过谈判获得更好的分配方法？

（资料来源：鲁小慧，徐晓飒主编. 商务谈判. 长春：东北师范大学出版社，2012. 12.）

第二节 商务谈判的要素与类型

案例导入

美国乙工程公司的甲代理公司

美国甲公司代理乙工程公司到中国与中国丙公司谈判出口工程设备的交易。中方根据其报价提出了批评，建议对方根据中国市场的竞争性和该公司第一次进入市场的经济环境，认真考虑调整价格。该代理商作了一番解释后仍不降价并说其委托人的价格是如何合理。中方对其条件又做了分析，代理人又做了解释，一上午下来，毫无结果。中方认为其过于傲慢固执，代理人认为中方毫无购买诚意且没有理解力，双方相互埋怨之后，结果谈判不欢而散。

问题思考：

(1) 美国代理人进行的是哪种类型的谈判？

(2) 构成其谈判的因素有哪些？

（资料来源：鲁小慧，徐晓飒主编. 商务谈判. 长春：东北师范大学出版社，2012.12.）

商务谈判是一种特殊的谈判方式，但它与一般谈判方式一样，也有其构成要素。依据谈判的具体内容、方式、地点、人员等，商务谈判可划分为不同类型。

一、商务谈判的要素

商务谈判的要素是指构成商务谈判活动的必要因素。它是从静态结构揭示商务谈判的内在基础。就一项具体的商务谈判而言，商务谈判由谈判当事人、谈判标的和谈判议题构成。这三个要素又有特定的内容。

1. 商务谈判主体

商务谈判主体指的是商务谈判的当事人，即指参与商务谈判的所有人，分别由谈判双方派出。另外，有些商务谈判是一种代理或委托活动，代理人充当卖方（或买方）的发言人，在买卖双方中起到中介作用，在这种情况下代理人也成为商务谈判的当事人。当事人是商务谈判的主体。

在正式的和规模较大的商务谈判中，根据各自承担的任务，买卖双方参加商务谈判的人员可分为两类：一类是在谈判桌上直接与对方进行面对面谈判的人员，称为商务谈判的台前人员；另一类是不直接与对方谈判而为己方谈判人员出谋划策、准备资料的人员，称为商务谈判的台后人员。在这样的商务谈判中，有一个如何发挥谈判小组效率的问题。在一些规模较小的商务谈判中，如单项采购或单项推销的谈判，谈判当事人只有单个业务员与对方谈判，对方也可能派出单个业务员进行谈判，这就要求谈判当事人要熟悉业务，讲究策略，才能高质量地完成谈判任务。

2. 商务谈判客体

商务谈判客体即商务谈判的标的，即谈判双方当事人的权利与义务共同指向的客观事物，是权利与义务的基础。商务谈判的标的可能是商品，可能是劳务，也可能是工程项目技术、资金等。商务谈判的标的不同，决定了当事方的谈判参加人、各方所在企业和部门的态度，同时也决定了谈判的组织准备工作的方式及内容。商务谈判的标的构成了商务谈判的客体。

商务谈判标的是一切商务谈判活动的中心，既有普遍性，又有个别性。标的普遍性是指无论是什么标的，只要属于商务谈判范畴，就都离不开“责、权、利”的划分。这是谈判人员都要遵循的基本规律。标的个别性是指某一具体的商务谈判项目可能是商品买卖或投资项目或咨询顾问，内容不同，各有个性，如投资合作项目的谈判标的可能表现为“取长补短”特性。

这样，谈判人员就要紧紧抓住平等、互补互惠的原则，有针对性地开展谈判活动，方能达到预期的目的。

3. 商务谈判背景

任何谈判都不可能孤立地进行，必然处在一定的客观背景之下，并受其约束。因此，商务谈判背景对谈判的发生、发展、结局均有重要的影响，是谈判不可忽视的要件。例如，商务谈判进行前的国内、国际宏观和微观经济环境，会影响谈判，利率、汇率及国内、国际市场上商品供求关系的变化，也会对谈判产生影响。

商务谈判背景包括环境背景、组织背景和人员背景。环境背景是指政治、经济、文化、地理、自然环境等因素。组织背景是指企业组织的章程、历史发展、企业文化信誉和财务状况、市场占有率，谈判目标、主要利益、谈判时限等，这些因素会影响谈判议题的确立和最终结果。人员背景是指谈判人员的职务、教育背景及个人性格特点，会影响谈判策略、进程和结果。

商务谈判是由商务谈判当事人、商务谈判标的、商务谈判背景三个要素构成的。商务谈判当事人构成了谈判的主体，商务谈判标的构成了谈判的客体，商务谈判背景构成了谈判的影响因素，三者共同作用于商务谈判，使商务谈判活动呈现出不同的特点。这三个要素是互相结合、缺一不可，缺少任何一个要素都不能构成特定的商务谈判。

二、商务谈判的类型

商务谈判按照不同的标准，可以划分为各种不同的类型，如表 1－1 所示。

1. 按商务谈判的内容来分，有商品贸易谈判、技术贸易谈判、劳务贸易谈判、投资谈判和索赔谈判等

表 1－1　商务谈判的主要类型

分类标准	类　型
按谈判内容划分	商品贸易谈判、投资项目谈判、技术贸易谈判、劳务贸易谈判、索赔谈判等
按接触方式划分	直接谈判、间接谈判
按谈判地点划分	主场谈判、客场谈判、中立地谈判
按谈判所持态度划分	让步型谈判、立场型谈判、原则型谈判
按谈判透明程度划分	公开谈判、秘密谈判
按谈判参与人数划分	一对一谈判、小组谈判
按谈判性质划分	正式谈判、非正式谈判

(1) 商品贸易谈判

商品贸易谈判即一般商品的买卖谈判，主要是指买卖双方就买卖货物本身的有关内容，如质量、数量、货物的转移方式和时间，买卖的价格条件与支付方式，以及交易过程中双方的权利、责任和义务等问题所进行的谈判。商品贸易谈判是商务谈判中最常见并且数量最多的一种谈判，也是本教材研究的重点。

(2) 投资项目谈判

投资是指把一定的资本(包括货币形态资本、物质形态资本、所有权形态资本和智能形

态资本等）投入和运用于某一项目之中，以获取一定的利益。投资项目谈判是指谈判的双方就双方共同参与或涉及双方关系的某项投资活动，对该投资活动所涉及的投资目的、投资方向、投资形式、投资内容与条件、投资项目的经营与管理，以及投资者在投资活动中的权利、义务、责任及相互之间的关系所进行的谈判。近年来，随着资本市场的开放，企业资产重组、兼并，以及产权交易日益活跃，因而这类商务谈判也日益增多。

（3）技术贸易谈判

技术贸易谈判是指谈判双方在技术贸易中关于技术的内容、性能、使用权益等方面的谈判，它包括技术服务、技术培养、专有技术的保密、商标以及标准和考核验收等内容。由于技术本身的特点，使得技术贸易谈判与一般商品贸易谈判有着较大的差别。

（4）劳务贸易谈判

劳务贸易谈判是劳务贸易双方就劳务提供的形式、内容、时间、劳务的价格、计算方法即劳务费的支付方式等有关买卖双方的权利、责任和义务关系所进行的谈判。由于劳务本身不是某种物质商品，而是通过人的特殊劳动，改变某种物资或物体的性质或形状，来满足人们一定需要的劳动过程，因此，劳务贸易谈判与一般货物买卖谈判是有本质区别的。

（5）索赔谈判

索赔谈判是指在合同义务不能或未能完全履行时，合同当事双方进行的谈判。它不同于法律上的仲裁。在众多的合同履行中，因种种原因违反或部分违反合同约定的事件屡见不鲜，也给商务谈判提供了一种特定的类型——索赔谈判。

进行索赔谈判，有四点要求：① 重合同。违约是相对守约而言，“违”与“守”均以“约”即合同为依据。合同是判定违约的唯一基础条件。② 重证据。违约与否除按合同判定外，许多时候还需要提供证据来使索赔成立。如质量问题，需技术鉴定书。“证据”是确定索赔谈判的重要法律手段。③ 注意时效。不论是什么商品、服务或合作项目，“索赔的权利”均不是无限期的，因而，在展开索赔谈判之前要检查合同的有关保证与索赔权限的规定，以确定该索赔谈判的必要性。④ 注意关系。索赔是一件令人不愉快的事。谈判的人均处在问题的两端，十分难受，所以在谈判时，“关系”的影响也不可忽略。谈判双方彼此要从远处着眼，互相体谅，共同达成索赔协议。这样，即使索赔成立，双方的关系仍然是融洽的。

2. 按商务谈判双方接触的方式来分，有直接谈判和间接谈判

（1）直接谈判

直接谈判又称面对面谈判，是指谈判双方（或多方）进行面对面的口头磋商。双方谈判人员在一起直接进行交谈协商，其好处在于有利于双方谈判人员交流思想感情。双方谈判人员随着日常的直接接触，逐渐形成了一种人与人之间的感情，会由“生人”变成“熟人”，产生一种互惠要求。在某些商务活动中，对有些交易条件的妥协让步完全出于感情上的因素。一般情况下，面对面谈判，即使实力再强的谈判者也难以保持整个交易立场的不可动摇性，或拒绝做出让步。面对面的谈判可以通过观察对方的表情和态度，借以审查对方的为人及交易的诚实性。

（2）间接谈判

间接谈判是指双方不直接见面，而是通过信函、电话、电传、互联网的方式进行商谈。这种谈判，好处在于简单、成本低、快捷，而且在向对方表示拒绝时，要比面对面的谈判方式方便得多，特别是在与对方人员已经建立起个人交往的情况下更是如此。这种谈判的不足之

处是不便于当事人双方的相互了解，直接交流、反馈。同时，信函、电话、电传、传真等通信媒介所能传递的信息量有限。因此，这种方式只适合于交易条件比较规范、明确，内容比较简单，谈判双方彼此比较了解的谈判，而对于内容比较复杂、随机多变，双方又缺少必要了解的谈判是不适宜的。

3. 按商务谈判的地点来分，有主场谈判、客场谈判和中立地谈判

(1) 主场谈判

主场谈判指某一谈判方以东道主身份在己方所在地进行的谈判。主场谈判在商务谈判中比较受欢迎，尤其在关键的、复杂的交易谈判阶段更受欢迎。这是由主场谈判的优势所决定的。一般来说，主场谈判具有以下 3 个方面的优势：

① 易于建立心理优势。由于是在本企业所在地进行谈判，特别是进行国际商务谈判时，无论是在谈判日程的安排、各种资料的准备、新问题的请示，还是谈判班子的调整都比较方便，从而很容易使主场谈判方建立心理优势，谈判过程中底气十足，心中有数。

② 可以以礼压客。由于一方为主，一方为客，东道主便要对客方承担邀请、迎送、接待、组织洽谈等义务。如果东道主在上述活动中能够注意礼节，给客方创造良好的谈判环境，那么无疑会给客方留下良好印象，并在谈判中以一定的让步作回报。尤其是谈判空隙间专为客方安排的游览观光和领导人接见等活动，更能给客方以“礼貌”的感觉，非常有利于交易的达成。因此，“礼貌”在商务谈判中对主场谈判方来讲是一种非常有效地促使谈判成功的手段，它不但可以促使客方谈判人员积极思考东道主的各种要求，还能提高主场谈判人员谈判的效率。但是要注意不要把这种压力变成“要挟”，那样不仅无助于谈判成功，有时还会导致谈判破裂。

③ 可以同时在谈判场内外或两个领域展开活动。在主场谈判中，由于是在本国进行谈判，主场谈判人员就有条件更多地了解己方的内部情况，以作为修改自己谈判策略的依据。在谈判中，客方可能要求进行实地参观考察，也可能要求会见主场谈判方的上级，通过会见，或是进一步探口风，或是告主场谈判人员的状，或是甩出他的最终条件。所以，主场谈判人员在主场谈判中不仅要打好外线，注意客方的反应，还要注意内线反应，尤其是要向助手们讲明谈判意图，向上级及时汇报谈判中出现的问题及解决的方案，只有做到内外线兼顾，才能有效利用主场谈判的优势。

当然，主场谈判也有不足，如要支付较大的谈判成本，或容易被对方了解虚实、攻破防线等。

(2) 客场谈判

客场谈判是主场谈判的对立面，指谈判人员到对方所在地进行有关交易的谈判。在商务谈判中如一方为主场谈判，则另一方必为客场谈判。客场谈判，为客一方有可能进一步了解为主一方的虚实等，但由于身处异地，特别是国际商务谈判时，身处异国会形成一些客观上的劣势，诸如谈判期限、谈判授权、信息交流，以及语言障碍等。所以客场谈判是一种难度较大的谈判。尽管如此，客场谈判是不可避免的。一旦在客场进行商务谈判，要注意把握两点：

第一，审时度势，反应灵活。在客场谈判中，为了取得谈判成功，不但要恪守我方的总部署，而且要审时度势，反应灵活。常见的审时度势方法是分析市场、主场谈判方地位和心理变化等。反应灵活则表现在谈判态度的灵活转换上，即有成功希望则坚持原立场，无成功希

望则要把谈判速决;对方有签约诚意则灵活调整可提供的优越条件,若无意成交则不必随便降低己方已经提出的要求。

第二,采取客随主便的方式。由于身处异地,生疏而形成一道认识的屏障,在谈判初始阶段往往采用“客随主便”的策略,以观对方的虚实。与此同时积极进行调查研究,以免因贸然行事而使自己陷入被动,随着谈判的逐步展开,对环境及对方情况的了解逐步加深,使谈判向以我方为主的方向过渡。

(3) 中立地谈判

中立地谈判是指在谈判双方所在地以外的其他地点进行的谈判。在中立地进行谈判,对谈判双方来说没有宾主之分,这样也就避免了其中的某一方处于客场的不利地位,为双方平等地进行谈判创造了条件。当然,采用中立地谈判也有不足,主要是不利于双方实地考察、了解对方的状况等。

在现实谈判工作中,由于客观需要,或为了平衡主场谈判和客场谈判带来的差异,对同一项谈判也可以分别选择在主场、客场和中立地进行谈判。如中日贸易争端谈判就先后在多哈、北京和东京举行。

4. 按商务谈判方所采取的态度来分,有让步型谈判、立场型谈判和原则型谈判

(1) 让步型谈判

让步型谈判亦称柔软型谈判,即谈判者设法避免双方冲突,强调互相信任、互相让步,不以甲方压倒乙方或乙方胜过甲方为出发点,而以达成互相满意的协议,为将来进一步扩大合作打好基础为目的。在让步型谈判中,一般做法是:提议、让步、信任对方、保持友善,以及为了避免冲突对抗而屈服于对方。让步型谈判较之利益的获取更强调建立和维护双方的关系,这是一种关系型谈判。然而就商务谈判的目的来说,在实际的商务谈判中,采取这种谈判的人极少,一般只限于双方的合作关系非常友好,并有定期的业务来往的情况。

(2) 立场型谈判

立场型谈判亦称强硬式谈判,即谈判诸方各有自己的实力,各提自己的条件,各方强调各方的意愿,申明自己的观点和立场不能改变,把谈判看作是一种意志力的竞赛,各方都想达成对己方更为有利的协议。在谈判过程中,出现困难和矛盾时,互不让步,或互要对方改变立场,甚至向对方施加压力,指责批评对方。立场型谈判往往在开始时提出一个极端的立场,进而固执的加以坚持。只有在谈判难以进行下去时,才迫不得已地做出极少的松动和让步。在双方都采取这种态度的情况下,必然导致双方的关系紧张,增加谈判的时间和成本,降低谈判的效率。即使某一方屈服于对方而被迫让步签订协议,其内心的不满是必然的,因为在这场谈判中,他的需要没能得到应有的满足,会导致他在以后合同履行中的消极行为。而且,由于这种谈判不注意尊重对方的需要和要求,不注意双方利益的共同点,也很难达成理想的协议。

(3) 原则型谈判

原则型谈判亦称实质利益谈判法。它是指谈判的出发点和落脚点均建立在公正的利益目标上,友好而高效地取得谈判各方均感满意的结果。这种谈判,既不像让步型谈判那样只强调双方的关系而忽视利益的获取,也不像立场型谈判那样只强调双方的立场而忽视双方在谈判中的真正需要,而是要求谈判的双方尊重对方的基本需要,寻求双方合作的共同点,当双方的利益发生冲突时,则坚持运用公平、公正的原则做出最后的决定,这样常常可以找

到既符合我方利益，又符合对方利益的替代性立场。

综合以上的讨论，让步型谈判、立场型谈判和原则型谈判这三种类型的谈判，在目标达成、谈判出发点、使用手段、态度、立场、做法、方案、表现、结果等方面，都有很大的不同，如表1-2所示。

表1-2　让步型谈判、立场型谈判和原则型谈判的比较

	让步型谈判	立场型谈判	原则型谈判
目标	达成协议	赢得胜利	圆满有效地解决问题
出发	为了增进关系而做出让步	要求对方让步作为建立关系的条件	把人与问题分开
手段	对人和事都采取软的态度	对人和事都采取硬的态度	对人采取软的态度，对事采取硬的态度
态度	信任对方	不信任对方	信任与否与谈判无关
立场	轻易改变自己的立场	坚持自己的立场	着眼于利益而不是立场
做法	提出建议	威胁对方	共同探究共同性利益
方案	找出对方能接受的方案	找出自己愿意接受的方案	达成对双方都有利的协议
表现	尽量避免意气用事	双方意志力的竞赛	根据客观标准达成协议
结果	屈服于对方压力之下	施加压力使对方屈服	屈服于原则，而不屈服于压力

案例应用

一种常见的商务谈判

一位精明的卖主会把自己的产品讲得天花乱坠，尽量抬高自己产品的身价，报价要尽量高；而另一位出手不凡的买主也会在鸡蛋里挑骨头，从不同的角度指出产品的不足之处，从而将价格至少压低到对方出价的一半。最后双方都会讲出无数条理由来支持自己的报价，使谈判在无奈情况下成为僵局。如果不是僵局，那么通常是一方做出了一定的让步，或双方经过漫长的多个回合的较量，各自都进行了让步，从而达成一个中间价。

问题思考：

(1) 这是一种什么类型的谈判法？

(2) 这种商务谈判法有何利弊？

（资料来源：杨群祥主编. 商务谈判——理论、实务、案例、实训. 大连：东北财经大学出版社，2012.3）

5. 按商务谈判的透明度，可分为公开谈判和秘密谈判

(1) 公开谈判

公开谈判是指谈判的主题、时间、地点、参谈人员及谈判过程均向外界公开的谈判。

(2) 秘密谈判

秘密谈判是指谈判的主题、时间、地点、人员、进程及结果等均不公开的谈判。一般地，

在以下三种情况可以考虑采用秘密谈判：一是谈判信息和结果会对双方或其中一方的现状和利益构成冲击或引起混乱；二是双方对谈判过程和结果感到比较难于把握，为避免谈判失败失去贸易机会；三是谈判信息和结果会影响与其他交易伙伴的关系等。

事实上，公开谈判与秘密谈判是相对而言的。公开谈判不是指没有秘密的谈判，尤其不是指谈判各方均不保留各自秘密的谈判。秘密谈判的保密也是相对的，在时机适当、条件成熟时，秘密谈判的情形特别是结果通常也会公开。如20世纪70年代末，香港华人资本家李嘉诚先生与包玉刚先生就曾经为互相转让九龙仓股票和汇丰银行股票举行秘密磋商。结果，李嘉诚先生获利5 000多万港元，包玉刚先生则登上九龙仓董事局主席的宝座，并创立了华资公司，以少胜多，战胜英资公司，成为当年轰动香港的头号新闻。

而且，公开谈判和秘密谈判也可能在同一问题的谈判过程中交叉出现。谈判各方有可能在前期通过秘密谈判，解决某些关键问题，进而转为公开谈判，达成某些公开的协议。谈判各方也可能借助于秘密谈判解决公开谈判中所碰到的某些棘手的问题。

6. 按商务谈判参与的人数，可分为单人谈判与小组谈判

(1) 单人谈判

单人谈判也称一对一谈判，是指谈判各方只派一名代表出席的商务谈判。

单人谈判的优势在于：① 谈判规模小，所以在谈判工作的准备、地点和时间的安排上，都可以灵活、变通；② 谈判方式可以灵活选择，气氛也比较和谐随意；③ 全权代表，可克服小组谈判中成员之间相互配合不利的状况；④ 谈判双方既有利于沟通，也有利于封锁信息和保密。

但是，单人谈判也有一定的缺陷，表现在：① 一人要同时对付多方面的问题，尤其是一些复杂的谈判，谈判者会力不从心；② 要单独做出决策，谈判者面临的压力较大；③ 无法使用小组谈判的某些策略。

因此，许多谈判专家认为，一对一谈判是最简单也是最困难的谈判。

(2) 小组谈判

小组谈判也称团队谈判，是指谈判各方派两名或两名以上代表参加的商务谈判。小组谈判与一对一谈判相比具有以下优势：① 可以集思广益，寻找更多更好的对策方案；② 可以运用各种谈判战略战术，发挥团队优势；③ 小组成员分工负责，取长补短；④ 分散谈判对手的注意力，使之不将矛头全部对准一个人，从而可以大大减轻个人的压力。但是小组谈判也有其不足的一面，表现在组队本身就有一定的难度，而且谈判过程中彼此的协调更难。

7. 按商务谈判的性质，可分为正式谈判和非正式谈判两种

(1) 正式谈判

正式谈判是指在比较严肃的气氛下，双方就贸易、资本、技术等商务活动相关问题进行实质性的磋商洽谈，而且，双方经磋商达成一致意见所签订的协议受法律约束。

(2) 非正式谈判

非正式谈判是指在不确定的条件下，双方就贸易、相关意向进行广泛的讨论、交换意见。在非正式谈判中，彼此可以无拘无束地谈话，可以谈各自企业内部里不合理的规章制度，也可谈孩子、某场演唱会或足球比赛等。这些谈话就像润滑剂一样，有利于增进情感，可使问题得以顺利解决，同时还能在非正式的情况下，评估对方的人品。

第三节 商务谈判的原则与评判标准

案例导入

发电厂的废水处理问题

某市一家发电厂,由于没有处理好废水问题,致使河流受到污染,当地居民冲进这家电厂抗议。为了减少环境污染,这家电厂被迫采用低硫燃料进行发电,因为电力成本大大提高,导致电费涨价,当地居民怨声载道。电厂有关人员耐心听取居民意见,向他们说明了电厂的难处以及将要采取的措施,使居民知道这是一家有社会责任感的公司,最后居民理解了电厂,并帮助电厂出谋划策,最终使河水污染与电厂生产成本的矛盾得到了解决。

问题思考:

(1) 本案例说明了什么问题?体现了什么谈判原则?

(2) 对你有何启迪?

(资料来源:鲁小慧,徐晓飒主编.商务谈判.长春:东北师范大学出版社,2012.12)

一、商务谈判的原则

商务谈判的原则,是指商务谈判中谈判各方应当遵循的指导思想和基本准则。商务谈判的原则,是商务谈判内在的、必然的行为规范,是商务谈判的实践总结和制胜规律。因此,认识和把握商务谈判的原则,有助于维护谈判各方的权益、提高谈判的成功率和指导谈判策略的运用。商务谈判的原则,包含丰富的内容。其基本原则如下:

1. 尽量扩大总体利益

在谈判中双方应一起努力,首先扩大双方的共同利益,而后再去讨论与确定各自分享的比例,也就是常说的"先把蛋糕做大,再分蛋糕"。有的人一开始谈判,就急于拿起刀去切蛋糕,以为蛋糕就这么大,先下手为强,如果对方切得多一点,就意味着自己分到的少一点,于是在蛋糕的如何切法上大伤脑筋。其实,这种做法并不明智。商务谈判的成功与否,在很大程度上取决于能不能把蛋糕做大,通过双方的努力降低成本、减少风险,使双方的共同利益得到增长,最终使双方都有利可图。项目越大,越复杂,把蛋糕做得更大的可能性也越大。

扩大双方的总体利益,是可能的,在现实中总体利益是客观存在的,而发掘这些现实的潜在利益,却需要双方的合作精神和高超的技艺。例如,两位技艺高超的艺术家共同拥有一块未经雕琢的美玉,美玉被包裹在质朴的岩石中。如果二人将美玉击碎而后瓜分,很可能双方所得无几。相反,若通过合作,凭着丰富的经验,根据矿石表面的纹理结构设计出雕琢方案,并且在雕琢的过程中,不断修正方案,最终他们得到的将是一件稀世珍品。

在谈判中,为了扩大双方的总体利益,有时会遇到对一些传统做法的挑战。虽然,对涉及双方基本原则和立场的一般不能做出让步,但对一些传统的规定,则是可以通过谈判予以调整的。

2. 坚持互利互惠

谈判破裂的原因之一就是双方为维护各自的利益，互不相让。但是双方的根本利益所在是否集中在一个焦点上，确实值得认真研究和考虑。人们在同一事物上可能有不同的利益，在利益的选择上有多种途径，若进行充分沟通，则彼此利益会最大化。

在现代谈判中，传统的分配模式不但无助于协议的达成，反而可能有害，往往是对争论的东西，或者是我得到，或者是你得到。一方多占一些，就意味着另一方要丧失一些。而新的谈判观点则认为，在谈判中每一方都有各自的利益，但每一方利益的焦点并不是完全对立的。一项产品出口贸易的谈判，卖方关心的可能是货款的一次性结算，而买方关心的是产品质量是否是一流的。因此，谈判的一个重要原则，就是协调双方得利，提出互惠互利的选择。

在一定情况下，谈判能否达成协议取决于提出的互利性选择方案。为了更好地协调双方的利益不要过于仓促地确定选择方案，在双方充分协商、讨论的基础上，进一步明确双方各自的利益，找出共同利益、不同利益，从而确定哪些利益是可以调和的。

3. 坚持客观标准

无论是将谈判看成双方的合作，还是看成双方的较量，都无法否认谈判中双方利益冲突这一客观现实。买方希望价格低一点，而卖方希望价格高一些，贷方希望高利率，借方希望低利率。从这种观点出发，一方希望得到对自己有利的结果，另一方也持同样的观点。这些分歧在谈判中时时刻刻存在着，谈判双方的任务就是清除或调和彼此的分歧，达成协议。

消除或调和彼此的分歧有多种方法。一般通过双方的让步或妥协来实现。而这种让步或妥协是基于双方的意愿，即愿意接受什么，不愿意接受什么。所以常常会出现一方做出让步以换取另一方对等的让步，这样，调和消除双方的分歧就变得十分困难，付出的代价也是巨大的。

坚持客观标准能够很好地克服建立在双方意愿基础上的让步所产生的弊病，有利于谈判者达成一种明智而公正的协议。

客观标准是指独立于各方意志之外的合乎情理和切实可行的准则。它既可能是一些惯例、通则，也可能是职业标准、道德标准、科学鉴定等。在商务谈判中，在谈到价格的时候，双方应撇开购销双方的主观要求，而选择市场价格(国际市场上同类商品的价格)、成本等作为客观标准进行谈判，从而保证双方获取公平合理的利益。

评价某一标准是否客观、公平合理，应从两个方面去分析，其一是从实质利益上看，其二是从处理程序上看。从实质利益上看，是以不损害双方应有的利益为原则；从处理程序上看，就是解决问题的方法本身是公平合理的，应该有公平的程序。被认为公平的方法，如“轮流”“抽签”“由第三者决定”“按顺序”等。

在谈判中坚持使用客观标准有助于双方和睦相处，冷静而又客观地分析问题，有助于双方达成一个明智而又公正的协议。由于协议的达成是依据通用的惯例和公正的标准，双方都感到自己的利益没有受到损害，因而会有效地、积极地履行合同。

4. 营造公平、合理、公正的竞争局面

在项目谈判中，应避免选择伙伴单一，避免出现在一棵树上吊死的现象，要善于营造公平、合理的竞争局面，以利于扩大自己的选择余地，从而在技术方案制定、资金运作、合作伙伴选择等方面获得有利的地位，也有利于打破垄断，避免因不了解情况而陷入被动。如某企业打算引进一组大型化工装置，事先技术部门也做了一些技术规划方案，后来消息公布之后，引来了6个国家的10余家公司纷纷表示愿意承办这一项目，并各自提供了他们的方案。经过消化，该企业技术人员从这些方案中发现了更先进、更经济的工艺技术，了解了许多最先进的技术，原先的技术方案经过修改后变得更为完善，为高水平地完成项目引进，走出了关键的一步。

实践证明，营造公开、公平、公正的竞争局面，可以赢得谈判中的主动权，争取最有利的合作条件。

同谈判对手进行的竞争应该是一种"公平竞争"，同潜在合作商的谈判应该建立在平等互利的基础上，而不应采取"轮番压价式"的做法。如某地有一个很诱人的项目，原先估计会有许多个企业参与竞争，而实际上却无人问津，经过深入摸底得知，由于当地在前不久的一次项目招商中，采用了不正当的轮番压价方式，造成了许多企业心有余悸，不愿再来合作。看来一时痛快的压价，却造成了客商敬而远之的后果。另外，应该是多少价格最合理，谈判者心中要有数，在作了项目的可行性分析后，自然知道该项目需要投入多少资本，谈判者所要选择的只是在合理的价格范围内的比较。有时看起来某家客商的报价，明显低于其他人，谈判者从节省费用出发做出选择，表面上占了不少便宜，但实际上可能潜伏着利益损失的危机。所以，要反对轮番压价的做法，因为这种做法，看起来很精明，实则很不高明，要懂得，商务活动中"一分价钱一分货"是一条原则，价格与履约是联系在一起的，善于竞争就要正确地把握它们之间的关系。

5. 把人与问题分开

(1) 尽量从对方的立场来考虑问题。在谈判中，当提出方案和建议时，也要从对方的立场出发考虑提议的可能性，理解或谅解对方的观点、看法。但理解并不等于同意，对别人思想、行动的理解会使自己全面正确地分析整个谈判形势，从而缩小冲突范围，缓和谈判气氛，有利于谈判顺利进行。

站在对方的角度看待问题，会较好地克服想当然的推断所造成的偏见，从而正确地分析理解双方对问题的看法。人们的一个习惯往往导致谈判双方对对方所说的话及提议加以最坏的推测。即使挑不出对方的提议对自己有什么危害，也总觉得他们是为自己利益提出的建议，恐怕于我方不利，不能轻易地同意。但如果尝试从对方的角度看问题，或是提出"假如我是对方，我会如何做"的设想，就会使你抛弃这些先入为主的偏见，看到事物的全部，也能够客观、冷静地分析具体问题，那么，事情就不难办了。

(2) 尽量阐述客观情况，避免责备对方

谈判中经常出现的情况是双方互相指责、抱怨，而不是互相谅解、合作。究其原因就是混淆了人与事的区别。当对谈判中某些问题不满意时，就会归罪于某一方或某个人，因而出现了把问题搁在一边，对对方或某人进行指责、攻击，甚至谩骂的情况，这种做法虽然维护了个人的立场，但却产生了相反的效果。对方在你的攻击下，会采取防卫措施来反对你所说的一切，他们或是拒绝你的话，或是反唇相讥，这就完全把人与事混淆了。

在这种情况下，一种比较好的方法是对对方的提议或见解给予某种肯定的支持，同时，以同样的方式来强调双方的分歧问题，这种支持与抨击的结合看起来并不协调，甚至矛盾。但是，这种不协调却有助于问题的解决。事实证明，如果你讲述自己的看法而不是讲别人的行为与原因，那就会有更好的效果。如"我感到失望"，而不是"你背信弃义"，"请原谅，我没有理解你话的含义”，而不说“是你没说清楚你的意思”等等，这样既讲明了客观情况，又避免了责备对方，避免了因责备对方而引起的防卫性反应，而使对方接受你的意见。

(3) 使双方都参与提议与协商

谈判出现矛盾分歧，双方争得面红耳赤，不可开交，多数情况下是由于双方各自从自己的立场出发，拿出一个让对方接受的提议或方案，这样，即使是对谈判有利的协议，对方也因为怀疑而拒不接纳。如果提出的一方一味坚持，另一方也很可能态度强硬，结果常常会导致僵局。但如果改变一下方式，就可以避免出现上述情况。

改变的方式就是让双方都参与方案的起草、协商。一个能容纳双方主要内容、包含双方主要利益的建议会使双方认为是自己的，如果他们切切实实感到他们是提议的主要参与者、制定者，那么达成协议就会变得比较容易。当各方对解决的办法逐一确认时，整个谈判过程就变得更加有秩序、有效率，因为对提议内容的每项批评、改进与让步，都是双方谈判人员积极参与的结果。

(4) 保全面子，不伤感情

谈判人员有时固执地坚持己见，并不是因为谈判桌上的建议无法接受，而只是因为他们在感情上无法接受，即使是出于无奈而让步，也往往会耿耿于怀。因此，在谈判中顾及对方面子，不伤对方感情十分重要。伤害对方感情仅仅可能是几句话，但带来的后果却是非常严重的。若对方的感情被伤害，会激起他的愤怒，导致反击，也可能引起他人的恐慌，导致自卫，甚至采取对抗性、报复性的行动，而破坏双方的关系，使谈判陷于僵局。

另外，我们在与对方谈判代表打交道时，由于过分重视对方是企业或公司的代言人，而忽略了对方个人的感情变化，忽略了对方对某些问题特别敏感的反应。当对方觉得你藐视他个人，损害了他的面子，自尊心受到伤害时，他就会变得像刺猬一样，充满敌意，防卫自己，攻击别人。这种状况是很不利于双方沟通交流的。许多研究资料表明，受到感情伤害、失掉面子的人，往往会从交易中撤出，对方攻击越中要害，失掉面子的一方则撤退得越彻底，越没有商量的余地。

专家们还认为，在谈判对手中，有一种“本能的敌对者”，即感情上的敌人。如果对方与你关系紧张，由于你伤害了他的感情，使他丢了面子，那么，他会一直与你敌对下去，即使你搬出所有的事实、证据，都无济于事。这种情况下，就很难公正灵活地讨论处理谈判中的问题，更无法维持友好的合作关系。相反，如果对方在谈判中感到有面子、有地位、有尊严时，他可能会变得非常宽容大度，善解人意，也会很容易让步，一切都变得可以通融。可见保全面子在谈判中的重要性。

6. 明确目标，适当妥协

在谈判中，我们经常会发现由于双方对同一问题的期望存在差异而导致谈判的进程受阻。事实上，在很多情况下，大家只要认准最终目标，在具体的问题上就可以采取灵活的态度、变通的办法，使问题得到解决。

妥协是一种让步，但在某些时候仅仅是为了寻求折中的替代方案。这就要求我们不应该在自己的立场上固执己见，而应该积极去寻找隐藏于各自立场背后的共同利益所在。在我国不断改革开放的过程中，由于我国的法律法规尚不健全，原有的一些体制上的问题和一些政策、规定也不完全符合国际惯例的做法。导致我国与国外厂商的某些商务谈判陷入僵局。在这种情况下，我们要积极地、创造性地开展工作，提出建设性的方案。有时可以做出一些必要的让步，以求获得更多的有利的条件和发展机会。这样做是必要的，也是明智的选择。所以说，谈判就像一个天平，每当我们找到了一个可以妥协之处，就等于找到了一个可以加重自己的砝码。适当妥协也是一个谈判者成熟的标志之一。从某种程度上讲，妥协也是一种创造性的工作。

然而，在商务谈判中并不是任何事都可以妥协的，在原则性的问题上是不允许退让半步的。在非原则性的问题上，如果能找到可以退让的地方，并且在适当的时候能够运用自如，这就说明你的谈判准备工作做得比较充分。通常，如果对双方的情况心中有数，做到了知己知彼，这时候，你就比较容易找到妥协的点。

商务谈判的上述原则是由具备正确的谈判意识的谈判者去体会和灵活运用的。一场复杂的商务谈判，就犹如一场人物众多、情节曲折的戏。谈判者只有全身心地投入到角色的创造中去，才能驾驭谈判的舞台，从而在谈判的舞台上做到"精满、气足、神到"。

案例应用

对事不对人

在一家由美国人投资经营的日本工厂中，因为劳资纠纷，工人举行了罢工，据美方经理介绍：工人早在六周前就向投资方提出了警告，举行罢工的当天，双方经过协商达成了一致的意见，罢工结束之后，工人们主动打扫了示威场地，清理了满地的烟头、咖啡杯，恢复了原来清洁的面貌。第二天，工人们又自发加班，完成了因罢工而拖欠的生产任务。

美方经理对此种做法非常不解，就询问其中的一位罢工工人，这位工人是这样回答他的："我们对投资方有些意见，要想让您知道我们对此事是极其严肃的，唯一的办法就是举行罢工。但这也是我们的公司，我们不愿让您认为我们对公司是不忠诚的。"

问题思考：本案例说明什么问题？对你有何启示？

（资料来源：陈文汉主编.商务谈判实务.北京：人民邮电大学出版社，2011.2）

二、商务谈判的价值评判标准

事实上，虽然不少人常常耳闻或目睹谈判，有的还可能是"久经沙场"，但问及他们何谓成功的谈判时，回答则往往不正确，答案也各有千秋。有的把谈判中自己获得利益的多少作为评判标准，认为获得利益越多则标志着谈判越成功；有的则认为，在谈判中本方气势越高，对方气势越低则越成功等。这些看法与做法都是比较片面的，有的甚至是有害的。

美国谈判学会会长、著名律师尼尔伦伯格认为，谈判不是一场棋赛，不要求决出胜负；也不是一场战争，要将对方消灭或是置于死地。恰恰相反，谈判是一项互利的合作事业。谈判中的合作是互惠互利的前提，只有合作才能谈及互利。因此，从谈判是一项互惠的合作事业和在谈判中要实行合作的利己主义观点出发，可把评价一场商务谈判是否成功的价值标准归纳为以下几点：

1. 看商务谈判目的的实现程度

业务人员在参加谈判时总是事先规划好一定的谈判目标，即将自己的利益需求目标化。当谈判结束时，我们就要看一下自己规划的谈判目标有没有实现、在多大程度上实现了预期谈判目标，这是人们评价业务洽谈成功与否的首要标准。需要指出，不要简单地把谈判目的理解为利益目标，这里所指的谈判目的是具有普遍意义的综合目的。不同类型的商务谈判，不同的参谈者，其谈判目的均有所不同。例如，举办合资企业的谈判，对于中方来讲.其谈判目的有可能是尽快地以最合理的控股权在某地合资生产某种产品；对于租赁任务洽谈，其谈判目的则有可能是以最低租金租到功能较齐全的某种设备。因此，谈判目的只有在具体的谈判项目中才能具体化。

2. 看谈判的效率

任何商务谈判都是要付出一定成本的。有人认为谈判成本是无法计算的，而且也是没有必要计算的，这种看法是极为错误的。经济领域里的任何经济行为，都是要讲效率的，即将付出与收益进行对比。商务谈判本身是经济活动的一部分，也应计算成本。谈判成本可以从以下三个部分加以衡量计算：

第一部分成本是为了达成协议所做出的所有让步之和。其数值等于该次谈判预期谈判收益与实际谈判收益之差值。

第二部分成本是指为洽谈而耗费的各种资源之和。其数值等于为该次谈判所付出的人力、物力、财力和时间的经济折算值之和。

第三部分成本是指机会成本。由于企业将部分资源投入到该次谈判中，即该次谈判占用和消耗了人力、物力、财力和时间，于是这部分资源就失去了其他的获利机会，因而就损失了渴望获得的价值。这部分成本的计算，可用企业在正常生产经营情况下，这部分资源所创造的价值的大小来衡量；也可以用事实上由于这些资源的被占用和耗费，而使某些获利机会的错过所造成损失的多少来计算。

以上三部分成本之和构成了谈判的总成本。通常情况下，人们认识到的成本只是第一部分，即对谈判桌上的得失较为敏感，而对第二种则比较轻视，对第三种成本考虑更少。要想准确考核谈判的效率，对谈判成本的准确计算就显得格外重要。

计算出谈判成本后，就可看出谈判效率的情况。所谓谈判效率是指谈判所获收益与所耗费谈判成本之间的对比关系。如果谈判所费成本很低，而收益却较大，则本次谈判是成功的、高效率的。反之如果谈判所费成本较高，收益却很少，则本次谈判是低效率的、不经济的，甚至在某种程度上讲是失败的。

3. 看谈判后的人际关系

商务谈判是两个组织或企业之间经济往来活动的重要组成部分，它不仅从形式上表现为业务人员之间的关系，而且更深层地代表着两个企业或经济组织之间的关系。因此在评价一场谈判成功与否时，不仅要看谈判各方市场份额的划分、出价的高低、资本及风险的分摊、利润的分配等经济指标，而且要看谈判后双方人际关系如何，即通过本次谈判，双方的关系是得以维持，还是得以促进和加强，抑或遭到破坏……商务谈判实践告诉我们，一个能够使本企业业务不断扩大的精明的谈判人员，往往将眼光放得很远，而从不计较某场谈判的得失，因为他知道，良好的信誉、融洽的关系是企业得以发展的重要因素，也是商务谈判成功的重要标志。任何只盯住眼前利益，并为自己某场谈判的所得大声喝彩者，这种喝彩也许是最后一次，至少有可能与本次谈判对手是最后一次，是“捡了眼前的芝麻，丢了长远的西瓜”。

综合以上三个评价指标，一场成功的或理想的谈判应该是：通过谈判双方的需求都得到了满足,而且这种较为满意的结果是在高效率的节奏下完成的,同时双方的友好合作关系得以建立或进一步发展和加强。

案例应用

是成功还是失败

美国约翰逊公司的研究开发部经理,从一家有名的A公司购买了一台分析仪器,使用了几个月后,一个价值2.95美元的零件坏了,约翰逊公司希望A公司免费调换一只。A公司却不同意,认为零件是因为约翰逊公司使用不当造成的,并特别召集了几名高级工程师来研究,寻找证据。双方为这件事争执了很长一段时间,几位高级工程师费了九牛二虎之力终于证明了责任在约翰逊公司一方,取得了谈判的胜利。但此后整整20年时间,约翰逊公司再未从A公司买过一只零件,并且告诫公司的职员,今后无论采购什么物品,宁愿多花一点钱,多跑一些路,也不与A公司发生业务交往。

问题思考:

(1) 请你来评价一下,A公司的这一谈判究竟是胜利还是失败?

(2) 我们应该如何来评价一场谈判的成败。

(资料来源:鲁小慧,徐晓飒主编. 商务谈判. 长春:东北师范大学出版社,2012.12)

本章小结

◆ 谈判是人类行为的一个组成部分,在人们社会交往活动中起着越来越重要的作用;商务谈判是谈判的特殊类型。

◆ 商务谈判是指关于商业事务上的谈判,具体是指两个或两个以上从事商务活动的组织或个人,为了满足各自经济利益的需要,对涉及各方切身利益的分歧进行交换意见和磋商,谋求取得一致和达成协议的经济交往活动。它具有利益性、平等性、多样性、组织性、约束性五个基本特征,是科学性与艺术性的统一。

◆ 商务谈判由当事人、标的和议题三个要素构成。这三个要素是互相结合,缺一不可的,缺少任何一个因素都不能构成商务谈判。

◆ 商务谈判依据不同的标准可分为多种类型,而不同类型的商务谈判对谈判者提出了不同的要求。所以,谈判者应当根据需要和可能,进行合理选择,并针对特定类型的商务谈判,采取相应的措施。

◆ 商务谈判应遵循的原则:尽量扩大总体利益、坚持互利互惠、坚持客观标准、营造公平、合理、公正的竞争局面、把人与问题分开、明确目标,适当妥协。

◆ 商务谈判的价值评判标准:要看商务谈判目的的实现程度、要看谈判的效率如何、要看谈判后的人际关系如何。

思考与练习

1. 简答题

(1) 什么是谈判？其动因是什么？

(2) 什么是商务谈判？

(3) 试比较让步型谈判、立场型谈判、原则型谈判三种谈判的区别。

(4) 如何理解“一对一谈判是最简单也是最困难的谈判”？

(5) 商务谈判的原则有哪些？

(6) 如何理解谈判成败的评价标准。

2. 单项选择题

(1) 商务谈判的要素由(　　)构成。

A. 当事人　　B. 议题　　C. 价格　　D. 背景

(2) 按谈判的透明度，商务谈判可分为(　　)。

A. 秘密谈判　　B. 正式谈判　　C. 公开谈判　　D. 主场谈判

(3) 按照谈判地点的不同，可将谈判分为(　　)。

A. 技术谈判，贸易谈判，价格谈判　　B. 价格谈判，外交谈判，军事谈判

C. 国际谈判，国内谈判，中立地谈判　　D. 主场谈判，客场谈判，中立地谈判

(4) 按双方所采取的态度与方针来划分，可以将商务谈判分为(　　)类型。

A. 客场谈判　　B. 立场型谈判　　C. 让步型谈判　　D. 原则型谈判

(5) 立场型谈判又称为(　　)。

A. 硬式谈判　　B. 原则型谈判　　C. 价值型谈判　　D. 让步型谈判

(6) 便于双方谈判人员交流思想感情的是(　　)。

A. 主场谈判　　B. 客场谈判　　C. 书面谈判　　D. 口头谈判

(7) 判定谈判成功与否的价值谈判标准是(　　)。

A. 目标实现程度、商务谈判的效率、商务谈判后的人际关系

B. 利益满足标准、最高利润标准、人际关系标准

C. 目标实现标准、共同利益标准、冲突和合作统一标准

D. 实现目标标准、最大利益标准、人际关系标准

(8) 买卖双方就买卖货物有关内容进行的谈判是(　　)。

A. 技术贸易谈判　　B. 投资项目谈判　　C. 商品贸易谈判　　D. 劳务贸易谈判

(9) 商务谈判的目的是(　　)。

A. 合作和满足需求

B. 获取最大利益

C. 谈判中一定要占据有利地位

D. 不顾对方利益，达成最有利于自己的协议

3. 多项选择题

(1) 商务谈判产生的前提是(　　)。

A. 双方(或多方)有共同的利益,也有分歧之处
B. 双方(或多方)都有解决问题和分歧的愿望
C. 双方(或多方)愿意采取一定的行动达成协议
D. 双方(或多方)都能互惠互利
E. 希望将对方竞争出局

(2) 商务谈判的意义包括( )

A. 增加对谈判双方的了解　　B. 平衡谈判双方的利益
C. 约束谈判双方履行义务　　D. 发展和开拓谈判双方的合作领域
E. 提高和改进交易双方的管理水平

4. 案例分析

索尼彩电进军美国市场

日本索尼公司的彩色电视机,以其清晰的画面、优良的品质,赢得了全世界广大顾客的信任,如今已经是誉满全球的特级名牌了。但是,在20世纪70年代中期,当它最初出现在美国商店货架上的时候,只是一种备受歧视、遭人冷落的“杂牌货”。

卯木肇担任索尼公司新任国外部部长,他选定芝加哥最大的电器零售商店马歇尔公司为推销主攻对象,希望它能成为当地销售索尼彩电的“带头牛”。第二天上班时,他兴冲冲地来到马歇尔公司,求见总经理。名片经传达人递进去,好半天才退回来,回答是“总经理不在”。接下来,卯木肇又连续吃了两次闭门羹。

第四次去撞门,总经理终于同意接见了,卯木肇高高兴兴地走进他的办公室。“我们不卖索尼的产品。”没等卯木肇开口,总经理就这样一声当头棒喝。卯木肇被这声大喝弄得迷迷糊糊,还没来得及回过神,总经理又噼里啪啦地大发议论:“你们的产品屡次降价拍卖,像一只瘪气的足球,踢来踢去没人要。”

卯木肇表示一定要接受总经理的批评,不再搞削价销售,立即着手改善商品形象。回到公司驻地后,卯木肇立即采取措施,从寄卖行取回全部索尼彩电,取消削价销售,并在当地报纸上重新刊登广告,重塑商品美好形象。

卯木肇带着刊登新广告的报纸,满怀信心地再次去见马歇尔公司的总经理。不料总经理又以“索尼公司没有做好售后服务”为借口再次拒销。卯木肇微笑着接受了总经理的又一次批评,回驻地后立即设置“索尼彩电特约维修服务部”,专门负责产品的售后服务和维修工作。随后又刊登大幅广告,公布“索尼彩电特约维修服务部”的地址和电话号码,并做出郑重承诺:保证随叫随到。

但是,马歇尔公司的总经理在第三次见面时继续刁难,再次提出索尼彩电在当地形象不佳,不受消费者欢迎而拒绝销售。不过,卯木肇已感到这位总经理拒绝的理由越来越少了,离成交已经不远了。

此后,卯木肇立即召集全体工作人员开会,规定从第二天起,每人每天拨五次电话,向马歇尔公司询问购买索尼彩电事宜。接连不断的询购电话搞得马歇尔公司的职员晕头转向,以为是“订购”或“催货”,误将索尼彩电列入“待交货名单”。

马歇尔公司总经理终于约见了卯木肇。一见面总经理就对卯木肇吼道:“你搞什么名堂,制造舆论,干扰我公司的正常工作,太不像话了!我问你,电话是不是你安排人打的?”

卯木肇等总经理发泄一通，火气稍消一点后，镇定自若地开始与他交谈。他回避了总经理的提问，把话题岔开，大谈索尼彩电的优点，称其是日本国内最畅销的产品。然后，他态度十分诚恳，语气十分坚定地对总经理说："我三番五次忍辱负重求见您，一方面是尽职尽责，为了本公司的利益；另一方面，我也考虑了贵公司的利益。日本国内最畅销的彩电放到马歇尔公司的柜台上，同样会成为畅销商品，一定会成为贵公司的摇钱树！"

卯木肇态度诚恳、入情入理的发言终于打动了这位总经理的心，同意代销两台，试试看，但条件十分苛刻：索尼彩电上柜后，如果一个星期之内卖不出，请搬回去。

卯木肇满口应承，连连道谢。回到驻地后，立即选派两名相貌英俊、口齿伶俐的年轻推销员送两台彩电去马歇尔公司的家用电器柜台。并告诉他们：这两台彩电，是百万美金订货的开始，一定不能掉以轻心，要他们把货送到后，留在柜台上，与公司的店员并肩推销，并要求他们与店员搞好关系，休息时轮流请店员到附近咖啡馆喝咖啡，如果一周之内，这两台彩电卖不出去，他俩就不要再返回公司了。

当天下午4点钟，两位年轻人跑步回来，喜滋滋地报告两台彩电已经卖出，马歇尔公司又订了两台，卯木肇大喜。至此，索尼彩电终于挤进了芝加哥市"带头牛"商店，打开了局面。此后，在圣诞节前后的一个月里，竟卖出索尼彩电700余台。

畅销的索尼彩电使马歇尔公司大获其利。总经理亲自登门拜访卯木肇先生，并当即签订合同，决定索尼彩电为该公司下一个年度的主销产品。双方联袂在芝加哥市各大报刊刊登巨幅广告，进一步塑造商品形象，提高商品的知名度，从此索尼彩电成功打入美国市场。

问题思考：

(1) 本案例说明什么问题？

(2) 卯木肇的哪些作法值得我们学习？

（资料来源：庞岳红主编. 商务谈判. 北京：清华大学出版社，2011.6）

5. 实训题

(1) 实践决策

你是自己开业的牙科医生，有位病人欠你一大笔钱，并且他的账已经拖欠很长时间了。你在什么时候和他提起这一问题为好？（　　）

A. 你不会提的，你知道他很有钱，这样做不符合职业习惯

B. 在你给他钻牙时偶尔提起

C. 在开始治疗以前

D. 在治疗以后，让你的接待员向他提及此事

(2) 提炼案例，总结交流心得

要求以宿舍或小组为单位，回忆、收集、整理你有印象的谈判例子，在宿舍或小组内交流，并以宿舍或小组为单位提交案例和交流心得。

(3) 模拟谈判

学院规划出一片学生创业基地，共有30个店面，竞争激烈，现在仅剩一个店面，我们班准备派三个同学去谈判争取，你认为班上哪三位同学作为该项目的谈判人员比较合适，为什么？请被推荐的三位同学进行模拟谈判。

第二章　商务谈判的准备

学习目标

◆ 掌握商务谈判信息收集的渠道和方法

◆ 理解商务谈判人员应该具备的素质和能力

◆ 了解商务谈判班子的选拔

◆ 熟悉商务谈判人员的组织和管理

技能目标

◆ 通过学习和训练，能通过商务谈判必备的职业素养和职业能力去选择商务谈判人员并组建一支合乎要求的商务谈判队伍

第一节　商务谈判信息的准备

案例导入

大庆油田的商业秘密

在20世纪60年代我国开始大庆油田的建设时，有关大庆的一切信息几乎都是保密的。除了少数一些有关人员以外，一般外界连大庆油田的具体位置都不知道。但日本人对这些信息不但知道，而且还掌握得非常准确。他们对大庆油田有关情报的收集，既没有派间谍、特务，也没有收买有关人员，完全依靠对我国有关大庆油田公开资料的收集与综合分析。

1966年7月，《中国画报》封面上登出了一张大庆石油工人艰苦创业的照片。画面上，工人们身穿大棉袄，正冒着鹅毛大雪奋力拼搏。日本人根据这一张照片分析出，大庆油田可能是在东北三省北部的某个地点。接着，在《人民日报》上日本人又看到了这样一篇报道说，王进喜到了马家窑，说了一声“好大的油海啊！我们要把中国石油落后的帽子扔到太平洋里去”。于是，日本人找来伪满时期的旧地图，发现马家窑是位于黑龙江海伦市东南的一个村子，在兆安铁路上一个小站以东10余公里处。接着，日文版的《人民中国》杂志里又有报道说，中国工人阶级发扬了“一不怕苦，二不怕死”的精神，大庆石油设备不用马拉车推，完全靠肩扛人抬运到工地。日本人就据此分析出，大庆的石油钻井离马家窑不远，远了人工是扛不动的。

早在1964年王进喜出席第三届全国人民代表大会的消息见报时，日本人就肯定地得出

结论:大庆油田出油了,不出油王进喜当不了人民代表。他们进一步根据《人民日报》上的一张大庆油田钻塔的照片,从钻台上手柄的架式等方面推算出油井的直径,再根据油井直径和政府工作报告,用当时的石油产量减去原来的石油产量,估算出平时大庆油田的石油产量。在这个基础上,他们很快设计出适合大庆油田操作的石油设备。

当大庆油田向全世界征求石油设备的设计方案时,其他国家都没有准备,唯独日本人胸有成竹,早已准备好了与大庆油田现有情况完全吻合的设备方案,在与大庆油田的谈判中,一举中标。

问题思考:本案例要说明什么问题?给我们什么启示?

(资料来源:鲁小慧,徐晓飒主编.商务谈判.长春:东北师范大学出版社,2012.12)

准确可靠的商务谈判信息是谈判能否成功的可靠保证,是确定谈判目标的基础,也是制定谈判策略的依据,它包括政治法律信息、市场信息、科技信息、金融信息、谈判对手的信息等等,谈判人员要广泛收集信息,做到知己知彼,才能百战不殆。在商务谈判中,谁在谈判信息上拥有优势,能够知道对方的真正需要和他们的谈判利益界限,谁就有可能制定正确的谈判战略,掌握谈判的主动权。

一、商务谈判背景信息内容

1. 对谈判环境因素的分析

谈判是在一定的法律制度和某一特定的政治、经济、文化影响下的社会环境中进行的。这些谈判环境因素会直接或间接地影响谈判进度及效果;特别是涉外商务谈判的环境因素,包括与谈判有关的相关国家的所有客观因素,如其政治法律、社会文化、经济建设、自然资源、基础设施、气候条件与地理位置等。英国谈判专家 P. D. V. 马什在其所著的《合同谈判手册》中将与谈判有关的环境因素概括为以下几类。

(1) 政治状况

主要包括:国家对企业的管理程度,涉及企业自主权的大小;经济的运行机制,如是计划体制,要看企业之间的交易买卖有多少列入国家计划,有没有争取到计划指标,在市场经济条件下,企业自主权较多,可以全权决定交易的取舍;对方当局政府的稳定性;政府与买卖双方之间的政治关系。例如阿拉伯国家有时往往拒绝同那些与以色列有政治经济关系的国家及其企业进行商业交易。

(2) 宗教信仰

宗教信仰指信奉某种特定宗教的人群对其所信仰的神圣对象(包括特定的教理教义等)由崇拜认同而产生的坚定不移的信念及全身心的皈依。这种思想信念和全身心的皈依表现和贯穿于特定的宗教仪式和宗教活动中,并用来指导和规范自己在世俗社会中的行为。属于一种特殊的社会意识形态和文化现象。该国占主导地位的宗教信仰是什么?在某些国家宗教影响很大,法律制度是根据宗教教义来制定的,人们行为是否被认可,要看是否符合宗教精神。这都是商务谈判人员不能不考虑的。

(3) 法律制度

是指法律调整各种社会关系时所形成的体现社会制度的各种法律制度。它涉及相关国家的政治法律制度、经济法律制度、家庭法律制度、文化法律制度及狭义的法律制度等。一种良好的法律制度有着三个方面的要素：第一是法律的权威，第二是良好的司法官员，第三是简单易行的诉讼程序。法律制度是指法律的执行程度、法院受理案件的时间长短等。这些都是谈判人员要熟悉的。

（4）商业做法

企业决策的程序如何？是否做任何事情都见诸文字？律师的作用如何？有没有工业间谍活动？在工作中是否有贿赂现象？如有，方式如何？有些国家是不行贿不成交易的。一个项目是否可以同时与几家公司谈判选择最优惠的条件达成交易？如果可以，保证交易成功的关键因素是什么？是否仅仅是价格问题？在几家公司同时竞争一笔生意时，谈判是最复杂、最艰难的，必须要紧紧抓住影响交易成功的关键因素来开展工作，才有成功的希望。业务谈判的常用语言是什么？如使用当地的语言，有无可靠安全的翻译？合同文件是否可以用两种语言来表示？两种语言是否具有同等的法律效力？谈判是用语言来进行交流，靠语言来表达意思的，因此，必须选择合适的谈判用语。在最后签订合同时，如果使用第三国文字，那么对谈判双方都是公平的。如果不是这样，一般应规定双方的文字具有同等效力。

（5）社会习俗

内容涉及：① 衣着、称呼方面，什么才是合乎规范的标准？② 是否只能在工作时间谈业务？在业余时间是否也可谈业务？③ 社交场合中是否应该带妻子？是不是所有的款待、娱乐活动都在饭店、俱乐部等地进行？④ 送礼的方式、礼品的内容有什么习俗？⑤ 在大庭广众之下，人们是否愿意接受别人的批评？人们是如何看待荣誉、名声等问题的？⑥ 妇女是否参与经营业务？如参与是否与男子具有同等的权力？等等。

（6）基础设施与后勤供应系统

内容涉及：① 该国的人力资源数量、质量；② 该国的邮电通信，如邮电、移动电话、互联网、广播电视等；③ 交通运输状况如航空、铁路、航运、长途汽车和高速公路等；④ 该国的能源设施，如电力、煤气、天然气等设施设备；⑤ 供、排水设施包括水资源保护、自来水厂、供水管网、排水和污水处理；⑥ 环保设施，如园林绿化、垃圾收集与处理、污染治理等；⑦ 防灾设施，如消防、防汛、防震等。

2. 对谈判对手的调查

对谈判对手的调查是谈判准备工作最关键的一环，如果同一个事先毫无任何了解的对手谈判，会造成极大的困难，甚至会冒很大的风险。谈判对手的情况是复杂多样的，主要调查分析对方的客商身份、对方的资信情况、对方的资本、信用及履约能力、参加谈判人员的权限和谈判目的等情况。

（1）客商身份调查

首先应该对谈判对手属于哪一类客商了解清楚，避免错误估计对方，使自己失误甚至受骗上当。

① 对待在世界上享有一定声望和信誉的公司，要求对方提供准确、完整的各种数据，令人信服的信誉证明，谈判前要做好充分准备，谈判中要求有较高超的谈判技巧，要有充足的自信心，不能一味迎合对方条件而损害自己的根本利益。

② 对待享有一定知名度的客商，要看到对方比较讲信誉，占领我国市场的愿望比较迫切，技术服务和培训工作比较好，对我方在技术方面和合作生产的条件比较易于接受，是较好的贸易伙伴。

③ 对待没有任何知名度的客商，只要确认其身份地位，深入了解其资产、技术、产品、服务等方面的情况，也是很好的合作伙伴。因为其知名度不高，谈条件不会太苛刻。

④ 对待专门从事交易中介的客商，要认清他们所介绍的客商的资信地位，防止他们打着中介的旗号进行欺骗。

⑤ 对待"借树乘凉"的客商，不要被其母公司的光环所迷惑，对其应持慎重态度。如果是子公司，要求其出示其母公司准予以母公司的名义洽谈业务，并承担子公司一切风险的授权书。母公司拥有的资产、商誉并不意味着子公司也拥有，要警惕子公司打着母公司招牌虚报资产的现象。如果是分公司，它不具备独立的法人资格，公司资产属于母公司，它无权独自签约。

⑥ 对待各种骗子型的客商，一定要调查清楚其真实面目，谨防上当，尤其不要被对方虚假的招牌、优惠的条件、给个人的好处所迷惑，使自己落入圈套。

(2) 谈判对手资信调查

对谈判对手进行资信状况的调查研究，是谈判前准备工作极其重要的一步。缺少必要的资信状况分析，谈判对手主体资格不合格或不具备与合同要求基本相当的履约能力，那么所签订的协议就是无效协议或者是没有履行保障的协议，谈判者就前功尽弃，蒙受巨大损失。

对谈判对手资信情况的调查包括两方面的内容：一是对方主体的合法资格；二是对方的资本信用与履约能力。具体如表 2-1 所示。

表 2-1　对谈判对手情况的调查内容

调查项目	具体内容
合法资格	调查对方的法人资格：是否具有独立的法人资格，是否具有签订合同的合法资格；审查对方谈判代表资格和签约资格
资产状况	审查对方的注册资本、资产负债表、收支状况、销售状况、资金状况等
信用状况和履约能力	调查对方的经营历史、经营作风、产品在市场中的信誉度和美誉度以及在银行的信用等级和履约表现
谈判者的权限和时限	调查对方的权限大小，若对方不是决策人物，只是一般的工作人员，应了解对方是否得到了授权以及决策范围和程度；调查对方谈判时间的安排情况
谈判对手的需求	调查对方的谈判目标和期望、感兴趣的话题及原因、谈判禁忌，常见的问题包括：价格、数量、质量、交货期、付款、折扣、培训、售后服务等
其他信息	对方主谈人员的个人背景（包括其履历、信念、性格、家庭成员、兴趣爱好）以及对方谈判风格、思维方式、惯用策略和技巧等

案例应用

查无此公司

A 电子进出口公司经 B 电器公司介绍与美国 C 股份有限责任公司签订了销售合同，合同标的包括电视机、冰箱等家用电器，售价不菲，货到付款。中方根据外方要求和合同规定按期将货物装船运输，在规定的收货时间之内，外方先后两次来电声称货已收到，但是要求就质量问题进一步商谈。中方就外商提出的所有问题均做出了回答，质量实际上是没有问题的，但此后外方再无任何反应。

中方担心货款的不及时偿付可能给企业造成经济损失，便决定通过法律手段解决这个问题。遂依照销售合同的仲裁条款，向中国国际经济贸易仲裁委员会上海分会提出申请。

仲裁委员会向对方发送仲裁文件后，一直不见回音，经查询，回答是“查无此公司”，中方大呼上当，可是悔之晚矣。可见，掌握谈判对手背景资料是极其重要的。

问题思考：本案例对我们有什么启示？

（资料来源：鲁小慧，徐晓飒主编. 商务谈判. 长春：东北师范大学出版社，2012.12）

3. 对谈判者自身的了解

在谈判前的准备工作中，不仅要调查分析客观环境和谈判对手的情况，还应该正确了解和评估谈判者自身的状况。谈判者一定要有自知之明，但是自我评估很容易出现两种偏向：一是过高估计自身实力，看不到自身的弱点；二是过低评估自身实力，看不到自身的优势。自我评估首先要看到自身所具备的实力和优势，同时要客观地分析自己的需要和实现需要所欠缺的优势条件。

(1) 谈判者信心的确立

谈判信心来自对自己实力以及优势的了解，也来自谈判准备工作是否做得充分。谈判者应该了解自己是否准备好支持自己说服对方的足够的依据，是否对可能遇到的困难有充分的思想准备，一旦谈判破裂是否会找到新的途径实现自己的目标。如果对谈判成功缺乏足够的信心，是否需要寻找足够的信心确立条件，还是需要修正原有的谈判目标和方案。

(2) 自我需要的认定

① 希望借助谈判满足己方哪些需要。比如，作为谈判中的买方，应该仔细分析自己到底需要什么样的产品和服务，需要多少？要求达到怎样的质量标准？价格可以出多少？必须在什么时间内购买？供方必须满足买方哪些条件等等；作为谈判中的卖方，应该仔细分析自己愿意向对方出售哪些产品？是配套产品还是拆零产品？卖出价格最低限是多少？买方的支付方式和时间如何等等。

② 各种需要的满足程度。己方的需要是多种多样的，各种需要重要程度并不一样。要搞清楚哪些需要必须得到全部满足；哪些需要可以降低要求；哪些需要在必要情况下可以不考虑，这样才能抓住谈判中的主要矛盾，保护己方的根本利益。

③ 需要满足的可替代性。需要满足的可替代性大，谈判中己方回旋余地就大；如果需要满足的可替代性很小，那么谈判中己方讨价还价的余地就很小，当然很难得到预期结果。需要满足的可替代性包含两方面内容：一是谈判对手的可选择性有多大。有些谈判者对谈判对手的依赖性很强，就会使己方陷入被动局面，常常被迫屈从于对方的条件。二是谈判内容可替代性的大小。例如，如果价格需要不能得到满足，可不可以用供货方式、提供服务等需要的满足来替代呢？眼前需要满足不了，是否可以用长期合作的需要满足来替代？这种替代的可能性大小，要通过认真权衡利弊的评价来确定。

④ 满足对方需要的能力鉴定。谈判者不仅要了解自己要从对方得到哪些需要的满足，还必须了解自己能满足对方哪些需要，满足对方需要的能力有多大，在众多的提供需要满足的竞争对手中，自己具有哪些优势，占据什么样的竞争地位。

满足自身的需要是参加谈判的目的，满足他人的需要是谈判者参与谈判、与对方合作交易的资本。谈判者应该分析自己的实力，认清自己到底能满足对方哪些需要，如出售商品的数量、期限、技术服务等等。如果谈判者具有其他企业所没有的满足需要的能力，或是谈判者能够比其他企业更好地满足某种需要，那么谈判者就拥有更多的与对方讨价还价的优势。

二、商务谈判信息获取的渠道

1. 印刷媒体

印刷媒体主要通过报纸、杂志、内部刊物和专业书籍中登载的消息、图表、数字、照片来获取信息。这个渠道可提供比较丰富的各种环境信息、竞争对手信息和市场行情信息。谈判者可以通过这些渠道获得比较详细而准确的综合信息。

2. 电脑网络

电脑网络是21世纪非常重要的获取资料的渠道。在电脑网络上可以非常方便快捷地查阅国内外许多公司信息、产品信息、市场信息以及其他多种信息。

3. 电波媒介

电波媒介即通过广播、电视播发的有关新闻资料，如政治新闻、经济动态、市场行情、广告等。其优点是迅速、准确、现场感强，缺点是信息转瞬即逝，不易保存。

4. 统计资料

统计资料主要包括各国政府或国际组织的各类统计年鉴，也包括各银行组织、国际信息咨询公司、各大企业的统计数据和各类报表，特点是材料详尽，可提供大量原始数据。

5. 各种会议

通过参加各种商品交易会、展览会、订货会、企业界联谊会、各种经济组织专题研讨会来获取资料。特点是信息非常新鲜，要善于从中捕捉有价值的东西。

6. 各种专门机构

各种专门机构包括国内贸易部、对外贸易部、对外经济贸易促进会、各类银行、进出口公司、本公司在国外的办事处、分公司、驻各国的大使馆等。

7. 知情人士

例如，各类记者、公司的商务代理人、当地的华人、华侨、驻外使馆人员、留学生等。

三、商务谈判信息获取的方法

1. 直接观察法

直接观察法是调查者在调查现场对被调查事物及被调查者的行为与特点进行观察测度的一种信息资料收集方法。其形式主要有以下几种：① 参观对方的生产经营场地，以了解对方的实际情况；② 安排非正式的初步洽谈，通过各种预备性的接触，创造机会，当面了解对方的态度，观察对方的意图；③ 购买对方的产品进行研究，将对方的产品拆开后进行检验，分析其结构、工艺等，以确定其生产成本。

2. 访谈法

调查者直接面对访问对象进行问答，包括个别对象采访，也包括召集多人举行座谈。在访谈之前，应准备好一份调查提纲，有针对性地设计一些问题。访谈对象回答问题可录音或记录，以便事后整理分析。这种方法的特点是可以有针对性地抽样选择访谈对象，可以直接感受到对方的态度、心情和表述。

3. 专家会议调查法

专家会议调查法有多种形式，例如，讨论汇总法，即开会讨论各个专家的调查报告，然后进行汇总，提出参考性意见；征求意见法，即会前发给专家有关课题资料，开会时，由调查者拿出调查报告，请专家分析评判；头脑风暴法，即会议上大家围绕调查课题，各抒己见，各种想法相互启发，仿佛在思想上刮起一阵旋风。

4. 电子媒体收集法

电子媒体指电话、电脑、电视、广播等媒体。电子媒体收集信息的作用越来越重要，通过电子媒体收集信息有许多优点，它传播速度快，可以及时获取最新信息；它传播范围广，可以毫不费力地收集到各个国家的重要信息；它表现力强，电脑、电视媒体可以提供声音、图像、文件，提供真实的现场情景，尤其是电脑，储存的信息相当丰富。

5. 问卷法

调查者事先印刷好问卷，发放给相关人士，填写好以后收集上来进行分析。问卷的设计要讲究科学性和针对性，既要有封闭式问题又要有开放式问题。这种方法的特点是可以广泛收集相关信息，利于实现调查者的主导意向，易于整理分析，难点在于如何调动被调查者填写问卷的积极性以及保证填写内容的真实性。

6. 文献法

文献法是用于收集第二手资料的方法。可以从公开出版的报纸、杂志、书籍中收集，也可以从未公开的各种资料、文件、报告中收集。文献法的特点是可以收集到比较权威、准确的信息，但是要注意信息是否陈旧、过时。

7. 现代化的经济谍报方式

在大笔交易中，仅一个消息就可能价值上百万元，而得到这个消息的费用可能只有几千元而已。曾有文章说，在欧洲，如同在美国和日本，商业间谍渐渐变成一项很兴盛的行业。根据一项权威的估计：欧洲每年约有 8 亿美元花费在商业间谍上。商业间谍以至于成为一种行业，它拥有成长中行业所有的优点，风险相当低，但报酬却非常高。窃听器、微型照相机、定向扩音器、望远式照相机、录音机、电脑资料的储存与传递，以及多种仪器的组合，都使得商业情报的打探工作更为便利。这是必须严加防范的。

案例应用

有苦难言的背后

有一次，一批甲国影像材料专家到乙国一家著名的照相器材厂参观，实验室主任殷勤地招呼着客人。当参观到这家器材厂的显影溶液时，一位客人由于看得格外仔细，以至于将其领带末端的极小部分微微浸碰到了溶液。但这一看似平常的举动并没有逃过主任的眼睛，他知道一旦该领带被带出厂去，只要将领带上的溶液痕迹化验一下，便可轻而易举地得到这显影溶液的配方。

于是，在客人准备辞行时，一位负责接待的女士拿着一条崭新的高档领带彬彬有礼地请那位客人换上，那位客人虽一边道谢，一边换上领带，可是脸上却明显地带有一种有苦难言的尴尬神情，窃取机密的行为就这样被制止了。

问题思考：对本案例中的相关人员的做法进行分析和评价。

（资料来源：鲁小慧，徐晓飒主编. 商务谈判. 长春：东北师范大学出版社，2012.12）

四、商务谈判信息收集原则

1. 可靠性

收集的信息要力求真实可靠，要选用经过验证的结论、经过审准的数据和经过确认的事实。不要满足一种方法收集信息，可以采用几种方法，从不同角度来反映客观事实，不要凭主观判断片面做出结论。如果收集的信息不可靠甚至是错误的，就会给谈判工作埋下隐患，造成不可估量的损失。

2. 全面性

背景调查的资料力求全面系统，应该从整体上反映事物的本质，不能仅仅靠支离破碎的信息来评估某些事物。尤其对一些重要信息，如经济环境、市场状况、商品销售情况、谈判对手的实力和商誉情况，在时间上和空间上都会存在差异，只有将调查工作做得更全面一些，才能保证所获得信息的完整准确性。

3. 可比性

调查资料要具备可比性。一方面可以横向比较，针对同一问题收集多种资料，就可以在比较中得出正确的结论；另一方面可以纵向比较，例如市场行情、产品销售状况、企业商誉情况等，有了不同时期的资料，就可以通过事物的过去分析其现在和未来的发展趋势，找出事物发展的规律性。

4. 针对性

背景调查工作是一项内容繁杂的工作，需要耗费大量的精力和时间，短时间内不可能把所有背景都调查清楚。要将与谈判有最密切联系的资料作为重点调查内容，要将最急需了解的问题作为优先调查内容，这样才能提高调查工作效率，争取时间，占据主动。

5. 长期性

背景调查既是谈判前的一项准备工作，又是企业一项长期的任务。在企业经营管理工作中重视信息的重要作用，建立完善的信息收集网络，不间断地将各种重要信息随时进行收集存档，就可以为企业经营、商务谈判不失时机地提供各种决策依据。如果平时不重视信息收集工作，事到临头匆匆忙忙搞调查，就很难保证调查工作的周密和完善。从这个角度来看，背景调查工作不仅仅是谈判人员的临时任务，也应该是企业各方面都要承担的长期任务。

五、信息资料的加工整理

要将收集的资料进行鉴别和分析，剔除某些不真实、缺乏足够证据证明、带有主观臆断色彩的信息，保存那些可靠的、有可比性的信息，避免造成错误的判断和决策；将资料进行归纳和分类。将原始资料按时间顺序、问题性质、反映问题角度等要求分门别类地排序，以便于更明确地反映问题的各个侧面和整体面貌；将整理好的资料作认真的研究分析，从表面的现象探求其内在本质，由此问题逻辑推理到彼问题，由感性认识上升到理性认识，然后提出有重要意义的问题；将提出的问题做出正确的判断和结论，并对谈判决策提出有指导意义的意见，供企业领导和谈判者参考；写出背景调查报告，对谈判有直接的指导作用。

调查报告要有充足的事实、准确的数据，还要有对谈判工作起指导作用的初步结论。

第二节 商务谈判人员的选择

案例导入

仅仅因为一口痰吗？

一天下来，美国的约瑟先生对于对手——中国某医疗机械的范厂长，既恼火又钦佩。这个范厂长对即将引进的“大输液管”生产线行情非常熟悉。不仅对设备的技术指数要求高，而且价格压得很低。在中国，约瑟似乎没有遇到过这样难缠而有实力的谈判对手。他断定，今后和务实的范厂长合作，事业是能顺利的。于是信服地接受了范厂长那个偏低的报价。

“OK!”双方约定第二天正式签订协议。

天色尚早，范厂长邀请约瑟到车间看一看。车间井然有序，约瑟边看边赞许地点头。

走着走着，突然，范厂长觉得嗓子里像有条小虫在爬，不由得咳了一声，便急急地向车间一角奔去。约瑟诧异地盯着范厂长，只见他在墙角吐了一口痰，然后用鞋底擦了擦，油漆的地面留下了一片痰渍。约瑟快步走出车间，不顾范厂长的竭力挽留，坚决要回宾馆。

第二天一早，翻译敲开范厂长的门，递给他一封约瑟的信：

“尊敬的范先生，我十分钦佩您的才智与精明，但车间里你吐痰的一幕使我一夜难眠。恕我直言，一个厂长的卫生习惯，可以反映一个工厂的管理素质。况且，我们今后生产的是用来治病的输液管。贵国有句谚语：人命关天！请原谅我的不辞而别，否则，上帝会惩罚我的……”范厂长觉得头“轰”的一声，像要炸了。

问题思考：为什么不拘小节可以惹出大麻烦？给我们什么启示？

（资料来源：陈建明主编. 商务谈判实用教程. 北京：北京大学出版社，中国农业大学出版社，2009.3）

一、谈判人员的素质要求

谈判人员选择的关键在于要发现并任用那些具备基本的能力，能够并且愿意完成谈判任务的人员。对理想的谈判者的要求通常包括多个方面。艾克尔在《国家如何进行谈判》一书中提出的“完美无缺的谈判者的标准”几乎包括了人类的一切美德。艾克尔写道：“根据17—18世纪的外交规范，一个完美无缺的谈判家，应该心智机敏，而且具有无限的耐心，能巧言掩饰，但不欺诈行骗；能取信于人，而不轻信他人；能谦恭节制，但又刚毅果敢；能施展魅力，而不为他人所惑；能拥巨富、藏娇妻，而不为钱财和女色所动。”在现实的商务活动中，几乎很难找到类似的“完美无缺”的谈判者。但一个优秀的商务谈判人员至少应符合以下几个基本的素质要求。

1. 良好的职业道德

不同社会通常有不同的道德标准、价值观念，同一社会不同人群的道德标准往往也有一定的差别。但就商务活动来说，无论处于什么样的社会，一个理想的谈判者都必须遵守基本的商业道德规范，能够正确处理公司与个人之间的利益关系。作为企业的代表，在谈判过程中，应当积极谋求符合企业利益的目标的实现，而不是谋求个人利益目标。

2. 健康的职业心理素质

具备健康的职业心理素质是谈判者职业素养的重要内容之一，它具体表现为以下几个方面：

(1) 充满信心，乐观向上

充满信心，就是要求谈判者相信自己的实力，相信自己具有说服对方的能力。没有自信心，没有面对压力和挫折而坚持不懈努力的信心和毅力，就难以取得谈判的成功。利益差异决定了绝大多数谈判都需经过多个回合的反复磋商才能达成协议，必胜的信念是促使谈判者在不利的条件下坚定地走向胜利的重要保证。

自信也必须建立在充分占有材料的基础上，必须建立在对谈判双方实力科学分析的基础上，否则自信就是盲目的自信，危险的自信。此外，值得指出的是，自信不是唯我独尊。缺乏自信心，不能坚持正确的观点是错误的；盲目的自信，坚持明显错误的观点，也可能使谈判最终趋于失败。因此，谈判者的自信还应包括及时改变自己的不正确决定的能力。

商务谈判充满了变数，常常是谈了几天几夜，可临到最后却突然因为一个小小的问题而破裂。这就要求谈判者不屈不挠，有着积极、乐观、进取的心态。

(2) 勇于决断，处变不惊

谈判是承诺(给予)和获取兼而有之的过程，它要求谈判者不断根据形势的变化，对对方的要求做出回答，对己方以后的策略做出决断。果断决策可以为企业赢得良好的机会，也可能赢得对方的尊重，反之，则可能坐失良机。但决策过程往往存在一定的风险，谈判者对决策相关因素的了解越少，风险越大；可供决策的时间越短，难度也越大。因此，要求谈判者具有在关键时刻敢于做出决策的勇气和魄力，能够对谈判中出现的问题做出快速反应，提出应变的对策措施。

勇于决断不是要谈判者盲目决策、随意决策。为避免谈判过程中决策的盲目性，谈判者要将谈判时的勇于决断建立在平时深思熟虑的基础上。只有在谈判之前就注意搜集信息，加强对谈判可行性的研究，才能提高谈判过程中决策的科学性，才能做到真正的勇于决策处变不惊、含而不露。这也是一个优秀的谈判者所应具备的素质之一。

面对复杂多变的形势，谈判者既要善于“以变应变”，根据谈判情形的变化修正自己的目标和策略，又要善于“以不变应万变”，沉着冷静地处理各种可能出现的问题。

(3) 善于冒险，沉着应战

商务活动带有很大的不确定性。从事特定的活动不仅要付出会计成本，而且要付出机会成本。报高价，可能吓走对方；报低价，则意味着减少己方的利润收益。坚持某一条件不让步，可能使交易失败，也可能赢得对方的让步；放弃某一条件，可能换得对方的回报，也可能被对方视为软弱或还有很大让步空间的标志。谈判者要善于根据采取某一行动所可能带来的机会收益与机会成本大小的分析情况，决定某一行为是否值得去做。值得做的就应勇敢尝试。

3. 广博而纵深的“T”型知识结构

一个优秀的谈判人员应该是“全能的”，他既要在横向方面有广博的知识，又要在纵向方面有较深的专业知识，两者之间构成一个“T”型的知识结构。

（1）横向的知识结构

任何一个谈判者，都必须熟悉相关的政策、法律、法规和国际惯例；熟悉市场、客户、产品、价格和金融知识；熟悉各国各地各民族的风土人情和风俗习惯以及其他社会知识等。

（2）纵向的专业知识

作为一个谈判者，必须具备丰富的专业知识，如产品的生产过程、性能及技术特点；产品的市场潜力和前景等。

4. 较高的能力素养

谈判者的能力是指谈判人员驾驭商务谈判这个复杂多变的“竞技场”的能力，是谈判者在谈判桌上充分发挥作用所应具备的主观条件。他主要包括以下几个方面：

（1）运筹、计划能力

主持谈判的代表必须是能统帅全局的人，要有长远的眼光，能运筹帷幄，善于针对谈判内容的轻重和对象的层次，事先决定“兵力”部署和方案设计，并随时做出必要的改变，以适应谈判场上形势的变化。谈判如同作战，先要对谈判以及对手的基本情况做个调查和预测，并精心设计合理的目标和周全的计划，然后依靠毅力和耐力去与对方周旋，以期最终实现自己的目标。

（2）语言表达能力

谈判是人利用语言工具进行交往的一种活动，谈判语言包括口头和书面语言两类，它要求准确、严密而且生动、形象、幽默、富有感染力，这是一门艺术。

（3）应变能力

商务谈判中需要与各种各样的人打交道，而且谈判环境复杂多变，谈判进行中也可能会发生很多意想不到的事。因此，要求谈判人员善于察言观色，沉着、机智、灵活，及时掌握对方动向，摸清对方“底牌”，随机应变。谈判顺利时，必须乘胜前进，步步深入，扩大战果，一气呵成。遇到对方僵持不下的情况，也不能放弃原则，而要据理力争，维护己方的最大获得利益。

（4）判断力

判断力是确定事物与现象之间联系的能力。良好的职业判断力对谈判人员非常重要。合格的谈判人员要随时根据谈判中的情况变化及有关信息，透过复杂多变的现象，抓住问题的实质，迅速分析并做出判断，采取必要的措施，果断地提出解决问题的具体方案。

案例应用

一汽与德国大众的合作

中国一汽经过谈判引进了美国克莱斯勒轻轿结构发动机后，顺理成章地也准备引进该公司的车身。一汽的谈判能手吕福源带领谈判代表团重返设在底特律的克莱斯勒公司时，对方要求合作的条件变得异常苛刻，要价极高，用吕福源的话讲，简直是天方夜谭的数字。

谈判陷入严重的僵局，我代表团毅然返回。情况表明，美方已获得我国已批准一汽要上轿车的信息，既然发动机已经是美方的产品，离开克莱斯勒，一汽就肯定会一筹莫展，所以对方觉得无论其开出如何苛刻的条件，一汽也得就范。

一汽总裁耿昭杰毅然决定中断与克莱斯勒的谈判，其冒险性可想而知。

中方的意志是美国人没有想到的，更没想到的是下面的事情……

此时，恰逢德国大众公司董事长哈恩博士到一汽进行礼节性拜访，耿昭杰为之一震。哈恩博士到了一汽，大吃一惊，仿佛看到了新大陆，大有相见恨晚之意。他与一汽一见钟情，与耿总也谈得十分投机。双方合作的意图油然而生，哈恩博士在会见时向中方频频暗送秋波。耿总看在眼里，但是心有顾虑：轿车的发动机生产线已经是美国的了，娶来的"媳妇"就无法退回。如果再与德国大众合作，只能要他的车身和整装技术，具有世界一流水平的德国大众能接受美国"媳妇"并与之合为一体吗？

耿总把这个担心作为一个试探性的气球放了出去，想不到哈恩非常热情地、以德国企业家特有的坦诚做出了精明慷慨的允诺，并正式邀请中方四星期后去德国朗堡大众汽车所在地考察。

四星期后谈判能手吕福源身负重任飞往朗堡，想不到大众已把美国的发动机装进了德国奥迪的车身中，这是为安装克莱斯勒发动机而专门定做加长的。大众合作的诚意和效率可见一斑。

美国底特律克莱斯勒总裁艾柯卡立即得到了中德行动的信息，并深深地感受到了这一信息的压力，了解了其内涵，他立即通知有关人士把想和好的手伸过来，"如果一汽和我们合作，将只象征性地收 1 美元技术转让费……"此时，一汽已由开始的山穷水尽变得柳暗花明，货比两家的主动地位允许他们在经过反复的论证和比较后，最终选定大众为合作伙伴。

汽车工业巨子艾柯卡悔之莫及，后来在中国考察时，他公开总结了自己在过去几年吸取的教训，并要求能去一汽看一看，尤其是看看耿昭杰。

两年后，装有美国克莱斯勒发动机的德国奥迪汽车在中国市场备受青睐。

问题思考：

(1) 本案例中，中国一汽在与美国克莱斯勒和德国大众汽车进行合作谈判的过程中，进行了哪些准备工作？

(2) 本案例中，决策人和主谈人身上有哪些品质和能力值得我们学习？

(资料来源：鲁小慧，徐晓飒主编. 商务谈判. 长春：东北师范大学出版社，2012.12)

二、商务谈判人员的选拔

1. 识别商务谈判人员基本观点

(1) 放大眼光看人的观点

放大眼光看人的观点是指从较广的范围和较多的人员中选拔适当的商务谈判人员。有些组织选拔谈判人员往往出现这样一种情况：领导班子的眼光仅仅盯着自己所熟悉的很少的几个人，如果感到这几个人也不合适，就让不熟悉业务的“头头”参加谈判，或要求上级派人。而真正符合谈判素质要求的人员由于没有进入被选拔的视野，得不到合理的选择，谈判班子就难以实现最优组合。就目前来看，选择谈判人员存在的主要问题就是论资排辈。这在一些较大型的谈判和涉外谈判中表现得较为明显。如果选拔一个有资历的人主持谈判，说三道四的就少；如果要任用一个没有资历却很有谈判能力、能控制谈判局面的“无名小辈”，就会招致各种苛刻的非议。商务谈判是一种综合能力的反映，人员选拔适当与否将关系到谈判的成败。为了做到放大眼光看人，选拔人员就要不拘一格，不为老观念束缚，要在竞争中择优选拔。

(2) 扬长避短看人的观点

选拔谈判人员要一分为二，分清主流和支流。在分析谈判人员的素质时，应看到每个人既有长处也有短处。选拔谈判人员应首先考虑其优点、长处是什么，这些优点和长处是否适合参加谈判；有的人尽管有缺点和短处，但这些缺点与短处不至于影响谈判，也不应排斥这样的人参加谈判。唯有如此，才会选拔出适合发挥其优点和长处的谈判人员。选拔谈判人员应重主流、轻支流，懂得事物的性质是由矛盾的主要方面决定的，人才是由其长处决定的。九方皋相马“得其精而忘其粗，在其内而忘其外，见其所见而不见其所不见，视其所视而遗其所不视”。这种富有哲理的识才之道值得选拔谈判人员时借鉴。当然，识人所长并不是不见其短，而是不要揪住人才的缺点不放。

(3) 在实践中看人的观点

任何人才的成长都有一个发展过程，都是在实践中发展起来的。掌握了相关的谈判理论，在实践中并不一定就能运用自如，运用的效果也并不一定会很好，因为人才的成长有一个成熟过程。成熟，不取决于谈判人员的年龄，而是取决于谈判人才必不可少的实践过程，谈判人才的成长是一个由潜人才向显人才发展的过程。潜人才只有在谈判实践中做出成绩与贡献，才能转化为显人才。要给潜人才创造参加谈判实践的机会，使他们在谈判中脱颖而出。因此，识别谈判人才不能凭印象、凭个人好恶，而是要通过实践加以检验。人的素质高低、业务能力强弱、谈判成效高低，只有在实践中才能被检验出来。

2. 商务谈判人员的选择方法

(1) 经历跟踪法

经历跟踪法是对备选者在较长时间内的有关情况进行了解，收集其工作情况、受教育情况、工作经历、社会地位、性格特点等有关资料来研究其心理和能力的发展过程。同时，分析其有关谈判活动或相近活动的工作成绩，通过对工作成绩的分析，可以了解备选人员的智力水平、个性心理特点、谈判技能的熟练程度、兴趣爱好、工作态度等。

(2) 观察法

观察法是在自然条件下,通过对备选者的行动、语言、表情等进行有计划、有目的、有系统地观察,了解备选人员的各种能力和心理特点。运用观察法可能获得比较真实的情况,并做出比较客观的评价。但是,如果是无计划、片断观察,所获得的结果就会片面,难以做出公正的结论。全面而系统地观察应包括:动作的速度、准确性和协调性;记忆力的强弱、保持性和准确性;思维力的广度、深度、灵活性和创造性;想象力的生动性、丰富性和新颖性;情绪状态、理智感、道德感、兴趣、意志、气质、语言、面部表情等。

(3) 谈话法

谈话法是通过与备选者进行语言交流,了解其各种能力和心理特点的方法。在谈话中应注意:事先要拟定好谈话的主要内容,最好采取面对面的对话形式,并要记录谈话内容,谈话时可设计激烈、轻松、打断等情景,以便了解备选人的应变应答能力。

(4) 谈判能力测验法

谈判能力测验法是根据所要测验的内容,设计各种答卷进行测验评分,用数量化表示备选者能力和心理特点的方法。这种方法的优点是能在较短的时间内、在较大范围内取得调查材料,以便分析对比,择优录取;缺点是测验答卷的水平不同,结果也会不尽相同,备选者不一定按其真实思想回答问题。谈判能力测验法在不同时间使用,可测验出谈判人员各种能力的变化。

案例应用

郑经理的"时髦行头"

郑书伟是一家大型国有企业的总经理。有一次,他获悉有一家著名的德国企业的董事长正在本市进行访问,并有寻求合作伙伴的意向。他于是想尽办法,请有关部门为双方牵线搭桥。

让郑总经理欣喜若狂的是,对方也有兴趣同他的企业进行合作,而且希望尽快与他见面。到了双方会面的那一天,郑总经理对自己的形象刻意地进行一番修饰,他根据自己对时尚的理解,上穿夹克衫,下穿牛仔裤,头戴棒球帽,足蹬旅游鞋。无疑,他希望自己能给对方留下精明强干、时尚新潮的印象。

然而事与愿违,郑总经理自我感觉良好的这一身时髦的"行头",却偏偏坏了他的大事。

问题思考:郑总经理的错误在哪里?他的德国同行对此会有何评价?

(资料来源:陈媛媛主编.商务谈判教程.北京:航空工业出版社,2012.7)

第三节 商务谈判队伍的组建

案例导入

中美商务谈判模拟对抗赛

一次,我国某大学国际MBA教师和美国某大学商学院的EMBA学员举行了商务谈判模拟对抗赛,分别代表中国公司(由我国某大学教师模拟)与美国一家公司(由美国某大学商学院EMBA学员模拟)进行谈判。按照案例的背景,中国公司原为美国公司在中国的食品经销商,此次谈判是关于双方确定今后的合作方式的内容。历时两个小时的谈判意想不到的艰难和激烈,使中国谈判小组真正感受到了国际商业竞争的火药味。

团队组织实力的对比:美方的谈判小组由5名大学的EMBA学员组成,其中1人为具有丰富咨询经验的大学教授,2名为美国公司的商务人员,1名为销售主管,另1名为美国最大的食品制造商的技术人员。所有成员都具有丰富的工商管理经验。中方谈判小组由7名来自高校的教师组成。部分成员具有企业管理咨询经验。

结果:美方在谈判中处处掌握了主动权,中方老师们虽然也做了许多努力尽力去摆脱被动的局面,希望能够转向既定策略,却始终没有成功。

问题思考:

(1) 请分析对比双方的谈判团队实力,哪一方占优势,为什么?

(2) 为什么美方在谈判中处处掌握了主动权,其最重要的原因是什么?

(3) 你认为应如何科学合理地安排谈判人员?

(资料来源:鲁小慧,徐晓飒主编.商务谈判.长春:东北师范大学出版社,2012.12)

一、谈判队伍规模的确定

在具备了优秀的谈判人员的情况下,队伍的组建也是谈判准备中的一个重要问题。一个企业具备若干素质优异的谈判人员,并不意味着其必然拥有一支优秀的谈判队伍。在考虑谈判者个体的素质的同时,还必须考虑组建一支规模恰当、结构合理的谈判队伍。

1. 客观谈判的需要

组建谈判队伍,确定队伍规模时,首先必须要考虑到谈判对队伍规模的需要,主要是谈判的复杂程度。谈判的复杂程度包括双方需要通过谈判解决的问题的多少及其复杂程度,双方之间关系的复杂程度等。如国际贸易谈判通常比国内贸易谈判复杂,技术贸易谈判通常比标准货物买卖谈判复杂;组建合资企业的谈判又比技术贸易谈判复杂。如果双方讨论的问题只是与双边利益有关,则较另一个与第三方利益也有密切关联的问题的谈判来说,就要简单一些。双方之间为处理长期遗留下来的问题的谈判则往往比讨论新的合作更为复杂。谈判的复杂程度直接决定了对专家的需要程度。谈判越是复杂,就越是需要若干熟悉专门问题人员的参与,因而谈判队伍的规模相对就较大。如标准品买卖的谈判不一定需要专门的产品技术专家的参与;专用设备,特别是技术较为复杂的设备的买卖则需要借助于熟悉设备技术性能的专家的参与。大型工程项目的谈判则可能需要若干多个领域专家的参与。有些复杂的大型项目谈判可能要分为若干阶段进行，涉及数百名不同领域的专家。简单的谈判不一定需要由专人担当记录工作，但较复杂的谈判中，由专人负责对谈判进展过程予以详细完整的记载则是必要的。

2. 不同规模队伍的利弊

不同规模的队伍各有其利弊。在考虑谈判队伍的规模时，必须要对不同队伍规模的利弊有清楚的认识。

(1) 单人谈判

单人谈判具有下述优点：① 避免对方攻击己方实力较弱的成员。② 避免多人参加谈判时内部的不协调，包括多人参加谈判时，由于对方有意识的行为导致的己方内部不协调。③ 谈判者可独自当机立断地采取对策。

单人谈判的不足之处：① 谈判者一人要同时对付多方面的问题，担负多方面的工作，从而可能会影响工作的效果。② 谈判人员要单独做出决策，其面临的决策压力较大。③ 单人参加谈判，无法在维持良好的谈判形象的同时，扮演多种类型的角色，谈判策略的运用受到很多限制。

(2) 团队谈判

团队谈判的优势主要表现：① 可以集思广益，寻找更多更好的对策方案。由于谈判队伍中的成员往往来自不同的部门，具有不同的知识结构和能力特长，能从不同的角度分析特定的问题，既可相互启发，也可防止错误、疏漏。② 可以运用多人谈判的战略战术，发挥团队优势：只要有两个或两个以上的代表参加谈判，就可运用双簧戏等技巧：在多人参加谈判时，主谈人员则可以无法获得全体成员的必要支持为借口来赢得时间或拒绝做出让步。③ 谈判成员各有所长，分工负责，取长补短。由于不需要由一个人处理各方面的问题，因此，整个队伍可以高效快速地针对不同情况，采取合理的对策。④ 分散谈判对手的注意力，使之将矛头不会全部对准一个人，从而大大减轻个人的压力。⑤ 有助于谈判工作的衔接，当出现意外情况时，不至于中断谈判。

团队谈判也有其不足的一面：① 组队难。组建一支队伍涉及到规模的确定、人员的选择、领导人的任命等多方面的问题。② 组队后谈判过程中的队伍协调管理工作难度甚高。要使谈判队伍围绕着谈判目标发挥出较高的水平，必须有出色的管理。

3. 企业资源状况

企业资源状况，包括能够投入特定谈判的人力、物力、财力等资源构成确定谈判队伍规模的另一个约束条件。实际谈判中的情形经常是存在着特定关系的双方，在特定条件下，特定时间内，就特定问题进行的磋商。

由于存在着这些特定的条件限制，往往也制约了合适的人选范围。在一定时间内可以参与谈判的人不一定适合于进行该特定问题的谈判，而从双方关系处理及能力角度看，合适的人选则不一定有足够的时间。企业财力的大小及其有关的财务制度则往往限制了可以用于进行某一项目谈判的财力资源，从而也决定了财力所能支持的参与谈判的人数。

4. 谈判队伍管理者的管理协调能力

管理者的控制能力，主要是指谈判队伍负责人管理协调整个谈判队伍的能力。协调越差，整个队伍的效能就越差。协调状况与队伍的规模成反比，与领导者的协调能力成正比。具有较强的管理协调能力的管理者能够带领一支较大规模的队伍。充分发挥团队谈判的优势。反之，管理者的协调控制能力较差，不仅无法充分利用较大规模团队谈判的优势，运作的效果可能还不如小规模的队伍。因此，企业在组建谈判队伍时，必须要物色优秀的队伍负责人，保持队伍规模与负责人管理协调能力之间的平衡。

除了这些因素外，可供谈判的时间的长短、企业负责人对谈判队伍规模的偏好、所要谈判的问题在企业经营活动中的重要性等，也是在确定谈判队伍规模时应当考虑的。

从实践经验来看，主张谈判小组的规模一般设定在 3～7 人为宜，这主要是出于以下几个原因：① 人数越少决策效率就越高。② 要考虑最佳的管理幅度。③ 3～7 人能覆盖一般谈判所需的知识范围，比如商务、技术、财会、金融、法律、翻译等专业知识。④ 人数少而精便于小组成员调换。

上述谈判小组人员的规模，只是就一般情况进行分析，有些大型的谈判，领导和各部门的负责人都可参与，再加上工作人员如秘书等，团队规模就会相应增大。

二、谈判队伍的构成原则

在组建谈判队伍时，不仅要考虑到规模的合理化，而且要考虑到结构的优化。组建一支结构合理的谈判队伍，要保证队伍的整体能力能适应谈判的需要，各个成员能够积极配合，实现谈判目标。

1. 知识互补

知识互补包含两层意思：一是谈判人员各自具备自己专长的知识，都是处理不同问题的专家，在知识方面相互补充，形成整体的优势。例如，谈判人员分别精通商业、外贸、金融、法律、专业技术等知识，就会组成一支知识全面而又各自精通一门专业的谈判队伍；二是谈判人员书本知识与工作经验的知识互补。谈判队伍中既有高学历的青年知识学者，也有身经百战具有丰富实践经验的谈判老手。高学历学者专家可以发挥理论知识和专业技术特长，有实践经验的人可以发挥见多识广、成熟老练的优势，这样知识与经验互补，就能提高谈判队伍整体战斗力。

2. 性格协调

谈判队伍中的谈判人员性格要互补协调，将不同人的性格优势发挥出来，互相弥补其不足，才能发挥出整体队伍的最大优势。性格活泼开朗的人，善于表达、反应敏捷、处事果断，但是性情可能比较急躁，看待问题也可能不够深刻，甚至会疏忽大意；性格稳重沉静的人，办事认真细致，说话比较谨慎，原则性较强，看问题比较深刻，善于观察和思考，理性思维比较明显，但是不够热情，不善于表达，反应相对比较迟钝，处理问题不够果断，灵活性较差。如果这两类性格的人组合在一起，分别担任不同的角色，就可以发挥出各自的性格特长，优势互补，协调合作。

3. 分工明确

谈判班子中的每一个人都要有明确的分工，担任不同的角色。每个人都有自己特殊的任务，不能工作越位，角色混淆。遇到争论不能七嘴八舌争先恐后发言，要有主角和配角，要有中心和外围，要有台上和台下。谈判队伍要分工明确、纪律严明。当然，分工明确的同时还要注意大家都是为一个共同的目标而通力合作、协同作战。

三、谈判的人员构成

根据不同的标准，商务谈判人员可有不同的构成。如根据谈判人员在谈判过程中所起作用的大小，区分为主要负责人、主谈人和陪谈人；根据业务分工不同，区分为技术人员、工业商业管理人员以及财会、金融人员和翻译员等；根据谈判人员性格特征的差异，可区分为独立型与顺应型人、活跃型与沉稳型人、急性型与精细型人等。

一般而言，完整的商务谈判团队由以下几类人员参加：一是谈判组领导或称首席谈判代表；二是专家和技术人员；三是其他人员。

1. 谈判组领导

谈判组的领导或首席谈判代表应当是公司或企业的主要领导。由主要领导担任首席谈判代表有很多原因：首先，他身在领导岗位因而有权做出决定。在谈判中常常需要即时做出决定，这对于一般工作人员来说是无法做到的。其次，谈判也有一个级别对等的问题，主谈级别的高低显示了对谈判的重视程度和对对方的尊敬程度。此外，领导所处的位置使他可以获取更全面的信息从而更好地掌握全局，做出正确的判断。

一个合格的谈判组领导既要具有与谈判领域有关的知识，还应当有能力领导全体成员实现谈判的预定目标。除此以外，他的个人品质和原则性对谈判的成功也很重要。如果他在谈判中将个人的利益和打算作为交易条件，置集体利益于不顾，则会不可避免地给公司和企业带来巨大的经济损失。

谈判组领导在整个谈判过程中的主要职责包括：

(1) 选谈判小组的组成人选，并制定谈判计划，确定谈判目标和策略。

(2) 谈判过程中出现的重要事情做出决定。在谈判桌上，组织谈判方案的实施。每次谈判结束后，组织分析，进行小结，并决定下一轮谈判的方案和对策，如决定让步的时间和程度，哪些条款可以作为交换的条件以及休会的安排等。

(3) 发挥全体成员的主观能动性，协调谈判组成员之间的关系。如果成员之间有不同意见，领导应当善于解决内部出现的纠纷，统一意见和步调，维护谈判组对外谈判时的整体形象。

(4) 代表整个谈判组签署双方达成的协定，如果对最后协定存有异义应向对方提出质询。

2. 专家和技术人员

谈判组的专家和技术人员首先应当是各自领域的真正的专家。他们在谈判组中分别负责某一方面的专门工作。他们的任务是向谈判组领导提供令人信服的与专业方面有关的建议，随时准备回答对方的问题，用他们的专业知识帮助谈判组的领导做出正确决定。在谈判中专业人员的见解和提议是十分关键的，并且无论出于什么理由都不应轻视和忽略专家的意见。事实已证明，缺少专家的指导会导致重大的损失。

谈判班子应根据谈判的需要配备有关专家，选择既专业对口又有实践经验和谈判本领的人。根据谈判的内容，专业人员大致可分为四个方面：

(1) 商务方面，如确定商品品种、规格、商品价格、敲定交货的时间与方式、明确风险的分担等事宜。

(2) 技术方面，如评价商品技术标准、质量标准、包装、加工工艺、使用、维护等事项。

(3) 法律方面，如起草合同的法律文件、对合同中各项条款的法律解释等。

(4) 金融方面，如决定支付方式、信用保证、证券与资金担保等事项。

谈判班子通常要由这四方面人员组成，有时遇到一个特殊的技术问题和法律问题，还需要聘请一些专家参加。对于一些规模较小的谈判，参加者也可兼顾两个或三个方面的业务，从而使班子得到精简。

专业谈判人员的主要职责：向谈判组领导提供相关的专业知识和建议，帮助主谈人解决涉及相关专业知识的问题；为谈判组领导做决策提供专业方面的论证；同谈判另一方中的专业人员磋商与本专业知识相关的细节问题，修改草拟的谈判文书中的有关条款。

3. 翻译人员及其他人员

在国际商务谈判中，翻译人员是谈判中实际的核心人员。一个好的翻译，能洞察对方的心理和发言的实质，活跃谈判气氛，为主谈人提供重要的信息和建议，同时也可以为己方人员在谈判中出现失误，寻找改正的机会和借口。对外贸易谈判往往会涉及许多复杂而又微妙的问题，主谈人或其他成员在发言的时候难免有失误的情况出现，高水平的翻译应能在翻译时巧妙地加以更正。有时当主谈人意识到自己出现口误时，可以在与翻译默契的配合下找借口把口误的责任推到翻译身上，体面地下台阶。此外，通过翻译进行谈判，可以避免过早暴露自己的外语水平，利用翻译用另一种语言复述的时间，细心观察对方的反应，争取较多的思考时间，决定下一步的行动。

其他人员是指谈判必需的工作人员，如电脑方面的技术人员、记录人员、打字员，具体职责是准确、完整、及时地记录谈判内容，一般由上述各类人员中的某人兼任，也可委派专人担任。虽然不作为谈判的正式代表，却是谈判班子的工作人员。

案例应用

如此安排谈判人员

某县一饮料厂欲购买意大利固体橘汁饮料的生产技术与设备。派往意大利的谈判小组包括以下4名核心人员：该厂厂长、该县主管工业的副县长、县经委主任和县财办主任。

思考问题：

(1) 如此安排谈判人员说明该谈判团的谈判思想带有何色彩？

(2) 如此安排谈判人员理论上会导致什么样的后果？

(3) 如何调整谈判人员？调整的主要依据是什么？

(资料来源：鲁小慧，徐晓飒主编. 商务谈判. 长春：东北师范大学出版社，2012. 12)

四、谈判人员的分工与配合

谈判人员的分工是指每一个谈判者都有明确的分工，都有自己适当的角色，各司其职。谈判人员的配合是指谈判人员之间思路、语言、策略的互相协调，步调一致，要确定各类人员之间的主从关系、呼应关系和配合关系。

1. 主谈与辅谈的分工与配合

主谈是指在谈判的某一阶段，或针对某些方面的议题时的主要发言人，或称谈判首席代表；除主谈以外的小组其他成员处于辅助配合的位置上，故称为辅谈或陪谈。

主谈是谈判工作能否达到预期目标的关键性人物，其主要职责是使已确定的谈判目标和谈判策略在谈判中得以实现。对于主谈的地位和作用，有较高的要求：

深刻理解各项方针政策和法律规范、本企业的战略目标和商贸策略；具备熟练的专业技术知识和较广泛的相关知识；有较丰富的商务谈判经验；思维敏捷，善于分析和决断，有较强的表达能力和驾驭谈判进程的能力；有权威气度和大将胸怀，并能与谈判组织其他成员团结协作，默契配合，统领谈判队伍共同为实现谈判目标而努力。

主谈必须与辅谈密切配合才能真正发挥主谈的作用。在谈判中己方一切重要的观点和意见都应主要由主谈表达，尤其是一些关键的评价和结论更得由主谈表述，辅谈决不能随意谈个人观点或下与主谈不一致的结论。辅谈要配合主谈起到参谋和支持的作用。例如，在主谈发言时，自始至终都应得到辅谈的支持。这可以通过口头语言或肢体语言做出赞同的表示，并随时拿出相关证据证明主谈观点的正确性。当对方集中火力，多人、多角度刁难主谈时，辅谈要善于使主谈摆脱困境，从不同角度反驳对方的攻击，加强主谈的谈判实力。当主谈谈到涉及辅谈所熟知的专业问题时，辅谈应给予主谈更详尽、更充足的证据支持。例如，在商务条款谈判时，商务人员为主谈，其他人员处于辅谈地位。但是进行合同条款谈判时，专业技术人员和法律人员应从技术的角度和法律的角度对谈判问题进行论证并提供依据，给予主谈有力的支持。当然，在谈判合同的商务条款时，有关商务条件的提出和对方条件的接受与否都应以商务主谈为主。主谈与辅谈的身份、地位、职能不能发生角色越位，否则谈判就会因为己方乱了阵脚而陷于被动。

2. “台上”和“台下”的分工与配合

在比较复杂的谈判中，为了提高谈判的效果，可组织“台上”和“台下”两套班子。台上人员是直接在谈判桌上谈判的人员，台下人员是不直接与对方面对面地谈判，而是为台上谈判人员出谋划策或准备各种必需的资料和证据的人员。一种台下人员可以是负责该项谈判业务的主管领导，可以指导和监督台上人员按既定目标和准则行事，维护企业利益；也可以是台上人员的幕后操纵者，台上人员在大的原则和总体目标上接受台下班子的指挥，敲定谈判成交时也必须征得台下人员的认可，但是台上人员在谈判过程中仍然具有随机应变的战术权力。另一种台下人员是具有专业水平的各种参谋，如法律专家、贸易专家、技术专家等，他们主要起参谋职能，向台上人员提供专业方面的参谋建议，台上人员有权对其意见进行取舍或选择。当然台下人员不能过多过滥，也不能过多地干预台上人员，要充分发挥台上人员的职责权力和主观能动性，及时地、创造性地处理好一些问题，争取实现谈判目标。

案例应用

汽油添加剂出口谈判

山东A公司向日本B公司出口自产汽油添加剂3 000吨。这是试订单，也是A公司第一次出口。日方认为中方产品价格有竞争力，品质也不差。只是添加剂是易燃易爆的液体，储存运输较危险，按运输危险等级是一级危险品。为了考察青岛港的储运情况，日方一行5人到A公司来谈判。A公司领导、商务主谈及储运人员共6人参加了谈判。

对于产品价格、质量问题，双方很快就达成了共识，但就运输问题讨论了很长时间。从工厂到码头间的运输，再到码头储罐；从运输船的船型到输油管的材料、安装工具，双方讨论得很细，甚至环境污染等细节也讨论到了。最后日方认为从安全出发，由其派船为宜，不过要求中方为其装船创造好岸上条件。此外，还要求价格再优惠。

对此，中方主谈为了省事，又急于做成第一笔出口生意，不假思索即表示："可以考虑。"

中方领导在一旁听后，马上纠正："不行。"

日方主谈随即问道："贵方反悔啦？"

"不是反悔，而是讨论。"

于是，日方主谈反过来与中方领导讨论运输条件。中方领导认为：创造装船条件可以，但再降价有困难。日方认为：自己尽的义务大，中方应奖励。

结果讨论延续了一个小时，中方主谈在旁静静听着，略显尴尬。

问题思考：

(1) 请对中方负责人和主谈在谈判中的表现进行评价。

(2) 你认为中方谈判团出现此问题的原因在哪里？如何改善？

(资料来源：鲁小慧，徐晓飒主编.商务谈判.长春：东北师范大学出版社，2012.12)

第四节　商务谈判的管理

案例导入

一个美国人的日本谈判之行

一个美国人前往东京参加一次为期14天的谈判，他少年得志，斗志昂扬。这次，他一心想大获全胜。在出发之前，他做了大量准备工作，包括看了一大堆关于日本人的精神、心理、文化传统方面的书。

飞机着陆后，两位等候已久的日本商人把他送上了一辆大轿车。美国人舒服地靠在轿车后面的丝绒沙发上，日本人则僵硬地坐在两张折叠椅上。美国人友好地说："过来一起坐吧，后面能坐下。"

日本人回答："哦，不，您需要好好休息。"美国人颇感得意。

轿车开着，日本人问："您会讲日语吗？""不，不会，"美国人回答："不过，我带了一本日文字典。"

日本人又问："您是不是一定要准时搭机回国？我们可以安排这辆轿车送你去机场。"

美国人心想：日本人真是考虑得周到。于是顺手掏出回程机票交给日本人，好让轿车准时去接他。实际上，这么一来，他已让日本人知道他拥有多少时间，而他根本不知道日本人这方面的情报。

日本人没有立即开始谈判，而是热情地招待他。从皇宫神庙、文化、艺技、花道、茶道到用英语讲授佛教的学习班等等，日本人总是将日程表安排得满满的。每到美国人问及何时开始谈判时，日本人总是喃喃地回答："有时间，有时间。"

直到第十二天，才开始谈判，但早早地就结束了，因为要去打高尔夫球。第十三天又开始谈判，也因为晚上有盛宴而早早结束。第十四天早上，谈判重新开始，正谈到紧要关头，送美国人到机场的那辆轿车到了。美日双方的代表在轿车中继续谈判。到达机场前，协议达成。

该协议被日本人称为"偷袭珍珠港后的又一次胜利"。日本人之所以能够在谈判中获胜，是因为他们知道美国人拥有多少时间，知道他无法空手而回，知道他无法向上级汇报这14天的经历，知道他不能改变归期。

问题思考：

(1) 该美国人谈判为什么败在日本人手里？对你有何启发？

(2) 你认为该日本公司的哪些做法值得借鉴？

(资料来源：鲁小慧，徐晓飒主编. 商务谈判. 长春：东北师范大学出版社，2012. 12)

一、商务谈判过程中的管理

1. 谈判人员的行为管理

谈判活动是由谈判人员推动的，而且在多数谈判场合，谈判双方的合作是通过彼此选配的谈判小组来完成的。谈判过程的发展变化，不是取决于某一个谈判人员，而是谈判小组成员共同努力的结果。为了保证谈判小组的协调一致，谈判双方都必须对谈判人员的行为加以管理。

谈判人员行为管理的核心是制定严格的组织纪律，并在谈判过程中认真地予以执行。一个谈判班子的组织纪律应包括以下几个方面的内容：

(1) 坚持民主集中制的原则

一方面，在制定谈判的方针、方案时，必须充分地征求每一个谈判人员的意见，任何人都可以畅所欲言，不受约束，与谈判有关的信息应及时传达给每一个谈判人员，使他们都能对谈判的全局与细节有比较清楚的了解；另一方面，应由谈判小组的负责人集中大家的意见，做出最后的决策。决策确定以后，任何人都必须坚决地不折不扣地服从，绝对不允许任何人把个人的见解和看法带到谈判桌上去。

(2) 分工负责，统一行动，不得越权

在谈判中，谈判人员之间要进行明确的职责分工，每一个人要承担某一方面的工作，每位谈判人员都应把自己的工作严格控制在自己的职责范围之内，绝不可随便干预他人的工作；同时，每一个成员又都必须从谈判的全局出发，服从统一的调遣。除非允许，否则任何人都不得单独地与对方接触，商谈有关内容，以免在不了解全局、考虑不周的情况下盲目做出决定。

企业对谈判小组的授权是有限的，同样在谈判中，每个谈判人员的权力也是有限的。任何人都不得超越权限范围做出承诺或提出某些要求。原则上，是否让步或承诺某项义务，应由谈判领导人员做出决策。

(3) 单线联系

当谈判小组需要与企业主管部门联系时，特别是在客场谈判的情况下，必须实行单线联系的原则，即必须遵循只能由谈判小组的负责人与直接负责该谈判的上级领导人进行联系的原则。谈判班子内其他成员就有关问题与企业相应的职能部门领导进行联系，原则上是不允许的。某个谈判成员如果在某一问题上需要请示，必须通过谈判小组的负责人来进行，由谈判小组的负责人与企业的主管取得联系，并由主管直接与有关人员协商，做出决策。这一程序对谈判负责人有效地控制谈判的全过程非常重要。因为：首先，谈判负责人必须审核这种联系的必要性，并检查其安全性；其次，任何一个职能部门的咨询意见，都难免带有一定的不完整性或片面性，例如，财务部门与制造部门对技术的评价往往侧重点不一样，结论也有差别；再次，从维护谈判小组负责人的权威角度，由谈判小组的成员自己向其部门主管汇报，并据以对抗谈判小组负责人的做法，对保证谈判小组内部领导的集中统一也是极为不利的。

2. 谈判信息的管理

信息在谈判中的作用是不言而喻的。谁掌握的信息越多，谁就能在谈判中占有主动权优势。对谈判信息的管理包括两个方面的内容：一是信息的收集与整理，二是信息的保密。信息的收集渠道非常广泛，接触过程中对方的语言、表情、手势乃至“体态”都蕴含着一定的信息，谈判人员要善于获取这种信息。为保证信息的真实性和可靠性，还必须对信息进行分析、处理，去伪存真。在信息的保密方面，以下两种情况需要特别注意：

（1）客场谈判的保密措施

涉外商务谈判在客场进行，在国外的谈判小组必须与国内的管理机构进行联系时，应该采取必要的保密措施。例如，凡发往国内的电报、电传一律亲自去发，不要轻信旅馆的服务员、电话总机员，避免因此而泄露机密。又如，对那些在政治上属于敏感性的问题，或者是商业上的机密内容，应该运用事先约定的密码暗语与国内进行通信联络。

（2）谈判小组内部信息传递的保密

在谈判桌上，为了协调本方谈判小组各成员的意见和行动，或者为了对对方的某一提议做出反应而需商量对策时，谈判小组内部需要及时传递信息。由于这种传递本身就处于谈判对手的观察之中，保密就显得尤为重要。有些人习惯于在谈判桌上或谈判室内把本方人员凑在一起商量，自以为声音很低，又是用本国语言或本地方言，对方不是听不见、听不清，就是听不懂。其实，这样做是很危险的。对方或许有人能听清、听懂你的语言，即使听不懂，但从你及你的同事的眼神、面部表情中就能判断出你们之间传递的信息内容。

因此，在谈判桌上如确有必要进行内部信息传递和交流时，应尽可能采用暗语形式，或者通过事先约定的某些动作或姿态来进行，或者到谈判现场以外的地方去商量，以求保密。

除了上述两个方面应该注意以外，谈判人员还应注意培养自己良好的保密习惯。

① 不要在公共场所，如车厢里、出租汽车内及旅馆过道等处讨论业务问题。

② 在谈判休息时，不要将谈判文件留在洽谈室里，资料应随身携带。如果实在无法带走，就要保证自己第一个再度进入洽谈室。

③ 如果自己能够解决，那么最好不要叫对方复印文件、打字等。迫不得已时，应在己方人员的监督下完成，而不要让对方单独去做。

④ 不要将自己的谈判方案敞露于谈判桌上，特别是印有数字的文件。因为对方可能是一个倒读能手。

⑤ 在谈判中用过而又废弃的文件、资料、纸片等不能随便丢弃，对方一旦得到，即可获

得有价值的情报。

3. 谈判时间的管理

时间的运用是谈判中一个非常重要的问题;忽视谈判时间的管理,不仅会影响到谈判工作的效率,耗时长久而收获甚微。更重要的是,它有可能使我们在时间的压力下做出错误的决策。因此,从某种意义上讲,掌握了时间,也就掌握了主动。

(1) 谈判日程的安排

在客场谈判的情况下,做客谈判的一方总会受到一定的时间限制,在安排谈判日程时,要尽可能在前期即将活动排满,尽快进入实质性谈判,以防止因时间限制而匆忙做出决策。另外,在客场谈判时,一定要有强烈的时间意识和观念,不能被对方的盛情招待所迷惑。

如果在主场谈判,由于本方在时间安排方面比较宽裕,应想方设法推迟进入实质性谈判,以缩短双方讨价还价的时间。所以在谈判的前半段,要尽可能安排一些非谈判的内容,如游览、酒宴等,从而在谈判时间上赢得主动。

(2) 对本方行程的保密

客方确定何时回返,这是东道主谈判一方最想知道的信息。因为一旦掌握了这个信息,就可以有针对性地调整和安排谈判日程与谈判策略。所以,客场谈判时绝对不要向对方透露本方准备何时回返,预订机票、车票等工作应回避对方。

二、谈判后的管理

谈判后的管理主要是对签约以后的有关工作进行管理。

1. 谈判总结

合同签订后,本方谈判小组应对本项谈判进行总结。总结的内容主要包括以下两个方面:

第一,从总体上对本方谈判的组织准备工作、谈判的方针、策略和战术进行再评价,即事后检验。据此,可以发现哪些是成功的,哪些是失败的,哪些方面还有待改进。同时,每个谈判人员还应从个人的角度,对自己在谈判中的工作进行反思,总结经验和教训。通过上述总结,可以有效地培养和提高本方谈判人员的谈判能力。

第二,对签订的合同进行再审查。虽然合同已经签字生效,在一般情况下没有更改的可能。但是,如果能尽早地发现其中的不足,就可以主动地思考对策,采取弥补措施,早做防范。

2. 保持与对方的关系

协议的达成并不意味着双方关系的了结;相反,它表明双方的关系进入了一个新的阶段。从近的方面来看,合同把双方紧紧地联系在一起;从远的方面看,本项交易又为以后的交易奠定了基础。因此,为了确保合同得到认真彻底的履行,以及维持今后双方的业务关系,应该安排专人负责与对方进行经常性的联系,以使双方的关系保持在良好的状态。

3. 资料的保存与保密

对本项谈判的资料,包括总结材料,应编制成客户档案,妥善保存。这样,在以后再与对方进行交易时,上述材料即可成为非常有用的参考资料。

在保存资料的同时,还应就有关资料的保密工作进行恰当的安排。如果有关本项谈判的资料,特别是关于本方的谈判方针、策略和技巧方面的资料为对方所了解,那么,不仅为对方在今后的交易中把握我方的行动提供了方便，而且也可能直接损害目前合同的履行和双方的关系。例如，谈判中在某个方面本来对方是可以不让步的；或者是可以争取到我方让步的，结果因我方采取了某些策略和技巧而使对方做了让步，或者没有争取到我方的让步。这一信息如果为对方所了解，必然心生懊悔，甚至产生想重新将之争取回来的想法。这样，其履行合同的热情与诚意就可能大打折扣，甚至荡然无存。

对于客户的档案，非有关人员，未经许可不得调阅，这应成为企业的一项制度。

4. 对谈判人员的激励

行为科学揭示了人有自我实现的需要，谈判人员总是希望通过出色地完成任务来证明自己的价值，这种自我“激励”往往影响程度深、持续时间长，对于焕发谈判人员的创造潜力具有重要的推动作用。因此，无论是企业领导人还是谈判小组负责人，都应高度重视下属人员的这种自我实现的需要，充分肯定他们的工作成绩，不断给予他们各种挑战与机会，让下属在工作中得到满足。如果将外在激励与自我激励相配合，效果就更为理想。如足够的薪金、津贴及额外的奖金不仅是对谈判人员艰苦工作的补偿，也是对他们工作成效的一种认可；再如经历高度紧张磋商的谈判人员，其疲乏与劳累是不言而喻的，若能给予他们必要的休假与调整的机会，不仅有利于他们恢复过度消耗的体力与精力，而且能使其在心理上得到满足，使他们体会到上级主管对其工作价值的充分认识和肯定。

第五节　商务谈判地点与环境的准备

案例导入

巧用地利扭转乾坤

A 市的一家服务公司苦于没有业务，通过熟人的关系找到了 B 市的一家企业，其愿意对该服务公司进行投资，联合建立一个加工分厂。双方约定在 B 市就联营的具体事项进行商谈，内容包括投资、分成、技术、管理、销售等问题。

显然，投资方是占绝对优势的，因为它拥有资金，而服务公司则不同，他们能够找到这样一家既能投入部分资金，又能保证其常年有活可干的联营企业很不容易，也就是说，投资方对该谈判的需求层次和依赖程度肯定低于服务公司。所以，服务公司对谈判的态度十分积极，生怕抱不住这颗“摇钱树”。但是到了谈判的日期，服务公司却通知对方，请他们派出代表前往 A 市洽谈。本来，投资方是可以拒绝的，但他们已经在全厂开过会，对资金、技术、管理方面都做好了相关的安排，所以他们不愿轻易放弃这场谈判，于是投资方如期派出代表到达 A 市。

一连几天，服务公司人员或不见踪影，或以各种理由推托，使得谈判不能顺利进行。投资方代表住在宾馆，开支增大，正焦虑不安时，谈判对手却出现在谈判桌前，但此时的服务公司不再是先前的那副求助于人的面孔了。他们找出种种理由，说明该项联营，己方劳民伤财，获益不大，因而没有多大的谈判兴趣，于是服务公司此时已经扭转了有求于人的被动地位，变成了投资方有求于己。投资方因为远道而来，投入较多，不想空手而归，因此变主动为被动，失去了谈判的优越形势，不得不向对方做出让步。

双方原先协商的意见是:双方各投资50%,因投资方还有技术和管理方面的投入,故利润分成比例是3∶7,投资方占7成,服务公司占3成。但谈判的最后结果是双方各占一半,这是个出人意料的谈判结果。

问题思考:

(1) 分析A市服务公司获得谈判成功的原因。

(2) A市服务公司的做法值得我们学习吗?

(3) B市的这家企业的做法对我们有何启迪?

(资料来源:鲁小慧,徐晓飒主编.商务谈判.长春:东北师范大学出版社,2012.12)

一、商务谈判地点的选定

1. 在己方地点谈判

(1) 对己方的有利因素

① 谈判者在己方所在地谈判,有较好的心理态势,自信心比较强。

② 己方谈判者不需要耗费精力去适应新的地理环境、社会环境和人际关系,从而可以把精力更集中地用于谈判。

③ 可以选择己方较为熟悉的谈判场所进行谈判,按照自身的文化习惯和喜好布置谈判场所。

④ 作为东道主,可以通过安排谈判之余的活动来主动掌握谈判进程,并且从文化上、心理上潜移默化的影响对方。

⑤ "台上"人员与"台下"人员的沟通联系比较方便,谈判队伍可以非常便捷地随时与高层领导联络,获取所需资料和指示,谈判人员心理压力相对比较小。

⑥ 谈判人员免去车马劳顿,以逸待劳,可以以饱满的精神和充沛的体力去参加谈判。

⑦ 可以节省去外地谈判的差旅费用和旅途时间,提高经济效益。

(2) 对己方的不利因素

① 由于身在公司所在地,不易与公司工作彻底脱钩,经常会由于公司事务需要解决而干扰谈判人员,分散谈判人员的注意力。

② 由于离高层领导近,联系方便,会产生依赖心理,一些问题不能自主决断而频繁地请示领导,也会造成失误和被动。

③ 己方作为东道主要负责安排谈判会场以及谈判中的各种事宜,要负责对客方人员的接待工作,安排宴请、游览等活动,所以己方负担比较重。

2. 在对方地点谈判

(1) 对己方的有利因素

① 己方谈判人员远离家乡,可以全身心投入谈判,避免主场谈判时来自工作单位和家庭事务等方面的干扰。

② 在高层领导规定的范围,更有利于发挥谈判人员的主观能动性,减少谈判人员的依赖性和频繁地请示领导。

③ 可以实地考察一下对方公司的产品情况,获取直接信息资料。

④ 己方省却了作为东道主所必须承担的招待宾客、布置场所、安排活动等项事务。

(2) 对己方的不利因素

① 由于与公司本部相距遥远,某些信息的传递、资料的获取比较困难,某些重要问题也不易及时磋商。

② 谈判人员对当地环境、气候、风俗、饮食等方面会出现不适应,再加上旅途劳累、时差不适应等因素,会使谈判人员身体状况受到不利影响。

③ 在谈判场所的安排、谈判日程的安排等方面处于被动地位,己方也要防止对方过多安排旅游景点等活动而消磨谈判人员的精力和时间。

3. 在双方地点之外的第三地谈判

(1) 对双方的有利因素

由于在双方所在地之外的地点谈判,对双方来讲是平等的,不存在偏向,双方均无东道主优势,也无作客他乡的劣势,策略运用的条件相当。

(2) 对双方的不利因素

双方首先要为谈判地点的确定而谈判,地点的确定要使双方都满意也不是一件容易的事,在这方面要花费不少时间和精力。

第三地点谈判通常被相互关系不融洽、信任程度不高的谈判双方所选用。

4. 在双方所在地交叉谈判

有些多轮谈判可以采用在双方所在地轮流交叉谈判的办法。其优点是对双方都公平,也可以各自考察对方的实际情况,各方都担当东道主和客人的角色,对增进双方相互了解,融洽感情也有好处。其缺点是这种谈判时间长、费用大、精力耗费大,如果不是大型谈判或是必须采用这种方法不可的,应尽量少用。

二、商务谈判场所的选择

选择环境优美、条件优越的具体谈判地点,并巧妙地布置会谈场所,可使谈判者有一种安全舒适、温暖可亲的心理感受,不仅能显示出己方热情、友好的诚恳态度,也能使对方对己方诚恳的用心深表感谢,这就为谈判营造了和谐的气氛。同时,也要警惕一些不太道德的商人利用场所搞一些阴谋诡计。

具体而言,商务谈判场所的选择应该满足以下几方面要求:

(1) 谈判室所在地交通、通信方便,便于有关人员来往,便于满足双方通讯要求。

(2) 环境优美安静,避免外界干扰。

(3) 生活设施良好,使双方在谈判中不会感觉到不方便、不舒服。

(4) 医疗卫生、保安条件良好,使双方能精力充沛、安心地参加谈判。

(5) 作为东道主应当尽量征求客方人员的意见,使客方满意。

案例应用

一片冰心在茅台

1945 年 7 月 1 日,黄炎培等 6 位国民参政员应邀访问延安。

"我们 20 多年不见了。"这是毛泽东和黄炎培握手时说的第一句话。黄愕然,他从来也没记得见过毛泽东，这应当是第一次见面呀！毛泽东笑着回忆道，1920 年 5 月某日在上海，先生主持会议欢迎杜威博士，演讲内容如何如何，那一大群听众中就有一个毛泽东。黄炎培深感意外，想不到当年在一群听众之中，竟有这样一位盖世英豪。他盛赞毛泽东的好记性，原先的陌生感一扫而空。

次日，黄炎培等 6 人又应邀到杨家岭，他走进毛泽东的会客室，蓦然发现当中有一幅画极为熟悉，画面是一把酒壶，上书“茅台”二字，壶边有几只杯子。此乃出自沈钧儒次子叔羊之手。画上还有一首诗：

“喧传有客过茅台，酿酒池中洗脚来。是假是真我不管，天寒且饮两三杯。”

黄炎培看罢，一种怀旧之感不禁油然而生，这不正是自己的题诗吗？不错。这幅画原是叔羊为沈钧儒画的，作于 1943 年国民党掀起第三次反共高潮时期，在请自己题诗时，因忽然想起了长征途中共产党人在茅台酒池里洗脚的谣传，针对这个谣传，题写了这首七绝以讽喻之。万没想到，这幅画竟挂在中共领袖的客厅里。顿时，一股知遇之情似暖流流遍了黄炎培的周身。他深感与毛泽东等共产党人的一见如故，可以推心置腹。事实证明，延安会谈坚定了黄炎培先生以后的政治方向，而毛泽东精心设计的会谈气氛和环境，又为会谈的成功奠定了基础。

问题思考：为迎接黄炎培等国民参政员，毛泽东做了哪些准备工作？有何作用和效果？

（资料来源：鲁小慧，徐晓飒主编. 商务谈判. 长春：东北师范大学出版社，2012. 12）

三、商务谈判会场的布置

较为正规的谈判场所可以有三类：一是主谈室，二是密谈室，三是休息室。

1. 主谈室布置

主谈室应当宽大舒适，光线充足，色调柔和，空气流通，温度适宜，使双方能心情愉快，精神饱满地参加谈判。谈判桌居于房间中间。主谈室一般不宜装设电话，以免干扰谈判进程，泄露有关的秘密。主谈室也不要安装录音设备，录音设备对谈判双方都会产生心理压力，难以畅所欲言，影响谈判的正常进行。如果双方协商需要录音，也可配备。

2. 密谈室布置

密谈室是供谈判双方内部协商机密问题单独使用的房间。密谈室最好靠近主谈室，有较好的隔音性能，室内配备黑板、桌子、笔记本等物品，窗户上要有窗帘，光线不宜太亮。作为东道主，绝不允许在密谈室安装微型录音设施偷录对方的密谈信息。作为客户，在外地对方场所谈判，使用密谈室时一定要提高警惕。

3. 休息室布置

休息室是供谈判双方在紧张的谈判间隙休息用的，休息室应该布置得轻松、舒适，以便能使双方放松一下紧张的神经。室内最好布置一些鲜花，放一些轻柔的音乐，准备一些茶点，以便于调节心情，舒缓气氛。

四、谈判双方座位的安排

谈判双方座位的安排对谈判气氛、对内部人员之间的交流，对谈判双方即将的谈判工作都有重要的影响。谈判座位的安排也要遵循国际惯例，讲究礼节。

谈判会场的布置及座位的安排，往往是给客人的第一印象，其安排是否得当，是检验谈判人员素质的标准之一。有些商人会根据谈判会场的布置状况去判断主方对本次谈判的重视程度和诚意。

谈判桌一般采用长方形条桌。按照国际惯例，以正门为准，主人应坐背门一侧，客人则面向正门而坐；若谈判桌窄的一端面向正门，则以入门的方向为准，右边坐客方人员，左边坐主方人员。主谈人或负责人居中而坐，翻译安排在主谈人右侧紧靠的座位上，其他人员依职位或分工分两侧就座。

这种座位安排方法适用于比较正规、比较严肃的谈判。它的好处是双方相对而坐，中间有桌子相隔，有利于己方信息的保密，以防谈判人员相互接近，便于商谈和交流意见，也可形成心理上的安全感和凝聚力。它的不利之处在于人为地造成双方对立感，容易形成紧张、呆滞的谈判气氛，不利于融洽双方关系，需要运用语言、表情等手段缓和这种紧张对立的气氛。

各方谈判代表如此重视谈判桌的形状，绝不是吹毛求疵的行为，因为这涉及谈判各方的地位次序问题，是一个比较突出敏感的界域问题。一般地说，谈判座位的设置围成圆形，不分首席，适合多方谈判；围成长方形，则适合于双方平等谈判。许多有经验的谈判专家认为，选择圆形桌比选择方形桌要好一些，因为桌子方方正正，双方谈判人员对面坐定后往往会有过于正规、不太活泼的感觉，有时甚至会产生相互对立的情绪。如果运用圆形谈判桌，效果就明显不一样。双方谈判人员团团坐定，围成一个圆圈，便于交换意见，沟通彼此的思想感情。

与谈判桌相匹配的还有椅子。椅子要舒适，否则会使人坐不住；但是，也不能过于舒适，那样会使人容易产生倦意，精神不振。此外，会议所需的其他设备和服务也要周到，如烟灰缸、纸篓、记事本、文件夹、各种饮料、水果等。

案例应用

"T"型谈判长桌的背后

1991 年 10 月，中东和会开幕式在西班牙首都马德里的王宫圆柱大厅举行。厅中央放了一张"T"型长桌。举办者美苏两国的代表坐在 T 字顶头，各国代表分坐两旁，右边的为埃及、以色列、黎巴嫩，左边为欧共体、约旦、巴勒斯坦联合代表团、叙利亚。座席的安排基于这样的考虑：埃及、黎巴嫩同以色列结怨不深，可坐在一起，而约旦、巴勒斯坦和叙利亚绝对不能与以色列坐在一起！"T"字型谈判桌的设置可谓用心良苦。

1969 年在巴黎举行旨在尽早结束越南战争的谈判时，谈判桌的形状竟然也成了会谈的障碍。因为参加会谈的四方代表的座位指派体现着四方代表的地位问题，所以在如何安排四方代表的座位问题上引起了争论。最后决定采用椭圆形谈判桌，才使这一问题得以解决。

问题思考：谈判中座位的安排有何现实意义？试结合案例说明。

（资料来源：鲁小慧，徐晓飒主编. 商务谈判. 长春：东北师范大学出版社，2012.12）

五、商务谈判食宿安排

1. 食宿安排的意义

用餐、住宿安排是会务人员工作的重要内容。东道主对于来访人员的食宿安排不一定要豪华、阔气，但应周到细致、方便舒适，按照国内或当地的标准条件招待即可。许多外国商人，特别是发达国家的客商十分讲究时间、效率，反而不喜欢烦琐冗长的招待仪式。但是，适当地组织客人参观游览、参加文体娱乐活动是十分有益的。在某种程度上，住宿地和餐桌上常常是正式谈判暂停后的缓冲和过渡阶段，是沟通和增进相互理解的重要场合，甚至是解决谈判难题的关键场地。

2. 安排住宿需要注意的事项

住宿地点除了要尽量考虑环境上的宁静、舒适、卫生，以及交通和通信上的便利外，还要考虑宾馆的建筑风格和内部装修的文化品位，以及服务设施和服务质量与客人在这方面的水准相适应，在地位上相一致，和本次谈判业务的重要性相吻合；住宿地点和餐饮地点的距离较近、便捷；如果必要，己方要开设服务房间，有专人随时解决客人所遇到的生活问题。

3. 安排饮食需要注意的事项

根据客人的地位、本次谈判的重要程度等条件确定饮食档次；认真了解对方人员在饮食方面的特殊要求，如由于宗教和民族习惯引起的饮食禁忌、个人的饮食习惯产生的禁忌，因身体状况对饮食存在的特殊要求，或因生病正在用药产生的忌口等；主要人员的饮食习惯，对某类风格的饮食或菜系的偏好，近日饮食的特点、口味变化的要求；尽量提供客人喜欢的具有当地风味的菜肴和新、奇、特食品，但是不能不顾国家有关法律方面的规定，如动物保护法关于某些稀有珍禽动物禁食的规定；酒和饮料的安排要根据实际需要；劝酒要适度，常见的借酒表态更要谨慎，想在酒桌上取得一定的谈判结果必须进行周密的策划。

案例应用

借醉酒以假乱真

有一个做粮油贸易的批发商人，经常从北方购进玉米，卖到南方小规模的饲料加工厂，每当他以较低的价格买进后，便分别拜访那些饲料加工厂的负责人，并且开出价格单给对方，他拜访的时间多数在中午，并且很自然地或请对方吃饭，或被对方请。

酒桌上，这位商人是有酒必喝，喝了就醉，醉了就失态，继而神志迷离，然后丢三落四。有趣的是每次都会把装有其他人给他的还价单的公文包落在饭桌上，到了晚上酒醒后，才打电话向对方索要他的公文包，同时，顺便提及对方的还价，敲定成交价格。通常，那些饲料加工厂的负责人都以为这位商人真的是一个大酒徒、醉鬼而偷窥他的公文包，发现其他饲料厂的还价单都很高，自以为真正得到了玉米的市场行情，结果都是以大大高于这位商人确定的成交底价的价格与他达成购销协议，这位商人的获利情况不言自明。

问题思考：该粮油贸易批发商人的做法给你有何启示？

（资料来源：鲁小慧，徐晓飒主编. 商务谈判. 长春：东北师范大学出版社，2012.12）

本章小结

◆ 商务谈判信息调查的渠道和方法

◆ 谈判人员的素质要求：良好的职业道德、健康的职业心理素质、广博而纵深的“T”型

知识结构、较高的能力素养

◆ 识别商务谈判人员基本观点：放大眼光看人的观点、扬长避短看人的观点

◆ 商务谈判人员的选择方法：经历跟踪法、观察法、谈话法、谈判能力测验法

◆ 谈判队伍的构成原则：知识互补、性格协调、分工明确

◆ 谈判的人员构成：谈判组领导或称首席谈判代表、专家和技术人员、其他人员（如翻译等）

◆ 商务谈判过程中的管理：谈判人员的行为管理、谈判信息的管理、谈判时间的管理

◆ 谈判后的管理：谈判总结、保持与对方的关系、资料的保存与保密、对谈判人员的激励

◆ 商务谈判地点与场所的选定注意事项

◆ 正规的谈判场所有三类：主谈室、密谈室、休息室

◆ 谈判双方座位与食宿的安排注意事项

思考与练习

1. 简答题

（1）一个科学的谈判团应该包括哪些成员？

（2）一位优秀的主谈应该具备哪些素养和能力，他应如何与辅谈配合？

（3）对谈判信息、谈判时间的管理应分别做好哪些工作？

（4）简述谈判场所的选择与布置。

（5）你赞成“把安排客人的食宿当作谈判策略”的说法吗？为什么？

（6）谈判后管理工作主要包括哪些内容？

2. 不定项选择题

（1）谈判人员应具备以下素质要求（　　）。

A. 良好的职业道德　　B. 健康的职业心理素质

C. 较大的酒量　　D. 广博而纵深的“T”型知识结构

E. 较高的能力素养

（2）选择商务谈判人员的方法主要有（　　）。

A. 经历跟踪法　　B. 观察法　　C. 谈话法

D. 谈判能力测验法　　E. 充分考虑裙带关系

（3）商务谈判队伍的构成应遵循的原则（　　）。

A. 知识互补　　B. 性格协调　　C. 分工明确

D. 关系融洽　　E. 专业一致

（4）商务谈判代表团一般由以下人员构成（　　）。

A. 谈判组领导或称首席谈判代表　　B. 商贸人员

C. 专业技术人员　　D. 律师　　E. 翻译

（5）比较正规的谈判场所有以下几种（　　）。

A. 主谈室　　B. 密谈室　　C. 休息室

D. 饭店　　E. 咖啡厅

(6) 谈判小组主谈人最重要的职责是(　　)。

A. 掌握谈判进程　　B. 弄清对方的意图、条件

C. 找出与对方的分歧或差距　　D. 掌握该谈判项目总的财务情况

(7) 谈判组成员的人数多少应根据(　　)来确定。

A. 谈判内容的复杂与否　　B. 谈判时间的长短

C. 谈判双方的熟悉程度　　D. 谈判费用的多少

(8) 成功的谈判要使双方获得的利益(　　)

A. 最小　　B. 绝对平均　　C. 中间值　　D. 最大

(9) "商场如战场"意味着在商务谈判中,谈判双方是(　　)。

A. 完全对立　　B. 不能包容

C. 可以求大同,存小异　　D. 不能让步

(10) 调查谈判对手的资信情况包括对(　　)。

A. 对方参与谈判人员的家庭状况进行调查

B. 谈判对手的合法资格进行调查

C. 谈判对手的资本、信用情况进行调查

D. 谈判对手的商业信誉及履约能力情况进行调查

E. 对方参与人员的个人资产进行调查简答题

3. 案例分析题

从公开资料了解信息

1935 年 3 月 20 日,有个叫伯尔托尔德·雅各布的作家被德国特务从瑞士绑架了,因为这位人物引起了希特勒的极度恐慌。他出版了一本描述希特勒新军组织情况的小册子,这本 172 页的小册子描述了德军的组织结构、参谋部的人员布置、部队指挥官的姓名、各个军区的情况,甚至谈到了最新成立的装甲师里的步兵小队。小册子列举了 168 名指挥官的姓名,并叙述了他们的简历,而这些在德国都属于军事机密。希特勒勃然大怒,要求情报顾问尼古拉弄清楚雅各布的这些材料是从哪里窃取来的。

尼古拉对雅各布盘问道:"雅各布先生！告诉我们,你的材料是从哪里来的?"雅各布的回答却大大出乎他的意料:"上校先生,我的小册子的全部材料都是从德国报纸上得来的。比如我写的哈济少将是第 17 师团指挥官,并驻扎在纽伦堡,因为当时我从纽伦堡的报纸上看到一个讣告,这条消息报道说新近调驻在纽伦堡的第 17 军团指挥官哈济将军参加了葬礼。"雅各布接着说:"在一份乌尔姆的报纸上,我在社会新闻栏里发现了一宗喜事,就是关于菲罗夫上校的女儿和史太梅尔曼少校举行婚礼的消息。这篇报道提到菲罗夫是第 25 师团第 36 连队的指挥官,史太梅尔曼少校的身份是军官。此外,还有从斯图加特前往参加婚礼的沙勒少将,报纸上说他是当地的师团指挥官。"

真相终于大白,雅各布并非间谍,却做了被认为只有间谍才能做到的事情。

问题思考:从这个案例中你得到了哪些启示?

(资料来源:鲁小慧,徐晓飒主编. 商务谈判. 长春:东北师范大学出版社,2012. 12)

4. 实训题

（1）你在做好充分准备后去应聘某企业的销售主管。你提前于该企业指定时间半小时到达该企业人事部门，准备面谈。结果你发现会客室内已坐满前来应聘的人。此时你会怎么办？

A. 觉得被录用的机会较小，所以准备应付了事

B. 觉得被录用的机会没变，按照事先准备的内容进行

C. 觉得被录用的可能性更大，准备借此机会展示自己

D. 与前来应聘的人员交流，然后调整自己的面谈计划

（2）制定谈判计划

背景材料：海南金盘饮料公司是上市公司“金盘实业”（代码000572）的全资子公司，是一家生产“金盘”矿泉水和“天之南”纯净水的地方知名企业。你所在的公司是一家生产PET材料的厂家。公司准备派你开发海南市场，希望能成为该公司的供货商。你的公司并没有与该公司发生过业务往来，对该公司并不了解。海南市场是你公司准备开拓的新市场，签下这家公司的订单对你们意义重大。假设你公司的生产成本是10 000元/吨，市场的平均价格是12 000元/吨。你被公司任命为谈判代表，与金盘饮料公司进行谈判。如果谈判成功，你将被任命为海南区域经理。你的老板虽然让你做主，但如果这一单谈不好，你很可能失去目前的升职机会。并且你的老板为人比较小气，还喜欢做事后评价。所以你必须做好充分的谈判准备工作，以确保谈判的成功。

问题：

① 试问你准备搜集哪些信息以及从哪些渠道搜集？

② 如果你是金盘饮料公司的谈判负责人，如何制定你的谈判计划？

计划应包括以下内容：① 组建你的谈判小组；② 进行人员分工；③ 谈判目标；④ 确定谈判地点；⑤ 确定谈判进程；⑥ 确定谈判策略；⑦ 需要做好哪些方面的资料准备；⑧ 确定你的谈判预案。

（3）谈判场所的布置

通过与海南金盘饮料公司的接触，双方有了更进一步的了解。对你公司来说，更坚定了要通过与金盘饮料公司合作，从而进入海南PET市场的信心和决心。对金盘饮料公司来说，他们也充分认识到与你公司合作可以给他们带来长远利益。

通过你的努力说服，对方同意在谈判之前派代表前往你公司考察，并在你方所在地进行首次谈判。你现在面临的问题是：

① 作为东道主，你必须做好海南金盘饮料公司谈判代表的接待工作，给对方谈判代表留下美好的印象，为今后的谈判乃至长期的合作打下良好的基础。

② 选择具体的谈判场所并布置好谈判场地。由于PET公司的办公区与生产区距离很近，在办公区经常能听到生产区传来的噪声。对于日常在此工作的人来说已经习惯了这种噪声，但对于谈判的对方来说这种噪声可能会给人不舒服的感觉，而且很容易分散谈判者的注意力，不利于谈判的进行。在谈判地点的选择上应考虑到这一点。

③ 充分利用好“主场”优势，使谈判顺利进行。

④ 达成成为金盘饮料公司PET材料唯一供应商的初步协议。

问题：你怎样选择和布置谈判场所？

第三章 商务谈判的开局

学习目标

- ◆ 理解营造高调气氛、低调气氛与自然气氛的区别及重要性
- ◆ 熟悉谈判开局阶段的目标以及营造不同谈判气氛的具体条件
- ◆ 掌握营造高、低调谈判气氛的方法

技能目标

- ◆ 学会运用营造高调谈判气氛和低调谈判气氛的方法

第一节 商务谈判开局目标

案例导入

甲乙谈判开局交谈

甲乙双方在谈判刚开局时有以下一段简单的交谈：

甲方："我们彼此介绍一下各自的生产、经营、财务和商品的情况，您看如何？"

乙方："完全可以，如果时间、情况合适的话，我们可以达成一笔交易，您会同意吧？"

甲方："完全同意。我们谈半天如何？"

乙方："估计介绍情况一个小时足够了，其他时间谈交易条件，如果进展顺利，时间差不多，行。"

甲方："那么，是贵方先谈，还是我先谈？"

乙方："随便，就请您先谈吧。"

可见甲乙双方已就谈判速度等方面达成一致意见。

问题思考：本案例中，甲乙双方谈判开局采用了何种方法？效果如何？

（资料来源：陈文汉主编．商务谈判实务．北京：人民邮电大学出版社，2011．2）

一、商务谈判开局目标设计

1．开局目标的设计及意义

在商务谈判的开局阶段，谈判者初次接触，一开始往往存在相互提防与戒备的心理，谈判气氛呈现不活跃的消极状态。另外，在整个谈判过程中，谈判人员往往对于表示热情、友

好与诚恳、合作的谈判意愿是欢迎的，而对于那些表现出攻击迹象或对抗态度的谈判意愿非常敏感和警惕，并随时准备自卫和反击。所以，客观上要求谈判双方人员在开局之初就做出共同的、积极的努力，创造出一种有利于谈判进展的建设性的谈判气氛。因此，通常情况下，谈判者都把力求实现双方坦诚合作、互谅互让，积极创造和维护融洽的谈判气氛作为谈判开局目标设计的方向。总体来说，这一热烈、友好与积极、建设性的谈判气氛经常表现出诚挚、合作、轻松和认真的特点。所谓诚挚，就是有要达成交易的迫切愿望，有同对方做成生意的诚意；合作，就是双方为实现各自的目标相互配合、相互支持；轻松，就是双方谈判者处于不拘谨、不对立、应对自如的状态；认真，就是以严肃负责的态度，积极主动地搞好商务谈判，力争交易实现。

当然，客观上由于谈判双方经济实力和谈判人员能力的不同，以及谈判双方的要求和态度的不同等多种原因，都可能导致谈判各方对各自开局目标设计的差异性。比如，谈判双方的经济实力和谈判能力相当，各自又都抱有良好的主观愿望，态度认真坦诚，表现出求大同存小异的意向和态度，彼此都以大局为重，决心共同实现各自的差异化的需要，就应把创造和谐的谈判气氛作为谈判开局的目标。但是，如果双方经济实力、谈判能力悬殊，且对方企图先发制人，以强凌弱，那么作为弱者的谈判一方就应把平等对话、平等协商的谈判气氛作为谈判开局的目标。

在谈判活动的客观实践中，谈判气氛的类型与特点多种多样，不同的谈判氛围适用于不同的谈判环境。谈判人员应根据实现谈判终极目标利益的需要，结合现实谈判环境条件有针对性地设计谈判开局目标，设定有利于实现己方谈判利益的特定的谈判开局气氛，谋取谈判的主动权和控制权，从而引导整个谈判活动朝有利于己方目标和利益的方向发展，最终获得谈判的成功。

2. 开局目标设计方法

(1) 优势定位法

优势定位法是商务谈判的一方在谈判开局阶段把创造平等坦诚、互谅互让的谈判气氛作为己方的开局目标的策略方法。

采取优势定位法，其条件通常是：商务谈判双方的实力对比悬殊；双方谈判的主谈人的谈判能力存在明显差异；我方为强方，在经济实力、政治背景、协作关系等方面占有较大优势；对方为弱方，企业实力、谈判能力较弱，且多为外来客户；双方本次交易的需求愿望不对等，对方有较急迫的利益要求；同时，在谈判的开局阶段，已觉察到作为弱者的对方，对我方的态度弱而不卑，等等。

优势定位法应设法营造的平等坦诚、互谅互让、轻松愉快的谈判气氛，是一种理想的谈判气氛。

(2) 均势定位法

均势定位法，是商务谈判的双方在谈判开局阶段把创造和谐的洽谈气氛作为双方的开局目标的策略方法。

采用均势定位法，其条件通常是：商务谈判双方的经济实力相当，主谈人的谈判能力差别不大，双方呈均势状态；谈判双方各自又都有良好的主观愿望，谈判的态度认真坦诚；同时，在谈判的开局阶段，双方已表现出初步的求大同存小异的意向或承诺，决心适应彼此需要，坚持不因小事、枝节问题而改变根本决策或破坏大局等。这些都为双方把创造和谐的气氛作为开局目标打下良好基础。

应该认识到，均势定位法主要源于谈判双方均势状态下所存在的共同利益。一项成功的商业交易，其目标并不是要置谈判对手于死地。谈判的目标应该是双方达成协议，而不是一方独得胜利。交易双方都必须感到自己有所得，即使其中有一方不得不做出某些牺牲，整个格局也应该是双方各有所得。

(3) 劣势定位法

劣势定位法是商务谈判的一方在开局阶段把先追求平等对话，后创造友好气氛作为己方的开局目标的策略方法。

采用劣势定位法，其条件通常是：商务谈判双方的实力对比悬殊，我方为弱方，对方为强方，对方在经济实力、企业背景、谈判能力等方面均处于优势，我方处于劣势；通常对方为主场谈判，我方为客场谈判；双方需求不对等，我方需求愿望强烈，对方需求并不急迫；同时，在谈判的开局阶段，对方已表现出企图先发制人、以强凌弱的态势。在这种情形下，作为弱者的我方只能把先追求双方能平等对话，而后创造友好谈判气氛作为己方的开局目标。

二、谈判开局的表达

1. 谈判开局的表达及意义

商务谈判活动是谈判双方表达各自意愿的复杂过程。谈判各方人员以一定方式表露和传达信息，往往既显示了己方的谈判目标，又展现了各自不同的谈判信心和谈判状态，并在一定程度上引导谈判发展的方向，影响谈判最终的成败。因此，商务谈判各方应选择适当的开局目标的表达方式，并对己方谈判人员要有合乎开局目标要求的行为约束。在实际的商务谈判活动中，常见的谈判开局目标的表达方式有多种，一般可从两种角度划分：

(1) 按“直率”与“婉转”两种因素的组合，开局目标的表达方式分为直率对直率、直率对婉转、婉转对直率、婉转对婉转等方式。

(2) 按“刚”与“柔”两种因素的组合，开局目标的表达方式分为以刚对刚、以柔对柔、刚柔相兼、以柔克刚、以刚制柔等方式。

在商务谈判双方面对面的交谈过程中，开局目标的表达方式选择适当，就能使己方的开局目标容易为对方所理解，并对对方开局目标产生积极的影响；如果对开局目标的表达方式选择失当，常常造成对方对我方开局目标的曲解、误会甚至敌意，给对方的开局目标产生消极的影响。

2. 谈判开局表达的方法

(1) 协商表达法

协商表达法是指以婉转、友好、间接的交谈方式表达开局目标的策略方法。从交际心理学的角度看，商务谈判人员虽然有着不同的身份地位、文化程度、社会经历、思想性格和心理情绪，但在谈判过程中，都有一种出于上述特定境况的心理上的亲和需求。比如，一般都有从属于团体组织的需要，被人尊重和理解的需要，获得支持与帮助的需要，取得合作与友谊的需要等。因此，我方在表达开局目标时，应注意从当时的背景环境、客观情势，以及谈判对手的年龄、地位、思维、性格、文化、心理等情况出发，力求使自己的表达从方式到内容都符合客观情势和对方心理上的主观需要，从而达到表达开局目标的预期目的。

协商表达法符合交际心理学的上述要求。协商表达法要求谈判的一方以相互商量、商谈的口吻，而不是以陈述甚至是命令的口吻，婉转、友好地表达己方的开局目标，以至处理谈判后续阶段的种种分歧。通常这一方法容易为对方接受，促使对方点头称是，忘掉彼此间曾经有过的争执，并使双方在友好、愉快、轻松的气氛中将商务谈判引向深入，收到意想不到的良好效果。

采取协商表达法，其条件通常是：商务谈判双方都有良好的谈判意愿，希望能促成眼前的交易；或谈判的一方明显地居于谈判劣势，试图以协商表达方式联络双方的感情，争得己方起码的、大致平等的谈判地位；或谈判双方均为交易的老客户，彼此间对各自的经济实力、谈判能力都非常熟悉，等等。

（2）直陈表达法

直陈表达法是指以坦诚、直率的交谈方式表达开局目标的策略方法。选用直陈表达法表达开局目标时，我方直截了当地陈述己方的开局目标，和盘托出己方的判断及意图；同时，还可以站在对方的立场上设想并提出己方的看法，推动对方回应我方的提议，争取双方形成共同的开局目标。一般情况下，坦诚、直率的表达方式，是获得对方理解和信赖的方法之一，人们往往对愿意表露真实意愿的人有安全感和亲切感；同时，坦诚、直率的表达方式还能满足听者的自我意识和充分的权威感，往往可能缩短与对方的心理距离。因此，直陈表达经常能达到理想的预期效果。

采取直陈表达法，其条件通常是：商务谈判双方已有多次交易往来，双方谈判人员关系密切，对对方有较深的了解，说话无须拐弯抹角；双方谈判人员、包括主谈人的身份和资格大体相当，反差不大；或者在谈判的开局阶段，已发现对方对自己的身份及能力表示怀疑，或持有强烈的戒备心理，并且可能妨碍谈判的深入，而下决心姑且一试，以争取谈判的主动地位，并力争赢得对方的信赖和支持。

（3）冲击表达法

冲击表达法是指以突然、激烈、令谈判对方意外甚至受窘的交谈方式表达开局目标的策略方法。该法不是一种常规的开局目标表达方法，是在商务谈判开局时的某些特殊场合下采用的一种特别的表达方法。

在商务谈判中，绝大多数谈判者在谈判的全过程，尤其在开局阶段都是以尊重人、体谅人、理解人的方式交往，谈判一方在开局阶段就蛮横无理的情形是极个别的。但是，有时确实会出现这种情况：商务谈判双方刚一接触，对方非常傲慢，以居高临下之势口出狂言，自命不凡，令人反感；或者对方在谈判一开始就对我方讽刺挖苦、百般刁难，伤害我方的感情。在此情势下，我方若谨行慎言，不厌其烦地述说己方的开局目标，只能助长对方的嚣张气焰。因此，可考虑选用冲击表达法，先是“退避三舍”，让对方充分表演，然后采用冲击度极强的表达方式，突然拍案而起，开门见山、旗帜鲜明地批驳对方的言行，亮出己方的关键论点。这一方法，常常会弄得对方手足无措，锐气大减。但由于利益所在，对方常会在窘态消失之后，坐下来开始进行真诚、平等的对话与谈判；我方也可借谈判气氛缓和之机，坦诚地表达己方的开局目标。

案例应用

我们今后不会再有贸易往来!

一位客商利用某企业急需求购原料且濒于停产之机,大肆抬高交易条件,并且出言不逊,伤害该企业谈判人员的感情,诋毁该企业的名誉。在这种情况下,如果该企业的谈判人员一味谦恭,诉说己方的困难处境,只会适得其反,助长对方气焰。

该企业谈判人员在一定的谦恭、退让之后,突然拍案而起,指责对方道:"贵方如果缺乏诚意,可以请便。我们尚有一定的原料库存,并且早就做好了转产的准备,想必我们今后不会再有贸易往来,先生,请吧!"

由于谈判双方已投入了一定的人力、财力,再加上利益所在和双方都有调和的意愿,这种冲击式的表达技巧,产生了应有的效果,促使双方终于坐下来开始了真诚的谈判。

问题思考:

(1) 试分析该企业谈判人员的谈话背景。

(2) 该企业谈判人员的指责将面临什么风险?

(资料来源:陈文汉主编.商务谈判实务.北京:人民邮电大学出版社,2011.2)

三、谈判开局的实现

开局目标设定和表达之后,还要选择适当的方法,最终实现或基本实现开局目标。同时,在商务谈判后续的各个阶段,还要通过双方的共同努力,努力维护和维持开局目标。

1. 谈判开局的实现及意义

谈判开局的实现,是谈判者通过运用一定的策略方法,最终形成或实现特定的、适合谈判开局目标要求的谈判开局气氛。任何商务谈判开始时,双方谈判人员的心态,可以说是在有保留的热诚到隐含敌意的幅度内变动的。究竟是热诚或是敌意,双方刚一接触便形成的第一印象有重要的作用。在开局阶段,谈判人员在相互交往中,对对方的表情、目光、姿态等动作语言和口头语言做出初步评价,形成对对方的第一印象,它输入谈判人员的大脑,使之受到相应的刺激。这种刺激反过来又会形成不同的情绪,从而决定大脑兴奋的程度、思维活动的频率,并产生不同的心态和情绪。这些心态和情绪又会依其性质的不同反馈回来,使谈判人员在谈判中表现出信心十足、富于安全感、成就感,或疑虑重重,保持戒备甚至怀有敌意。在一定环境中谈判人员究竟反映出何种情绪,表现出何种心态,完全取决于构成这一环境的各种因素所造成的刺激的性质及刺激信号的强弱。

应该看到,在商务谈判的开局阶段,绝大多数的谈判人员都是抱着通过谈判来达到己方合理收益的目的而相互接触的。理想的、建设性的谈判气氛有助于谈判活动的顺利进行,沉闷冷淡的气氛会给谈判活动的开展增加阻力。可是,要实现开局目标,创造一种理想的、建设性的谈判气氛,则要求所有参加谈判活动的人员,自觉地把自己看作是谈判环境的一部分。在商务谈判的全过程,尤其是在开局阶段,及时、准确地揣测对方的心理,巧妙地以恰如其分的信号刺激对方。经双方努力,在谈判的开局阶段就渲染烘托起热烈、友好、诚挚、和谐的谈判气氛,最终实现谈判的开局目标。

2. 谈判开局实现的策略方法

在开局阶段，双方谈判人员从见面入座、开始交谈到话题进入实质性内容之前，要创造出理想的、建设性的谈判气氛，通常选用的策略方法如下。

（1）中性话题实施法

中性话题实施法是指以与谈判正题无关又无害的话题开场，促使谈判双方情感上的接近、融洽，实现开局目标的策略方法。

中性话题实施法适用于绝大多数的商务谈判场合。谈判开始，为什么适宜于选择中性话题开场？这是因为中性话题的谈论容易引起谈判双方感情的共鸣，给彼此间的续谈提供方便，便于双方通过语言的交流迅速实现情感上的融洽。

商务谈判人员通常选用的中性话题有：① 谈论气候、季节及适应性；② 双方互聊个人状况、互致私人问候；③ 会谈前旅途的经历或本次谈判后的游览计划；④ 当前社会普遍关心的热门话题，名人轶事；⑤ 双方各人的爱好和兴趣；⑥ 体育新闻、文娱消息；⑦ 家庭状况；⑧ 双方都熟悉的人员及经历；⑨ 曾有过的交往，以往的共同经历或过去成功的合作等；⑩ 开些比较轻松的玩笑。

（2）坦诚实施法

坦诚实施法是指用坦白率直、开诚布公的态度与谈判对方交谈，向对方表露己方的真实意图，以取得对方的理解和尊重，赢得对方的通力合作，实现开局目标的策略方法。

商务谈判的成功，不仅取决于双方在谈判时所处的背景和形势，还取决于谈判者人为地制造的交往关系的密切程度。就一般的看法而言，谈判者之间不可能完全相互信任，总会存在猜疑。谈判老手的高明之处不在于企图消除这种猜疑，而是巧妙地利用人所共有的希望他人支持自己的观点、赞同自己的主张、言行能使他人产生共鸣的人际交往的心理，创造感情上的相互接近，取得对方的尊重和信任，使对方甘愿从友好的方面进行猜测。坦诚相待正是获得对方理解和尊重的好方法。在谈判双方实力与需求大体对等，或双方原来就有良好的合作关系，以及双方主谈人的性格气质大体相近的情况下，为开局目标的实现通常采用坦诚实施法。

（3）幽默实施法

幽默实施法是指借助形象生动的媒介、风趣诙谐的语言风格与对方交谈，以打破对方的戒备心理，引起对方的好感和共鸣，实现开局目标的策略方法。

恩格斯说："幽默是具有智慧、教养和道德上优越感的表现。"幽默的谈吐是一个人的思想、学识、智慧和灵感在语言运用中的结晶，也是谈判交际语言的"味精"和"润滑剂"。在商务谈判的开局阶段以至其后各阶段采用幽默实施法，可以使谈判气氛轻松活跃，提高双方人员谈判或继续谈判的兴致，或者至少可以使谈判者紧张的情绪得到有效的缓解；可以使冷淡、对立、紧张、一触即发的谈判气氛变为热烈积极、友好和谐的谈判气氛；可以使对方不失体面地理解、接纳、叹服你的劝慰，接受你的观点；可以帮助在谈判中已经处于不利的一方巧妙地摆脱困境；可以促使对方形成对你的修养、学识和能力的认同，转变其固有的观念与态度，为进一步的谈判打下基础。

幽默包含有多种类别，主要有谑称的幽默、反语的幽默、灰色的幽默、病态的幽默、低级、黄色的幽默。幽默实施法多用谑称的幽默和反语的幽默。幽默实施法适用于多数的商务谈判场合。不过，谈判双方以前曾有过一定的接触，谈判双方人员，尤其是双方的主谈人的素质反差不大时,运用这一方法更为适宜。

案例应用

丘吉尔讲法语

1943年底,在第二次世界大战中,戴高乐将军的“战斗法兰西”由于得到美国和英国在武器装备上的支持,从10万人扩大到40万人,战斗在从非洲到意大利的广大战场上。

但是在对待叙利亚的问题上,丘吉尔和戴高乐发生了分歧。直接导因是法兰西民族解放委员会宣布逮捕了布瓦松总督,而此人是丘吉尔颇为看重的人物。

要解决这个令双方都感棘手的难题只有依靠谈判了。

丘吉尔的法语讲得令人不敢恭维,戴高乐的英语却讲得相当漂亮。这一点,戴高乐的随员以及丘吉尔的大使达夫·库柏早有所知。

谈判这天,丘吉尔是这样开场的。他先用法语说道:“女士们先去逛市场。戴高乐以及其他的先生同我去花园聊天。”然后,他又用足以让人听清的声音对达夫·库柏说了几句英语:“我用法语对付得不错吧,是不是?既然戴高乐将军英语说得那么好,他一定完全可以理解我的法语的。”

话音未落,戴高乐和众人都哈哈大笑。这时,连平时十分敏感的戴高乐也完全失去戒备心理,以友好、理解的态度听取丘吉尔以结结巴巴的法语发表评论。

问题思考:丘吉尔讲法语开场白有何效果?对你有何启迪?

(资料来源:鲁小慧,徐晓飒主编.商务谈判.长春:东北师范大学出版社,2012.12)

第二节　营造谈判开局气氛

案例导入

太太为我生了个大胖儿子!

中国一家生产企业准备从某国引进一条生产线,于是与某国一家公司进行了接触。双方分别派出了一个谈判小组就此问题进行了谈判。谈判那天,当双方谈判代表刚刚就座,中方的首席代表(副总经理)就站了起来,他对大家说:“在谈判开始之前,我有一个好消息要与大家分享。我的太太在昨天夜里为我生了一个大胖儿子!”此话一出,中方职员纷纷站起来向他道贺。外方代表于是也纷纷站起来向他道贺,整个谈判会场的气氛顿时高涨起来,谈判进行得非常顺利。中方企业以合理的价格顺利地引进了一条生产线。

问题思考:中方总经理营造了怎样的开局气氛?

(资料来源:鲁小慧,徐晓飒主编.商务谈判.长春:东北师范大学出版社,2012.12)

一、高调谈判气氛

高调气氛是指谈判气氛比较热烈,谈判双方情绪积极、态度主动,愉快因素成为谈判情势主导因素的谈判开局气氛。高调气氛通常会对谈判的开局及谈判的顺利进展发挥积极的促进作用。在这种谈判气氛中，谈判对手往往只注意到自己的有利方面，而且对谈判前景的看法也倾向于乐观，因此，高调气氛易于促进协议的达成。

1. 高调气氛的表现

高调气氛主要表现为热烈、积极和友好。谈判双方态度诚恳、真挚，彼此主动适应对方的需要；见面时话题活跃、口气轻松、感情愉悦，常带幽默感；双方都显得精力充沛，兴致勃勃；谈判人员服装整洁，举止大方，目光和善；见面热情友好、相互让座，欣然落座，相互问候，互敬烟茶等。双方对谈判的成功充满信心，把谈判成功看成友谊的象征。

2. 营造高调气氛的条件

在什么情况下营造高调气氛，应具体考虑谈判双方的实力对比，谈判双方企业之间的业务关系和双方谈判人员的个人关系，以及谈判者的成交意愿等因素。通常，可以在以下几种情况下营造高调气氛。

(1) 己方占有较大优势。如果本方谈判实力明显强于对方，为了使对方清醒地意识到这一点，并且在谈判中不抱过高的期望值，从而产生威慑作用；同时，又不至于将对方吓到。

(2) 双方企业有过业务往来，关系很好。这种友好关系应该作为双方谈判的基础。在这种情况下，开局阶段的气氛应该是热烈、友好、真诚、轻松愉快的。本方谈判人员在开局时，语言上应该是热情洋溢的；内容上可以畅叙双方过去的友好合作关系，或两企业人员之间的交往，也可以适当地称赞对方企业的发展和进步；姿态上应该比较自由、放松、亲切。在寒暄结束时，可以这样将话题引入实质性谈判："过去我们双方合作得一直非常愉快，我想，这次我们依然会有一个皆大欢喜的结果，让我们一起开始努力吧！"

(3) 双方谈判人员个人之间的关系友好。谈判是人们相互交流思想的一种行为。个人感情会对交流的过程和效果产生很大的影响。如果双方谈判人员有过交往接触，并且还结下了一定的友谊，那么，在开局阶段应该畅谈友谊。可以回忆过去交往的情景，也可以讲述离别后的经历，还可以询问对方家庭的情况，以增进双方之间的感情。一旦双方谈判人员之间建立和发展了私人感情，那么，提出要求、做出让步、达成协议就不是一件太困难的事。

(4) 己方希望尽早与对方达成协议。由于己方的成交愿望强烈，希望把握时机，担心失去机会；或者对谈判成交前景判断乐观，希望提高谈判效率、迅速成交，因而全力投入、态度恳切，积极烘托热烈向上的谈判气氛。

3. 营造高调气氛的方法

(1) 感情攻击法

感情攻击法，是指通过某一特殊事件来引发普遍存在于人们心中的感情因素，使这种感情迸发出来，从而达到营造热烈、积极的谈判气氛的目的。

案例应用

任传俊的感情攻击法

江苏仪征化纤工程是世界最大的化纤工程。1985 年 7 月，江苏仪征化纤工业公司总经理任传俊主持了一次和联邦德国吉玛公司的索赔谈判，对手是理扬·奈德总经理。由于引进的圆盘反应器有问题,中方提出了 1 100 万马克的索赔要求,而德方只认可 300 万马克。这是一次马拉松式的谈判。在其中一次谈判开始前,任传俊提议陪理扬·奈德到扬州游览。

在花木扶疏、景色宜人的大明寺,任传俊对德方代表团介绍说:“这里纪念的是一位为了信仰,六渡扶桑,双目失明,终于达到理想境界的高僧鉴真和尚。今天,中日两国人民都没有忘记他。你们不是常常奇怪日本人对华投资为什么比较容易吗?很重要的原因是日本人了解中国人的心理,知道中国人重感情、重友谊。”接着,他对理扬·奈德笑道:“你我是多年打交道的朋友,除了彼此经济上的利益外,就没有一点个人之间的感情吗?”

旅行车从扬州开回仪征,直接开到谈判室,谈判继续进行。任传俊开门见山地说:“问题既然出在贵公司身上,为索赔花费太多的时间就是不必要的,反正要赔偿……”

理扬·奈德耸耸肩膀:“我公司在贵国中标,才花了 1 亿多美元,我无法赔偿过多,我总不能赔着本干……”

任传俊紧跟一句:“据我得到消息,正是因为贵公司在世界上最大的化纤基地中标,才得以连续在世界范围 15 次中标,这笔账怎么算呢?”理扬·奈德语塞。

任传俊诚恳地说:“我们是老朋友了,打开天窗说亮话,你究竟能赔多少?我们是重友谊的,总不能让你被董事长敲掉了饭碗,而你也要为我想想,中国是个穷国,我总得对这里的 1 万多名建设者有个交代吧。”

谈判结束了,德方赔偿 800 万马克。

理扬·奈德事后说:“我付了钱,可我心里痛快,因为对方比我精明,比我更具备战略眼光。”

问题思考:试分析任传俊是如何运用感情攻击法的?

(资料来源:陈文汉主编. 商务谈判实务. 北京:人民邮电大学出版社,2011. 2)

(2) 称赞法

称赞法是指通过称赞对方来削弱对方的心理防线,从而激发出对方的谈判热情,调动对方的情绪,营造高调的气氛。例如东南亚某个国家的华人企业要为日本一著名电子公司在当地做代理商,双方几次磋商均未达成协议。在最后的一次谈判中,华人企业的谈判代表发现日方代表喝茶及取放茶杯的姿势十分特别,于是他说道:“从××君(日方的谈判代表)喝茶的姿势来看,您十分精通茶道,能否为我们介绍一下?”这句话正好点中了日方代表的兴趣所在,于是他滔滔不绝地讲述起来。结果,后面的谈判进行得异常顺利,那个华人企业终于拿到了他所希望的地区代理权。

采用称赞法时应注意以下几点:

① 选择恰当的称赞目标。选择称赞目标的基本原则是:择其所好,即选择那些对方最引以为自豪的,并希望己方注意的目标。

② 选择恰当的称赞时机。如果时机选择得不好,称赞法往往适得其反。

③ 选择恰当的称赞方式。称赞方式一定要自然,不要让对方认为你是在刻意奉承他,否则会引起对方的反感。

(3) 幽默法

幽默法是指用幽默的方式来消除谈判对手的戒备心理,使其积极参与到谈判中来,从而营造高调的谈判气氛。采用幽默法时应注意：① 选择恰当的时机；② 采取适当的方式；③ 要收放有度。

案例应用

松苗可以长成参天大树

1984年夏，春城昆明决定引进部分外资，开发自然资源，发展旅游业。日本的客商闻风而来，负责接待他们的是昆明市一位年富力强的中年人。谈判的中心议题当然是资金、效益、合作方式。但实际上谈判一开始便打外围战，不是谈经济和贸易，而是政治和形势。日方代表不无隐忧地说："我们同中国打交道，担心你们政局会变。"昆明代表表示理解地点点头说："其实早几年我们也有过担心，不是担心政局会变，而是担心政策会变。看了几年，觉得中国的政策的确在变，不过是越变越活，越变越好了。"

日方代表又说："这几个月，中国各大城市都在成立公司，犹如雨后的蘑菇纷纷出土，可是，蘑菇的寿命是不会长久的呀！"昆明代表不卑不亢地答道："对这个问题我想说两点：第一，蘑菇纷纷出土，说明我们正在执行一条开放搞活的政策；第二，蘑菇出土的同时，松苗也会破土而出。蘑菇可能寿命短，但松苗却可以长成参天大树！"一席话说得日本人不住地点头。经过这番外围战，双方心里都有了底，后来经过几轮谈判，日方在旅游业方面注入了很大一笔投资。

问题思考：昆明代表的谈判风格和内容对你有何启示？

（资料来源：https：//www.qinxuc365.com/kczx/404247.html.）

(4) 问题挑逗法

问题挑逗法是指提出一些尖锐问题诱使对方与自己争论，通过争论使对方逐渐进入谈判角色。这种方法通常是在对方谈判热情不高时采用的，有些类似于"激将法"。但是，这种方法很难把握好火候，在使用时应慎重一些，要选择好退路。

案例应用

趁火打劫说服总统

美国金融大王摩根在商海奋斗的数十年里，常常在别人有求于他的时候，以非常苛刻的条件将别人的利益鲸吞殆尽，甚至连美国总统也不放过。

1894年，美国出现黄金抢购大风潮，财政部被迫抛出库存黄金，但依然招架不住，于是求救于摩根财团。而摩根却趁火打劫，提出要由他组织的辛迪加承办政府的全部公债。由于这个条件太苛刻，国会和总统都不肯接受。可是，眼观六路、耳听八方的摩根竟大胆向总统进逼道："总统先生，据我所知，国库存金只剩下900万美元，然而，某某先生手中还有1 200万美元今天到期，如果他今天要兑现，那么，一切都完了。"此时，总统已被各地的罢工浪潮搞得焦头烂额，如果国库再被挤兑一空；政府将信誉扫地。在实在走投无路的情况下，总统也不得不答应摩根提出的苛刻条件。协议达成后，摩根财团调出大量美元帮助财政部渡过了危机。

但是，由于摩根垄断了全部的公债承办权，美国的市场价格已操纵在他的手里。这笔黄金公债，仅凭摩根向政府的承包价与市场价之差，就使摩根净赚了 1 200 万美元。

问题思考：你认为摩根因何能逼总统或政府就范，从而能让自己大赚一笔？

（资料来源：陈文汉主编．商务谈判实务．北京：人民邮电大学出版社，2011.2）

二、低调谈判气氛

低调气氛是指谈判气氛十分严肃、低落，谈判一方情绪消极、态度冷淡，不快因素构成谈判情势的主导因素的谈判开局气氛。低调气氛会给谈判双方都造成较大的心理压力。在这种情况下，哪一方心理承受力弱，哪一方往往会妥协让步。

1. 低调气氛的表现

低调气氛通常表现为以下两种类型。

(1) 冷淡对立、严肃紧张的谈判气氛。谈判双方见面不热情、彼此不关心；目光不接触，相见不抬头，相近不握手，企图在衣着、语言、表情、行为等方面以优势因素压倒对方；交谈时语意双关，甚至使用讥讽的口吻等。双方处于明显的戒备、不信任的心理状态和强烈的对立情绪之中，整个开局呈剑拔弩张的局面。这种谈判气氛给整个开局蒙上了一层阴影。这一类型的谈判气氛有时是在法院等第三方参与调解、双方利益严重对立的情况下产生的。

(2) 松弛缓慢、旷日持久的谈判气氛。商务谈判中不乏持续性、分阶段性的洽谈。这时，谈判双方人员对谈判已经感到厌倦。谈判人员进入谈判会场姗姗来迟、衣冠不整、精神不振。相见时握手例行公事、不紧不松；面部表情麻木，目视他方；或入座时左顾右盼，显出一种可谈可不谈的无所谓的态度。对双方谈判的目标不表示信心，对对方的话题不认真倾听，甚至以轻视的口吻发问，谈判双方不断转换话题，处于一种打持久战的氛围之中。

2. 营造低调气氛的条件

在什么情况下营造低调气氛，应具体考虑谈判双方的实力对比和谈判双方之间的业务关系等因素。通常，可以在以下几种情况下营造低调气氛。

(1) 己方有讨价还价的筹码，但并不是占有绝对优势。如果己方谈判实力相对弱于对方，为了不使对方在气势上占上风和轻视己方，谈判人员应做好充分的心理准备并要有较强的心理承受能力，始终显示一种内在的信心，展示一种顽强作战、不屈不挠的斗争精神，也可以向对方表示一定的合作姿态，同时要善于运用己方的筹码迫使对方让步。

(2) 双方企业有过业务往来，但本企业对对方企业的印象不佳。这时，开局气氛通常是严肃的、凝重的。己方谈判人员在开局时，语言上在注意礼貌的同时，应保持严谨，甚至可以带一点冷峻；内容上可以对过去双方业务关系表示不满和遗憾，以及希望通过本次交流磋商来改变这种状况，也可以谈谈途中见闻、体育比赛等中性话题；姿态上应该充满正气，注意与对方保持一定的距离。在寒暄结束时，可以这样将话题引入实质性谈判："我们双方有过一段合作关系，但遗憾的是并不那么愉快，希望这一次能有令人愉快的合作。千里之行，始于足下。让我们从头开始吧！"

3. 低调气氛营造方法

(1) 感情攻击法

这里的感情攻击法与营造高调气氛的感情攻击法性质相同，即都是以情感诱发作为营造气氛的手段，但两者的作用方向相反。在营造高调气氛的感情攻击中，是激起对方积极的情感，使得谈判开局充满热烈的气氛。而在营造低调气氛时，是要诱发对方消极情感，致使一种低沉、严肃的气氛笼罩在谈判开始阶段。

案例应用

艾科卡的开场白

美国克莱斯勒公司总经理艾科卡 1979 年在克莱斯勒公司濒临倒闭时临危受命，他上任后做的第一件大事就是请求美国政府同意为公司 15 亿美金的紧急贷款提供担保，以维持公司最低限度的生产活动。但是，此建议一出，立即在美国社会引起了一场轩然大波。在崇尚自由竞争的美国，公众几乎是众口一词："让克莱斯勒赶紧倒闭吧！"大部分国会议员也不同意政府涉入私营企业的经营。

10 月 18 日，艾柯卡第一次出席国会为此而举行的有相关政府机构、银行参加的听证会。在听证会上，艾柯卡一开始就明确地提出自己的开场白："我相信诸位都明白，我今天在这里绝不只是代表我一个人说话。我代表着成千上万依靠克莱斯勒公司为生的人们，事情就是那么简单。我们有 14 万职工和他们的家属，4 700 家汽车商及所属的 15 万职工，1.9 万家供应商和其他雇用的 25 万人，还有这些人的全部家属。"为了让这些议员们认清后果，他又提出："如果克莱斯勒公司倒闭了，全国的失业率会在一夜之间暴涨 0.5 个百分点，美国政府在第一年里就得为这高达几十万的失业人口花费 27 亿美元的保险金和福利金。各位可以自由选择，你们是想现在就付出 27 亿美元呢？还是将它的一半用来提供贷款担保，并可在日后全部收回呢？"他随后又指出，日本汽车正乘虚而入，如果克莱斯勒倒闭了，它的几十万职员就得成为日本的佣工。

艾柯卡让这些议员彻底认清了拒绝克莱斯勒请愿案的后果，成功地转变了他们的态度，达到了自己期望的目标。最后，艾柯卡拿到了他所需要的 15 亿美元的贷款担保。

问题思考：艾科卡的开场白有何特点？因何能说服大部分国会议员？

（资料来源：陈文汉主编.商务谈判实务.北京：人民邮电大学出版社，2011.2）

（2）沉默法

沉默法是以沉默的方式来使谈判气氛降温，从而达到向对方施加心理压力的目的。应该注意的是，在商务谈判实践中，运用沉默法并非总是一言不发，而是指己方尽量避免对谈判的实质问题发表议论。

沉默的同时要注意倾听。悉心倾听对方吐露的每一个字，注意他的措辞和他选择的表达方式，以及他的语气和声调。这些都能为你提供线索，去发现对方的一言一行背后隐含的真实动机、目的和需要，并感受到对方的情绪。

沉默倾听不但可以使你听得更明白，而且也可以使对方说得更准确。如果你听得很认真并偶尔插话说："对不起，你的意思是不是……？"对方会感到他不是在做无聊的闲谈或进行例行公事式的谈话，他会从被听和被了解中得到满足感。因为人们一般都希望被人了解，希望表现自己，而你的认真倾听，正是满足了对方的这种心理，会使对方对你产生好感。所以，有人说，最廉价的让步就是让对方知道你在洗耳恭听。倾听是了解对方需求和发现事实真相的最简捷的途径，这就是沉默的力量。

(3) 疲劳战术

疲劳战术是指使对方对某一个问题或某几个问题反复进行陈述，从生理和心理上疲劳对手，降低对手的热情和谈判情绪。

在商务谈判中，有时会遇到一种锋芒毕露、咄咄逼人的谈判对手。他们以种种方式表现出居高临下、先声夺人的挑战姿态。对于这类谈判者，疲劳战术是一个十分有效的策略。这种战术的目的，在于通过许多回合的拉锯战，使这类谈判者感觉疲劳生厌，以此逐渐磨去其锐气。同时也扭转已方在谈判中的不利地位，等到对手筋疲力尽、头昏脑涨之时，己方即可反守为攻，促使对方接受己方的条件。

心理学研究表明，人类的心理特质有很大的差异性。在气质、性格等方面，几乎人人不同，而人们个性上的差异又使人们的行为染上其独特的色彩。一般来说，性格比较急躁、外露，对外界环境富于挑战特点的人，往往缺乏耐心、忍耐力。一旦其气势被遏制住，自信心就会丧失殆尽，很快败下阵来。遏制其气势的最好办法，就是采取马拉松式的战术，攻其弱点，避其锋芒，在回避与周旋中消磨其锐气，做到以柔克刚。实行疲劳战术最忌讳的就是硬碰硬，因为这很容易激起双方的对立情绪，况且硬是对方的长处，只有以柔克刚、以软制硬，才会收效显著。此外，如果确信谈判对手比己方更急于达成协议，运用疲劳战术会很奏效。例如，中东的企业家们最常采用的交易战术，就是白天天气酷热时邀请欧洲的代表观光，晚上则招待他们观赏歌舞表演。经过充分的休整，到了深夜，白天不见踪影的中东代表团的领队出现了，神采奕奕地和欧洲代表展开谈判。欧洲代表经过一天的奔波，早已疲惫不堪，只想上床早点休息。那么谈判的结果可想而知，欧洲代表常常会做出让步。

(4) 指责法

指责法是指对对手的某项错误或礼仪失误严加指责，使其感到内疚，从而达到营造低调开局气氛的目的。

案例应用

面对指责的日本谈判代表

日本一家著名的汽车公司在美国刚刚“登陆”时，急需找一家美国代理商来为其销售产品，以弥补他们不了解美国市场的缺陷。当日本汽车公司准备与美国的一家公司就此问题进行谈判时，日本公司的谈判代表路上塞车迟到了。美国公司的代表抓住这件事紧紧不放，想要以此为手段获取更多的优惠条件。

日本公司的代表发现无路可退，于是站起来说：“我们十分抱歉耽误了您的时间，但是这绝非我们的本意，我们对美国的交通状况了解不足，所以导致了这个不愉快的结果，我希望我们不要再为这个无所谓的问题耽误宝贵的时间了，如果因为这件事怀疑到我们合作的诚意，那么，我们只好结束这次谈判。我认为，我们所提出的优惠代理条件是不会在美国找不到合作伙伴的。”

日本代表的一席话说得美国代理商哑口无言，美国人也不想失去这次赚钱的机会，于是谈判顺利地进行下去。

问题思考：日本汽车公司的说辞对我们有何启迪？

（资料来源：庞岳红主编．商务谈判．北京：清华大学出版社，2011.6）

三、自然谈判气氛

自然气氛是指谈判双方情绪平稳，谈判气氛既不热烈，也不消沉。自然开局气氛便于向谈判对手进行摸底。因为谈判双方在自然气氛中传达的信息比在高调气氛和低调气氛中传送的信息要准确、真实。

1. 自然气氛的表现

自然气氛主要表现为平静、朴实、严谨的谈判氛围。通常，谈判双方已不是谈判生手，也不是初次见面，但处于一定的形势和受到一定条件的制约；或者，谈判一方对谈判对手的情况了解甚少，对手的谈判态度不甚明朗时，谋求在平缓的气氛中开始对话是比较有利的。因此，谈判双方见面时并不热情，握手一触即弃，入座并不相让，抽烟喝茶并不互请。讲话时语言平实，句子简练，音质清晰，语速适中。双方目光对视，面带微笑一闪而过。谈判人员心态平静，谨慎自信，不事声张。双方处于一种相互提防、似有成见的氛围之中。

2. 营造自然气氛的条件

自然气氛一般无须刻意地去营造，商务活动中的许多谈判都是在这种气氛中开始的。但是，具体考虑谈判双方的实力对比和谈判双方之间的业务关系等因素，也可以针对性地营造自然气氛。

(1) 谈判双方势均力敌或实力相差不多。谈判人员应该努力防止一开始就强化对方的戒备心理或激起对方的敌对情绪，以致使这种气氛延伸到实质性谈判阶段而使双方一争高低，结果两败俱伤。因此，在开局阶段谈判人员要保持沉稳大方，语言和姿态要做到轻松而不失严谨、礼貌而不失自信。

(2) 双方企业有过业务往来，关系一般。开局目标是要争取创造一个比较友好、随和的气氛。但是本方在语言的热情程度上应该有所控制；在内容上，可以一般地聊一聊双方过去的业务往来及人员交往，也可以谈一谈双方人员在日常生活中的兴趣爱好；在姿态上可以随和自然。在寒暄结束时，可以这样来将话题引入实质性谈判："过去我们双方之间一直保持着业务往来关系，我们希望通过这一次的交易磋商，将我们两个企业之间的关系推进到一个新的高度，让我们一起动手干吧！"

(3) 双方企业在过去没有业务关系往来，是第一次业务接触。开局目标是要争取创造一个比较友好、真诚的气氛，以淡化和消除双方的陌生感，以及由此带来的防备甚至是稍含敌意的心理，为后面的实质性谈判奠定基础。因此，本方谈判人员在语言上应该表现得礼貌、友好，但又不失身份；在内容上以旅途见闻、体育消息、天气状况、个人业余爱好等比较轻松的话题为主，也可以就个人在公司的任职时间、负责范围、专业经历进行一般性的询问和交谈；在姿态上应该是不卑不亢，沉稳中不失热情，自信但不骄傲。在寒暄结束时，可以这样来将话题引入实质性谈判阶段："这笔交易是我们双方的第一次业务交往，希望它能够成为我们双方长期友好合作关系的一个良好开端。我们都是带着希望来的，我想只要我们共同努力，我们也一定能够带着满意而归。"

四、营造谈判气氛应注意的问题

1. 注意环境的烘托作用

谈判环境的布置是营造良好谈判气氛的重要环节。对方会从环境的布置中看出你对谈判的诚意和重视程度，从而留下较为深刻与持久的印象。特别是一些较为重要和大型的谈判，任何马虎或疏忽都会给对方造成对谈判不够重视、缺乏诚意的印象，从而影响谈判的气氛。

谈判场所的布置一般应以宽敞、整洁、优雅、舒适为基本格调，能显示己方的精神面貌，符合礼节要求，同时还可根据对方的文化、传统及爱好增添相应的设置，这样能促使谈判人员以轻松、愉悦的心情参与谈判。

洽谈座位的安排也大有学问。要充分考虑双方的主次关系及谈判人员的心理因素，以及文化、社会背景。此外，要合理组织谈判时间、地点及与谈判有关的活动，甚至组织谈判前的非正式接触或谈判场所以外的礼节性活动等。

2. 研究和观察谈判对手

谈判前，谈判人员应初步了解并具体分析谈判对手的有关情况，特别应重点掌握对方主谈人的有关工作和生活背景。例如，具体涉及对方的工作环境，对方在企业中的地位，对方的家庭状况，对方的生活方式及生活观念，以及对方的个性类型，如心胸开阔、慷慨大方、谨慎内敛、墨守成规、妄自尊大、盛气凌人、反复无信等。同时，在开局谈判时，针对性地调整好自己的心理状况。

谈判对手的经验和技巧，通常可通过对方的口头语言和身体语言反映出来。一般来说，第一次的目光接触最为重要，可以了解对方是开诚布公还是躲躲闪闪，是以诚相待还是怀疑猜测。又如对方的姿势，可以反映出对方是信心十足还是优柔寡断，是精力充沛还是疲惫不堪，是轻松愉快还是剑拔弩张。再如反映情绪变化的身体关键部位(头部、手臂和肩膀)，对方的双臂交叉于胸前，往往表示防备疑惑；摊开双手，解开衣扣，表示开诚布公；两手手指对贴，掌心分开，形似尖塔，表示高傲自信；凑近对方，表示问题接近解决。还有，握手的手势、姿态和力度可以反映对方是强硬还是温和，是理智还是冲动。

3. 把握好开局的关键时机

开局之初的瞬间非常关键。这时，谈判人员精力最为充沛，注意力最为集中，所有人都在专心倾听别人的发言，注意观察对方的一举一动。谈判人员应表现出坦诚、自信的精神状态和对对方的尊重与平等的姿态。开场之初最好站着交谈，因为站着的时候比较容易改变同对方接触的角度，发挥身体语言的优势，从而有助于创造融洽的气氛，感染对方。

4. 选择中性话题入题

开局之初常被称为“破冰期”。素不相识的谈判双方走到一起谈判，最初极易出现停顿和冷场；谈判一开始就进入正题，更容易增加“冰层”的厚度。双方坐下后，一般不要急于切入正题，应利用一定的时间谈些非业务性的轻松话题以活跃气氛。但到底用多长时间为好，并无统一的标准。虽然也有专家认为，应该把谈判时间的5%作为破题阶段，但也不必拘泥，谈判者完全可以根据具体的情况来把握。当然，这种切入正题前的闲聊也不是漫无边际的瞎侃。所选择的话题应有一定的目的性，一般应是对方感兴趣的话题，如体育比赛、文艺演出、对方的业余爱好、社会兼职，以及双方过去经历中的某些共同的社会背景关系，如校友、同行、同乡等。谈判时以这些内容切入话题，可以调动对方的兴趣，使对方乐于和你接触，甚至能使对方感到彼此趣味相投，这样有利于创造一种融洽的气氛。在谈判中不可忽视这一策略，如果运用得当，的确能发挥重要的作用，有时甚至是成功的关键因素。

5. 注意言行举止

谈判者步入会场时，要步履轻松稳健，充满自信。双方见面时，握手应毫不迟疑、坚定有力。要互致问候，注重礼仪。寒暄要恰到好处，不能毫无目的、漫无边际地闲扯。谈话时要正视对方，以免给对方留下心不在焉或缺乏信心的形象。

言行举止要自然得体，表情轻松自如，不能慌慌张张、吞吞吐吐。发言要简洁明确、重点突出，能恰如其分地表达己方的观点和情感倾向；要避免引起对方的敌意与不满；不要涉及个人隐私和敏感的问题。语调要平稳，语速要适中。要注意倾听、观察和体验对方的感受。要适当地进行提问或适时进行反馈。要均等地享受和提供发言与陈述的机会，乐于接受对方的合理可行的建议和意见。

谈判者的服饰、仪表要符合个人身份与内在气质，姿态要端庄得体，塑造适合个性特征与特定谈判要求的形象。服饰要美观、大方、整洁，颜色不要太鲜艳，式样不能太奇异，尺码不能太大或太小。在国际商务谈判中，由于不同国家或地区经济发展水平不同，风俗习惯各异，谈判者的服饰要与具体场合相适应。实际上，无论是语言、动作还是服饰、仪表都内含微妙而丰富的无声信息，谈判人员要细心领会，善于运用非言语沟通方式。

案例应用

A、B谈判代表的说话艺术

A公司是一家实力雄厚的房地产开发公司，在投资的过程中，相中了B公司所拥有的一块极具升值潜力的地皮。而B公司正想通过出卖这块地皮获得资金，以将其经营范围扩展到国外。于是，双方精选了久经沙场的谈判干将，对土地转让问题展开磋商。

A公司代表："我公司的情况你们可能也有所了解。我公司是××公司和××公司（均为全国著名的大公司）合资创办的，经济实力雄厚，近年来在房地产开发领域业绩显著。在你们市去年开发的××花园收益很不错，听说你们的周总也是我们的买主啊。你们市的几家公司正在谋求与我们合作，想把他们手里的地皮转让给我们，但我们没有轻易表态。你们这块地皮对我们很有吸引力，我们准备拆迁原有的住户，开发一片居民小区。前几天，我们公司的业务人员对该地区的住户、企业进行了广泛的调查，基本上没有什么拆迁阻力。时间就是金钱啊，我们希望以最快的速度就这个问题达成协议，不知你们的想法如何？"

B公司代表："很高兴能有机会与你们合作。我们之间以前虽然没有打过交道，但对你们的情况还是有所了解的。我们遍布全国的办事处也有多家住的是你们建的房子，这可能也是一种缘分吧。我们确实有出卖这块地皮的意愿，但我们并不急于脱手，因为除了你们公司外，兴华、兴运等一些公司也对这块地皮表示出了浓厚的兴趣，正在积极地与我们接洽。当然了，如果你们的条件比较合理，价钱比较理想，我们还是愿意优先与你们合作的。我们可以帮助你们简化有关手续，使你们的工程能早日开工。"

问题思考：试分析A、B谈判代表的说话艺术？他们营造了什么样的谈判气氛？

（资料来源：陈文汉主编. 商务谈判实务. 北京：人民邮电大学出版社，2011.2）

第三节　商务谈判开局策略

案例导入

用寒暄打开局面

柯达公司创始人乔治·伊士曼，成为美国巨富后热心社会公益事业，捐巨款建造了一座音乐厅、一座纪念馆和一座剧院。为能承接这些建筑物内的座椅，众多制造商展开了激烈的竞争，可是，无不乘兴而来、扫兴而归。

此时，美国优秀座位公司经理亚森前来，希望得到这笔价值8万美元的生意。伊士曼的秘书在引见亚森前忠告："我明白您急于想得到这笔订单，但我要告诉您，假如您占用了伊士曼先生5分钟以上的时间，您就没有希望了。他是一个非常严厉的大忙人，所以您进去后要把握好时间。"

亚森被引进伊士曼的办公室后，看到伊士曼正埋头处理桌上的一堆文件，于是，亚森静静地站在那里，并打量起这间办公室。

过了一会儿，伊士曼抬起头发现了亚森，问道："先生有何见教？"

秘书将亚森做了简单的介绍，便退出去了。这时，亚森没有谈生意，却说："伊士曼先生，我利用等您的时间，仔细地观察了您的办公室。我本人长期从事室内的木工装修，可从未见过装修得如此精致的办公室。"

伊士曼回答说："谢谢您的夸奖，这间办公室是由我亲自设计的，当初刚建好时我喜欢极了，可是后来一忙就一直都没有机会好好地欣赏一下这个房间。"

亚森走到墙边，用手在护墙板上一擦，说道："这用的是英国橡木吧！这种橡木的质地是很好的。"

"是的。"伊士曼高兴地站起来回答说："这是从英国进口的橡木，是我的一位朋友专程去英国帮我订的货，他是长期研究室内细木的。"

伊士曼心情非常好，带着亚森仔细地参观起他的办公室，并将室内装饰详细地向亚森作了介绍，从选材到颜色，从工艺到价格，然后又讲到自己设计的经过。亚森微笑着聆听，显得饶有兴趣。

亚森看到伊士曼谈兴正浓，便好奇地问起他的经历。伊士曼接着讲述了自己青少年时期苦难的生活，母子俩怎样在贫困中挣扎，以及发明柯达相机的过程和向社会回报的各项捐赠等等。亚森专注地倾听着，并赞扬伊士曼先生的公德心。

原本伊士曼的秘书警告过亚森，会谈不能超过5分钟，可是现在谈了近两个钟头，一直谈到了中午。

伊士曼还邀请亚森共进了午餐，直到亚森告辞，两人都没有谈及生意。但是，随后亚森不仅得到了大批的订单，而且与伊士曼结下了深厚的友谊。

问题思考：

(1) 试分析亚森的说话技巧与个人素质。

(2) 伊士曼最后的决定草率吗？为什么？

(资料来源：鲁小慧，徐晓飒主编. 商务谈判. 长春：东北师范大学出版社，2012.12)

一、一致式开局策略

一致式开局策略又称协商式开局策略，目的在于创造取得谈判成功的条件。运用一致式开局策略的方式有很多，比如，在谈判开始时，以一种协商的口吻来征求谈判对手的意见，然后对其意见表示赞同，并按照其意见开展工作。运用这种方式应该注意的是，拿来征求对手意见的问题应该是无关紧要的问题，对手对该问题的意见不会影响己方的利益。另外在赞成对方意见时，态度不要过于献媚，要让对方感觉到自己是出于尊重，而不是奉承。

一致式开局策略还有一种重要途径，就是在谈判开始时以问询方式或者补充方式诱使对手走入你的既定安排，从而使双方达成一种共识。所谓问询式，是指将答案设计成问题来询问对方，例如，“你看我们把价格和付款方式问题放到后面讨论怎么样?”所谓补充方式，是指借以对对方意见的补充，使自己的意见变成对方的意见。例如，日本首相田中角荣 20 世纪 70 年代为恢复中日邦交正常化抵达北京，他怀着等待中日间最高首脑会谈的紧张心情，在迎宾馆休息。迎宾馆内气温舒适，田中角荣的心情也十分舒畅，与随从的陪同人员谈笑风生。他的秘书早饭茂三仔细看了一下房间的温度计，是“17.8 度”。这一田中角荣习惯的“17.8 度”使得他心情舒畅，也为谈判的顺利进行创造了条件。

二、保留式开局策略

保留式开局策略是指在谈判开始时，对谈判对手提出的关键性问题不做彻底的、确切的回答，而是有所保留，从而给对手造成神秘感，以吸引对手步入谈判。

注意在采取保留式开局策略时不要违反商务谈判的道德原则，即以诚信为本，向对方传递的信息可以是模糊信息，但不能是虚假信息。否则，会将自己陷于非常难堪的局面之中。

案例应用

“天下第一雕刻”待价而沽

江西省某工艺雕刻厂原是一家濒临倒闭的小厂，经过几年的努力，发展为产值 200 多万元的规模，产品打入日本市场，战胜了其他国家在日本经营多年的厂家，被誉为“天下第一雕刻”。

有一年，日本三家株式会社的老板同一天接踵而至，到该厂订货。其中一家资本雄厚的大商社，要求原价包销该厂的佛坛产品。这应该说是好消息。但该厂想到，这几家原来都是经销韩国、台湾地区产品的商社，为什么争先恐后、不约而同到本厂来订货？他们查阅了日本市场的资料，得出的结论是本厂的木材质量上乘，技艺高超是吸引外商订货的主要原因。

于是该厂采用了“待价而沽”“欲擒故纵”的谈判策略。先不理那家大商社，而是积极抓住两家小商社求货心切的心理，把佛坛的梁、榴、柱分别与其他国家的产品做比较。在此基础上，该厂将产品当金条一样争价钱、论成色，使其价格达到理想的高度。首先与小商社拍板成交，造成那家大客商产生失落货源的危机感。那家大客商不但更急于订货，而且想垄断货源，于是大批订货，以致订货数量超过该厂现有生产能力的好几倍。

问题思考：该工艺雕刻厂取得好价钱的根本原因在哪里？

（资料来源：鲁小慧，徐晓飒主编．商务谈判．长春：东北师范大学出版社，2012.12）

三、坦诚式开局策略

坦诚式开局策略是指以开诚布公的方式向谈判对手陈述自己的观点或想法，从而为谈判打开局面。坦诚式开局策略比较适合于有长期合作关系的双方，以往双方的合作都比较满意，彼此比较了解，不用太多的客套，减少了很多外交辞令，节省时间，直接坦率地提出自己的观点、要求，反而更能使对方对己方产生信任感。采用这种策略时，要综合考虑多种因素，例如，自己的身份、与对方的关系、当时的谈判形势等。

坦诚式开局策略有时也可用于谈判力弱的一方。当我方的谈判力明显不如对方，并为双方所共知时，坦率地表明己方的弱点，让对方加以考虑，更表明己方对谈判的真诚，同时也表明对谈判的信心和能力。例如，北京某区一位党委书记在同外商谈判时，发现对方对自己的身份持有强烈的戒备心理。这种状态妨碍了谈判的进行。于是，这位党委书记当机立断，站起来对对方说道："我是党委书记，但也懂经济、搞经济，并且拥有决策权。我们摊子小，并且实力不大，但人实在，愿意真诚与贵方合作。咱们谈得成也好，谈不成也好，至少你这个外来的'洋'先生可以交一个我这样的'土'朋友。"寥寥几句肺腑之言，打消了对方的疑惑，使谈判顺利地向纵深发展。

四、进攻式开局策略

进攻式开局策略是指通过语言或行为来表达己方强硬的姿态，从而获得对方必要的尊重，并借以制造心理优势，使得谈判顺利地进行下去。采用进攻式开局策略一定要谨慎，因为，在谈判开局阶段就设法显示自己的实力，使谈判开局就处于剑拔弩张的气氛中，对谈判进一步发展极为不利。

进攻式开局策略通常只在这种情况下使用：发现谈判对手在刻意制造低调气氛，这种气氛对己方的讨价还价十分不利，如果不把这种气氛扭转过来，将损害己方的切身利益。

进攻式开局策略可以扭转不利于己方的低调气氛，使之走向自然气氛或高调气氛。但是，进攻式开局策略也可能使谈判一开始就陷入僵局。

案例应用

鲁冠球的万向节谈判

派莱克斯公司是美国最大的万向节公司，拥有广泛的国际市场销售渠道网络。1984 年春，该公司亚洲经销处的多伊尔公司总裁多伊尔先生来到杭州万向节厂考察，双方签订了向美国出口"钱潮"牌万向节的合同书。一年以后，杭州万向节厂厂长鲁冠球赴美考察，双方再次签订了在以后 5 年里由杭州万向节厂每年向美方出口 20 万套万向节的合同。此后几年间，由于杭州万向节厂生产技术精良、产品质量达到国际标准、企业经营守信誉，因而产品在国际市场销路不断增长。

1987 年 9 月，多伊尔和国际部经理莱比赶到杭州万向节厂，向鲁冠球提出了一个"垄断性"要求，凡是杭州万向节厂的产品，都必须经过他们的公司才能出口。

响着空调器"丝丝"声的洽谈室内一片沉寂，紧张的气氛似乎使温度也陡然上升。扮"白脸"角色的莱比说话口气咄咄逼人："鲁先生，你还是签这个协议为好，否则，我方将削减向贵方的定货量。”

扮“红脸”的多伊尔老成持重，“威胁之剑”不露声色地藏于他那不失身份的轻言慢语中：“尊敬的鲁先生，您会看到，这里有两种选择：一种是我们向贵厂提供技术、资金、先进设备、市场情报、代培工程师等优惠，而条件只是贵厂的产品由我们独家经销；还有一种是你们可以把产品卖给其他客户，但我们也可以转而购买其他地方，诸如印度、韩国的产品。鲁先生，您会选择哪一种呢？”

鲁冠球心想，美国人也太不讲信誉了，既然是“贸易伙伴”，那就是平等相待的；由你独家经营，不是要把我系在你的套索上吗？想到这里，鲁冠球义正词严地说：“我厂与贵公司的关系，只是卖方和买方的关系，它的基点应该是相互合作、共同发展。至于产品，我们愿意卖给谁就卖给谁，贵公司是不应该干涉的。”

多伊尔“霍”地站起来，收拾起皮包说：“很遗憾，我们将停止进口贵厂的产品！”

听完了翻译的话，鲁冠球把身体靠向沙发，尽力抑制着心中的怒火道：“那请便！多伊尔先生，倘若您能在世界各地找到比我的价格更便宜、质量又比我的更好的万向节，您可以随时终止合同。但我仍然感谢当初贵公司对我厂的支持，因此也随时欢迎贵公司来继续合作。”

不久，一份措辞严厉的函件出现在鲁冠球的办公桌上。美方在信中说，杭州万向节厂的产品存在问题，需要检验，检验费由万向节厂支付。随即，原订购 1987 年出口 46.5 万套的万向节的计划，被削减为 21 万套。“只要签订独家经营合同，检验费和削减合同等事可以一笔勾销。”多伊尔在捎来的信中“宽容”地说。

美方的这种背信行为，确实使杭州万向节厂一度陷入困境。数十万套万向节积压在仓库，资金流转出现困难，企业效益直线下降。但全厂职工并没有在美方的压力下屈服，在兄弟部门的大力支持下，齐心协力地开发出了 60 多个新品种，打开了日本、意大利、法国、澳大利亚、联邦德国、中国香港等 18 个国家和地区的市场，当年创汇 140 万美元。

这年圣诞节前，一辆豪华的轿车驶进了杭州万向节厂，走下车来的是多伊尔和莱比，他们捧出一只铜鹰，放在鲁冠球的办公桌上。

“鲁先生，我们敬佩您精明、强硬的性格，愿我们的事业像鹰一样腾飞全球！”同时，重新签订了 1988 年的代销合同。

在这场中方供货和美方要求独家经营的谈判中，鲁冠球依靠本厂一流的产品质量和企业信誉，坚持不卑不亢、有理有节、平等互利的立场，迫使对方放弃了“独家经营”的要求，从而取得了谈判的胜利。

问题思考：你认为鲁冠球凭什么取得了谈判的胜利？请具体分析。

（资料来源：陈文汉主编. 商务谈判实务. 北京：人民邮电大学出版社，2011. 2）

五、挑剔式开局策略

挑剔式开局策略是指开局时，对对手的某项错误或礼仪失误严加指责，使其感到内疚，从而达到营造低调气氛，迫使对方让步的目的。如，巴西一家公司到美国去采购成套设备，巴西谈判小组成员因为上街购物耽误了时间。当他们到达谈判地点时，比预定时间晚了 45 分钟。美方代表对此极为不满，花了很长时间来指责巴西代表不遵守时间，没有信用，如果老这样下去的话，以后很多工作很难合作，浪费时间就是浪费资源、浪费金钱。对此巴西代表感到理亏，只好不停地向美方代表道歉。谈判开始以后美方代表似乎还对巴西代表来迟一事耿耿于怀，一时间弄得巴西代表手足无措，说话处处被动，无心与美方代表讨价还价，对美方提出的许多要求也没有静下心来认真考虑，匆匆忙忙就签订了合同。等到合同签订以后，巴西代表平静下来，头脑不再发热时才发现自己吃了大亏，上了美方的当，但已经晚了。

本章小结

- ◆ 商务谈判开局的重要性。
- ◆ 商务谈判开局目标设计方法：优势定位法、均势定位法、劣势定位法
- ◆ 商务谈判开局表达方法：协商表达法、直陈表达法、冲击表达法
- ◆ 商务谈判开局实现的方法：中性话题实施法、坦诚实施法、幽默实施法
- ◆ 商务谈判气氛的类型：高调谈判气氛、低调谈判气氛、自然谈判气氛
- ◆ 营造高调谈判气氛的方法：感情攻击法、称赞法、幽默法、问题挑逗法
- ◆ 营造低调谈判气氛的方法：感情攻击法、沉默法、疲劳战术法、指责法
- ◆ 商务谈判开局策略：协商式策略、保留式策略、坦诚式策略、进攻式策略、挑剔式策略

思考与练习

1. 简答题

(1) 为什么说谈判开局的好坏将直接影响整个谈判的气氛和前景？

(2) 什么是谈判气氛？谈判气氛对商务谈判活动有什么影响？

(3) 什么是开局目标的设计？开局目标设计有哪几种策略方法？

(4) 什么是冲击表达法？运用冲击表达法应注意哪些事项？

(5) 什么是高、低调气氛？营造高、低调气氛通常分别有哪些方法？

(6) 采用称赞法与沉默法分别应该注意哪些问题？

2. 不定项选择题

(1) 商务谈判的开局(　　)。

A. 是实质性谈判的序幕　　B. 讨论实质性的谈判内容

C. 奠定整个谈判的基调　　D. 开局目标服务于谈判的终极目标

(2) 下列论述正确的是(　　)。

A. 谈判开局气氛具有关键性作用

B. 谈判开局气氛决定整体谈判气氛

C. 商务谈判应把和谐的谈判气氛作为谈判开局设计的目标

D. 谈判开局目标设计具有客观差异性。

(3) 下列属于谈判开局实现方法的是(　　)。

A. 均势定位法　　B. 协商表达法　　C. 中性话题法　　D. 幽默实施法

(4) 低调气氛主要表现为(　　)。

A. 热烈、积极、友好的谈判气氛　　C. 松弛、缓慢、旷日持久的谈判气氛

B. 冷淡、对立、严肃紧张的谈判气氛　　D. 平静、朴实、严谨的谈判气氛

(5) 营造高调气氛的条件是(　　)。

A. 己方占有较大优势

B. 己方有讨价还价的筹码，但并不占有绝对优势

C. 双方企业有过业务往来，关系一般

D. 双方企业过去没有业务往来

(6) 下列属于营造良好的开局气氛的方法是(　　)。

A. 谈吐大方得体　　B. 服装鲜艳、充满个性

C. 话题选择恰当　　D. 会场宽敞、明亮

(7) 协商式开局策略适用于(　　)。

A. 高调气氛或低调气氛　　B. 高调气氛或自然气氛

C. 低调气氛或自然气氛　　D. 高调气氛、低调气氛或自然气氛

(8) 坦诚式开局策略适用于(　　)。

A. 高调开局气氛　　B. 低调开局气氛

C. 自然气氛　　D. 高调气氛、低调气氛和自然气氛

(9) 开局阶段奠定谈判成功基础的关键是(　　)。

A. 良好的谈判气氛　　B. 合理的报价

C. 反复磋商　　D. 确定谈判目标

(10) 负责谈判接待的王先生站在公司门口，欢迎前来谈判的孙女士。王先生不知道孙女士的年龄、职务，他在考虑该不该主动握手。你认为王先生应该(　　)。

A. 主动上前握手　　B. 待王女士伸手后握之

C. 不必握手　　D. 随便怎么样都行

3. 案例分析题

约翰逊与麦唐纳的会谈

约翰逊是美国《黑檀》月刊的主编。约翰逊一直希望能够争取到森尼斯公司的广告，但是与该公司的首脑麦唐纳约了几次都遭到了拒绝。有一次，约翰逊又致信给麦唐纳：“我可不可以拜访你，谈谈关于黑人社会进行广告宣传的政策?”麦唐纳回信说：“我决定见你，不过要是你想谈在你的刊物上登广告的事，我立即结束会见谈。”

在见面之前，约翰逊翻阅了美国名人录，发现麦唐纳还是一个探险家，曾到过北极，时间是在汉森 1909 年到达北极后的几年间。汉森是黑人，他曾就自身的经历写过一本书，这是个约翰逊可以利用的条件。于是他找到汉森，请他在书上签名，以便送给麦唐纳。此外，他又想到汉森是他们刊登文章的好题材。于是，他从即将出版的一期《黑檀》杂志中抽出一篇文章，而用介绍汉森的一篇文章来替代。

麦唐纳在约翰逊走进他的办公室时，第一句话就是：“看到那边那双雪橇鞋吗? 那是汉森送给我的。我把他当作朋友。你看过他写的那本书吗?”

“看过。”约翰逊说：“凑巧我这里有一本。他还特地在这本书上签了名。”

麦唐纳翻着那本书，显然感到很高兴。接着他又说："你出版一份黑人杂志，在我看来，黑人杂志上该有一篇介绍像汉森这样的人的文章才好。"

约翰逊对他的意见表示认同，并将一份刚出版的新杂志递给他，然后告诉他，创办这份杂志的目的，就是为了宣传像汉森这样克服一切障碍而到达最高理想的人。

麦唐纳合上杂志说："我看不出我们有什么理由不在你的杂志上登广告"。

问题思考：

(1) 约翰逊营造了怎样的开局气氛？

(2) 试分析约翰逊是如何获得麦唐纳认可的？

(资料来源：鲁小慧，徐晓飒主编. 商务谈判. 长春：东北师范大学出版社，2012.12)

4. 实训题

(1) 实践决策

作为航空公司的经理，你发现大雾正在延误飞机的航行，乘客陆续到来并且赶不上转乘的航班。你的助手捅了一下你的手臂，有一个重要的电话等你去接，扩音器里在喊你的名字，而你的个人通讯器亦在"哔哔"地响。这时，有一位怒气冲天、面红耳赤的妇女在人群中指着你，大声叫喊着说你的公司把她的行李箱弄丢了，明天她要出席她儿子的婚礼，可她现在只穿着牛仔裤和汗衫。遇到这种情况，你将(　　)。

A. 把她交给你的助手去处理

B. 在航空公司的休息室请她喝一杯酒

C. 告诉她，正如她所看到的那样，你现在忙极了，请她稍候

D. 告诉她将得到赔偿

E. 请她再重复一遍她的遭遇给你听

(2) 方案设计

背景：在 20 世纪 90 年代国家的"八五"重点项目——吉林 30 万吨乙烯，就有 12 个国家的二十多家公司参与。国家不同，政治背景、文化背景、教育背景、宗教信仰、风俗习惯就不同，价值观念、人生观念、思维方式也不同。这就要求国际商务谈判者有很强的跨文化意识和很全面的跨文化知识。否则，稍不留心，就可能触犯某条"戒律"而前功尽弃。

问题：假如你将作为上述谈判的代表，你将准备哪些资料，请列出书面的谈判。

(3) 设计开局策略

通过你的努力工作，到目前为止，你已经收集了与海南金盘饮料公司相关的各种情报，制定了商务谈判的预案，制定了商务谈判的计划，选定了第一次谈判的地点，并完成了场地布置的工作。并通过你前期到海南金盘饮料公司的考察，你对该公司的基本情况已经有了一定的了解。

海南金盘饮料公司的谈判代表一行三人，分别是该公司采购部负责人杨先生、采购部原料采购专员王先生和技术部负责人黄女士。他们在你的安排下已经考察了你公司，双方有了更进一步的了解。现在，第一次的谈判就要开始了。

问题：制定开局策略，以保证营造良好的谈判开局气氛，使谈判能顺利进行。

第四章　商务谈判中的报价和讨价还价

学习目标

◆ 了解进行报价的步骤和报价阶段应注意的问题
◆ 熟悉报价的方法
◆ 理解价格解释和评论的基础和作用
◆ 掌握价格解释和评论的技巧

技能目标

◆ 能够按正确的流程完成报价
◆ 在报价阶段能灵活使用各种策略
◆ 掌握作为卖方应如何做报价解释
◆ 掌握作为买方应如何让卖方详细解释并进行价格评论

第一节　商务谈判中的报价

案例导入

一次巧妙的订单谈判

张华是内蒙古一家公司的销售主管，经常和客户进行谈判。2007年下半年，张华和北京AS公司年前签订的一个合同基本履行完毕，还剩最后一批货物没发。这时，张华已准备好了报价单，准备收新订单。价格报出去了，在原来基础了上涨了10%。不久，AS公司有关人员告诉张华一个消息，他们新上任的供应部副总王建要到内蒙古出差，并告知这个副总是一个谈价格的狠角色。

那天张华和王建面谈了2小时，王建坚持原价。张华觉得继续谈判下去自己肯定会被他说服，就推说不舒服要回家休息，价格回头书面报上去。

第二天，张华重新做了报价，比上次成交价涨了8%。但王建说，作为新上任的领导，他希望这事有个满意的结果，让张华必须想办法让他舒服。

张华又和老板沟通后，同意只上涨6%，王建觉得张华最后从最高层争取到空间已很不易，比较开心。但张华又说，老板有交代，因为利润不高，万一运费波动太大，他们损失也就会很大，故应双方均摊运费。这其实是让王建觉得张华的价格已经很低，如再负担运费就吃不消了。当然，张华根本没指望对方答应，这样谈的目的，只是让对方觉得张华很艰难。

10天后，张华得到了订单，价格上涨6%。

问题思考：张华在这次谈判中运用了哪些技巧？运用的时机是如何把握的？

（资料来源：鲁小慧，徐晓飒主编. 商务谈判. 长春：东北师范大学出版社，2012.12）

商务谈判双方在开局结束相互摸底的交谈之后，就要将话题转向有关交易内容的讨论，即开始报价。广义的报价泛指谈判的一方对另一方提出的所有要求，包括商品的数量、质量、包装、价格、装运、保险、支付、商检、索赔、仲裁等交易条件；狭义的报价指谈判一方向另一方报出商品交易价格。这里讨论的报价指狭义的报价。

一、影响报价的因素

1. 商品价值

价格是价值的货币表现形式。因此，谈判中的报价虽然不是价值的确定，但也不能完全抛开价值因素盲目报价。例如，在其他条件相同的情况下，电视机的报价比收音机的报价要高。在其他项目的谈判（如建筑承包项目谈判）中也要考虑不同项目所耗劳动的差别，确定不同的开盘价格。离开了价值，价格便失去了基础，因此，价值是报价的基本依据，在国内谈判或国际谈判中都是如此。考虑商品的价值首先就要计算商品的成本。对卖方来说，不仅要考虑自己的生产成本（成本是成交价格的底线），还要考虑同行业中其他生产者的生产成本。买方虽不清楚卖方的生产成本，但在报价之前，也根据有关资料对之进行估价。

2. 市场行情

市场行情是报价决策的主要依据。任何交易都是在市场上进行的，市场因素的变动必然会对商品的价格产生影响，尤其是国际市场的行情，经常处于不断变化之中。这种错综复杂的变化，都会通过价格的涨跌和波动表现出来。同时，价格的波动反过来又会影响市场的全面波动。报价决策应当由谈判人员根据以往和现在所搜集掌握的、来自各种渠道的商业情报和市场信息，并在比较分析、判断和预测的基础上加以制定，其中主要内容包括：① 该商品当前的供求状况及报价水平如何，是供不应求、供过于求，还是供求大致平衡；② 今后供求关系将会发生什么变化，变化的速度如何；③ 价格如何变动以及可能变动的幅度有多大。

3. 谈判对手的状况

谈判对手的状况是报价决策的必要依据，谈判人员除了要了解价格形成的基础，以及所交易商品的市场行情外，还必须考虑谈判对手的情况，如他们的资讯状况、经营能力、同我方交往的历史、其所在国的商业习惯、政策法令及其国际贸易惯例的区别等。另外，在谈判过程进入报价阶段之前，还要进一步探测对方的意图、谈判态度和策略，以便调整我方的策略，掌握报价的幅度。

4. 产品技术含量

产品的技术含量越高，该产品的成本估算就越困难。同时，可以参照的同类产品也较少，价格的伸缩性也就较大。此外，在该商品或其代用品的生产技术上如有重大突破因而有革新的征兆时，也应予以密切的注视。市场行情的内涵除上述之外，还包括许多方面。但就我们制定报价策略，妥善掌握报价幅度这一目的而言，上述的市场供求关系及价格动态是我们着重分析研究的对象。

5. 附带条件和服务

谈判标的物附带的条件和服务，如质量保证、提前交货、安装调试、免费维修、供应配件等，能为客户带来安全感和许多实际利益，人们往往愿意“多花钱，买放心”“多花钱，买便利”，为此支付费用。

6. 产品和企业的声誉

产品和企业的声誉，对价格有重要影响。人们对优质名牌产品的价格，或对声誉卓著企业的报价，往往有信任感。因此，人们宁肯出高价买优质名品，也不愿意与轻合同、不守信誉的企业打交道。

7. 交易性质

大宗交易或“一揽子”交易要比小笔生意或单一买卖更能减少价格在谈判中的阻力。在大宗交易中，万元的价格差额可能算不了什么；而在小笔生意中，蝇头小利也会锱铢必较。在“一揽子”交易中，货物质量不等，价格贵贱不同，交易者往往不会精确计算价格。

8. 支付方式

商务谈判中，货款的支付方式是现金结算，还是使用支票、信用卡结算，或以产品抵偿；是一次性付款，还是分期付款或延期付款等，这些都对价格有重要影响。

9. 交货期

交货期如在商品销售旺季，成交价会高一些；若在销售淡季，成交价则会较低。一般而言，交货期越短，成交价相对越高；交货期越长，成交价相对越低。

10. 竞争者报价

竞争者的报价对谈判报价的影响很直接。为争取谈判成功，应参照竞争对手的报价及交易条件确定己方报价，否则就会陷入被动。

当然，除此之外，还有很多影响价格的因素，如是否包含包装费用、运输费用、保险费用，国家政策，对方的谈判能力，合作预期等，这就需要谈判人员根据具体情况具体分析了。

案例应用

农夫买马

有一位农夫想要为他的小女儿买一匹小马，在他居住的小城里，共有两匹小马要出售。从各方面来看，这两匹小马差不多。第一个人告诉农夫，他的小马售价为 500 美元，想要就带走。第二个人则为他的小马索价 750 美元。

但是第二个人告诉农夫。在农夫做任何决定前，他要农夫的女儿先试骑这匹小马一个月。他除了将小马带到农夫的家之外，还自备小马一个月吃草所需的费用，并且派出他自己的驯马人，一周一次，到农夫家去教小女儿如何喂养及照顾小马。他告诉农夫，让他们相互熟悉是非常重要的。

最后他说，在第 30 天结束时，他会驾车到农夫家。或是将小马取回，将马房清扫干净，或是他们付 750 美元，将小马留下。可想而知，农夫会买第二个人的小马，虽然，第二个人出价稍微高一点，但高得有价值，而且不需要承担任何风险。

问题思考：

(1) 本案例要说明什么问题？

(2) 第二个卖马人的做法对你有何启示？

(资料来源：庞岳红主编. 商务谈判. 北京：清华大学出版社，2011. 6)

二、报价的原则

1. 作为卖方开最高的价，作为买方出最低的价，这是报价的首要原则

卖方报价起点要高，即“开最高的价”；买方报价起点要低，即“出最低的价”。这种做法已成为商务谈判中的惯例。同时，从心理学的角度看，谈判者都有一种要求得到比他们预期得到的更多的心理倾向。实践证明，若卖方开价较高，则双方往往能在较高的价位上成交；若买方出价较低，则双方可能在较低的价位上成交。

对于卖方来讲，高报价的优势：① 卖方的报价事实上对谈判的最后结果确立了一个终极上限；② 采取高报价则卖方让步留有较大的余地，有利于卖方在必要情况下做出让步，打破僵局；③ “一分钱，一分货”，报价越高，对方对报价的潜力评价越高；④ 报价高低也直接反映出报价方的期望水平。

买方采取低报价策略的缘由：① 买方的报价是向对方表明要求的标准，尽管双方都知道这个标准将有所调整，但报价低会给对方带来很大的心理压力；② 买方报价的高低也反映了他的期望水平、自信与实力；③ 报价低为谈判中的价格调整与让步留出了较大的余地。

2. 开盘价必须合乎情理

开盘价要报得高一些，但绝不能漫天要价、毫无控制，它同时必须合乎情理，要能够讲得通。如果报价过高，又讲不出道理，对方必然会认为你缺少谈判的诚意，或者中止谈判扬长而去；或者以其人之道还治其人之身，相对地“漫开杀价”；或者一一提出质问，而你无言可答，从而使自己丧失信誉，并且会很快被迫让步。在这种情况下，有时即使你已将交易条件降到比较公平合理的水平上，对方仍会认为尚有“水分”可挤而穷追不舍。

3. 报价应该坚定、明确、完整，不加解释和说明

开盘报价要坚定而果断地提出，没有保留，毫不犹豫，这样才能给对方留下我方是认真而诚实的印象。欲言又止，吞吞吐吐必然会导致对方的不信任。报价要非常明确清楚，以便对方准确地了解我方的期望，含糊不清易使对方产生误解。报价时不要对所报价格作过多的解释、说明和辩解，也不要为那些合乎情理的事情进行解释和说明，因为对方肯定会对有关问题提出质询。如果在对方提问之前，我方主动地加以说明，会使对方意识到这是我方最关心的问题，这种问题有可能对方过去尚未考虑过。但要注意的是有时过多的说明和辩解，会使对方从中找出破绽或突破口。

案例应用

时间继电器的生产技术转让

我国一家公司与德国仪表行业的一家公司进行一项技术引进谈判。对方向我方转让时

间继电器的生产技术，价格是40万美元。德方依靠技术实力与产品名牌，在转让价格上坚持不让步，双方僵持不下，谈判难以取得进展。最后我方采取目标分解策略，要求德商就转让技术分项报价。结果，通过对德商分项报价的研究，我方发现德商提供的技术转让明细表上的一种时间继电器元件——石英振子技术，我国国内厂家已经引进并消化吸收，完全可以不再引进。以此为突破口，我方与德方洽谈，逐项讨论技术价格，将转让费由40万美元降至25万美元，取得了较为理想的谈判结果。

问题思考：本案例说明什么问题？对你有何启示？

（资料来源：鲁小慧，徐晓飒主编.商务谈判.长春：东北师范大学出版社，2012.12）

三、报价的形式与方式

1. 书面报价

以书面方式提出，不准备作口头补充。在书面形式的谈判中，交易条件的提出一般均采用此类方式。国际贸易中称此为发盘。在面对面谈判中，采用此类方式提出交易条件的情形很少见。一般仅限于下述两种情形：

(1) 在有关规则的约束下，本企业没有选择余地，只能以这种方式提出交易条件。如在竞争一项规范的招标工程时的投标报价，即属这类情形。在中标前，双方不会也不可以就有关的交易条件进行面对面的磋商。

(2) 提出交易条件的一方基于下述考虑：其以书面方式提出的交易条件既是最初的交易条件，也是最后的交易条件，即这一条件是终局性的，不希望对方进行任何讨价还价。

在后一种情形中，对谈判者以书面方式提交给对方的材料有很高的要求。一般均要求材料必须完备，表述明确无误，并在材料中要求对方无保留地接受。若材料不完备，表述含糊，则很容易使对方认为有讨价还价的余地，也容易被对方找到讨价还价的借口，对方不可能无保留地接受。

2. 口头报价

口头报价是指会谈时口头提出交易条件，不预先提供任何书面形式的报价材料，仅仅在双方会晤时，口头提出交易条件，是一种比较常见的报价方式。这种方式的优点主要表现在以下几方面：

(1) 具有很大的灵活性。谈判者完全可以根据谈判形势的变化而变更自己的谈判战术，根据谈判中出现的具体情况，有针对性地提出交易条件。

(2) 可以先磋商，后承担义务。通过接触，先摸清情况，特别是对方愿意做出承诺的情况，然后再决定自己应做出怎样的承诺。在达成协议前，谈判人员不需要有任何义务感。

(3) 面对面的商谈容易加强友好气氛，在报价过程中充分发挥感情因素的作用（用得不好，也可能适得其反）。

会晤时口头提出交易条件的缺点：

(1) 对手可以根据己方谈判人员的多方面表现识定、推测本企业所提交易条件的坚定性。经验表明，人们通常认为书面表述的东西比口头表述的东西更真实，在人们心目中，文字材料如价目表（单）、告示等具有更强的权威性。因此，在一般人的心目中，尽管两种方式的报价水平相同，但人们往往认为口头的报价具有更大的讨价还价的余地，纯粹的口头报价更容易招至对方的攻击。

（2）由于没有任何书面材料，就难以把一些复杂的情况，如统计数据、计划图表等阐述清楚。

（3）由于对方事先对己方提出的某些问题不了解，其可能在听完己方口头阐明的交易条件后，托词暂停谈判，拖延时间，如“尚需作进一步研究才能答复”等。

3. 以书面形式提出并准备作口头补充

这一方式介于上述两种方式之间。其突出的优点是有了书面文件，便于对方理解，不至于延误谈判；在可以通过书面材料将一些复杂的数据、图表等阐述清楚的同时，己方在谈判时又有较大的灵活性。突出的缺陷则表现为：由于书面提出的交易条件不是终局性的，往往使对方了解了更多的本企业准备履行的义务，从而可能不利于己方讨价还价。

4. 报价的方式

（1）西欧式报价

西欧式报价，一般的模式是，首先提出留有较大余地的价格，然后根据买卖双方的实力对比和该笔交易的外部竞争状况，通过给予各种优惠，如数量折扣、价格折扣、佣金和支付条件上的优惠（如延长支付期限、提供优惠信贷等等）来逐步软化和接近买方的市场和条件，最终达成成交的目的。实践证明，这种报价方法只要能够稳住买方，往往会有一个不错的结果。一般情况下，买卖双方最后的成交价常常低于最初的报价。

（2）日本式报价

卖方将最低价格列在价格表上，以求首先引起买主兴趣。由于这种交易价格的交易条件很难全部满足买方的需要，如果买主要求改变有关条件，则卖主就会相应提高价格。因此，买卖双方最后成交的价格往往高于价格表中的价格。

日本式报价一方面可以排斥竞争对手而将买方吸引过来，取得与其他卖主竞争中的优势和胜利；另一方面，当其他卖主败下阵来纷纷走掉时，买方原有的市场优势就不复存在了，买方想要满足一定需求，即只好任卖方一点一点地把价格抬高才能实现。

一般而言，日本式报价有利于竞争，西欧式报价则比较符合人们的心理。

案例应用

计算机购销业务谈判

某单位欲购进计算机500台，为产生批量效益，先打出求购100台的采购广告，商家纷纷而至。该单位将面谈的情况和网上查询的信息进行了综合分析，得到一个很重要的提示：近期内市场行情可能处于价格下滑期，延期采购可能更为有利，这就为进一步了解市场提供了时间保障。

接着，该单位采用电子商务业务，利用网络优势展开深入的市场调查，并将规模采购分为100、300、500台三个批量，要求供应商将各批量的优惠价格、供货时间、分期付款的承诺情况、保修期限等关键条款以电子邮件的形式传过来，从中选出三位供应商，再来单位面谈，最后以低于市场价15%的优惠价和两年内分三次等量等期付款的分期付款承诺签订了500台计算机的采购合同。

问题思考:该单位计算机采购采用了哪种报价形式?有何意义?

(资料来源:孙绍年主编.商务谈判理论与实务.北京:清华大学出版社,北京交通大学出版社,2007.3)

四、报价的先后顺序

1. 先报价的利弊

(1) 先报价的好处

① 先报价比反应性报价显得更有力量,更有信心。这种建立在谈判人员详尽地调查了解、报价准备比较充分的基础上的力量和信心,可以使己方首先在气势上压倒对方,同时也首先表明欲达到的目标。

② 先报价的价格将为以后的讨价还价树立起一个界碑。这个界碑把对手的期望限制在一个特定的范围内。一旦起始报价摆到了桌面上,对方讨价还价就只能以此为起点,不可能要求报价一方在更优惠的条件上后退。

③ 先报价可以占据主动,先施影响,并对谈判全过程的所有磋商行为持续发挥作用。

例如,多年前,北京服装检测中心的同志曾经公开说过,北京市场上的服装,往往高出进价的3倍到10倍。一套衣服进价100元,而标价900元。请问,购买者还价会还到多少呢?一般还到800元、700元,就很不容易了;还到600元的,算是很有勇气的了;买主很少敢还到500元、400元,因为他们怕被卖主骂,怕被人瞧不起,所以,宁可不还价而转身一走了之,以免招惹是非。而卖主往往在500元、400元的价位上就愿意成交了;何况买主愿意出600元、700元,甚至是800元呢?所以,卖主只要一天中有一个人愿意在900元的价格上与他讨价还价,他就很成功了。

(2) 先报价的不利之处

① 当己方对市场行情及对手的意图没有足够的了解时,贸然先报价,往往会限制自身的期望值。对方则可根据己方提供的数据、材料和所掌握的各种信息自由地调整他的期望值,从而获得他本来不曾想、不敢想或估计很难得到的一些好处。

② 先报价的一方由于过早地暴露了自己手中的牌,处于明处,为对方暗中组织进攻,逼迫先报价一方沿着他们设定的道路走下去提供了方便。

2. 后报价的利弊

后报价的利弊正好和先报价相反。其有利之处在于,对方在明处,自己在暗处,可以根据对方的报价及时地修改自己的策略,以争取最大的利益。然而,后报价的弊病也很明显,即被对方占据了主动,而且必须在对方划定的框框内谈判。

既然先后报价都有利有弊,而且“利”与“弊”都和一定的条件有关,实际谈判中的“先入为主”与“后发制人”,也都不乏成功的范例。关于先后报价孰优孰劣,要根据特定条件和具体情况灵活掌握。一般地说,应注意以下几点:

(1) 如果对方是“行家”,自己不是“行家”,以后报价为好。

(2) 如果对方不是“行家”,自己是“行家”,以先报价为好。

(3) 双方都是“行家”,先后报价无实质性区别。

(4) 在高度竞争或高度冲突的场合,先报价有利。

(5) 在友好合作的谈判背景下,先后报价无实质性区别。

另外,商务性谈判的惯例是:

(1) 发起谈判者与应邀者之间,一般应由发起者先报价。

(2) 投标者与招标者之间,一般应由投标者先报价。

(3) 卖方与买方之间,一般应由卖方先报价。

案例应用

高级工程师的专利权谈判

有一个跨国公司的高级工程师,他的某项发明获得了发明专利权。一天,公司总经理派人把他找来,表示愿意购买他的发明专利,并问他愿意以多高的价格转让。而他对自己的发明到底值多少钱心中没数,心想只要能卖10万美元就很不错了,可是他的家人却事先告诉他说至少要卖30万美元。到了公司总经理的办公室,因为一是怕老婆,二是怕经理不接受,所以胆怯,一直支支吾吾,不愿先正面说出自己的报价。而是说:“我的发明专利在社会上有多大作用,能给公司创造多少价值,我并不十分清楚。还是先请您说一说吧!”这样无形中,就把球踢给了对方,让总经理先报价。

总经理只好先报价了,“50万美元,怎么样?”这位工程师简直不敢相信自己的耳朵,直到总经理又说了一遍,他才知道这是真的,经过一番假模假样的讨价还价,最后就以这一价格达成了协议。

问题思考:工程师在谈判中采用了何种报价方式?对你有何启发?

(资料来源:鲁小慧,徐晓飒主编.商务谈判.长春:东北师范大学出版社,2012.12)

五、报价策略

交易谈判的报价是不可逾越的阶段,只有在报价的基础上,双方才能进行讨价还价。报价之所以重要,就是因为报价对讨价还价乃至整个谈判结果会产生实质性的影响。基于这一点,我们把报价作为策略来研究。

1. 报价时机策略

在价格谈判中,报价时机也是一个策略性很强的问题。有时,卖方的报价比较合理,但却并没有使买方产生交易的欲望,原因往往是买主首先关心的是此商品能否给他带来价值,带来多大的价值,其次才是带来价值与价格的比较。所以,价格谈判中,应当首先让对方充分了解商品的使用价值和能为对方带来多少收益,待对方对此产生兴趣后再谈价格问题。实践证明,提出报价的最佳时机,一般是对方询问价格时,因为这说明对方已对商品产生了购买欲望,此时报价往往水到渠成,比较自然。

有时,在谈判开始的时候对方就询问价格,这时最好的策略应当是听而不闻。因为此时对方对商品或项目尚缺乏真正的兴趣,过早报价会增加谈判的阻力。这时应当首先谈该商品或项目的功能、作用,能为交易者带来什么样的好处和利益,待对方对此商品或项目产生兴趣,交易欲望已被调动起来时再报价比较合适。但是,对方坚持即时报价,也不能故意拖延；否则，就会使对方感到不受尊重甚至反感，此时应善于采取建设性的态度，把价格同对方可获得的好处和利益联系起来，一起介绍效果较好。

总之，报价时机策略，往往体现在价格谈判中相对价格原理的运用，体现在促进积极价格的转化工作中。

2. 报价表达策略

报价无论采取口头或书面方式，表达都必须十分肯定、干脆，要表现出不能再作任何变动和没有任何可以商量的余地。且“大概”“大约”“估计”一类含糊的词语都不适宜在报价时使用，因为这会使对方感到报价不实。另外，如果买方以第三方的出价低为由胁迫时，卖方应明确告诉他“一分钱，一分货”，并对第三方的低价毫不介意。只有在对方表现出真实的交易意图时，为表明至诚相待，才可以在价格上开始让步。

3. 报价差别策略

由于购买数量、付款方式、交货期限、交货地点、客户性质等方面的不同，同一商品的购销价格也会有所不同。这种价格差别，体现了商品交易中的市场需求导向，在报价策略中应重视。例如，对老客户或大批量购买的客户，为巩固良好的客户关系或建立起稳定的交易联系，可适当实行价格折扣；对新客户，有时为开拓新市场，也可适当给予折让；对某些需求弹性较小的商品，可适当实行高价策略，等等。

4. 价格解释策略

在谈判一方(通常是卖方)报价后，另一方(通常是买方)可要求其做价格解释。所谓价格解释，就是对报价的内容构成、价格的计算依据、价格的计算方式所做的介绍或解释。

报价方在进行报价解释时，也应该遵守言简意赅的原则，即：不问不答，有问必答，答其所问，简短明确。

不问不答是指对对方不主动提及的问题不主动回答，不能因怕对方不理解而作过多的解释和说明，以致言多有失。

有问必答是指对对方提出的所有问题都要一一回答，并且要迅速、流畅。如果吞吞吐吐、欲言又止，就容易引起对方的疑虑，因而提高了警惕，穷追不舍。

答其所问是指仅就对方所提问题做出解释说明，不做画蛇添足式的多余答复。实践证明，在一方报盘之后，另一方一般要求报盘方对其价格构成、报价根据、计算方式等问题做出详细的解释。因此，报盘方在报盘前要就这些问题的解释多加准备，以备应用。

简短明确就是要求报盘方在进行价格解释时做到简明扼要、明确具体，以充分表明自己的态度和诚意，使对方无法从价格中发现破绽。

5. 价格分割策略

价格分割是一种心理策略。卖方报价时，采用这种技巧，能制造买方心理上的价格便宜感。价格分割包括两种形式：

(1) 用较小的单位报价。例如，茶叶每公斤 200 元报成每两 10 元；大米每吨 1 000 元报成每公斤 1 元。国外某些厂商刊登的广告也采用这种技巧，如“淋浴 1 次 8 便士”“油漆 1 平方米仅仅 5 便士”。巴黎地铁公司的广告是：“每天只需付 30 法郎，就有 200 万旅客能看到你的广告。”用较小单位报价会使人产生便宜的感觉，更容易使人接受。

(2) 用较小单位商品的价格进行比较。例如，“每天少抽一支烟，每天就可订一份

×××报纸。”“使用这种电冰箱平均每天 0.5 元电费，0.5 元只够吃 1 根最便宜的冰棍。”“一袋去污粉能把 1 600 个碟子洗得干干净净。”“×××牌电热水器，洗一次澡，不到 1 元钱。”用小商品的价格去类比大商品会给人以亲近感，拉近与消费者之间的距离。

6. 心理价格策略

人们在心理上一般认为 9.9 元比 10 元便宜，而且认为零头价格精确度高，给人以信任感，容易使人产生便宜的感觉。这种在十进位以下的而在心理上被人们认为较小的价格叫心理价格。因此，市场营销中有奇数定价这一策略。例如，标价 49.00 元，而不标 50.00 元；标价 19.9 元，而不标 20.00 元。这 1 分钱、1 角钱或者 1 元钱之差，给人“大大便宜”的感觉。心理价格策略在国内外都已被广泛采用。

7. 中途变价策略

中途变价策略是指在报价的中途，改变原来的报价趋势，从而争取谈判成功的报价方法。改变原来的报价趋势，是指买方在一路上涨的报价过程中，突然报出一个下降的价格，或者卖方在一路下降的报价过程中，突然报出一个上升的价格来，从而改变了原来的报价趋势，促使对方考虑接受你的价格。

案例应用

皮箱店的老板

美国商人约翰去圣多美和普林西比旅游，在街上一家皮件商店的橱窗里，看到了一只旅行皮箱和自己家里的一模一样，忍不住停下来看。皮箱店的老板正在门口拉生意，看见约翰，马上过来洽谈推销，好话说尽，约翰就是不为所动。因为约翰想看看店主到底有些什么推销手段，所以站着没走。

店主看约翰仍不动心，便把价格一降再降，从 30 美元、24 美元、20 美元……降到 17 美元、15 美元，可是约翰还是不买他的皮箱，而老板又不想再跌价了，在报出了“15 美元”以后，突然改变了下降的趋势，报出了一个上升的价格“16 美元”来。

当感到奇怪的约翰揪住“15 美元”不放时，老板顺水推舟以 15 美元的价格把皮箱卖给了约翰。

问题思考：皮箱店的老板的中途变价在约翰心理产生何种影响？

（资料来源：鲁小慧，徐晓飒主编. 商务谈判. 长春：东北师范大学出版社，2012.12）

第二节　商务谈判讨价还价

案例导入

中日索赔谈判

2000 年，我国从日本 S 汽车公司进口了一大批 FB-468 货车，使用时发现严重的质量问题。为此，我国向日方提出索赔。

9 月 30 日，中日双方在北京进行了谈判。

首先是货车质量问题的交锋。日方避重就轻、推脱责任。我方代表针锋相对，用事实给予回击，并拿出商检机关的公证结论、商检拍摄的录像、商检以及专家小组的鉴定意见。日方不得不承认这属于设计和制作上的质量问题所致。初战告捷。

接下来是关于索赔金额的谈判。

我方一位代表，专长经济管理和统计，精通测算，在他的纸笺上，在大大小小的索赔项目旁，布满了密密麻麻的阿拉伯数字。他不紧不慢地提出："贵公司对每辆车支付加工费是多少？这项总额又是多少？""每辆十万日元，计 58 400 万日元。"日方又反问："贵国报价是多少？""每辆十六万日元，此项共 95 000 万日元。"

久经沙场的日方主谈判淡然一笑，与助手耳语了一阵，神秘地瞥了一眼中方代表，问："贵方报价的依据是什么？"我方将车辆损坏的各部件，需要如何维修加固，花费多少工时，逐一报出单价。"我们提出这笔加工费不高。如果贵公司感到不合算，派员维修也可以。但这样一来，贵公司的耗费恐怕是这个数的好几倍。"日方对此折算叹服了："贵方能否再压一点？""为了表示我们的诚意，可以考虑，贵公司每辆出多少？""12 万日元。""13 万元如何？""行。"

这项费用日方共支付 77 600 万日元。

但中日双方争议最大的项目，是间接经济损失赔偿金，金额高达几十亿日元。日方在谈这项损失费时，也采取逐项报出。提出支付 30 亿日元。我方代表把日方那些"大概""大约""预计"等含糊不清的字眼都挑了出来，指出里面埋下的伏笔。最后，我方提出赔偿间接经济损失费 70 亿日元！

日方代表听了这个数字后，惊得目瞪口呆，连连说："差额太大，差额太大！"于是，又进行了无休止的报价、压价。

"贵国提的索赔额过高，若不压半，我们会被解雇的。我们是有妻儿老小的……"日方代表哀求着。

"贵公司生产低劣产品，给我国造成多么大的经济损失啊！"中方继而又安慰道："我们不愿为难诸位代表。如果你们做不了主，请贵方决策人来与我们谈判。"

双方各不相让，只好暂时休会。即日，日方代表接通了北京通往 S 汽车公司的电话，与公司决策人密谈了数小时。接着，谈判又开始了。先是一阵激烈鏖战继而双方一语不发，室内显得很沉默。

我方代表打破僵局："如果贵公司有谈判的诚意，彼此均可适当让步。"

"我们公司愿付 40 亿日元，这是最高突破数了。"

"我们希望贵公司最低限度必须支付 60 亿日元。"

后来，双方几经周折，提出双方都能接受的方案：中日双方最后的报价金额相加，除以二，等于 50 亿日元。

除上述两项达成协议外，日方愿意承担下列三项责任：

第一，确认出售到中国的全部 FB－468 型货车为不合格品，同意全部退货，更换新车；

第二，新车必须重新设计实验，精工制作和制造优良，并请中方专家实验和考察；

第三，在新车未到之前，对旧车进行应急加固后继续使用，日方提供加固件和加固工具等。

问题思考:

(1) 分析中方谈判代表索赔成功的原因。

(2) 这则案例给我们什么启示?

(资料来源:鲁小慧,徐晓飒主编.商务谈判.长春:东北师范大学出版社,2012.12)

一、商务谈判中的讨价

1. 讨价的含义

讨价是指谈判中的一方首先报价,另一方认为离自己的期望目标太远,而要求报价方改善报价的行为。这种讨价要求既是实质性的也是策略性的。其策略性作用是误导对方对己方的判断,改变对方的期望值,并为己方的还价做准备。

2. 讨价态度

谈判双方在报价时,往往是卖方喊价高,买方出价低,这是谈判心理或策略要求留有讨价还价的余地。对于对方的重新报价或改善报价,应保持平和、信赖的态度,不要被"盲目杀价""漫天要价"吓到,应仔细倾听、诱导发言、试探虚实、发现纰漏、认真分析、正确理解报价。而这些都取决于讨价者的素质与经验。

(1) 仔细倾听

认真仔细地倾听对方的报价,是尊重对方的一种表现。它能鼓励对方多发言,能从健谈的报价者那里得到有用的资料,捕捉还价的理由;也能从内向的报价者那里引出其心中的秘密,掌握对方的期望值。要倾听谈判对方的副手或经验不足的新手发言,倾听会使这些人自我感觉其"地位上升",自我感觉良好,继续刺激增强兴奋度,甚至还会满足其虚荣心,导致这部分人员畅所欲言,而从中获取更重要的信息。

(2) 试探虚实

试探虚实是指在不打断对方说话的情况下,顺着对方话题发问,提出种种假设条件,要求对方回答,并捕捉对方回答中对己方有利的信息,以便抓住机会,搜集还价的资料。试探虚实,既能表达合作的诚意,进一步鼓励、诱导对方打开话匣,保持平和信赖的气氛,又有利于掌握对方意图,更好地伺机还价。其假设条件是围绕交易价格而展开的,常见用语有假如、如果等。"假如我购买的数量较多呢?""如果订货数量加倍或减半呢?""是否批量作价?"这些提问,都是买方投出去的"石头",以试探对方心中的价格秘密。对方这时就会不知不觉地为买方的还价指点迷津。"假如降低价格,你会多买多少?""如果我们送货上门,你会出什么价?"这又是卖方在试探买方,是卖方在捕捉对方信息,试探虚实。

3. 讨价的方式

在价格谈判中,买方向卖方讨价,应讲究一定的方法和步骤,根据卖方的解释和态度制定讨价的策略。讨价的大致做法可分为以下三个阶段:

(1) 笼统讨价

笼统讨价是指从总体上提出请对方改善报价的要求。一般说法多为:"贵方价格不合理,我方难以接受,请予以改善。""我方意见已讲明,贵方应做出表明诚意的举动,否则我们无法合作"等。这种讨价方式可在第一次要价时,也可在最后结束时采用。此外,还可以在交易复杂又缺乏研究分析资料的情况下使用。

(2) 具体讨价

具体讨价是指将讨价内容分成若干部分,如技术费、设备、零件费、资料费、培训费、技术服务费等,然后以不同理由进行不同程度的讨价。这种讨价方式常用于对方第一次改善价格之后,或水分较少、内容简单的报价的讨价。

4. 讨价技巧

(1) 以理服人,见好就收

讨价是启发、诱导报价方调整价格,以便为己方还价做准备。讨价是伴随着价格评论进行的,一般来说,报价方的价格解释总会有这样那样的破绽,以适当方式指出报价的不合理之处时,报价者大都有所松动。可能会以"我们再核算一下""这项费用可以考虑适当降低"等为托词,对报价做出改善。因此,讨价务必保持平和的气氛,充分说理,以理服人,以求最大的收益;反之,此时若"硬压"对方,可能过早地陷入僵局,对谈判不利。

另外,即使价格调整的幅度不是很大,或者理由也不甚合乎逻辑,作为买方,也应表示欢迎。而且,可以通过对方调整价格的幅度及其解释,估算对方的保留价格,从而确定进一步讨价的策略和技巧。

(2) 见机行事,灵活机动

买方做出讨价表示并得到卖方回应后,必须对此进行策略性分析:是首次讨价,就能得到对方改善报价的迅速反应,这可能说明报价中策略性虚报部分较大,价格中所含虚头、水分较多,或者也可能表明对方有急于促成交易的心理。同时,还要分析其降价是否具有实质性内容等。这样,讨价后可以通过对对方反应的认真分析,来判定或改变己方的讨价策略。

不过,一般有经验的报价方,开始都会固守其价格立场,不会轻易降价。并且往往会不厌其烦地引证那些比他报价还要高的竞争者的价格,用以解释其报价的合理性和表示这一报价不可改变。对此,要善于通过分析抓住报价及其解释的矛盾和漏洞,并盯住不放。而对于那些首次讨价即许诺降价者,也应根据其实际情况或可能,采取相应的讨价对策。

(3) 控制讨价次数

所谓讨价的次数,是指要求报价方改善报价的有效次数,即讨价后对方降价的次数。讨价,作为要求改善报价的行为,不能说只允许一次。究竟讨价可以进行几次,依据讨价方式及心理因素,一般有以下规律:

从全面讨价来分析,一般价格谈判的初始报价都包括一个策略性的虚报部分,同时,报价方又都有希望保持自己的"良好形象"和与客户的"良好关系"的心理,因此,讨价中对方"姿态性的改善"往往是会做出的。不过,常言道:"事不过三",讨价一次,当然;讨价两次,可以;若第三次讨价,就可能引起反感了。因此,对于全面讨价,从心理因素的角度来说,一般可以顺利地进行两次讨价。当然,经两次改善后的报价,如果还存在明显的不合理,继续讨价仍完全必要。

从分别讨价来分析,当交易内容按照价格中所含水分分为三类时,就意味着至少可以讨价三次,其中,水分大的、水分中等的又可至少讨价两次,这样算来,按三类分别讨价,实际上可能讨价五次以上。若按照交易的具体项目分为五项,就意味着至少可以讨价五次,其中有的项目肯定不可能只讨价一次,而是要讨价两次以上,这样算来,按五项分别讨价,实际上可能共讨价八次以上。

从针对性讨价来分析,因为这种讨价一般是在全面讨价和分别讨价的基础上有针对性地进行的,所以,无论是从实际出发还是从心理因素考虑,讨价次数基本"事不过三",通常一两次而已。

讨价的次数,主要取决于买方对卖方价格的评价,只要买方对卖方的报价还有让其降价的依据,讨价过程就不能结束。因此,讨价次数没有统一标准,但一般不止一次。

案例应用

甲厂长卖设备

某橡胶厂(甲方)曾进口一整套现代化胶鞋生产设备,但由于原料和技术设备跟不上,设备白白闲置了3年。后来,新任厂长决定把它转卖给外地一家橡胶厂(乙方)。谈判之前,甲方了解到两个重要情况:一是乙方经济实力雄厚,但基本都已投入到再生产中,如果要马上拿出200万元购买设备困难很大;二是乙方厂长年轻志大、自负好胜。对内情有所了解后,甲方厂长决定与乙方厂长直接谈判。

甲方厂长:"经过这两天的交流与了解,我详细了解了贵厂的生产情况,你们的经营管理水平确实使我肃然起敬。厂长年轻有为,有胆识,有魄力,令我由衷敬佩。可以断言,贵厂在您的领导下,不久的将来将成为中国橡胶行业的明星。"

乙方厂长:"老兄过奖了,作为一厂之长,年轻无知,希望得到您的赐教。"

甲方厂长:"我向来不会奉承人,只会一尺十寸,实事求是。贵厂今天办得好,我就说好;明天办得不好,我就说不好。昨天,我的助理从厂里打来电话,说有个棘手的事等着我,催我一二天内返回。关于咱们洽谈的进口设备转让问题,通过在贵厂转了一二天后,我的想法又有所改变了。""有何高见?""谈不上什么高见,只是担心挺大、疑问挺多。第一,我怀疑贵厂是否真有经济实力能在一二天内拿出这么多资金;第二,怀疑贵厂是否有管理和操作这套设备的技术力量。所以,我并不像原先考虑的那样,确信将设备转让给贵厂,能使贵厂3年内青云直上。"

乙方厂长听到这话,认为受到对方的轻视,十分不满,于是不无炫耀地向对方介绍了自己的经济力量和技术力量,表示完全有能力购买和管理这套设备。这样,乙方为了急于炫耀和购买,迫于时间压力,就不好在价格上再计较了。为了显示乙方的大厂风度,乙方厂长答应了甲方200万元的报价,并当即签订了协议,双方握手共庆。

甲方成功地将"休养"了3年的设备转卖给了乙方。

问题思考:

(1) 甲方厂长采用了哪些谈判策略与技巧?

(2) 乙方厂长谈判的失误表现在哪里?

(3) 这个案例对我们谈判有何启示?

(资料来源:https://www.docin.com/p-267810998.html)

二、商务谈判中的还价

1. 还价的含义

还价,就是针对谈判对手的首次报价,己方所做出的反应性报价。还价以讨价作为基础。在一方首先报价以后，另一方一般不会全盘接受，而是根据对方的报价，在经过几次讨价之后，估计其保留价格和策略性虚报部分，推测对方可妥协的范围，然后根据己方的既定策略，提出自己可接受的价格，反馈给对方。如果说报价划定了讨价还价范围的一个边界的话，那么，还价将划定与其对立的另一条边界；双方将在这两条边界所规定的界区内展开激烈的讨价还价。

2. 还价方式

（1）从价格评论的依据出发

① 按分析比价还价。按分析比价还价是指己方不了解所谈产品本身的价值，而以其相近的同类产品的价格或竞争者产品的价格做参考进行还价。这种还价的关键是所选择的用作对比的产品是否具有可比性，只有比价合理才能使对方信服。

② 按分析成本还价。按分析成本还价是指己方能计算出所谈产品的成本，然后以此为基础再加上一定百分比的利润作为依据进行还价。这种还价的关键是所计算成本的准确性；成本计算得越准确，谈判还价的说服力就越强。

以上两种性质的还价方式的选取决定于手中掌握的比价材料。如果比价材料丰富且完备，自然应选按比价还价，这对于买方来讲简便、容易操作，对卖方来讲容易接受；反之，就用分析成本还价。在选定了还价的方式之后，再来结合具体情况选用具体技巧。

（2）根据谈判中每次还价项目的多少

① 单项还价。单项还价是以所报价格的最小项目还价，即指对主要设备或商品逐项、逐个进行还价，对技术费、培训费、技术咨询费、工程设计费、包装费、运输费进行逐项还价。如对成套设备，按主机、辅机、备件等不同的项目进行还价。

② 分组还价。分组还价是指把谈判对象划分成若干项目，并按每个项目报价中所含水分的多少将其分成几个档次，然后逐一还价。对价格高的在还价时可以多压一点，对认为水分比较低的分组还价时可以少压一点，对不同档次的商品或项目区别对待、分类处理。

③ 总体还价。总体还价又叫一揽子还价，是指不分报价中各部分所含水分的差异，均按同一个百分比还价。

如果卖方价格解释清楚，买方手中比价材料丰富，卖方成交心切，且有耐心及时间时，采用逐项还价对买方有利，对卖方也充分体现了“理”字，卖方也不会拒绝，他可以逐项防守。

如果卖方价格解释不足，买方掌握的价格材料少，但卖方有成交的信心，然而又性急，时间也紧时，采用分组还价的方式对双方都有利。

如果卖方报价粗，而且态度强硬，或双方相持时间较长，但都有成交愿望，在卖方已做一两次调价后，买方也可采用以“货物”和“软件或技术费”两大块进行还价。不过，该价应还得巧。“巧”就是既考虑了对方改善过报价的态度，又抓住了他们理亏的地方；既考虑到买方自己的支付能力，又注意掌握卖方的情绪，留有合理的妥协余地，做到在保护买方利益的同时，使卖方还感到有获利的希望，而不丧失成交的信心。

3. 还价起点的确定

一旦买方选定了还价的性质和方式以后，还价最为关键的问题是确定还价起点，即以什么条件作为第一次还价。还价的起点是买方第一次公开报出的打算成交的条件，其高低直接关系到自己的利益，也反映出谈判者的谈判水平。所以，还价起点的总体要求为：① 还价起点要低，力求使自己的还价给对方造成压力，影响或改变对方的判断；② 接近目标，还价起点要低，但又不能太低，还价起点的高度必须接近对方的目标，使对方有接受的可能性，这样才能够保持价格磋商过程正常进行。

从量上讲，谈判起点的确定有三个参照因素：报价中的含水量、与自己目标价格的差距和准备还价的次数。同时还应考虑分析卖方在买方价格评价和讨论后，其价格改善的情况。

4. 还价前的筹划

还价策略的精髓就在于“后发制人”。要想发挥“后发制人”的威力，就必须在还价前针对对方的报价做出周密的筹划。

(1) 认真推算

根据对方讨价所做出的反应和自己掌握的市场行情及商品比价资料，对报价内容进行全面分析，推算出对方所报价格中水分的大小，并尽力揣摩对方的真实意图，从中找出对方报价虚头最大、己方反驳论据最充分的部分作为突破口，同时找出报价中相对薄弱的环节，作为己方还价的筹码。

(2) 通盘考虑

根据所掌握的信息对整个交易做出通盘考虑，估量对方及己方的期望值和保留价格，制定出己方还价方案中的最高目标、中间目标和最低目标。把所有的问题都列出来，分清主次、先后和轻重缓急，设计出相应的对策，以保证在还价时自己的设想、目标可以得到贯彻执行。

(3) 多案选择

根据己方的目标设计出几种不同的备选方案，明确方案中哪些条款不能让步，哪些条款可以灵活掌握，灵活的幅度有多大，这样才便于保持己方在谈判立场上的灵活性，使谈判的斗争与合作充满各种可能性，使谈判协议更易于达成。

最后，还价的目的不仅仅是为了提供与对方报价的差异，而应着眼于如何使对方承认这些差异，并愿意向双方互利性的协议靠拢。保持谈判立场的灵活性正是价格磋商过程得以进行的基础。

案例应用

开诚布公稳定价格

某厂家向一个公司经理推销自己生产的专利产品：防克菜篮——一种可以防止短斤少两的菜篮，希望由该公司总经销。其他方面都没有问题，但是双方在价格问题上始终谈不拢，一次、两次、三次，都因价格问题而使谈判失败。

第四次，厂家改变了策略，双方刚一见面，对方就说：“价格不降，我们不能接受，即使再谈也没有用。”厂家马上回答说：“经理先生，今天我不是来同您谈价格的，我是有一个问题要向您请教。”经理愉快地答应了。坐定后，厂家说：“听说您是厂长出身，曾经挽救过两个濒临倒闭的企业。您能不能给我们一些点拨？我们的菜篮正如您所说，价格偏高，所以销售第一站在您这里就受阻了。再这样下去，工厂非倒闭不可。您有经营即将倒闭的企业的经验，您能不能告诉我，如何才能降低这菜篮子的成本，达到您所要求的价格而我们又略有盈余呢？”

然后，厂家与经理逐项算账，从原材料型号、价格、用量，到生产工艺、劳务开支等，进行了详细核算，并对生产工艺进行了多方改进，结果价格却只是微微降了一些。当然，对经理先生所付出的劳动，厂家报以真诚的感谢，送了一个礼品以示谢意，同时表示一定接受经理的意见，在工艺上进行改进，以减少生产成本。然后，当厂家再谈到总经销价格时，对方没有任何犹豫就接受了，并说："看来这个价格的确不能再降，你们做了努力，我们试试吧。"

问题思考：

(1) 你认为双方在价格方面为何前三次都谈不拢？

(2) 双方的第四次谈判因何成功了？试分析原因。

(资料来源：庞岳红主编. 商务谈判. 北京：清华大学出版社，2011. 6)

三、讨价还价的策略

1. 投石问路策略

要想在谈判中掌握主动权，就要尽可能地了解对方情况，尽可能地了解和掌握当我方采取某一步骤时，对方的反应、意图或打算。投石问路就是了解对方情况的一种策略。与假设条件策略相比，运用此策略的一方主要是在价格条款中试探对方的虚实。例如，一方想要试探对方在价格上有无回旋的余地，就可提议："如果我方增加购买数量，你们可否考虑优惠一些呢？"或者再具体一些："购买数量为 1 000 时，单价是 10 元；如果购买数量为 2 000、5 000 或 10 000，单价又是多少呢？"这样，买方就可以根据卖主的开价，进行选择比较、讨价还价。

一般地讲，任何一块"石头"都能使买方更进一步了解卖方的商业习惯和动机，而且对方难以拒绝。

选择投石问路时提问的形式主要有：

(1) 如果我们和你签订了为期一年的合同，你方的价格可优惠多少？

(2) 如果我们以现金支付或采取分期付款的形式，你方产品的价格会有什么差别？

(3) 如果我们给你方提供生产产品所需的原材料，那么成品价又是多少呢？

(4) 我方有意购买你们其他系列的产品，能否在价格上再优惠一些？

(5) 如果货物运输由我们解决，你方的价格是多少呢？

(6) 如果我们要求你们培训技术人员，你们可否按现价出售这套设备？

(7) 如果我方要求对原产品有所改动，价格上是否会有变化？

(8) 假设我们买下你的全部存货，报价又是多少？

反过来，如果对方使用投石问路策略，己方应采取以下措施：

(1) 找出买方购买的真正意图，根据对方情况估计其购买规模。

(2) 如果买方投出一个"石头"，最好立刻向对方回敬一个。如对方探询数量与价格之间的优惠比例，我方可立刻要求对方订货。

(3) 并不是提出的所有问题都要去正面回答、马上回答，有些问题拖后回答，效果也许更好。

(4) 使对方投出的石头为己方探路。如对方询问订货数额为 2 000、5 000、10 000 时的优惠价格，你可以反问："您希望优惠多少？""您是根据什么算出的优惠比例呢？"

有的时候，买方的投石问路反倒为卖方创造了极好的机会，针对买方想要知道更多资料信息的心理,卖方可以提出许多建议,促使双方达成更好的交易。

2. 抬价压价策略

这种策略技巧是商务谈判中应用得最为普遍、效果最为显著的方法。常见的做法:谈判中没有一方一开价,另一方就马上同意,双方拍板成交的;都要经过多次的抬价、压价,才互相妥协,确定一个一致的价格标准。所以,谈判高手也是抬价、压价的高手。

由于谈判时抬价一方不清楚对方要求多少,在什么情况下妥协,所以这一策略运用的关键就是抬到多高才是对方能够接受的。一般地讲,抬价是建立在科学的计算及精确的观察、判断、分析的基础上的;当然,忍耐力、经验、能力和信心也是十分重要的。事实证明,抬高价往往会有令人意想不到的收获。许多人常常在双方已商定好的价格基础上,又反悔变卦,抬高价格,而且往往能如愿以偿。

抬价作用还在于:卖方能较好地遏制买方的进一步要求,从而更好地维护已方利益。例如,美国谈判专家麦科马克代表公司交涉一项购买协议,对方的开价是 50 万元,他和公司的成本分析人员都深信,只要用 44 万元就可以完成这笔交易。一个月后,他开始和对方谈判,但对方却又声明原先的报价有误,现在开价 60 万元。这反倒使麦科马克先生怀疑自己原先的估计是否正确。当他以 50 万元的价格与对方成交时,竟然感到非常满意。这是因为,他认为是以低于对手要价 10 万之差达成了交易,而对方则成功地遏制了他的进一步要求。

在讨价还价中,双方都不能确定对方能走多远,能得到什么。因此,时间越久,局势就会越有利于有信心、有耐力的一方。

压价可以说是对抬价的破解。如果是买方先报价格,可以低于预期目标进行报价,留出讨价还价的余地。如果是卖方先报价,买方压价,则可以采取以下多种方式:

(1) 揭穿对方的把戏,直接指出实质。比如算出对方产品的成本费用,挤出对方报价的水分。

(2) 制定一个不能超过预算的金额,或是一个价格的上、下限,然后围绕这些标准,进行讨价还价。

(3) 用反抬价来回击。如果在价格上迁就对方,就必须在其他方面获得补偿。

(4) 召开小组会议,集思广益思考对策。

(5) 在合同没有签订好以前,要求对方做出某种保证,以防反悔。

(6) 使对方在合同上签字的人越多越好,这样,对方就难以改口。

3. 目标分解策略

讨价还价是最为复杂的谈判战术之一。是否善于讨价还价,反映了一个谈判者综合的能力与素质。我们不要把讨价还价局限在要求对方降价或我方降价的问题上。例如,一些技术交易项目,或大型谈判项目涉及许多方面,技术构成也比较复杂,包括专利权、专有技术、人员培训、技术资料、图纸交换等方面。又如,一家药品公司向兽医们出售一种昂贵的兽药,价格比竞争产品贵很多,所以,销售人员在向兽医们推销时,重点强调每头牛只需花 3 美分;这样价格就微不足道了;但如果他们介绍每一包要花 30 美元,显然就是一笔大款项了。

因此,在对方报价时,价格水分较大。如果我们笼统的在价格上要求对方作机械性的让步,既盲目,效果也不理想。比较好的做法是,把对方报价的目标分解,从中寻找出哪些技术是我们需要的,价格应是多少,哪些是我们不需要的,哪一部分价格水分较大,这样,讨价还价就有利得多。

4. 价格诱惑策略

价格诱惑，就是卖方利用买方担心市场价格上涨的心理，诱使对方迅速签订购买协议的策略。例如，在购买设备谈判中，卖方提出年底之前，价格随市场行情大约上涨5%。如果对方打算购买这批设备，在年底前签协议，就可以以目前的价格享受优惠，合同执行可按年底算，如果此时市场价格确实浮动较大，那么这一建议就很有吸引力。买方就有可能乘价格未变之机，匆忙与对方签约。这种做法看起来似乎是照顾了买方的利益，实际上并非如此，买方甚至会因此吃大亏。

因此，买方一定要慎重对待价格诱惑，必须坚持做到：首先，计划和具体步骤一经研究确定，就要不动摇地去执行，排除外界的各种干扰。所有列出的谈判要点，都要与对方认真磋商，决不随意迁就。其次，买方要根据实际需要确定订货单，不要被卖方在价格上的诱惑所迷惑，买下一些并不需要的辅助产品和配件，切忌在时间上受对方期限的约束而匆忙做出决定。再次，买方要反复协商，推敲各种项目合同条款，充分考虑各种利弊关系。签订合同之前，还要再一次确认。为确保决策正确，请示上级、召集谈判小组会议都是十分必要的。

5. 吹毛求疵策略

吹毛求疵就是故意挑剔毛病，使对方的信心降低，从而为还价做好铺垫。该策略使用的关键点在于提出的挑剔问题应恰到好处，把握分寸，对提出的问题和要求不能过于苛刻，如果把针尖大的毛病说成比鸡蛋还大，很容易引起对方的反感，认为你没有合作的诚意。此外，提出的问题一定是对方商品中确实存在的，而不能无中生有。

案例应用

意大利B公司的先进技术设备

1987年，我国某铝厂为进口意大利B公司的先进技术设备，派代表前往意大利进行谈判。对方派出了公司总裁、副总裁和两名高级工程师组成的谈判小组与中方进行谈判。

谈判一开始，B公司采用先报价、开高价的谈判手法，抛出了一个高于世界市场上最高价格的筹码。中方主谈是铝厂精通技术的厂长，也精通谈判之道，等到对方报价、吹嘘完毕后，他很有礼貌地向对方说："我们中国人是最讲究实际的，请你们把图纸拿出来看看吧！"等到对方把图纸摊开来，中方主谈不慌不忙地在图纸上比画着，中肯而又内行地分析出哪些地方不够合理，哪些地方又不如某国家的先进……眼看对方代表面面相觑，无法下台，中方主谈又很精明地给他们一个台阶："贵公司先进的液压系统是对世界铝业的重大贡献……"

接着又不无讽刺地说："……我们在20年前就研究过。"B公司的谈判代表深深地被折服了，对方主谈由衷地说："了不起，了不起……你们需要什么，我们就提供什么，一切从优考虑！"

结果该铝厂以极为优惠的价格引进了一套世界先进的铝加工设备，为企业节省了一大笔资金。

问题思考：中方谈判代表采用了何种谈判策略？其谈判能力对你有何启示？

（资料来源：庞岳红主编. 商务谈判. 北京：清华大学出版社，2011.6）

本章小结

◆ 影响商务谈判报价的因素：商品价值、市场行情、谈判对手的状况、产品技术含量、附带条件和服务、产品和企业的声誉、交易性质、交货期与竞争者报价等

◆ 商务谈判中报价遵循的原则：作为卖方开最高的价，作为买方出最低的价；开盘价必须合乎情理；报价应该坚定、明确、完整，不加解释和说明

◆ 报价的形式与方式：书面报价、口头报价、以书面形式提出并准备作口头补充、西欧式报价、日本式报价

◆ 报价的先后利弊及运用

◆ 商务谈判中报价策略：报价时机策略、报价表达策略、报价差别策略、价格解释策略、价格分割策略、心理价格策略、中途变价策略

◆ 商务谈判中的讨价含义、态度、方式与技巧

◆ 商务谈判中的还价含义、方式、起点的确定与还价前的筹划

◆ 商务谈判中讨价还价的主要策略：投石问路策略、抬价压价策略、目标分解策略、价格诱惑策略、吹毛求疵策略

思考与练习

1. 简答题

（1）影响商务谈判报价的因素有哪些？谈谈你的理解。

（2）商务谈判中报价应遵循的原则有哪些？

（3）谈谈西欧式报价与日本式报价的区别。

（4）谈谈商务谈判中的报价先后运用技巧。

（5）谈谈你对商务谈判中的报价、讨价和还价的理解。

（6）还价时怎样灵活应对？谈谈你的看法。

2. 单项选择题

（1）对方报价完毕后，己方正确的做法是（　　）。

A. 马上还价　　B. 要求对方进行价格解释

C. 提出自己的报价　　D. 否定对方报价

（2）谈判中还价起点的要求有（　　）。

A. 起点要低　　B. 起点要高　　C. 接近目标　　D. 高于目标

（3）报价阶段的策略主要体现在（　　）。

A. 报价的先后　　B. 如何报价

C. 怎样对待对方的报价　　D. 报价的时机

（4）将最低价格列在价格表上，以求首先引起买主兴趣。这种报价属于（　　）。

A. 日本式报价　　B. 西欧式报价　　C. 美国式报价　　D. 中国式报价

（5）“底价”的确定一般是成本加上最低的预期利润。它是确保己方最基本利益的界

限，并可以使谈判人员的报价心中有数，备调幅度是底价至最高报价的弹性区间，是讨价还价的基本依据，这是指报价的（　　）。

A. 合理性原则　B. 策略性原则　C. 综合性原则　D. 艺术性原则

（6）报价妥要坚定、果断、简明和掌握报价时机，指的是报价基本原则中的（　　）。

A. 合理性原则　B. 策略性原则　C. 综合性原则　D. 艺术性原则

（7）1945 年圆珠笔在美国问世，生产成本只有 0.5 美元，厂商把出厂价定为 10 美元一支，市场零售价高达 20 美元一支，其中运用的是（　　）。

A. 报价的低价技巧　B. 报价的高价技巧

D. 心理报价技巧　C. 综合报价技巧

（8）下列说法正确的有（　　）。

A. 开局后买方抢先报价能获得更好的利益

B. 开局后卖方抢先报价能获得更好的利益

C. 开局后买方或卖方推迟报价更有利于获得更好的利益

D. 以上都不对

（9）对西欧式报价方式与日本式报价方式的评价正确的是（　　）

A. 两者提出的谈判起点高低不同　B. 都是利用价格优势吸引对方

C. 两个报价方式相似　D. 以上都不对

3. 多项选择题

（1）成功的报价是（　　）。

A. 卖方开价大于买方底价　B. 买方还价小于卖方底价

C. 卖方开价小于买方底价　D. 买方还价大于卖方低价

E. 卖方开价等于买方低价

（2）进行报价解释时应当遵循的原则是（　　）。

A. 不问不答　B. 有问必答　C. 避实就虚　D. 能言不书　E. 真实可靠

（3）下列对报价的论述中正确的是（　　）。

A. 报价指的是向对方提出所有的交易条件

B. 价格是报价的核心

C. 掌握市场行情是报价的基础

D. 报价是指双方所提出的价格条款

E. 报价不是随心所欲的

（4）无损让步法包括（　　）。

A. 向对手说明，其他大公司或者有地位、有实力的人也接受了相同的条件

B. 反复向对手保证他享受了最优惠的条件

C. 尽量圆满、严肃、反复地解释自己的观点、理由，详尽地提供有关证明材料，但是不要正面反对对方的观点

D. 反复强调本方的完美、周到、突出的某些条件，如交货日期、付款方式、运输问题、售后服务甚至保证条件等

E. 保持沉默，倾听对方诉求

（5）基本的还价次序是（　　）

A. 先分后总　B. 先总后分　C. 先易后难　D. 先重后轻　E. 见机行事

4. 案例分析题

塑料编织袋生产线的报价与压价

1984 年,烟台市塑料编织袋厂厂长娄维川从青岛得到消息,日本某纺织株式会社正准备向我国出售先进的塑料编织袋生产线,当即到进口过类似设备的青岛、潍坊等国营大厂实地考察,了解其性能及运转情况,并确认引进可行。第二年春,该厂与日本株式会社达成正式购买生产线的口头协议。4 月 5 日,该厂在青岛开始与日方谈判。

谈判进入了实质性阶段,对方主要代表发言,“我们经销的生产线,由日本最守信誉的 3 家公司生产,具有 20 世纪 80 年代先进水平,全套设备的总价是 240 万美元。”报完价,漠然一笑,摆出一副毋庸置疑的神气。中方厂长娄维川说:“据我们掌握的情报,你们的设备性能与贵国某某会社提供的产品完全一样,我省某某厂购买的该设备,比贵方开价便宜一半。因此,我提请你重新出示价格。”

日方代表听罢,相视而望,首次谈判宣告结束。

一夜之间,日本人把各类设备的价格开出了详细清单,第二天报出总价 180 万美元。经过激烈的争论,总价降至 130 万美元。日方表示价格无法再压。随后在持续长达 9 天的谈判中,双方共计谈崩了 35 次,然而拉锯战并没有结束,双方互不妥协让步。

“是否到了该签字的时候了?”娄维川苦苦思索着,后灵机一动,采用和另一家西方公司做洽谈联系的策略。这一小小的动作立即被日商发现,总价立即降至 120 万美元。

这个价格可以说相当不错了。但厂长了解当时正有几家外商同时在青岛竞销自己的编织袋生产线,他觉得应紧紧把握这个机会,迫使对方做出进一步让价。

谈判桌上的角逐呈白热化,中方代表在日商住地谈了整整一个上午,日方代表震怒了:“先生,我们几次请示厂方,4 次压价,从 240 万美元降到 120 万美元,比原价已将了 50%了,可以说做到仁至义尽,而如今你们还不签字,实在太苛刻,太无诚意了!”他气呼呼地把提包甩在桌上。

中方厂长站起身:“先生,请记住,中国不再是几十年前的任人摆布的中国了,你们的价格,还有先生的态度,我们都是不能接受的!”说完,中方厂长同样气呼呼地把提包甩在桌上,那提包有意没拉上锁链,经他这一甩,里面那个西方某公司的设备资料与照片撒了一地。日方代表见状大吃一惊,急忙拉住中方厂长满脸赔笑道:“先生,我的权限已到此为止,请让我请示之后,再商量商量。”中方厂长寸步不让,“请转告贵厂东,这样的价格,我们不感兴趣。”说完,抽身便走。

次日,日方毫无动静,有人沉不住气,而中方厂长很泰然:“沉住气,明天上午会有信来的。”

果然不出所料,次日一清早便传来消息,日方请中方暂不要和其他厂家谈判,日方正和生产厂家协商,让几家一齐让价。

下午,日方宴请中方并宣布了第五次压价,中方广长迅速反映,要求再降价 5%则可成交。中方厂长知道日方代表处在两头被挤的处境,便主动缓和气氛:“你们是客人,理应由我们来宴请,这次宴请费用,我们包了,价格问题请再和东京恳请一下。”

日方经过再次请示,宣布最后开价再让 3%,为 110 万美元,距离中方厂长的要求,只差了 3 万多美元了。娄维川看到这已经是最后价格,再挤下去不可能了,便慨然与日本代表握手成交,同时,他提出日方来华安装设备所需费用一概由日方承担,这个建议又把那 2%的差价挤过去不少。

问题思考：

(1) 你认为中方厂长取得谈判成功的原因有哪些？为什么？

(2) 分析日方本次谈判不断退让的原因。

(资料来源：陈文汉主编. 商务谈判实务. 北京：人民邮电大学出版社，2011. 2)

5. 实训题

(1) 实践决策

在提出你的价格以后你还应该说什么？(　　)

A. 什么也不说，保持沉默　　B. 增加一点点小甜头

C. 询问对方意见如何　　D. 询问对方对这一生意的看法

E. 告诉对方你对这一生意的其他条件

(2) 方案设计

背景材料：美国芝加哥市的大都会酒店，是一套12层多达300个房间的大建筑，地处市南，位置极佳，在19世纪20年代因被意大利籍黑手党头目卡邦租用其中的两层50个房间作为总部，大酒店更是闻名遐迩。但是好景不长，1947年卡邦死于梅毒，之后，黑手党开始没落，大都会酒店也一直空置。1991年曾有传说酒店内藏有珠宝，可经过挖掘搜寻后，只找到一堆尸骨，这更使大都会酒店罩上了一层神秘的色彩。

此后，芝加哥市政府先后采取了一系列措施：查封该楼，不准入内；列为古迹，不准拆除。而且，最为令人吃惊的，则是于1992年宣布出售大都会酒店，售价1美元，而且，至今尚无人问津。

问题：

① 分析芝加哥市政府1美元卖大酒店失败的原因。

② 假如你是政府人员，请你设计一个把大都会酒店销售(或租赁、招标、拍卖)出去的方案。

(3) 实战演练

背景介绍：甲方和乙方是两个长期的合作伙伴，甲方是乙方的设备供应商，其设备供给量占乙方设备使用量的80%。但是，甲方的设备最近一直有质量问题，给乙方造成了大量的额外损失。

当初双方签订的协议中规定"甲方的设备合格率达到95%以上便可"，这是一条有歧义的条款，既可以理解为每套设备各个零件的合格率达到95%以上，也可以理解为所有设备的总体合格率达到95%以上。前一种理解比较有利于乙方，后一种理解比较有利于甲方。而实际上正是由于甲方生产的所有设备中的那不合格的5%给乙方造成了巨大的损失。

乙方知道自己一下子不可能完全抛开这个供应商，甲方当然也不想失去乙方这个大客户。乙方提出，先前由于甲方的次品导致的损失必须由甲方承担；而甲方坚持认为乙方的质检部门在接受甲方的设备时就应该看清楚，如果是次品可以退货，而不是等到投入使用以后才发现有问题，因而他们拒绝承担损失。双方交涉多次都没有达成协议。

实训内容：学生自由分组，每组8～10人，各组再分成两小组，分别代表甲方和乙方进行模拟谈判，谈判的目标是确定对"95%以上合格率"这一条款的理解，并商议甲方赔偿乙方损失及风险防范事宜。谈判结束后，每组抽出一名同学做出报告，主要阐述自己对商务谈判风险控制的理解。

第五章　磋商过程中的让步和打破僵局

学习目标

◆ 了解商务谈判中让步的基本原则和方式

◆ 熟悉商务谈判僵局产生的原因及僵局处理方法

◆ 掌握阻止对方进攻的策略与迫使对方让步的策略的运用

技能目标

◆ 通过学习和训练，初步学会“阻止对方进攻的策略”与“迫使对方让步的策略”在商务谈判中的运用

第一节　让步的原则与策略

案例引入

歉收的红豆

某年日本国内红豆歉收，日本一家公司急需从中国进口一批红豆。而中国有相当多的库存，但有相当一部分是前一年的存货，我国希望先出售旧货，而日方则希望全是新货。双方就此展开谈判。

谈判开始后，日方首先大诉其苦，诉说自己面临的种种困难，希望得到中方的帮助。

“我们很同情你们所面临的困难，我们是近邻，也很想帮助你们，那么请问你们需要购多少呢？”

“我们肯定是要订购的，但不知道你方货物的情况怎么样，所以想先听听你们的介绍。”

我方开诚布公地介绍了红豆的情况：新货库存不足，陈货偏多，价格上新货要高一些，因此希望日方购买去年的存货。但是，虽经再三说明，日方仍然坚持全部购买新货，因此谈判陷入了僵局。

第二天，双方再次回到谈判桌前。日方首先拿出一份最新的官方报纸，指着上面的某篇报道说：“你们的报纸报道今年的红豆获得了大丰收，所以，不存在供应量不足的问题，我们仍坚持昨天的观点。”

中方不慌不忙地指出：“尽管今年红豆丰收，但是我们国内需求量很大，政府对于红豆的出口量也是有一定限制的。你们可以不买陈货，但是如果等到所有旧的库存在我们国内市场上卖完，而新的又不足以供应时，你再想买就晚了。建议你方再考虑考虑。”日方沉思良

久，仍然拿不定主意。为避免再次陷入僵局，中方建议道："这样吧，我们在供应你们旧货的同时，供应一部分新货，你们看怎么样呢？"日方再三考虑，也想不出更好的解决办法，终于同意进一部分旧货。但是，究竟订货量为多少？新旧货的比例如何确定？谈判继续进行。

日方本来最初的订货计划为 2 000 吨，但宣称订货量为 3 000 吨，并要求新货量为 2 000 吨。中方听后连连摇头："3 000 吨我们可以保证，但是其中 2 000 吨新货是不可能的，我们最多只能给 800 吨。"日方认为 800 吨太少，希望能再多供应一些。中方诚恳地说，"考虑到你们的订货量较大，才答应供应 800 吨，否则，连 800 吨都是不可能的，我方已尽力了。"

"既然你们不能增加新货量，那我们要求将订货量降为 2 000 吨，因为那么多的旧货我们回去也无法交代。"中方表示不同意，谈判再次中断。

过了两天，日方又来了。他们没有找到更合适的供应商，而且时间也不允许他们再继续拖下去。这次，日方主动要求把自己的总订货量提高到 2 200 吨，其中 800 吨新货保持不变。

问题思考：

(1) 面对日方的新要求，为了达成协议，中方应采取何种让步方式？

(2) 中方在让步时应遵循什么原则？采取何种让步策略？

(资料来源：鲁小慧主编. 商务谈判. 长春：东北师范大学出版社，2012.12)

一、让步的基本原则

让步涉及买卖双方的切身利益，不可随意让步。让步可能取得正面效果，即通过适当的让步赢得谈判的成功；也可能取得负面效果，即做出了某种牺牲，却为对方创造了更为有利的条件。让步的基本原则是以小换大，为了达到这一目的，事先要充分研究应在哪些问题上与对方讨价还价、在哪些方面可以做出让步、让步的幅度有多少。如何运用让步策略，是磋商阶段最为重要的事情。

1. 维护整体利益

让步的一个基本原则：整体利益不会因为局部利益的损失而造成损害，相反，局部利益的损失是为了更好地维护整体利益。谈判者必须十分清楚什么是局部利益，什么是整体利益；什么是枝节，什么是根本。让步只能是局部利益的退让和牺牲，而整体利益必须得到维护。因此，让步前一定要清楚什么问题可以让步，什么问题不能让步，让步的最大限度是什么，让步对全局的影响是什么等。以最小让步换取谈判的成功，以局部利益换取整体利益是让步的出发点。

2. 明确让步条件

让步必须是有条件的，绝对没有无缘无故的让步。谈判者心中要清楚，让步必须建立在对方创造条件的基础上，而且对方创造的条件必须是有利于己方整体利益的。当然，有时让步是根据己方策略或是根据各种因素的变化而做出的。这个让步可能是为了己方全局利益，为了今后长远的目标，或是为了尽快成交而不至于错过有利的市场形势等。无论如何，让步的代价一定要小于让步所得到的利益。要避免无谓的让步，要用我方的让步换取对方在某些方面的相应让步或优惠，体现出得大于失的原则。

3. 选择好让步时机

让步时机要恰到好处，不到需要让步的时候绝对不要做出让步的许诺。让步之前必须经过充分地磋商，时机要成熟，使让步成为画龙点睛之笔，而不要变成画蛇添足。一般来说，当对方没有表示出任何退让的可能，让步不会给己方带来相应的利益，也不会增强己方讨价还价的力量，更不会使己方占据主动的时候，不能做出让步。

4. 确定适当的让步幅度

让步可能是分几次进行的，每次让步都要让出自己一部分利益。让步的幅度要适当，一次让步的幅度不宜过大，让步的节奏也不宜过快。如果一次让步过大，会把对方的期望值迅速提高，会使他们提出更高的让步要求，使己方在谈判中陷入被动局面。如果让步节奏过快，则会使对方觉得轻而易举就可以得到需求的满足，因而认为己方的让步无需负担压力和损失，也就不会引起对方对让步的足够重视。

5. 不要承诺做出与对方同等幅度的让步

即使双方让步幅度相当，但是双方由此得到的利益也不一定相同。不能单纯从数字上追求相同的幅度，我们可以让对方感到己方也做出了相应的努力，以同样的诚意做出了让步，但是这并不等于幅度是对等的。

6. 在让步中要讲究技巧

在关键性问题上力争使对方先做出让步，而在一些不重要的问题上己方可以考虑主动做出让步姿态，促使对方态度发生变化，以争取他的让步。

7. 不要轻易向对方让步

商务谈判中双方做出让步是为了达成协议而必须承担的义务。但是必须让对方懂得，己方每次做出的让步都是重大的让步。使对方感到必须付出重大努力之后才能得到一次让步，这样才会提高让步的价值，也才能为获得对方的更大让步打下心理基础。

8. 每次让步后要检验效果

己方做出让步之后要观察对方的反应。对方相应表现出的态度和行动是否与己方的让步有直接关系，己方的让步对对方产生了多大的影响和说服力，对方是否也做出了相应的让步。如果己方先做出让步，那么在对方做出相应的让步之前，就不能再做让步了。

二、让步的方式

假设价格谈判中的一位卖方，初始报价为160元，他的理想目标为100元。如果这一卖主想在价格谈判中达到他的理想目标，那么他的最大让步值为160－100＝60元。我们假定双方共经历了四轮让步（或交换）。那么，针对这60元，最常见的让步方式可概括为八种。如下表5-1所示。

表5-1　八种不同让步类型情况

序号	让步方式	预定减价	第一步	第二步	第三步	第四步
1	坚定	60	0	0	0	60
2	等额平均	60	15	15	15	15
3	逐步递增	60	8	13	17	22
4	小幅度递减	60	22	17	13	8

（续表）

序号	让步方式	预定减价	第一步	第二步	第三步	第四步
5	中等幅度递减	60	26	20	12	2
6	大幅度递减	60	49	10	0	1
7	大幅度递减但又反弹	60	50	10	−1	1
8	一次性让步	60	60	0	0	0

1. 坚定的让步方式(0、0、0、60)

能让对方一直以为没有什么妥协的希望。如果是一个意志软弱的买主，可能早就放弃讨价还价了，而一个坚强的买主则会坚持不懈，不达目的决不罢休，继续迫使对方做出让步。如果卖方承受不了买方坚忍不拔的让步要求，那么，买方最终会有所收获的。当然，买卖双方都要冒形成僵局的危险。

2. 等额平均的让步方式(15、15、15、15)

假如买主有耐心，这种让步类型将会鼓励他继续期待更进一步的让步。当他争取到第二期让步 15 元而与第一期让步额相同时，他有理由做这样的推测：如果再做一番努力，说不定可以再争取到 15 元的让步。果然，他又争取到第三期 15 元的让步。至此，过去的经验告诉他，他完全可以再争取一个让步。

3. 递增的让步方式(8、13、17、22)

这种让步类型往往会造成卖主的损失重大。因为它导致买主相信：只要坚持住，更加令人鼓舞的日子还在后头。因为卖主的“水分”越挤越多，使得买主的期望值随着时间的推移而愈来愈高，要求也越来越高。

4. 小幅度递减的让步方式(22、17、13、8)

这种让步类型显示出卖主的立场越来越强硬，表示卖主愿意妥协，但是防卫严密，不会轻易让步；也暗示买主，可挤的“水分”是越来越少了。

5. 中等幅度递减的让步方式(26、20、12、2)

这种让步类型表示出较强的妥协意愿，不过同时也告诉了买主，卖方所能做出的让步是有限的。在谈判的前期，这样做有提高买主期望的危险。但是随着让步幅度的减少，卖主趋向于一个坚定的立场之后，危险也就渐渐地降低了。一个聪明的买主就会意识到更进一步的让步已经是不可能的了。

6. 大幅度递减的让步方式(49、10、0、1)

这种让步类型很危险，因为一开始就让大步，将会大幅度地提高买主的期望值。不过接着而来的第三期拒绝让步，以及最后一期小小的让步，会很快冲消这个不利影响，使对方知道，即使再进一步地讨论价格也是徒劳无功的。不过，从买方争取卖方让步的心理来讲，这样做不太容易为买方所接受，因为习惯上的让步是不妥的，这使得他无法知道买主是否愿意付出更高的价钱。也许第一期只要让步 26 元买方就心满意足准备成交了，而一下子让步 49 元反而会出乎其意料，促使买方迅速地调整自己的谈判目标和争取让步的期望值。

7. 大幅度递减但又有价值反弹的让步方式(50、10、-1、1)

这种让步类型是从第六种让步类型变化而来的。第三期的轻微涨价即价格反弹,表示出卖方更坚定的立场,或者说是对买方坚持要其让步的一种对抗或反攻。第四期又做出不小的让步,这将会使买方喜出望外而感到特别珍贵。

8. 一次性让步的方式(60、0、0、0)

这种让步类型对于买主会有极强的影响和刺激。一开始就做出如此大的让步,会使买方把期望值大大提高。如果他把这种兴奋的情绪带到单位去,其同事和上司就会鼓励他再接再厉,争取更大的让步。然而,紧接而来的是卖方拒绝让步,这往往使买方难以接受和理解。如果争取不到新的让步,他会感觉难以回复盼其再奏凯歌的上司与同事,从而极有可能拼命争取得到让步。这样一来,僵局就难以避免。

除了以上所描述的八种让步方式之外,还有一种极端化的让步方式。即在价格谈判中排斥让步,首先就提出自己的理想目标价格,然后坚守立场。国外谈判专家将其称之为博尔韦尔策略(这是因为美国通用电气公司前任副总裁莱米尔·博尔韦尔在工资谈判中很少做出让步;他总是首先提出一个他认为是公平合理的建议,然后坚持下去)。但采取这种策略的一方在谈判中必须握有很大的优势或者居于主动地位;否则,往往会起到不好的效果。由于它直接排斥了谈判对手对于讨价还价过程的参与,因此很容易导致对手的不合作。

不同的让步方式可以传递不同的信息,起到不同的心理作用。对方的判断和心理反应取决于己方的让步幅度、速度以及速度变化的快慢。谈判专家们的实践证明:在讨价还价的过程中,成功的谈判者总是较能控制自己的让步程度,特别是在谈判即将陷入僵局的关键时刻,更能表现出他们掌握让步分寸的火候。他们做出的让步通常都比对方小,并且善于在谈判中恰如其分地不断改变自己的让步方式,令对方难以揣测。而不成功的谈判者,往往无法控制自己的让步程度。他们在谈判刚刚开始的时候,只肯做极小的让步,一退而不可收拾,甚至做出一连串的让步。另外,要想在价格谈判中取得成功,还必须避免这样一种不良的影响,即不能客观地分析和看待双方让步的不对称性,认为己方和对方相比在上一轮谈判中做出了过多的让步,因而感到恼怒和窘迫不安,于是下决心在以后的谈判中不惜牺牲自己的利益向对手报复;而对手却基于自己对让步的不对称性的看法,可能觉得自己的行为是非常合理的。这样两种心理的对抗,势必会对下一轮谈判产生不良的影响。

在实际的价格谈判中,最为普遍的让步方式是上面提到的第四种和第五种让步方式。其让步幅度是单调递减的,即每两个相邻的报价之间的差距越来越小,以此向对方暗示你正在逼近让步的极限值。

案例应用

购买设备的三种意见

我国某地机械进出口分公司准备购买一台先进的机械设备,在收到了众多的报价单后,该公司看中了西方某国的公司生产的设备,因为他们的设备和技术都比较先进,所以,决定邀请他们来我国进一步谈判。谈判的焦点集中在价格问题上,外商的报价单和谈判中的报价一样,都是 20 万美元;而中方的还价是 10 万美元。双方都已估计有可能在 14 万到 15 万美元的价格范围内成交,但以往的经验告诉他们,还要有好几个回合的讨价还价,双方才能在价格问题上达成一致意见。

面对让步的节奏和幅度问题，中方代表团内部产生了意见分歧，主要分成三派：第一种意见认为要速战速决，既然对方开价 20 万美元，己方还价 10 万美元，双方应该互谅互让，本着兼顾双方利益、消除差距、达成一致的原则，所以，在第二回合中，还价 14 万美元即可；第二种意见否定了第一种意见，认为这种让步节奏太快，幅度太大，别说还价 10 万美元，就是还价 11 万美元，也嫌幅度太大，在第二个回合中，己方让步不能超过 5 000 美元，即增加到 10 万 5 000 美元；第三种意见又否定了第一、第二种意见，认为第一种意见让步的节奏太快、幅度太大，而第二种意见的让步节奏太慢、幅度太小，认为己方的让步应分为几步：第一步，增加到 11.5 万美元（增加了 1.5 万美元）；第二步，增加到 12.7 万美元（增加了 1.2 万美元）；第三步，增加到 13.5 万美元（增加了 0.8 万美元）。这样几个回合讨价还价下来，最后再增加 0.5 万美元，这样就有可能在 14 万美元的价格上成交。

问题思考：你比较赞同哪种意见？试分析原因。

（资料来源：鲁小慧主编. 商务谈判. 长春：东北师范大学出版社，2012. 12）

三、让步的主要策略

1. 互惠式让步

谈判不仅仅是有利于某一方的洽谈，一方做出了让步，必然期望对方对此有所补偿，获得更大的让步。为了能顺利地争取对方互惠互利的让步，商务谈判人员可采取以下两种技巧。

（1）当己方谈判人员提出让步时，向对方表明，我们做出这个让步是与公司政策或公司主管的指示相悖的。因此，己方同意这样一个让步，对方也必须在某个问题上有所回报，这样我们回去也好有个交代。

（2）把己方的让步与对方的让步直接联系起来，表明己方可以做出这次让步，只要对方能在己方要求问题上让步，一切就不存在问题。谈判高手总是用条件句"如果……那么……"来表述自己的让步，"如果……"是明确要求对方做出的让步内容，"那么……"是己方可以做出的让步。这种表达有两个作用，一是己方的让步是以对方的让步为条件的，对方如果不做出相应让步，己方的让步也就不成立了；二是指定对方必须做出己方所需要的让步，以免对方用无关紧要的、不痛不痒的让步来搪塞。

2. 丝毫无损让步

谈判中的让步实际上就是牺牲自己的一部分利益，那么能不能做到不牺牲自己的利益而又在让步的情况下，达到让双方满意的同样效果呢？回答是肯定的。在一定条件下，我们可以做到所谓的"丝毫无损的让步"。

丝毫无损的让步，是指在谈判过程中，当谈判的双方就某一个交易条件要求我方做出让步，其要求的确有些理由，而对方又不愿意在这个问题上做出实质性的让步时，采取这样一种处理办法，即首先认真倾听对方的诉说，并向对方表示：我方充分地理解您的要求，我们也认为您的要求是有一定的合理性的。但是，就我方目前的条件而言，因受种种因素的限制，实在难以接受您的要求。我们保证在这个问题上我方给予其他客户的条件，绝对不比给你们的优越，希望你们能够谅解。如果不是什么大的问题，对方听了上述一番话之后，往往会自己放弃要求。

为什么在一定条件下我们可以做到丝毫无损的让步呢？其所依据的基本道理：人们对自己争取某个事物的行为的评价，并不完全取决于最终的行为结果如何，还取决于人们在争取过程中的感受，有时后者比前者更重要。

认真倾听对方的诉说和要求，肯定对方要求的合理性，这是对对方的尊重，或者说是对其受人尊敬的需要的满足。保证给对方的待遇不低于其他客户，则进一步强化了上述效果，使对方觉得与他人相比，自己并没有吃亏。人们存在着一种横向比较的习惯，或者说是相互攀比的心理。做出这样的保证，就可以满足他的这一心理。以本方目前条件不具备为由而婉言拒绝对方的要求，实际上是以一种低姿态或弱者的形象来谋取对方的宽大和怜悯，这本身就是一种谈判的策略。

3. 予之远利，取之近惠

谈判中的让步实际上是给对方一种满足。满足有两种：一种是现实的满足，比如，某人肚子饿了，你给他一块饼，他就可以立刻用该饼充饥，从而现实地满足了他对食物的需求和渴望；另一种是期待的满足，或者说是未来的满足，比如，天气渐渐地冷了，某人需要衣服御寒，你告诉他，过几天你可以考虑送给他一件衣服，对他来讲，拿到衣服御寒不是在现在，而是在将来，但从心理上讲，他的需求已得到满足，或部分地得到了满足。

我们在谈判中，直接给对方的某一让步，这是一种现实的满足。我们能否通过给予对方期待的满足或未来的满足，而避免现实谈判中要求我们在某一问题上做出的让步？我们可以通过强调保持与我方的业务关系将能给对方带来长期的利益，而本次交易对是否能够成功地建立和发展双方之间的这种长期业务关系是至关重要的，向对方说明远利和近利之间的利害关系。如果对方是一个精明的商人，是会取远利而弃近惠的。而对本方来讲，只是给对方一个期待的满足，并未付出什么现实的东西，却获得了近惠。

案例应用

你马上给我出去！

有一次，中、美两家公司进行贸易谈判。美方代表依仗自己的技术优势，气焰嚣张地提出非常苛刻的条件让中方无法接受，谈判陷入僵持状态，无法继续进行下去。这时，美国代表团中的一位青年代表约翰·史密斯先生看不下去，站起来说："我看，中方代表的意见有一定的道理，我们可以考虑。"美方首席代表对这突如其来的内部意见感到十分恼火，对约翰说："你马上给我出去！"约翰只得退出会场。

这时谈判会场更是乌云密布，会谈随时都会破裂。但此时美方的另一位代表向首席代表进言说："是不是考虑一下，约翰说得也有些道理。"美方首席代表皱着眉头很勉强地点了点头。

中方代表看见对方有些松动，就做了一些小让步，使会谈继续下去，取得了较好的结果。

其实这一切都是美方预先设计好的策略。表面上，美方首席代表好像把自己人约翰·史密斯当成了"敌人"，但他的实际目的是利用这颗棋子，使谈判在破裂的边缘上及时止步，并使中方自愿做出进一步的让步。

问题思考:你认为美方代表团采用了什么策略?产生了什么效果?

(资料来源:庞岳红主编.商务谈判.北京:清华大学出版社,2011.6)

第二节 迫使对方让步策略

案例引入

修建家庭游泳池的谈判

1999年4月5日,美国谈判专家史帝芬斯决定建个家庭游泳池,建筑设计的要求非常简单:长30米,宽15米,有温水过滤设备,并且在6月1日前竣工。

隔行如隔山。虽然谈判专家史帝芬斯在游泳池的造价及建筑质量方面是个彻头彻尾的外行,但是这并没有难倒他。史帝芬斯首先在报纸上登了个建造游泳池的招商广告,具体写明了建造要求。很快有A、B、C三位承包商前来投标,各自报上了承包详细标单,其中包括各项工程的费用及总费用。史帝芬斯仔细地看了这三张标单,发现所提供的抽水设备、温水设备、过滤网标准和付钱条件等都不一样,总费用也有不小的差距。

于是4月15日,史帝芬斯约请这三位承包商到自己家里商谈。第一个约定在上午9点钟,第二个约定在9点15分,第三个则约定在9点30分。三位承包商如约准时到来,但史帝芬斯客气地说,自己有件急事要处理,一会儿一定尽快与他们商谈。三位承包商只得坐在客厅里一边彼此交谈,一边耐心地等候。

10点钟的时候,史帝芬斯出来请一个承包商A先生进到书房去商谈。A先生一进门就介绍自己建的游泳池一向是最好的,建造史帝芬斯的家庭游泳池实在是胸有成竹、小菜一碟。同时,还顺便告诉史帝芬斯,B先生通常使用陈旧的过滤网;C先生曾经丢下许多未完的工程,现在正处于破产的边缘。

接着,史帝芬斯出来请第二个承包商B先生进行商谈。史帝芬斯从B先生那里又了解到,其他人所提供的水管都是塑胶管,只有B先生所提供的才是真正的铜管。

后来,史帝芬斯出来请第三个承包商C先生进行商谈。C先生告诉史帝芬斯,其他人所使用的过滤网都是品质低劣的,并且往往不能彻底做完,拿到钱之后就不认真负责了,而自己则绝对能做到保质、保量、保工期。

不怕不识货,就怕货比货,有比较就好鉴别。史帝芬斯通过耐心地倾听和旁敲侧击地提问,基本上弄清楚了游泳池的建筑设计要求,特别是掌握了三位承包商的基本情况:A先生的要价最高,B先生的建筑设计质量最好,C先生的价格最低。史帝芬斯决定选中B先生来建造游泳池,但只给C先生所提出的标价。但要达到这个目的免不了一番讨价还价。

问题思考:

(1) 史帝芬斯的谈判主要采用了哪些策略?对你有何启示?

(2) 史帝芬斯如何才能使B先生让步,使其接受低价而提供最好的设计质量?

(3) 史帝芬斯在迫使对方让步时,应注意哪些事项才能达到最好的效果?

(资料来源:鲁小慧主编.商务谈判.长春:东北师范大学出版社,2012.12)

一、情绪爆发策略

人们总是希望在一个和平、没有紧张对立的环境中工作和生活。当人们突然面临激烈的冲突时，在冲突的巨大压力下，往往就会惊慌失措，不知该如何是好。在大多数情况下，人们会选择退却，以逃避冲突和压力。

人们的上述特点常常在谈判中被利用，从而产生了所谓的"情绪爆发"策略，作为逼迫对方让步的手段。在谈判过程中，情绪的爆发有两种：一种是情不自禁的爆发，另一种是有目的的爆发，前者一般是因为在谈判过程中，一方的态度和行为引起了另一方的反感，或者一方提出的谈判条件过于苛刻所引起的，是一种自然的、真实的情绪发作。后者则是谈判人员为了达到自己的谈判目的而有意识地进行的情绪发作，准确地说，这是情绪表演，是一种谈判的策略。我们这里所要讲的情绪爆发是指后者。

在运用"情绪爆发"这一策略迫使对方让步时，必须把握住时机和态度。无理由发作会使对方一眼看穿；激烈度过小，起不到震撼、威慑对方的作用；激烈度过大，会让对方感到小题大做，失去真实感，甚至会使谈判陷入破裂而无法修复。

当对方在利用情绪爆发来向本方进攻时，本方最好的应付办法：一是泰然处之，冷静处理，尽量避免与对方进行情绪上的争执；同时，把话题尽量引回到实际问题上，一方面要表示充分地了解他的观点，另一方面又要耐心解释不能接受其要求的原因。二是，宣布暂时休会，给对方冷静平息的时间，让其自己平息下来，然后再指出对方行为的无礼，重新进行实质性问题的谈判。

二、吹毛求疵策略

吹毛求疵策略也称先苦后甜策略，是一种先用苛刻的虚假条件使对方产生疑虑、压抑、无望等心态，以大幅度降低对手的期望值，然后在实际谈判中逐步给予优惠或让步；由于对方的心理得到了满足，因此便会做出相应的让步。该策略由于用"苦"降低了对方的期望值，用"甜"满足了对方的心理需要，因而很容易实现谈判目标，使对方满意地签订合同，从而使己方从中获取较大利益。

使用这一策略，可以实现四个目的：使卖主把价格降低；使买主有讨价还价的余地；让对方知道，买主是很聪明的，是不会轻易被人欺骗的；销售员在以低价将商品售出时，使用这一策略可以有向老板交代的借口。既然我们的商品让买方挑出这么多毛病，能以这个价格卖出去已经很不错了。

任何谈判策略的有效性都有一定的限度，这一策略也是如此。先向对方提出要求，但不能过于苛刻、漫无边际；要苦得有分寸，不能与通常做法和惯例相距太远。否则，对方会觉得我方缺乏诚意，以致中断谈判。在谈判中运用这一策略时还要注意，提出比较苛刻的要求，应尽量是对方掌握较少的信息与资料的某些方面；尽量是双方难以用客观标准检验、证明的某些方面。否则，对方很容易识破你的战术，采取应对措施。

该策略的对策：充分了解信息，尽可能掌握对方的真实意图；并可采取相同的策略对付对方。

三、车轮战策略

车轮战策略是指在谈判桌上的一方遇到关键问题或与对方存在无法解决的分歧时，借口自己不能决定或利用其他理由，转由他人再进行谈判。这里的“他人”或者是上级、领导，或者是同伴、合伙人、委托人、亲属、朋友。不断更换自己的谈判代表，有意延长谈判时间，可以消耗对方的精力，促使其做出大的让步。

通过更换谈判主体，侦察对手的虚实，耗费对手的精力；削弱对手的议价能力，为自己留下回旋余地，进退有序，从而掌握谈判的主动权。作为谈判的对方需要重复地向使用走马换将策略的这一方陈述情况，阐明观点；面对新更换的谈判对手，需要重新开始谈判。这样会付出加倍的精力、体力和投资，时间长了，难免会出现漏洞和差错。这正是运用走马换将策略一方所期望的。

一个谈判代表与对方谈了一段时间后，就找理由更换一个新的谈判代表上场；新的谈判代表上场后，可以抹杀其前任所做出的让步，要求重新开始讨论；谈了一段时间后，又找理由换第三个谈判代表上场。这样，便可使对方处在不利的地位。因为他要复述过去争论的话题，要了解新的对手，就会消耗许多精力，使其在正式的谈判中力量不足，从而丧失信心、降低要求。

另外这种策略能够补救己方的失误。前面的主谈人可能会有一些遗漏和失误，或谈判效果不如人意，则可由更换的主谈人来补救，并且顺势抓住对方的漏洞发起进攻，最终获得更好的谈判效果。

该策略的对策：无论对方是否准备采用该策略，都要做好充分的心理准备，以便有备无患；新手上场后不重复过去的争论，如果新的对手否定其前任做出的让步，自己也借此否定过去的让步，一切从头开始；用正当的借口使谈判搁浅，直到把原先的对手再换回来。

四、分化对手，重点突破策略

在磋商阶段，谈判双方都逐渐地了解了彼此的交易条件和立场，这时，每个谈判人员都会自觉地或不自觉地就双方讨价还价的问题进行反思。例如，某个谈判人员认为，对方对本方提出的条件极力反对，只不过是一种“讹诈”，因此不应理睬他，要坚持原则；而另一位谈判人员却认为，从对方的观点来看，其反对并非完全没有道理，甚至可以说是完全正确的，因此，本方应该修改原先提出的交易条件，做出适当的让步，以利达成协议。这样一来，在一方内部就出现了意见上的分歧。如果这一方的谈判小组组长不能有效地控制和约束这种分歧，而使之表面化、外在化的话，另一方就可以积极地开展“统战”工作，分化对方。其基本做法是，把对方谈判小组中持有利于本方意见的人员作为重点，以各种方式给予各种支持和鼓励，与之结成一种暂时的无形同盟。比如说，对他的态度特别友善，对其意见多持肯定态度，有些意见如不能接受，则以很温和、委婉的方式予以说明和拒绝。而对待不利于本方意见的对方谈判人员，则采取强硬态度。本方的这个策略运用得当，能使其本人毫无察觉。只要对方谈判小组中的某一个成员松了口，其内部必然乱了阵脚，争取对方让步也就大有希望了。此外，这种做法也容易导致对方谈判小组内部成员之间的相互猜疑，从而瓦解其战斗力。

五、红白脸策略

红白脸策略又叫软硬兼施策略、好坏人策略或鸽派鹰派策略。在谈判初始阶段，先由唱白脸的人出场，他傲慢无理、苛刻无比、强硬僵死、立场坚定、毫不妥协，让对手产生极大的反感。当谈判进入僵持状态时，红脸人出场，他表现出体谅对方的难处，以合情合理的态度，照顾对方的某些要求，放弃自己一方的某些苛刻条件和要求，做出一定的让步，扮演一个“红脸”的角色。实际上，他做出这些让步之后，所剩下的那些条件和要求，恰恰就是原来设计好的必须全力争取达到的目标。

红白脸策略往往在对手缺乏经验、很需要与你达成协议的情境下使用。实施时，扮演“白脸”的，既要表现得态度强硬，又要保持良好的形象；扮演“红脸”的，应是主谈人，他一方面要善于把握谈判的条件，另一方面也要把握好出场的火候。

一个人也可以扮演红白脸，比如说：“如果我能做决定，我会非常愿意接受你的报价，可是我老板只关心价格。”

案例应用

折价书的价格谈判

买卖双方为了一批折价书的价格问题进行谈判，卖主甲不由分说告诉买主：这些书应该值 4 000 元，我绝不能少一分钱。你要就要，不要就算了！说完就离开了谈判桌。而买主认为这些书已经存放三年，根本就不值 4 000 元，加之卖主态度生硬，不允许商量，心里十分生气，也准备退场，谈判陷入僵局。这时，卖主乙出现了，谦恭地说：“我的同伴说得有些过分，你们不必见怪。的确，这些书已经存放三年了，但是没有破损，而且它们又都是很有实用价值的。我看这样吧，你们出 3 600 元怎样？”尽管卖主乙只是做了一点点让步，但由于态度和缓，要求也降低了，而且似乎是合理的。再者，无论如何与这样一位和气的人交涉，要比与那个讨厌的家伙交涉愉快得多。这样，卖方同伴的出现，使谈判局面发生了改观。买卖双方最终以 3 600 元的价格成交了。

问题思考：

1. 卖主甲乙采取了什么谈判策略？他们分别扮演什么角色？
2. 本案例体现了商务谈判僵局的处理的哪些原则？

（资料来源：庞岳红主编. 商务谈判. 北京：清华大学出版社，2011.6）

六、利用竞争，坐收渔利策略

该策略取自“鹬蚌相争，渔翁得利”，比喻双方争执，让第三者得利。这里就是利用卖者之间的竞争，使买者得利。该策略成功的基础是制造竞争，卖者的竞争越激烈，买者的利益就越大。

在谈判中，我们应该有意识地制造和保持对方的竞争局面。有时，对方实际上并没有竞争对手，但我们可以巧妙地制造假象来迷惑对方，以求逼迫对方让步。比如，进行技术引进谈判，我们可以多考察几家国外的厂商，同时邀请他们前来进行谈判，并且适当地透露一些有关对方竞争对手的情况，在与其中的一个厂商最终谈成之前，不要过早地结束与其他厂商的谈判。

制造和利用竞争永远是谈判中逼迫对方让步的最有效的武器和策略。当谈判的一方存在竞争对手时，其谈判的实力就大为减弱。

七、虚拟假设策略

所谓虚拟假设，首先是分析利害，迫使对方选择让步。1977 年 8 月，克罗地亚人劫持了美国环球公司的一架班机，最后迫降于法国戴高乐机场。法国警方与劫持者进行了 3 天谈判。双方陷入僵局后，警方运用虚拟假设向对方发出了“最后通牒”：“如果你们现在放下武器跟美方警察回去，你们将被判处最多不过 2～4 年的监禁；但是，如果让我们不得不逮捕你们时，按照法国的法律，你们将被判处死刑。你们愿走哪条路呢？”恐怖分子只好选择了投降。虚拟假设的另一作用是诱使对方进入圈套，以便自己如愿以偿。有一次，美国谈判大师荷伯·科恩飞往墨西哥城去主持谈判研讨会，抵达目的地时，旅馆告之已“客满”。此时，荷伯·科恩施展了他的看家本领，找到了旅馆经理问：“如果墨西哥总统来怎么办？你们是否要给他一个房间？”“是的，先生。”经理回答。荷伯接着说：“好吧，他没有来，所以我住他那间。”结果他顺利地住进了“总统套房”，不过附加条件是总统来了必须立即让出，而这个概率是很小的。

八、得寸进尺策略

得寸进尺策略有时也称它为“蚕食策略”，意思是就像蚕吃桑叶一样步步为营，有人也把它形象地比喻为切“意大利香肠”。你想得到整根的意大利香肠，而你的对手抓得很牢，这时你一定不要去抢，而是恳求他给你切一片，这时他不会十分介意。第二天，你再恳求他给你切薄薄的一片，第三天、第四天，这样一片一片的，整个香肠就是你的了。所以，谈判中的得寸进尺或蚕食策略，也被西方人称作“切意大利香肠”。具体到谈判中是指一方在争取到了对方一定的让步的基础上，再进一步提出更多的要求，以争取己方利益。这一策略的核心：一点一点地要求，积少成多，以达到自己的目的。

九、先斩后奏策略

先斩后奏策略亦称“人质策略”，这在商务谈判活动中可以解释为“先成交，后谈判”，即实力较弱的一方往往通过一些巧妙的办法使交易已经成为事实，然后在举行的谈判中迫使对方让步。

“先斩后奏”策略的实质是让对方先付出代价，并以这些代价为“人质”，以扭转自己实力弱的局面，让对方通过衡量已付出的代价和中止成交所受损失的程度，被动地接受既成交易的事实。

先斩后奏策略的做法主要有：卖方先取得买方的预付金，然后寻找理由提价；买方先获得了卖方的预交商品，然后提出推迟付款；买方取得货物之后，突然又以堂而皇之的理由要求降价等。

当然，以上做法如无正当理由，可视为缺乏商业道德，不宜采用；但必须懂得运用及反运用知识。

如果对方使用这一先斩后奏策略，那么对付它的对策应该是，首先要尽量避免“人质”落入他人之手，让对方没有“先斩”的机会；其次，即使交易中必须先付定金或押金，也必须做好资信调查，并有在何种情况下退款的保证；最后，还可采取“以其人之道，还治其人之身”的做法，尽可能相应地掌握对方的“人质”，一旦对方使用此计，则可针锋相对。

十、声东击西策略

声东击西又被称作“明修栈道，暗度陈仓”。具体做法是在己方无关紧要的或不成问题的交易条件上纠缠不休，大做文章，通过这些次要问题的让步，在对方不知不觉中保证己方关键利益的实现。例如，对方最关心的是价格问题，而我方最关心的是交货时间。这时，谈判的焦点不直接放到价格和交货时间上，而是放到价格和运输方式上，通过运输方式的让步，满足对方价格利益要求，同时在对方未察觉中保证了交货时间的有利条件。

在谈判中，一方出于某种需要而有意识地将会谈的议题引到对于对方而言并不重要的问题上，借以分散对方的注意力，从而达到己方的目的。实际的谈判结果也证明，只有更好地隐藏真正的利益需要，才能更好地实现目标，尤其是在你不能完全信任对方的情况下更是如此。

案例应用

耐人寻味的谈判人员安排

1992年上海甲公司引进外墙防水涂料生产技术，日本乙公司与香港丙公司报价分别为22万美元和18万美元。经调查了解，两家公司技术与服务条件大致相当，甲有意与丙公司成交。

在终局谈判中，甲公司安排总经理与总工程师同乙公司谈判，而全权委托技术科长与丙公司谈判。丙公司得知此消息后，主动大幅度降价至10万美元与甲签约。

问题思考：

(1) 如何评论甲公司安排谈判人员的做法？

(2) 如何评论丙公司大幅度降价的做法？

（资料来源：胡海主编. 商务谈判实务. 北京：北京邮电大学出版社，2012.5）

十一、最后通牒策略

在谈判双方争执不下，对方不愿做出让步以接受我方交易条件时，为了逼迫对方让步，我方可以向对方发出最后通牒。其通常做法：给谈判规定最后的期限，如果对方在这个期限内，不接受己方的交易条件达成协议，己方就会宣布谈判破裂而退出谈判。

最后通牒使用时注意以下各点：

(1) 最后通牒的言辞不要过硬。言辞太锋利容易伤害对方的自尊心，而言辞比较委婉易于为对方考虑和接受。

(2) 最后通牒的时机要恰当。一般是在己方处于有利地位或最后关键时刻才宜使用

“最后通牒”。经过旷日持久的谈判，对方花费大量人力、物力、财力和时间，一旦拒绝己方的要求，这些成本将付之东流。这样，对方会因无法担负失去这笔交易所造成的损失做出让步。

(3) “最后通牒”要留有余地。还价中“最后通牒”是迫使对方再做让步的一种手段，并非一定是若对方不接受条件，谈判即告破裂。若经最后较量，对方仍坚守立场，为实现交易己方也可自找台阶。

特别注意，“最后通牒”既能帮助，也能够损害提出一方的议价力量。如果对方相信，提出方就胜利了；如果不相信，提出方的气势就会被削弱。从对方的立场来讲，了解掌握这一策略也是十分必要的。因为如果不了解最后通牒的奥妙，很可能被对方的虚张声势所迷惑，付出较大的代价。

案例应用

罗切斯特买冰箱

美国谈判学家罗切斯特有一次去买冰箱，他所要的冰箱每台售价为 249.5 美元。罗切斯特走过去这儿瞧瞧，那儿摸摸，然后对营业员说：“这冰箱不光滑，有点儿小瑕疵。”

罗切斯特又问营业员：“你们这一型号的冰箱一共有几种颜色？”营业员告诉他有 32 种颜色，并马上为他拿来了样品本。

罗切斯特指着店里现时没有的那种颜色的冰箱说：“这种颜色与我的厨房的颜色正好匹配。其他颜色同我家厨房的颜色都不太协调。”

过了一会儿，罗切斯特又打开了冰箱，看了里面的结构后问营业员：“这冰箱附有制冰器？”营业员回答说：“是的，这个制冰器一天 24 小时都可以为你制造冰块，每小时只需 2 分钱的电费。”

罗切斯特听了后说：“哎呀，这太不好了，我孩子有哮喘，医生说绝对不能吃冰，绝对不行。你可以帮我把这个制冰器拆下来吗？”

营业员说：“制冰器是无法拆下来的，它是和制冷系统连在一起的。”

罗切斯特又接着说：“我知道，但是这个制冰器对我根本没有用，却要我付钱，这太不合算了。”

罗切斯特在购买冰箱过程中，再三挑剔，到了近乎不近情理的地步，但他指出的毛病又在情理之中，且又有购买的意愿，卖主只好耐心解释。结果罗切斯特以相当低的价格——不到 200 美元买回了那台冰箱。

问题思考：

(1) 罗切斯特采取了何种谈判策略？有何效果？

(2) 试分析营业员的谈判素质。

(资料来源：庞岳红主编. 商务谈判. 北京：清华大学出版社，2011. 6)

第三节　阻止对方进攻的策略

案例引入

浮法玻璃生产线的引进

20世纪90年代初，我国中部地区某玻璃厂和A国的BL玻璃公司进行引进浮法玻璃生产线的谈判。BL玻璃公司的代表带来了一封该公司总经理给中方总经理的信，表达了希望与中方长期保持友好关系的愿望。在谈判开始时，BL公司的代表为了掌握主动，首先出示了两份该公司与其他公司签订的合同副本，让中方看到BL公司给中方的报价比其他公司要低5%，使双方的谈判一开始就在友好的气氛中进行。

BL公司的代表要求中方购买生产线的全套设备，但引进全套设备的价格很高，从中方考虑，经济上最合理的方案是，只引进生产线中的三台关键设备，而生产线上的其余五台设备则购买价格较为低廉的国产设备。BL公司的代表自然不愿意，他指出只有引进全套设备，才能保证最终产品的质量，坚持要求中方购买生产线的全部设备。谈判陷入僵局。

至此，中方玻璃厂的总经理指示中方谈判代表将中方与BL公司的合作诚意和外汇准备金的底牌向对方全盘托出。中方代表向BL公司的代表出示了上级给玻璃厂的外汇批文，即使购买三台关键设备，玻璃厂的外汇仍有少量欠缺。同时中方代表也向对方说明了与玻璃厂合作的好处：玻璃厂多年来一直是我国该行业中的先进企业，在全国有相当大的影响力，该生产线运行以后，玻璃厂将成为展示BL公司设备的窗口，而中国又是一个潜力巨大的市场……

BL公司的代表请示了公司本部，第二天就派技术人员到玻璃厂考察了车间的生产情况。当他们了解到玻璃厂生产情况良好、技术力量很强以后，最终签下了以优惠价格向中方出售三台关键设备的合同。

问题思考：

(1) 该案例中方公司采取了哪些谈判策略阻止对方的进攻？

(2) 你认为在阻止对方进攻时，要注意哪些问题？

(资料来源：鲁小慧主编.商务谈判.长春：东北师范大学出版社，2012.12)

一、权力有限策略

1. 权力限制

上司的授权、公司的政策，以及交易的惯例限制了谈判人员所拥有的权力。一个谈判人员的权力受到限制后，可以很坦然地对对方的要求说“不”。如果你告诉对方“我没有权力批准这项费用，只有我们的董事长能够批准，但目前他正在国外，联系不方便”。那么对方就会意识到，在这件事上你不会怎么让步了。精于谈判之道的人都信奉这样一句名言：在谈判中，受了限制的权力才是真正的权力。

2. 财政限制

这是利用己方在财政方面所受的限制，向对方施加影响，达到防止其进攻目的的一种策略。例如，买方可能会说“我们很喜欢你们的产品，遗憾的是，公司预算只有这么多”。卖方则可能表示“我们成本就这么多，因此价格不能再低了”。向对方说明你的困难甚至面临的窘境，往往能取得比较好的效果。

3. 资料限制

当对方要求就某一问题进一步解释时，己方可以用抱歉的口气告诉对方：实在对不起，有关这方面的详细资料己方手头暂时没有，或者没有备齐，因此暂时还不能做出答复。对方在听过这番话后，自然会暂时放下该问题，因而阻止对方咄咄逼人的进攻。

4. 其他方面的限制

其他方面的限制包括自然环境、人力资源、生产技术要求、时间等因素在内的限制，都可用来阻止对方的进攻。

经验表明，该策略使用的频率与效率是成反比的。限制策略运用过多，会使对方怀疑你的身份、能力及谈判诚意。如果对方认为你不具有谈判中主要问题的决策权，或缺乏谈判诚意就会失去与你谈判的兴趣。

二、不开先例策略

不开先例是谈判一方拒绝另一方要求而采取的策略方式。当一方向对方提出最优惠政策要求时，对方承担不起，这时对方就可以以“不开先例”挡回其过分要求。如果买方提出的要求使卖方为难，卖方可向买方解释，如果答应了他的要求，对卖方来说就等于开了一个先例，以后对其他买主就也要采取同样的做法，这不仅对卖方来说无法负担，而且对以前的买主也不公平。一般情况下，提出要求的一方很难真正掌握回绝一方的真实情报信息，也无法证实回绝一方语言的真实性，所以，只能见好就收，就此罢手。“不开先例”策略是对事不对人，一切不利因素都推诿于客观原因，来挽救自己。运用这一策略既不伤面子，又不伤感情，可以说是两全其美的好办法。既然不开先例是一种策略，因此，提出的一方就不一定真是没开过先例，也不能保证以后不开先例，只说明对应用者是“不开先例”的。例如，“你们这个报价，我方实在无法接受，因为我们这种型号产品售价一直是××元”“××公司是我们十几年的老客户，我们一向给他们的回扣是15%，因此，对你们来讲也是一样。”

采用这一策略时，必须要注意另一方是否能获得必要的情报和信息来确切证明不开先例是否属实。如果对方有事实证据表明，你只是对他不开先例，那就会弄巧成拙，适得其反了。

三、疲劳战术策略

在商务谈判中，有时会遇到一种锋芒毕露、咄咄逼人的谈判对手。他们以各种方式表现其居高临下、先声夺人的挑战姿态。对于这类谈判者，疲劳战术是一个十分有效的策略。这种战术的目的在于通过许多回合的拉锯战，使这类谈判者疲劳生厌，以此逐渐磨去其锐气；同时也扭转了己方在谈判中的不利地位，等到对手筋疲力尽、头昏脑涨之时，己方即可反守为攻，从而促使对方接受己方条件。例如一位美国石油商曾这样叙述沙特阿拉伯石油大亨亚马尼的谈判战术，他最厉害的一招是心平气和地把一个问题重复一遍又一遍，最后搞得你筋疲力尽，在疲惫和烦躁中做出了让步。

如果你确信对手比你还要急于达成协议，那么运用疲劳战术会很奏效。

采用这样的疲劳战术，要求己方事先有足够的思想准备，并确定每一回的战略战术，以求更有效地击败对方的进攻，而争取更大的进步。

四、休会策略

休会是谈判人员比较熟悉并经常使用的基本策略，是指在谈判进行到某一阶段或遇到某种障碍时，谈判双方或一方提出中断会议、休息一会儿的要求，以使谈判双方人员有机会恢复体力、精力和调整对策，推动谈判的顺利进行。

从表面上看，休会是满足人们生理上的要求，恢复体力和精力，但实际上，休会的作用远远超出了这一含义。它已成为谈判人员调节、控制谈判过程及缓和谈判气氛、融洽双方关系的一种策略技巧。

在什么情况下比较适合采用休会策略呢？

(1) 在会谈接近(某一阶段)尾声时，总结前段，预测下一阶段谈判的发展，提出新的对策。

(2) 谈判出现低潮时，若再会谈，会使谈判人员体力不支、头脑不清，这时最好休息一下再继续。

(3) 在会场谈判将要陷入僵局时，由于谈判双方观点出现分歧，如果各持已见、互不相让，那么谈判难免就会陷入僵局，这时，比较好的做法就是休会，使双方冷静下来，客观地分析形势，并采取相应的对策。

(4) 在一方不满现状时，采取休会，进行私下磋商，可以改变不利的谈判气氛。

(5) 在谈判出现疑难问题时，会谈双方可提出休会，各自讨论协商，提出处理办法。

休会提出一方必须把握好时机，看准对方态度的变化。如对方也有休会的需要，则一拍即合、立即生效。一般东道主提出休会，客人出于礼貌很少拒绝。

休会是一种内容简单、容易掌握、作用明显的策略技巧，能否发挥其作用，关键就看你怎样运用了。

五、以退为进策略

这个策略从表面上看，谈判一方做出了退让或妥协或委曲求全，但实际上退却是为了以后更好地进攻，或实现更大的目标。在谈判中运用这一策略较多的形式是，谈判一方故意向对方提出两种不同的条件，然后迫使对方接受其中的一种。如“我方出售产品享受优惠价的条件是批量购买两千件以上，或者是预付货款百分之四十，货款为两次付清。”在一般情况下，对方要在两者之间选择其一。这种策略如果运用得当，效果会十分理想。

案例应用

奶粉里的苍蝇

一位怒气冲冲的顾客来到乳制品公司，声称他在食用该公司生产的奶粉中发现了一只苍蝇，他以此向该公司索赔。但事情的真相是，该公司的奶粉经过了严格的卫生处理，为了防止氧化作用，特地将罐内的空气抽空，再充入氮气密封，苍蝇百分之百不能存活。过失明显在于消费者。

然而，面对顾客的强烈批评，该公司的老板并没有恼怒，而是耐心地倾听。等顾客说完了之后，他才说："是吗？那还了得！如果是我们的过失，这问题就非常严重了，我一定要求工厂机械全面停工，然后对生产过程进行总检查。"接着老板进一步向顾客解释："我公司的奶粉，是将罐内空气抽出，再装氮气密封起来，绝不可能有活苍蝇，我有信心要仔细检查。请您告诉我您使用时开罐的情况和保管的情况好吗？"

经过老板的这一番解释，顾客自知保管有误，脸上露出尴尬的神情，说："是吗？我希望以后别再发生类似的事情。"

问题思考：老板的做法及解释给我们什么启示？

（资料来源：鲁小慧主编．商务谈判．长春：东北师范大学出版社，2012.12）

六、以弱求怜策略

以弱求怜策略也称恻隐术，是一种装可怜相、为难相，以求得对方的同情，争取合作的做法。在一般情况下，人们总是同情弱者，不愿落井下石，将之置于死地。这一招日本厂商和港澳商人常用。

恻隐术常见的表现形式：装出一副可怜巴巴的样子，说可怜话，进行乞求，如"这样决定下来，回去要被批评，无法交差""我已退到崖边了，再退就要掉下去了""求求你，高抬贵手""请你们不看僧面，看佛面，无论如何帮我一把"。有的商人精心策划，装可怜相。例如：某卖方在两次降价后，坚守价格，为了打破僵局，邀请了买方去其住的旅馆洽谈。买方人员走进房间，只见主谈人头上缠着毛巾，腰上围着毛毯，脸上挂着愁容，显示出一副痛态。据他讲："头疼、胃疼、腰难受，被你们压得心里急。"心里急不假，头疼也可能是真的。这一招很有感染力，买方有的人以为"他实在是可怜"，于是真的动摇了买方部分人的谈判意志。

在使用这一方法请求合作时，一定注意不要丧失人格和尊严，直诉困难也要不卑不亢。

与此类似，有的谈判人员"以坦白求得宽容"。当在谈判中被对方逼得招架不住时，干脆把己方对本次谈判的真实希望和要求和盘托出，以求得对方的理解和宽容，从而阻止对方进攻。

七、亮底牌策略

亮底牌是在谈判进入让步阶段后实行的策略。谈判一方一开始就拿出全部可让的利益，作一次性让步，以达到以诚制胜的目的。

该让步策略一般在本方处于劣势或双方关系较为友好的情况下使用。在谈判中，处于劣势的一方虽然实力较弱，但并不等于无所作为、任人宰割，他们可以采用各种手段积极进攻，扭转局面。在采用这种让步策略时，应当充分表现出自己的积极坦率，以诚动人，用一开始就做出最大让步的方式感动对方，促使对方也做出积极反应，拿出相应的诚意。在双方有过多次合作或者是关系比较友好的谈判中，双方更应以诚相待，以维持友谊。所以，在这种情况下，当一方作了一次性让步、袒露真诚后，对方一般不会无动于衷，反而也会做出积极的反应。

该策略的优点：首先，由于谈判者从一开始就露出了实底，让出了自己的全部可让利益，因此比较容易感动对方，使对方也采取积极行动，促成和局。其次，首先做出让步表示，使对方感到在谈判桌上有一种强烈的信任、合作、友好气氛，易于交谈。再次，这种率先做出的大幅度让步具有强烈的诱惑力，会给对方留下一步到位、坦诚相见的良好印象，有益于提高谈判效率、速战速决、降低谈判成本。

该策略的缺点:由于首先让步,有时不免显得有些操之过急,易使对方感到还是有利可图的,进而继续讨价还价。特别是遇到强硬而贪婪的对手,对方在得到第一次让步后,可能会再次要价,以争取更大的让步。这时,如果拒绝了对方的要求,由于对方先有成见,那么就很容易出现僵局。另外,由于一次做出全部让利还可能失掉本来可以争取到的利益,不利于在谈判桌上讨价还价。所以,谈判人员在使用这种让步策略时,一定要注意审时度势、趋利避害。

第四节　商务谈判中的僵局

案例引入

休斯和他的代理人

有一回,传奇人物、亿万富翁休斯想购买飞机。他列出34项条件,而其中的11项是必须要达到的。起先,休斯亲自出马与飞机制造厂商洽谈,但却怎么谈都谈不拢。最后搞得这位大富翁勃然大怒,拂袖而去。不过,休斯仍旧不死心,便找了一位代理人,帮他出面继续谈判。休斯告诉代理人,只要能达到那11项条件,他便满意了。而谈判的结果是,这位代理人居然把34项条件都达到了。休斯十分佩服代理人的本事,便问他是怎么做到的。代理人回答:"很简单,每次谈判一旦陷入僵局,我便问他们——你们到底是希望和我谈呢?还是希望再请休斯本人出面来谈?经我这么一问,对方只好乖乖地说,"算了算了,一切就照你的意思办吧!"

问题思考:

(1) 面对僵局,休斯采取了什么谈判策略?

(2) 休斯和他的代理人分别扮演什么角色?

(资料来源:鲁小慧主编.商务谈判.长春:东北师范大学出版社,2012.12)

一、商务谈判僵局产生的原因

在谈判进行过程中,僵局随时都有可能发生,任何主题都有可能形成分歧与对立。表面上看,僵局表现的时机与形式、对峙程度的高低是令人眼花缭乱、不可名状的。根据一些谈判者的经验,许多谈判陷入僵局和破裂是由于细微的事情引起的,诸如谈判双方性格的差异等。僵局的产生是由其中一个或几个因素共同作用而形成的。归纳起来,主要有以下几个方面:

1. 谈判一方故意制造谈判僵局

这是一种带有高度冒险性和危险性的谈判战略,即谈判的一方为了试探出对方的决心和实力而有意给对方出难题,扰乱视听,甚至故意引起争吵,迫使对方放弃自己的谈判目标而向己方目标靠近,使谈判陷入僵局,其目的是使对方屈服,从而达成有利于己方的交易。

故意制造谈判僵局的原因可能是过去在商务谈判中上过当、吃过亏,现在要给对方报复;或者自己处在十分不利的地位,通过给对方制造麻烦来改变自己的谈判地位,并认为即使自己改变不了不利地位也不会有什么损失。这样就会导致商务谈判出现僵局。

通常情况下，谈判者往往不愿冒使谈判陷入僵局的风险，因为制造僵局往往会改变谈判者在谈判中的处境。如果运用得当，会获得意外的成功；反之，若运用不当，则其后果也是不堪设想的。因此，除非谈判人员有较大把握和能力来控制僵局，否则最好不要轻易采用。

2. 双方立场、观点对立，因争执而导致僵局

在讨价还价的谈判过程中，如果双方对某一问题各持自己的看法和主张，就会意见分歧，那么，越是坚持各自的立场，双方之间的分歧就会越大。这时，双方真正的利益就会被这种表面的立场所掩盖，于是，谈判变成了一种意志力的较量，当冲突和争执激化、互不相让时，便会出现僵局。

纠缠于立场性争执是低效率的谈判方式，它撇开了双方各自的潜在利益，不容易达成明智的协议，而且由于久争不下，还会直接损害双方的感情，谈判者要为此付出巨大代价。

经验证明，谈判双方在立场上关注得越多，就越不能注意调和双方利益，也就越不可能达成协议。甚至谈判双方都不想做出让步，或以退出谈判相要挟，这就更增加了达成协议的困难。因为人们最容易在谈判中犯立场观点性争执的错误，这也是形成僵局的主要原因。

3. 沟通障碍导致僵局

沟通障碍就是谈判双方在交流彼此情况、观点、洽谈合作意向、交易的条件等的过程中，可能遇到的由于主观与客观的原因所造成的理解障碍。

由于双方文化背景的差异，一方语言中的某些特别表述难以用另一种语言准确地表述出来而造成误解。如某跨国公司总裁访问中国一家著名的制造企业，商讨合作发展事宜。中方总经理很自豪地向客人介绍说："我公司是中国二级企业……"此时，翻译人员很自然地用"Second—Class Enterprise"来表述。不料，该跨国公司总裁闻此，原本很高的兴致突然冷淡下来，敷衍了几句立即起身告辞。在归途中，他抱怨道："我怎么能同一个中国的二流企业合作呢？"可见，一个小小的沟通障碍，会直接影响到合作的可能与否。美国商人谈及与日本人打交道的经历时说："日本人在会谈过程中不停地'Hi'、'Hi'，原以为是日本人完全赞同我的观点，后来才知道日本人只不过是在表示听明白了我的意见而已，除此之外，别无他意。"

4. 谈判人员的偏见或成见导致僵局

偏见或成见是指由感情原因所产生的对对方及谈判议题的一些不正确的看法。由于产生偏见或成见的原因是对问题认识的片面性，即用以偏概全的办法对待别人，因而很容易引起僵局。由于谈判人员对信息的理解受其职业习惯、受教育程度以及某些领域内的专业知识所制约。所以表面上看来，谈判人员对对方所讲的内容似乎已完全理解了，但实际上这种理解却常常是主观、片面的，甚至往往与信息内容的实际情况完全相反。

比如，我国曾获得一笔世界银行某国际金融组织贷款，用以建筑一条二级公路。按理说，这对于我国现有的筑路工艺技术和管理水平来说是一件比较简单的事情。然而负责这个项目的某国际金融组织官员，却坚持要求我方聘请外国专家参与管理，这就意味着我方要大大增加在这个项目上的开支，于是我方表示不能同意。我方在谈判中向该官员详细介绍了我们的筑路水平，并提供了有关资料，这位官员虽然提不出疑义，但由于以往缺乏对中国的了解，或是受偏见支配，他不愿放弃原来的要求，这时谈判似乎已经陷入了僵局。为此，我方就特地请他去看了我国自行设计建造的几条高水准公路，并由有关专家做了详细的说明

和介绍。正所谓百闻不如一见，心存疑虑的国际金融组织官员这才总算彻底信服了。

5. 环境的改变导致僵局

当谈判的外部环境，如价格、通货膨胀等因素发生变化时，谈判的一方不愿按原有的承诺签约，也会导致僵局产生。

6. 谈判双方用语不当导致僵局

谈判双方因用语不当，而造成感情上的强烈对立，使双方都感到自尊受到伤害，因而不肯作丝毫的让步，谈判便会陷入僵局。

7. 谈判中的“一言堂”导致僵局

谈判中的任何一方，不管出自何种欲望，如果过分地、滔滔不绝地论述自己的观点而忽略了对方的反应和陈述的机会，必然会使对方感到不满与反感，造成潜在的僵局。

8. 谈判人员的失误导致僵局

有些谈判者想通过表现自我来显示实力，从而使谈判偏离主题；或者争强好胜，提出独特的见解令人诧异；或者设置圈套，迷惑对方，使谈判的天平向着己方倾斜，以实现在平等条件下难以实现的谈判目标。但是在使用一些策略时，因时机掌握不好或运用不当，也往往会导致谈判过程受阻及僵局的出现。

9. 谈判人员的强迫手段导致僵局

谈判中，人们常常有意或无意地采取强迫手段而使谈判陷入僵局。特别是涉外商务谈判，由于不仅存在经济利益上的相争，还有维护国家、企业及自身尊严的需要。因此，某一方越是受到逼迫，就越是不会退让，谈判的僵局也就越容易出现。

10. 谈判人员素质低下导致僵局

俗话说“事在人为”，谈判人员素质的高低往往成为谈判进行顺利与否的决定性因素。无论是谈判人员工作作风方面的原因，还是谈判人员知识经验、策略技巧方面的不足或失误，都可能导致谈判陷入僵局。

11. 利益合理要求的差距导致僵局

许多商务谈判与此相仿，即使双方都表现出十分友好、坦诚与积极的态度，但是如果双方对各自所期望的收益存在很大差距，那么谈判就会被搁浅。当这种差距难以弥合时，那么合作必然走向流产，僵局便会产生。比如，世界橡胶业某跨国公司自恃拥有世界上最先进的工艺技术，它在世界各地设立合资企业，都要求占有51%以上的股份，并声称否则就不转让技术。近百年来，它的这种方针一直没有改变。20世纪90年代初，它很有兴趣来华投资，并选择我国某主要轮胎公司作为合作对象，拟在中国设立合资企业。但当中方根据自己在国内市场的地位，提出中方必须占51%以上股份时，该跨国公司宁愿放弃中国这位最好的合作伙伴，退而求其次。当然，这种合理要求的差异也不一定不能通过谈判来弥合。

谈判破裂也并不总是以不欢而散而告终的。双方通过谈判，即使没有成交，但彼此之间加深了了解，增进了信任，并为日后的有效合作打下了良好基础，这样看来谈判破裂也并非坏事。可以说，在双方条件相距甚远的情况下，一场未达成协议的谈判也可能会带来意外收获。只要冷静地、审慎地看待谈判结果，就会发现达成协议并非是谈判的唯一目标，在许多情况下，即使谈判没有成功，也会为谈判者带来收获，当然这不是直接的收获，而是间接的收获，从这一点看，经过长时间的谈判，最终未能达成协议也不一定就是坏事，有时这倒也是件有意义的好事。

二、商务谈判僵局的处理原则

1. 冷静理性地思考

在谈判实践中，有些谈判者会脱离客观实际，盲目地坚持自己的主观立场，甚至忘记了自己的出发点是什么；由此而引发的矛盾，当激化到一定程度的时候即形成了僵局。谈判者在处理僵局时，要能防止和克服过激情绪所带来的干扰。一名优秀的谈判者必须具备头脑冷静、心平气和的谈判素养，只有这样才能面对僵局而不慌乱。只有冷静思考，才能理清头绪，正确分析问题。这时，应设法建立一项客观的准则，即让双方都认为是公平的又易于实行的办事原则、程序或衡量事物的标准，充分考虑到双方潜在的利益到底是什么，从而理智地克服一味地希望通过坚持自己的立场来“赢”得谈判胜利的做法。这样才能有效地解决问题、打破僵局；相反，靠拍桌子、踢椅子来处理僵局是于事无补的，反而会带来负面效应。

2. 协调好双方的利益

当双方在同一问题上发生尖锐对立，并且各自理由充足，均既无法说服对方，又不能接受对方的条件，从而使谈判陷入僵局时，应认真分析双方的利益所在，只有平衡好双方的利益才有可能打破僵局。让双方从各自的目前利益和长远利益两个方面来看问题，使双方的目前利益、长远利益做出调整，以寻找双方都能接受的平衡点，最终达成谈判协议。因为如果双方都追求目前利益，就可能都失去长远利益，这对双方都是不利的。只有双方都做出让步，以协调双方的关系，才能保证双方的利益都得到实现。

3. 欢迎不同意见

不同意见，既是谈判顺利进行的障碍，也是一种信号，它表明实质性的谈判已开始。如果谈判双方就不同意见互相沟通，最终达成一致意见，那么谈判就会成功在望。因此，作为一名谈判人员，不应对不同意见持拒绝和反对态度；而应持欢迎和尊重的态度。这种态度会使我们能更加平心静气地倾听对方的意见，从而掌握更多的信息和资料，也体现了一名谈判者的宽广胸怀。

4. 语言适度，避免争吵

语言适度指谈判者要向对方传播一些必要的信息，但又不透露己方的一些重要信息，同时积极倾听。这样不但和谈判对手进行了必要的沟通，而且可探出对方的动机和目的，形成对等的谈判气氛。

争吵无助于矛盾的解决，只能使矛盾激化。如果谈判双方出现争吵，就会使双方的对立情绪加重，从而很难打破僵局达成协议。即使一方在争吵中获胜，另一方无论从感情上还是心理上都很难持相同的意见，谈判仍有重重障碍。所以一名谈判高手是通过据理力争，而不是和别人大吵大嚷来解决问题的。

5. 正确认识谈判的僵局

许多谈判人员把僵局视为谈判失败，企图竭力避免它，在这种思想指导下，不是采取积极的措施加以缓和，而是消极躲避。在谈判开始之前，就祈求能顺利地与对方达成协议、完成交易、别出意外、别出麻烦。特别是当他负有与对方签约的使命时，这种心情就更为迫切。这样一来，为避免出现僵局，就事事、处处迁就对方，一旦陷入僵局，就会很快地失去信心和耐心，甚至怀疑起自己的判断力，对预先制定的计划也产生了动摇。这种思想阻碍谈判人员更好地运用谈判策略，结果可能会达成一个对己不利的协议。

应该看到，僵局出现对双方都不利。如果能正确认识、恰当处理，就会变不利为有利。我们不赞成那种把僵局视为一种策略，运用它来胁迫对手妥协的办法；但也不能一味地妥协退让。这样，不但僵局避免不了，还会使自己十分被动。只要具备勇气和耐心，在保全对方面子的前提下，灵活运用各种策略、技巧，僵局就不是攻克不了的堡垒。

案例应用

面对情绪爆发的家长们

有一个学校请了一个谈判小组去处理他们和部分家长之间的纠纷，纠纷主要是由于一群耳聋的学龄前儿童在操场上没有得到有效的监护所引起的。使家长们尤为气愤的是，所有学校代表都只是忙着搜集事实来证明自己没做错，却对家长们真正关注的事情不闻不问。为了使谈判便于进行，谈判小组先让家长们陈述他们的不满，为此谈判小组一直听了两个小时。家长们陈述完之后，该小组说的第一句话是"我们也有孩子，我们完全理解你们为何对这件事感到不安。"听到这样说，家长们回答："如果事后有人像你们一样听我们诉说的话，事情就不会搞得这么复杂了。"接下来的谈判进行得非常顺利。

问题思考：谈判小组因何能让家长们情绪平复下来，从而获得谈判的成功？

（资料来源：鲁小慧主编．商务谈判．长春：东北师范大学出版社，2012.12）

三、商务谈判僵局的应对策略

1. 用语言鼓励对方打破僵局

当谈判出现僵局时，你可以用话语鼓励对方。比如，在一场包含六项议题的谈判中，有四项是重要议题，其余两项是次要议题。现在假设四项重要议题中已有三项获得协议，只剩下一项重要议题和两项小问题了，那么，针对僵局，你可以这样告诉对方："四个难题已解决了三个，剩下一个如果也能一并解决的话，其他的小问题就好办了，让我们再继续努力，好好讨论讨论这唯一的难题吧！如果就这样放弃了，前面的工作就都白做了，大家都会觉得很遗憾的！"听你这么一说，对方多半会同意继续谈判，这样僵局就自然化解了。这种说法，看似很平常，实际上却能鼓动人，发挥很大的作用。对于牵涉多项讨论议题的谈判，更要注意打破存在的僵局。

另外，叙述旧情，强调双方的共同点。就是通过回顾双方以往的合作历史，强调和突出共同点和合作的成果，以此来削弱彼此的对立情绪，以达到打破僵局的目的。

2. 采取横向式的谈判打破僵局

当谈判陷入僵局，经过协商而毫无进展，双方的情绪均处于低潮时，可以采用避开该话题的办法，换一个新的话题与对方谈判，以等待高潮的到来。横向谈判是回避低潮的常用方法。由于话题和利益间的关联性，当其他话题取得成功时，再回来谈陷入僵局的话题，便会比以前容易得多。例如，在价格问题上双方互不相让，僵住了，就可以先暂时搁置一旁，改谈交货期、付款方式等其他问题。如果在这些议题上对方感到满意了，再重新回过头来讨论价格问题，这样阻力就会小一些，商量的余地也就更大些，从而弥合分歧，使谈判出现新的转机。

3. 寻找替代的方法打破僵局

俗话说得好，“条条大路通罗马”，在商务谈判上也是如此。谈判中一般存在多种可以满足双方利益的方案，而谈判人员经常简单地采用某一种方案，而当这种方案不能为双方同时接受时，僵局就会形成。例如，在埃以和谈中，以色列最初宣布要占有西奈半岛的某些地方，显然这种方案是不能为埃及所接受的。当双方越过对立的立场去寻找促使坚持这种立场的利益时，往往就能找到既能符合这一方利益，又能符合另一方利益的替代性方案，即在西奈半岛划定非军事区。于是，埃以和约得以签订。

商务谈判不可能总是一帆风顺的，双方磕磕碰碰是很正常的事，这时，谁能创造性地提出可供选择的方案，谁就掌握了谈判的主动权。当然，这种替代方案一定要既能有效地维护自身的利益，又能兼顾对方的利益要求。不过，试图在谈判一开始就确定什么是唯一的最佳方案，这往往会阻止许多其他可作选择的方案的产生。相反，在谈判准备时期，就能构思出对彼此都有利的更多方案，往往会使谈判如顺水行舟，一旦遇到障碍，只要及时调拨船头，就能顺畅无误地到达目的地。

4. 运用休会策略打破僵局

休会策略是谈判人员为控制、调节谈判进程，缓和谈判气氛，打破谈判僵局而经常采用的一种基本策略。它不仅是谈判人员为了恢复体力、精力的一种生理需求，而且是谈判人员调节情绪、控制谈判过程、缓和谈判气氛、融洽双方关系的一种策略技巧。谈判中，双方因观点产生差异、出现分歧是常有的事，如果各持己见、互不妥协，往往会出现僵持严重以至谈判无法继续的局面。这时，如果继续进行谈判，双方的思想还沉浸在刚才的紧张气氛中，结果往往是徒劳无益，有时甚至适得其反，导致以前的成果付诸东流。因此，比较好的做法就是休会，因为这时双方都需要找到时间进行思索，使双方有机会冷静下来，或者每一方的谈判成员之间需要停下来，客观地分析形势、统一认识、商量对策。

5. 利用调节人调停打破僵局

在政治事务中，特别是国家间、地区间的冲突中，由第三者出面做中间人进行斡旋，往往会获得意想不到的效果。商务谈判也完全可以运用这一方法来帮助双方有效地消除谈判中的分歧，特别是当谈判双方进入立场严重对峙、谁也不愿让步的状态时，找到一位中间人来帮助调解，有时能很快地使双方立场出现松动。

当谈判双方因严重对峙而陷入僵局时，双方信息沟通就会发生严重障碍，从而导致互不信任、互相存在偏见甚至产生敌意。有些谈判又必须取得成果，而不能用中止或破裂结束，如索赔谈判，这时由第三者出面斡旋就可以为双方保全面子，使双方感到公平，信息交流可以变得畅通起来。中间人在充分听取各方解释、申辩的基础上，能很快找到双方冲突的焦点，分析其背后所隐含的利益分歧，据此寻求弥合这种分歧的途径。谈判双方之所以自己不能这样做，主要还是因为“不识庐山真面目，只缘身在此山中”。

商务谈判中的中间人主要是由谈判者自己挑选的。不论是哪一方，他所确定的斡旋者应该是为对方所熟识、所接受的，否则就很难发挥其应有的作用。因此这就成了谈判一方为打破僵局而主动采取的措施。在选择中间人时不仅要考虑其能否体现公正性，而且还要考虑其是否具有权威性。这种权威性是使对方逐步受中间人影响，最终转变强硬立场的重要力量。

6. 更换谈判人员或者由领导出面打破僵局

谈判中出现了僵局，并非都是双方利益的冲突，有时由于谈判人员的性格、年龄、知识水平、生活背景、民族习惯、随便许诺、随意践约、好表现自己、对专业问题缺乏认识等因素造成的僵局。双方谈判人员如果互相产生成见，特别是主要谈判人员，在争议问题时，对他方人格进行攻击，伤害了一方或双方人员的自尊心，必然会引起对方的怒气，会谈就很难继续进行下去，从而使谈判陷入僵局。即使是改变谈判场所，或采取其他缓和措施，也难以从根本上解决问题。形成这种局面的主要原因是在谈判中不能很好地区别对待人与问题，由对问题的分歧发展为双方个人之间的矛盾。

然而有时在谈判陷入僵局时调换谈判人员倒并非出于他们的失职，而可以是一种自我否定的策略，用调换人员来表示：以前我方提出的某些条件不能作数，原来谈判人员的主张欠妥，因而在这种情况下调换人员也常蕴含了向谈判对方致歉的意思。

临阵换将，把自己一方对僵局的责任归咎于原来的谈判人员——不管他们是否确实应该担负这种责任，还是莫名其妙地充当了替罪羊的角色。这种策略为自己主动回到谈判桌前找到了一个借口，缓和了谈判场上对峙的气氛。不仅如此，这种策略还含有准备与对手握手言和的暗示，成为我方调整、改变谈判条件的一种标志，同时这也向对方发出新的邀请信号：我方已做好了妥协、退让的准备，对方是否也能做出相应的灵活表示呢？

7. 从对方的漏洞中借题发挥打破僵局

谈判实践告诉我们，在一些特定的形势下，抓住对方的漏洞，小题大做，会给对方一个措手不及。这对于突破谈判僵局会起到意想不到的效果，这就是所谓的从对方的漏洞中借题发挥。从对方的漏洞中借题发挥的做法有时被看作是一种无事生非、有伤感情的做法。然而，对于谈判对方某些人的不合作态度或试图恃强欺弱的做法，运用从对方的漏洞中借题发挥的方法做出反击，往往可以有效地使对方有所收敛。相反，不这样做反而会招致对方变本加厉的进攻，从而使己方在谈判中进一步陷入被动局面。事实上，当对方不是故意地在为难我们，而我方又不便直截了当地提出来时，采用这种旁敲侧击的做法，往往可以使对方知错就改、主动合作。

8. 利用“一揽子”交易打破僵局

所谓“一揽子”交易，即向对方提出谈判方案时，好坏条件搭配在一起，像卖“三明治”一样，要卖一起卖，要同意一起同意。

往往有这种情况发生，卖方在报价里包含了可让与不可让的条件。所以向他还价时，可采用把高档与低档的价夹在一起还的做法。比如把设备、备件、配套件三类价均分出 A、B、C 三个方案，这样报价时即可获得不同的利润指标。在价格谈判时，卖方应视谈判气氛、对方心理再作妥协让步。作为还价的人也应同样如此，即把对方货物分成三档价，还价时取设备的 A 档价、备件的 B 档价、配套件的 C 档价，而不是都为 A 档价或 B 档价。这么做的优点在于有吸引力，具有平衡性，对方易于接受，可以起突破僵局的作用。尽管在一次还价总额高的情况下该策略不一定有突破僵局的作用，但仍不失为一个合理还价的较好理由。

9. 有效退让打破僵局

达到谈判目的的途径是多种多样的;谈判结果所体现的利益也是多方面的,有时谈判双方对某一方面的利益分割僵持不下,就轻易地让谈判破裂,这实在是不明智的。他们没有想到,其实只要在某些问题上稍做让步,而在另一些方面就能争取更好的条件。这种辩证的思路是一个成熟的商务谈判者应该具备的。比如从国外购买设备的合作谈判,有些谈判者常常因价格分歧,而不得不不欢而散,至于诸如设备功能、交货时间、运输条件、付款方式等都尚未涉及,就匆匆地退出了谈判。事实上,购货一方有时可以考虑接受稍高的价格,这样在购货条件方面,就更有理由向对方提出更多的要求,如增加若干功能、缩短交货期、分期付款或除在规定的年限内提供免费维修外还要保证在更长时间内免费提供易耗品等。

不要忘记坐在谈判桌上来的目的毕竟是为了成功而非失败。因此,当谈判陷入僵局时,我们应有这样的认识:如果促使合作成功所带来的利益大于坚守原有立场而让谈判破裂所带来的好处,那么有效退让就是我们应该采取的策略。

10. 适当馈赠打破僵局

谈判者在相互交往的过程中,适当地互赠一些礼品,会对增进双方的友谊、沟通双方的感情起到一定的作用,这也是普通的社交礼仪。西方学者幽默地称之为“润滑策略”。每一个精明的谈判者都知道:给予对方热情的接待、良好的照顾和服务,对于谈判往往会产生重大的影响。它对于防止谈判出现僵局是一个行之有效的途径,这就等于直接明确地向对手表示“友情第一”。

所谓适当馈赠,就是说馈赠要讲究艺术,一是要注意对方的习俗,二是要防止贿赂之嫌。有些企业为了实现自身的利益乃至企业领导人、业务人员自己的利益,在谈判中将送礼这一社交礼仪的性质改变了,使之等同于贿赂,甚至不惜触犯法律,这是错误的。所以,馈赠礼物要是在社交范围之内的普通礼物,突出“礼轻情义重”。谈判时,招待对方吃一顿地方风味的午餐,陪对方度过一个美好的夜晚,赠送一些小小的礼物,这些并不是贿赂,提供这些平常的招待也不算是道德败坏。如果对方馈赠的礼品比较贵重,通常意味着对方要在谈判中“索取”较大的利益。对此,要婉转地暗示对方礼物“过重”,予以推辞,并要传达出自己不会因礼物的价值而改变谈判的态度的信息。

11. 场外沟通打破僵局

谈判会场外沟通亦称“场外交易”“会下交易”等。它是一种非正式谈判,双方可以无拘无束地交换意见,达到沟通、消除障碍、避免出现僵局的目的。对于正式谈判中出现的僵局,同样可以用场外沟通的途径直接进行解释,消除隔阂。

采用场外沟通策略的时机:

(1) 谈判双方在正式会谈中相持不下,即将陷入僵局。彼此虽有求和之心,但在谈判桌上碍于面子,难以启齿。

(2) 当谈判陷入僵局,谈判双方或一方的幕后主持人希望借助非正式的场合进行私下商谈,从而缓解僵局。

(3) 谈判双方的代表因为身份问题,不宜在谈判桌上让步以打破僵局,但是可以借助私下交谈打破僵局,这样又可以不牵扯到身份问题。例如:谈判的领导者不是专家,但实际做决定的却是专家。这样,在非正式场合,专家就可以出面从容商谈而不用考虑身份问题,从而打破僵局。

(4) 谈判对手在正式场合严肃、固执、傲慢、自负、喜欢奉承。这样,在非正式场合给予其恰当的恭维(因为恭维别人不宜在谈判桌上进行),就有可能使其作较大的让步,以打破僵局。

(5) 谈判对手喜好郊游、娱乐。这样,在谈判桌上谈不成的东西,在郊游和娱乐的场合就有可能谈成,从而打破僵局,达成有利于己方的协议。

12. *以硬碰硬打破僵局*

当对方通过制造僵局,给你施加太大压力时,妥协、退让已无法满足对方的欲望,此时应采用以硬碰硬的办法向对方反击,让对方自动放弃过高要求。比如,揭露对方制造僵局的用心,让对方自己放弃所要求的条件,有些谈判对手便会自动降低自己的要求,使谈判得以进行下去。也可以离开谈判桌,以显示自己的强硬立场。如果对方想与你谈成这笔生意,他们会再来找你;这时,他们的要求就会改变,谈判的主动权就掌握在了你的手里。如果对方不来找你也不可惜,因为如果自己继续同对方谈判,只能使自己的利益降到最低点,这样,谈成还不如谈不成。

谈判陷入僵局时,如果双方的利益差距在合理限度内,即可明确地表明自己已无退路,希望对方能让步,否则情愿接受谈判破裂的结局。前提是双方利益要求的差距不超过合理的限度。只有在这种情况下,对方才有可能忍痛割舍部分期望利益、委曲求全,使谈判继续进行下去。相反,如果双方利益的差距太大,只靠对方单方面的努力与让步根本无法弥补差距时,就不能采用此策略,否则就只能使谈判破裂。当谈判陷入僵局而又实在无计可施时,以硬碰硬策略往往成为最后一个可供选择的策略。在做出这一选择时,我们必须要做最坏的打算,否则就会显得茫然失措。切忌在毫无准备的条件下盲目滥用这一做法,因为这样只会吓跑对手,结果就会是一无所获。另外,在整个谈判过程中,我们应该严格兑现。因此,如果由于运用这一策略而使僵局得以突破,我们就要兑现承诺,与对方签订协议,并在日后的执行中,充分合作,保证谈判协议的顺利执行。

案例应用

北欧深海冻鱼进军中国市场

北欧深海渔产公司的冻鱼产品质量优良,味道有自己的特色,深受各国消费者的喜爱,但从未进入我国市场。深海公司希望能在中国开展冻鱼销售业务,并在我国找到合作伙伴。经由我国某市经委介绍,该公司派代表来我国与北方某罐头制品厂进行冻鱼产品的经销谈判。

该罐头制品厂在国内有广泛的销售网络,非常愿意与北欧深海渔产公司合作。因此,在开始阶段,会谈气氛十分融洽,但谈到价格问题时双方出现了较大的分歧,罐头制品厂的谈判代表表示,深海公司所提出的报价过高,按此价格进入我国市场销售,很难被中国消费者所接受。深海公司一方则表示,他们的报价已经比在国际市场上的报价降低了5%,无法继续降低价格。谈判由此进入僵局。

谈判休会期间,罐头厂公关部组织深海公司代表参观了谈判所在城市的几个大型超市,使深海公司的代表对我国消费者的消费习惯和消费水平有了初步的了解。罐头厂代表特别向深海公司代表指出，中国人口众多，人民消费水平稳步提高，市场潜力很大。超市中拥挤的人流是世界各国中所少见的。这一点给深海公司的代表很深的印象，他们看到了一个未来极有发展前途的新市场。深海公司的代表在和总部的领导反复协商之后，为了在开始阶段打开中国市场，决定将冻鱼制品的报价降低30%，并向我国的经销商提供部分广告和促销费用。

问题思考：

(1) 北方某罐头制品厂是如何化解谈判僵局的？

(2) 北欧深海渔产公司为何同意与中方合作？

(资料来源：庞岳红主编.商务谈判.北京：清华大学出版社，2011.6)

本章小结

◆ 让步的基本原则：维护整体利益、确定让步条件、选择好让步时机、确定适当的让步幅度、不要承诺做出与对方同等幅度的让步、在让步中要讲究技巧、不要轻易向对方让步、每次让步后要检验效果

◆ 让步的主要方式：坚定的、等额平均、逐步递增、小幅度递减、中等幅度递减、大幅度递减、大幅度递减但又反弹、一次性让步方式

◆ 迫使对方让步的策略：情绪爆发策略、吹毛求疵策略、车轮战策略、分化对手重点突破策略、红白脸策略、利用竞争坐收渔利策略、虚拟假设策略、得寸进尺策略、先斩后奏策略、声东击西策略、最后通牒策略

◆ 阻止对方进攻的策略：权力有限策略、不开先例策略、疲劳战术策略、休会策略、以退为进策略、以弱求怜策略、亮底牌策略

◆ 商务谈判僵局产生的原因：谈判一方故意制造、双方立场观点对立、沟通障碍、谈判人员的偏见或成见、环境的改变、谈判双方用语不当、谈判中的一言堂、谈判人员的失误、谈判人员的强迫手段、谈判人员素质低下、利益合理要求的差距

◆ 商务谈判僵局处理原则：冷静理性地思考、协调好双方的利益、欢迎不同意见、语言适度避免争吵、正确认识谈判的僵局

◆ 商务谈判僵局的应对策略：用语言鼓励对方、采取横向式的谈判、运用休会策略打破僵局、利用调节人调停、更换谈判人员或者由领导出面、从对方的漏洞中借题发挥、利用“一揽子”交易、有效退让、适当馈赠、场外沟通、以硬碰硬打破僵局

思考与练习

1. 简答题

(1) 形成谈判僵局的原因有哪些？

(2) 迫使对方让步策略有哪些？

(3) 阻止对方进攻的策略有哪些？

(4) 商务谈判僵局产生的原因有哪些？

(5) 商务谈判僵局的处理原则有哪些?

(6) 商务谈判僵局的应对策略有哪些?

2. 单项选择题

(1) 谈判中最关键、最困难、最紧张的阶段是(　　)。

A. 开局阶段　　B. 报价阶段　　C. 磋商阶段　　D. 成交阶段

(2) 处理谈判僵局最有效的途径是(　　)。

A. 邀请高级别领导人介入谈判

B. 将导致谈判僵局的因素消灭在萌芽状态

C. 当谈判僵局出现后再磋商

D. 僵局出现后撤换谈判人员

(3) 谈判学家尼尔伦伯格认为,成功的、合作的谈判中要善于利用(　　)。

A. 需要　　B. 僵局　　C. 争辩　　D. 讨价还价

(4) 从谈判内容上看,最容易形成谈判僵局的主要问题是有(　　)。

A. 价格　　B. 质量标准　　C. 违约责任　　D. 履约地点

(5) 假定可让出的利益为 80 元,对于没有谈判经验的人,或进行较为陌生的谈判,比较恰当的让步方式是(　　)。

A. 0—0—0—80　　B. 80—0—0—0

C. 20—20—20—20　　D. 48—20—10—2

(6) (　　)是迫使对方让步的策略。

A. 不开先例策略　　B. 最后通牒策略　　C. 权力有限策略　　D. 休会策略

(7) (　　)是一种阻止对方进攻的策略。

A. 期限策略　　B. 先斩后奏策略　　C. 红白脸策略　　D. 恻隐术策略

(8) (　　)是一种打破谈判僵局而经常采用的谈判战术。

A. 得寸进尺　　D. 疲劳战术　　C. 恻隐术策略　　B. 变换议题

3. 多项选择题

(1) 迫使对方让步的主要策略有(　　)。

A. 利用竞争　　B. 吹毛求疵策略

C. 撤出谈判　　D. 软硬兼施

E. 虚拟假设策略

(2) 阻止对方进攻的策略有(　　)。

A. 权力有限策略　　B. 不开先例策略　　C. 疲劳战术策略　　D. 休会策略

E. 以弱求怜策略

(3) 下列对僵局的论述中,正确的是(　　)。

A. 僵局对己方是不利的

B. 僵局对谈判者形成巨大的压力

C. 制造僵局是一种技巧

D. 僵局是一种不确定的状态

E. 僵局对双方均不利

(4) 打破谈判中僵局的做法包括(　　)。

A. 采取纵向式的谈判　　B. 改期再谈

C. 叙旧情，强调双方共同点　　D. 更换谈判人员

E. 组织双方搞一些松弛的活动

4. 案例分析题

以柔克刚化解僵局

我国K公司与法国G公司就计算机制造技术的交易在北京进行谈判。经过技术交流后，中方专家表现的赞许态度使法方感到极为自信、自得。当进入商务条件谈判时，G公司主谈杜诺先生的态度变得非常强硬，而且不太尊重K公司主谈邢先生，对邢先生的说理和友善的态度全然不当回事，意思是：我就这条件，同意，就签合同；不同意，就散伙。对于此种情况，K公司邢先生不能说同意，更不能说散伙。怎么办呢?

邢先生设计了一个方案：让助手继续与杜诺先生谈判，把参与人员减少了一半，原则是能往前谈就往前谈，谈不拢也陪着杜诺先生谈。随后的谈判，中方再调整谈判时间，一天改为半天，半天时间还安排得靠后。

杜诺先生坐不住了，他很严肃地对邢先生讲："我公司来京谈判是有诚意的，不论贵方有多忙，我希望应先与我公司谈。"邢先生答道："是呀！我最早是与您谈的，不正反映了我方的重视吗?""可贵方现在没有这么做。""可当我与贵方谈时，贵方并未注意我方的意见，我公司也不能浪费时间呀！""我希望邢先生跟我讲实话，是不是贵公司正在与别人谈?"说着在黑板上画了一幅图：一个大楼写着K公司的名字，楼内有一只乌龟，背上写着E公司，后门等着一个乌龟，背上写着W公司。然后笑着问邢先生："是不是这样?"邢先生乐了，说："您的消息真灵通……"杜诺先生马上严肃起来，庄重地说："邢先生，不管事态是否如此，我公司强烈要求给我们机会，我本人也希望与您本人直接谈判。"邢先生收住笑容，也认真地回答："我理解贵方的立场，我将向上级汇报，调整我的工作，争取能与您配合谈判该项目。"

双方恢复了谈判，一改过去的僵持，很通情达理地进行了相互妥协，最后达成了协议。

问题思考：

(1) 本谈判因何出现了僵局?

(2) 邢先生采取了什么策略化解了僵局?

(3) 邢先生有哪些素养或能力值得我们学习?

(资料来源：鲁小慧主编. 商务谈判. 长春：东北师范大学出版社，2012. 12)

5. 实训题

(1) 实践决策

多年来，你和你的同伴一直在敲诈这家核废料处理公司，你们的任务是帮公司把核废料装船运到海上倾倒。每当对工资问题进行谈判时，你和同事们总以罢工相威胁，如果核废料堆积起来的话，其后果是非常可怕的，而管理部门害怕新闻部门抓住这件事大做文章，因而总在你们的力量面前让步。

现在一个新老板接管了这家公司，很明显，他们的处境很困难，这位总裁冷眼看着你们说："这是我们第一次提出的条件，也是我们的最后条件。如果你们想让我们关门，那请便好

了，你们自己看着办吧。”你会(　　)。

A. 接受他的条件　　B. 号召伙伴们起来罢工

C. 制造一点障碍，摆出一副威胁的姿态　　D. 寻求达成一份有关生产率的协议

(2) “绍兴丝绸”的第二次谈判方案设计

20世纪80年代中期，香港的丝绸市场主要是日本、韩国、中国台湾和中国香港本地制造商的天下。中国大陆生产的丝绸产品由于花色品种和质量等问题在香港的市场份额大幅度地下降，已经从以往的90%，下降到10%左右，大陆丝绸企业的生存面临着挑战。为改变这一不利状况，绍兴丝绸厂的范厂长决定以新的产品开辟新的市场，向欧美市场进军。在经过一番周密的市场调研，获取了市场价格和消费者需求方面的信息之后，绍兴丝绸厂开始小批量地生产各种不同花色和图案的丝绸产品。产品的图案根据不同文化、习惯和口味设计，力求满足不同层次人群的需要。

在一个凉爽的秋天，一个叫尼古拉的美国女商人来到了绍兴丝绸厂，范厂长在厂里的样品展览室接待了她。尼古拉仔细研究完展览室的样品后脸上露出了满意的神色。这时她突然向范厂长提出她打算预订其中的七种款式，她的报价是每码3.5美元。听到报价后范厂长没有对她的报价做出正面回答，而是报出了同类产品在意大利、法国和欧洲其他国家以及美国的价格，接着他报出了5.36美元的价格。

听到这个价格后尼古拉大叫起来，她说5.36美元是香港的零售价格，如果她以此价格成交，她的老板一定要骂她笨蛋。范厂长信心十足地回答说这个价格确实是香港的零售价，但是目前香港市场上没有这样的货品。事实上，这个价格是产品的成本价格，因为工厂所进的坯绸价格是5美元一码，印染加工费是0.36美元/码。而同类产品在欧洲市场上可以卖到30美元/码。范厂长进一步强调说因为这是第一次与她做生意，建立友谊和关系是第一位的，因此他的报价是不赚钱的。

尼古拉再也沉不住气了，不断提高自己的报价，从4美元到4.2美元，再到4.3美元，最后提到了4.6美元。范厂长只是微笑不语。最后他请尼古拉再回去考虑，并说中国有一句俗话，买卖不成友谊在。尼古拉没有多说什么，她乘汽车离去了。三天后，尼古拉发来电传，希望与范厂长再谈谈。

问题：作为范厂长的你，请设计一份第二次谈判的计划方案，重点放在让步环节。

(3) 情景模拟

椰果公司与香飘飘食品有限公司交易磋商

背景资料：椰果公司与香飘飘食品有限公司谈判开局后，双方在融洽友好的气氛中开始对椰果购销交易条件展开磋商。双方通过对合同交易内容的协商，特别是价格交易条款的反复磋商，基本达成成交意向。

演练要求：① 买方模拟小组首先提出拟订购椰果的质量、规格、包装、数量，与卖方模拟小组商议；② 卖方模拟小组要根据顾客需求调查资料向买方模拟小组提出建议；③ 买卖双方模拟小组围绕交易价格，运用相关谈判策略展开磋商；④ 买卖双方模拟小组就合同中其他交易事项展开磋商。

演练条件：商务谈判实训室(桌椅可移动教室)。

演练指导：① 价格磋商要将影响价格的因素以及交易合同中与之相关的条款纳入谈判；② 注意谈判报价、讨价、还价、让步、制造与打破僵局以及拒绝等策略及技巧的运用。

第六章　商务谈判的结束与签约

学习目标

- ◆ 了解商务谈判结束的判定条件
- ◆ 熟悉商务谈判的各种可能结果以及签约意向
- ◆ 掌握促成商务谈判缔约的策略

技能目标

◆ 在商务谈判中准确把握结束时机，熟练运用商务谈判的结束技巧和促成签约的策略，并为以后的合作打下良好的基础

第一节　商务谈判的结束

案例引入

美日谈判的启示

1970 年，美国与日本的经济贸易出现了比较大的逆差，美国前总统尼克松多次要求当时的日本首相佐藤主动限制向美国出口纺织品。

佐藤在去美国之前，日本一些著名人士再劝告他："不要向美国屈服。"在这场"日美纺织品战"中，尼克松为了迫使佐藤限制纺织品出口，步步紧逼。最后，佐藤回答说道："我一定会妥善解决。"

"胜利了！"尼克松赶紧向新闻记者宣布，新闻界也为之振奋。可是过不了多久，美国报纸却又抱怨佐藤背信弃义，因为实际情况并没有什么改变。其实，日本根本就没打算主动限制对美国的纺织品出口。佐藤最后说的那句话，应该说既是表示了否定态度，也是出于给美国总统"留下面子"。

日本人的这种思考方式可以从日本著名社会学家铃木明说过的话中得到证明："日语中的双关词，是日本民族要求和睦相处的产物。要是我们说每句话都开门见山，那势必会整天相互间争论不休。"

问题思考：

试分析日本首相是如何有效结束谈判的？对我们有何启示意义？

（资料来源：陈文汉主编. 商务谈判实务. 北京：人民邮电大学出版社，2011. 2）

在双方经历了实质性磋商，尝试了现有的可能适用的各种手段后，无论是否能够成交，通常可认为面谈转入了结束阶段。商务谈判何时终结？需要谈判人员在商务谈判中准确把握结束时机，并熟练运用好商务谈判的结束技巧和促成签约的策略，圆满完成谈判任务。有经验的谈判者总是善于在关键的、恰当的时刻，抓住对方隐含的签约意向或巧妙地表明自己的签约意向，趁热打铁，促成交易的达成与实现。

一、商务谈判终结的判断标准

1. 交易条件

(1) 考察交易条件中的分歧数。从数量上看，如果交易双方已达成一致的交易条件占据了绝大多数；从质量上看，如果交易条件中最关键、最重要的问题都已经达成一致。出现这两种情况中的任何一种，就可以判定谈判已进入终结阶段。

(2) 考察交易对手交易条件是否进入己方成交线。成交线是己方可以接受的最低交易条件，是达成协议的下限。如果对方认同的交易条件已经进入己方成交范围之内，谈判自然就进入了终结阶段。当然己方还可能争取到更好的一些交易条件，但是这时已经看到了可以接受的成果。

2. 谈判时间

(1) 双方约定的谈判时间。在谈判之初，双方一起确定整个谈判所需要的时间，谈判进程完全按照约定的时间安排，当谈判已接近规定的时间时，自然进入谈判终结阶段。按约定时间终结谈判就会使双方有紧迫感，促使双方提高工作效率，避免长时间地纠缠一些问题而争论不休。如果在约定的时间内不能达成协议，一般也应该遵守约定时间将谈判告一段落，或者另约时间继续谈判，或者宣布谈判破裂。

(2) 单方限定的时间。由谈判一方限定谈判时间，随着时间的终结，谈判就随之终结。在谈判中占有优势的一方，或是出于对自己利益的考虑，需要在一定时间内结束谈判；或是还有其他可选择的合作者，因此请求或告知对方，希望在限定的时间内结束谈判。单方限定时间无疑是对被限定方施加某种压力，被限定方可以随从，也可以不随从，关键要看交易条件是否符合自己的谈判目标。

(3) 形势突变的谈判时间。本来双方已经约定好了谈判时间，但是在谈判进行过程中形势发生突然变化，如市场行情突变、外汇行情大起或大落、公司内部发生重大事件等，谈判者突然改变原有计划，比如要求中止谈判、提前结束谈判等。这是因为谈判的外部环境是在不断发展变化的，谈判进程不可能不受到这些变化的影响。

3. 谈判策略

这里所说的策略不是一般的谈判策略，而是某些特定的谈判策略，从其做法和影响力来看，这些策略对谈判有最终的冲击力，具有终结谈判的信号与标记作用。

(1) 最后立场策略

最后立场策略即一种在谈判中以破裂相威胁以达到施压于对方，迫使对方让步的策略。谈判者经过多次磋商之后仍无结果，一方阐明己方最后的立场，讲清楚让步的幅度，如果对方不接受，谈判即宣布破裂；如果对方接受该条件，谈判便成功。

（2）折中进退策略

该策略是将双方立场和条件的差距，取中间条件作为双方共同进退或妥协的标准，以解决残余谈判的策略。由于该策略主体特征是相互妥协且更多地强调“对半”让步，所以，只有在谈判的最后阶段才可以使用。在谈判的前期使用该策略，仅会使条件不合理的一方得利，因此折中结果难以公正。在经过严谨的、分阶段的谈判后，双方立场均有所改善，交易条件日趋公平、合理时，对最后尚存在的文字、数字条件分歧以折中方式解决，其结果才更合理。

（3）一揽子交易策略

该策略是指双方将所有分歧条件中有的利于对方，有的利于己方的新条件，组成一个方案并向对方提出的做法。由于该方案包括了谈判存在的所有分歧，故称“一揽子交易”，而针对所有分歧提出了有进有退的条件，因而也称“好坏搭配”。这种谈判做法无疑是在告诉谈判对手，这是最后的意见了，没有商量余地了。

（4）冷冻策略

冷冻策略即暂时中止谈判的做法。中止谈判从形式上讲就是停止谈判，是某种意义上的终结。只是引起中止的原因不同，冷冻的意义就会有所差别。

当因为双方谈判条件差距太大，一时难以克服，但双方又有成交愿望；或因为交易相关的许可证、外汇、行政审批、政治或人事的重大变故，但交易双方自恃交易诚意时，冷冻谈判就会出现。这时，谈判将进入终局。不过，“冷冻”并不一定冷落对手，是谈判行为的冷却、停顿。对于当事人，则可能仍以礼貌、热情相待，并决定“后会有期”。

而当谈判处在竞争之中，谈判标的还有其他的选择机会，需腾手加以利用；或干脆就是因为某一方的态度不配合，此时的“冷冻”在表面上也是终结谈判，但在时间上比前者要短，在说法与做法上也有别于前者。如说法上多会以对方的态度与条件为由头来说事，或反过来自嘲己方无能力说服对手、无条件满足对手等。在做法上，会“悉听尊便”，会停顿谈判安排——无限期休会、放弃谈判要求等。

4. 谈判者发出的信号

交易将要明确时，双方会处于一种准备完成的激奋状态，这种状态往往是另一方发出成交信号所致。常见的成交信号有以下几种：

（1）谈判人员所提出的建议是完整的，绝对没有不明确之处；如果他的建议未被接受，除非是中断谈判，除此之外谈判者没有别的出路。

（2）谈判者用最少的言辞阐明自己的立场，谈话中表达出一定的承诺思想，但不含有讹诈的成分，比如：“好，这就是我最后的主张了，现在您的意见如何？”

（3）谈判者在阐明自己的立场时，完全是一种做最后决定的语气，坐直身体，双臂交叉，文件放在一边，两眼紧盯着对方，不卑不亢，没有任何紧张的表示。

（4）回答对方的任何问题都尽可能简单，常常只回答一个“是”或“否”，使用短词，很少用论据，表明确实没有折中的余地了。

（5）一再向对方保证，现在结束对对方是最有利的，并告诉对方理由。

发出这些信号，目的在于促进对方脱离勉强或惰性十足的状态，设法使对方行动起来从而达成一个承诺。这时应该注意：若过分使用高压政策，有些谈判对手就会退出；如果过分表现出你希望成交的热情，对方就有可能一步也不让而向你发起进攻。

在商务谈判的实践中通常会有这样的情况：一场谈判旷日持久，却收效甚微，然而由于某种特殊原因，许多原本很艰难的问题却一下子迅速解决，这主要得益于谈判者发出谈判结束的信号。发出该信号的一方试图表明己方对谈判进程的态度，目的在于推动对方不要在个别问题上拘泥于眼前利益，纠缠不休，并设法使对方行动起来，达成一个妥协。因此，谈判收尾在很大程度上是一种掌握火候的艺术。

二、商务谈判的可能结果及结束方式

1. 商务谈判的各种可能结果

(1) 达成交易，并改善了关系。这是最理想的谈判结果，既实现了眼前利益，又为双方长远利益的发展奠定了良好基础。

(2) 达成交易，但关系没有变化。这也是不错的谈判结果，因为双方力求此次交易能实现各自利益，没有刻意去追求建立长期合作关系，也没有因太大的矛盾而造成不良后果。

(3) 达成交易，但关系恶化。这种结果从眼前利益来看也是不错的，但是对今后的长期合作是不利的，或者说是牺牲了双方关系换来了交易成果，这是一种短期行为，也可能是出于无奈。

(4) 没有成交，但改善了关系，为双方将来的成功合作奠定了基础。

(5) 没有成交，关系也没有变化。

(6) 没有成交，但关系恶化。

2. 商务谈判结束的方式

(1) 成交

成交的前提是双方对交易条件经过多次磋商达成共识，对全部或绝大部分问题没有实质上的分歧。

(2) 中止

中止谈判是谈判双方因为某种原因未能达成全部或部分成交协议，而且双方或单方要求暂时停止谈判的方式。中止如果是发生在整个谈判的最后阶段，在解决最后分歧时发生中止，就是终局性中止，并且作为一种谈判结束的方式被采用。中止可分为有约期中止与无约期中止。

① 有约期中止。这是指双方在中止谈判时对恢复谈判的时间予以约定的中止方式。如果双方认为成交价格超过了原规定计划，或让步幅度超过了预定的权限，或者尚需等待上级部门的批准，使谈判难以达成协议，而双方均有成交的意愿和可能，于是经过协商，一致同意中止谈判。这种中止是一种积极姿态的中止，它的目的是促使双方创造条件，使最后达成协议。

② 无约期中止。这是指双方在中止谈判时对恢复谈判的时间无具体约定的中止方式。无约期中止的典型是冷冻政策。在谈判中，或者因为交易条件差距太大，或者由于存在特殊困难，而双方又有成交的需要不愿使谈判破裂，双方于是就会采用冷冻政策暂时中止谈判。此外，如果双方对造成谈判中止的原因无法控制时，也会采取无约期中止的做法。例如，发生国家政策突然变化、经济形势发生重大变化等超越谈判者意志之外的重大事件时，谈判双方难以约定具体的恢复谈判的时间，只能表述为“一旦形势许可”“一旦政策允许”，然后就择机恢复谈判。这种中止，双方均是出于无奈，对谈判最终达成协议造成了一定的干扰和延

缓，是被动式中止方式。

(3) 破裂

谈判破裂的前提是双方经过多次努力之后，没有任何磋商的余地，至少在谈判范围内的交易无任何希望，谈判再进行下去已无任何意义。谈判破裂依据谈判双方的态度，可分为友好破裂结束谈判和对立破裂结束谈判。

① 友好破裂结束谈判。这是指双方互相体谅对方所面临的困难，讲明难以逾越的实际障碍而友好地结束谈判的做法。这种谈判破裂并没有使双方的关系破裂，反而通过充分地了解和沟通，产生了进一步合作的愿望，为今后双方再度合作留下了可能的机会。"买卖不成仁义在"，我们应该提倡这种友好的破裂方式。

② 对立破裂结束谈判。这种破裂不仅没有达成任何协议，而且使双方关系恶化，今后很难再次合作。

案例应用

贵方的还价是对我公司技术的侮辱！

中国F公司与日本H公司有意谈判引进压敏元件的制造技术。H公司技术先进且成熟，在世界同行业中名列前茅。H公司派了4位代表与F公司的5位代表进行谈判，根据F公司询价，H公司的技术费报价约为1 100万美元。在技术交流后，即进入价格解释、评论阶段。

F公司主谈希望H公司分解1 100万美元报价，并解释是如何计算出来的。H公司十分傲慢，不愿细说，要求F公司还价：行，就继续；不行，也别浪费时间了。

经F公司反复讲理，H公司主谈就是不动摇，一定要F公司还价。F公司主谈与同事商量后，给出了120万美元的价。

拿到F公司的还价单，H公司主谈看后，即把它揉成一团，扔到废纸篓里，说了句："贵方的还价是对我公司技术的侮辱！"便夹起皮包带着其他人员离开了谈判间，再也没回来。F公司也不再找H公司了。

问题思考：

(1) 本案例是以何种方式终结谈判的？

(2) 谈判是否能有其他终结方式？双方怎样做才更好？

(资料来源：鲁小慧主编.商务谈判.长春：东北师范大学出版社，2012.12)

三、商务谈判终结前应注意的问题

1. 回顾和总结

(1) 是否所有的内容都已谈妥，是否还有一些未能解决的问题，以及对这些问题的最后处理方案。

(2) 所有交易条件的谈判结果是否已经达到己方期望的交易结果或谈判目标。

(3) 最后让步的项目和幅度。

(4) 采用何种特殊的收尾技巧。

(5) 着手安排交易记录事宜。

2. 最终报价及最后让步

(1) 最终报价

最终报价时要非常谨慎，因为报价过早会被对方认为还有可能做另一次让步，于是便等待再次获得利益的机会。报价过晚则会使其对局面所起作用或影响很小。因此，最后一次报价通常把最后的让步分成两步走：主要让步部分在最后期限前提出，刚好给对方留出一定的时间思考；次要让步部分可作为"甜头"，安排在最后时刻做出。

(2) 最后让步

要严格把握最后让步的幅度，其大小必须足以成为预示最后成交的标志。在决定最后让步幅度时，一个主要因素是看对方接受让步的这个人在其组织中的级别和地位。

合适的让步幅度：刚好能满足较高职位的人维护他的地位和尊严的需要；对较低职位的人，以使对方的上司不至于指责他未能坚持到底为标准；而且让步与要求要同时提出，除非己方在让步时全面接受对方的最后要求，否则必须让对方知道，不管是在最后让步之前还是在做出让步的全过程，都希望对方予以回应，做出相应的让步。

3. 记录及整理

在谈判中，双方一般都要做洽谈记录。包括双方已达成共识的议题在内的重要的内容应交换整理成简报或纪要，向双方公布，得到双方的认可，这样可以确保协议以后不被违反。这种文件具有一定的法律效力，在以后的纠纷中尤为有用。在最后阶段，双方要检查、整理记录，如果双方共同确认了记录正确无误，记录所记载的内容便是起草书面协议或合同的主要依据。在一项长期、复杂，甚至需要若干次会谈的大型谈判中，每当一个问题谈妥之后，都需要通读双方的记录，核对一致，力求使达成的协议不存在任何含混不清的地方，这一点在激烈的谈判中更为必要。

案例应用

中美僵局谈判

美国一家公司在得知我某电缆厂需要购买一台无氧铜主机组合炉时，立即派代表前来洽谈。谈判一开始，美方代表口若悬河，大谈了一番组合炉的先进技术和美方的运输服务措施，包括走哪条线路、如何装箱、如何托运、如何保险等，好像中方已经购买了一样。最后，美方报价220万美元。中方代表起初被美方的热情所打动，直至听到报价才警觉起来。

"你们的报价高得出奇，没法谈！"

美方代表立刻表示价格可以商量，经过一番表白，美方代表提出："原价7折优惠，150万美元，这可是极其优惠的价格了，你们要尽快决定。"美方一下子把价格削去这么多，期望中方尽快成交。但是，中方代表摇摇头，仍然不同意，谈判出现裂痕。

第2天，美方带来许多资料送给中方，其中有许多是其他国家厂商购买该公司生产的组合炉的使用资料，美方代表介绍了使用者对该公司产品的肯定意见。

当看到中方代表对这么多珍贵的资料不屑一顾时，美方代表不得不又一次把价格降下来："我们的组合炉质量是最好的，如果你们有诚意，就130万吧。"

中方代表还是不同意，美方代表站起身来说："我们已经两次大幅度地削价，而你们一点诚意都没有，不谈了！”

面对美方代表的威胁，中方代表反唇相讥：“你们开出这样高的价格，还说有诚意，你们不想谈，我们更不想谈了。”碰了一枚硬钉子，美方代表又坐下来，经过双方交涉，美方代表下了最后通牒：“120万，不能再降了！”

结果，谈判破裂，美方代表买好机票准备回去了。临走前一天，与中方代表作告别性会晤。他拿出订好的机票表示这一次很遗憾，双眼观察着中方代表的动静。中方代表将两年前美方以95万美元的价格把组合炉卖给匈牙利的资料送到美方代表面前，美方代表叫了起来：

“这是两年前的事情了，现在价格自然是上涨了！”

中方代表反驳说：“物价上涨指数是每年6%，按此计算价格是106.7万美元。”

美方代表瞠目结舌，最后，这笔交易以107万美元成交。

问题思考：试分析本次商务谈判中方代表团的谈判技巧。

（资料来源：夏圣亭主编. 商务谈判. 北京：高等教育出版社，2014.1）

四、促成签约的策略

1. 最后期限策略

最后期限策略即是规定出谈判的截止日期，利用谈判期限的力量向对方施加无形压力，借以达到促成签约的目的。

谈判中的买方和卖方都可以采用这一策略。谈判中的买方采用期限策略的实例：

(1)“我方12月31日以后就无力购买了。”

(2)“如果你不同意，下星期一我们就要找别的卖主商谈了。”

(3)“我方要在4月1日之前完成全部订货。”

(4)“这是我们的生产计划书，假如你们不能如期完成，我们只好另找其他的供应商了。”

谈判中的卖方采取期限策略的例子：

(1)“存货不多，欲购从速。”

(2)“如果你方不能在9月1日以前给我们订单，我们将无法在10月30日之前交货。”

(3)“如果我方这星期收不到货款，这批货物就无法为你方保留了。”

(4)“从5月1日起价格就要上涨了。”

(5)“优惠价格将于9月10日截止。”

2. 最后报价策略

相信你也听到过“这已是最后的出价”或“这已是最低的价格”等说法，它给人一种印象：这已是对方最后的价格，已没有别的选择余地了。此时，如果你不想中断谈判就只有以此价格与他成交。这种策略在商务谈判的成交阶段，也可以运用。己方可以婉转地表示出这个意思，让对方听起来是己方最后的决定，但在必要的时候，又能有风度地做出微小让步。

在选择这种策略时要注意其运用的时间和方式，不要让对方感到你在威胁他。如当双方处在剑拔弩张、各不相让，甚至是十分气愤的对峙情况下时，你提出最后报价，无异于向对方发出最后通牒，这很可能会被对方认为是一种威胁。而为了"自卫反击"，他就会干脆拒绝你的最后报价。恰当的做法是当双方就价格问题不能达成一致时，如果报价一方看出对方有明显的达成协议的倾向，这时提出就会较适宜。此时谈判人员可以这样说："在这个问题上双方已耗费了较多的时间，我方在原有出价的基础上，最后一次报价。这是经过我们充分协商定出的。"而且在提出最后报价时，要尽量让对方感到这是他所能接受的最合适的价格。同时，最后的报价可与原报价有一定出入，以证明我方的诚意，同时促使对方也尽快采取和解姿态，以达成协议。

无疑，最后报价是一把"双刃剑"，它能帮助己方增强自己价格的说服力，但如果运用不好，不被对方相信的话，它又会损害己方的议价力量，所以如何提出最后报价是此时一个最关键的问题，适当的遣词用句和见机而行就是此时的最佳选择。

3. 速战速决策略

俗话说"夜长梦多"。不管任何事情，拖的时间太长，情况就可能会有变化，谈判也是如此。为了防止对方出尔反尔，避免无谓的争论，谈判人员应当抓住时机，趁热打铁，达成交易，结束谈判。但这时如何表达则要有一定的艺术，可以用事实或直觉巧妙地表达出双方已经谈妥，生意可以成交，进而确定交易方法。

(1) 找一个令人信服(起码表面看来如此)的借口，说明如果今天不能签约，明天乃至几天以后己方都有其他安排，以此来暗示如果对方不同意现在签约，那么就只有等待几天乃至若干天以后了，从而激发或迫使对方签约。

(2) 从正面提出签订合同的要求。例如说："我们已经互相同意每件事情了，那就签订合同吧？如果现在不签合同，我们的劳动不是就白付出了吗？"

(3) 假如对方不同意签订合同，要分析原因，询问他问题所在。如果你给他一个说话的机会，他可能会解释给你听。

(4) 要结束商谈时，话不要太多。如果你只顾说话，常常就会忽视了倾听对方的意见，而且过度的谈话也会被对方看成是一种焦虑的表现。

(5) 和对方商议细节问题。例如，如何草拟合同或者商量送货的地点，以表示主要的问题和价格都谈妥了。

(6) 提供某些特殊的优惠和对尽快签约的鼓励。例如打折扣、分期付款、赠送一些零件、免费安装、代培训技术人员、邀请考察或其他一些特殊的额外服务等。

(7) 说个笑话或故事，暗示有人因为错过机会而陷入困境，让对方了解现在是签约的最好时机。

(8) 要一再向对方保证，现在结束是对对方最有利的，并告诉对方一些理由。

(9) 采取一种表明结束的行动，谈判一方可以给对方一个购货单的号码、明信片，或者和他握手祝贺谈判成功。这些行动有助于加强对方已经做出的承诺。

在采取以上策略时必须注意，不要恭维对方。一旦谈判即将结束，切忌恭维对方："这是你所达成的最好协议，你不会感到遗憾的。"这样反而容易增加对方对你的怀疑，即使是那些最容易相信别人的人也会开始疑惑：我已承诺的到底是什么？

4. 场外交易策略

当谈判进入成交阶段，双方已经在绝大多数的议题上取得一致意见，仅在某一两个问题上存在分歧、相持不下而影响成交时，即可考虑采取场外交易，如酒宴上或娱乐场所里等。这时仍把问题摆到谈判桌上来商讨，往往就难以达成协议，原因是经过长时间的谈判，人们已感到很厌烦，继续严肃地谈下去不仅影响谈判人员的情绪，而且会影响谈判协商的结果；而场外轻松、友好、融洽的气氛和情绪则很容易缓和双方剑拔弩张的紧张局面。双方轻松自在地谈论自己感兴趣的话题、交流私人感情，有助于化解谈判桌上激烈交锋带来的不快，双方往往会相互做出让步而促成协议。

需要指出的是，场外交易的运用，一定要注意谈判对手的不同习惯。有的国家的商人忌讳在酒席上谈生意，所以必须事先弄清楚，以防弄巧成拙。

5. 最后获利策略

通常，在双方将交易的内容、条件大致确定，即将签约的时候，精明的谈判人员往往还会利用最后的机会，争取最后的一点利益。他们总是这样做：在签约之前，突然提出一个小小的请求，要求对方再让出一点。由于谈判已到了签约阶段，谈判人员已付出很大的代价，一般没有人愿为这一点小利而伤了友谊，更不愿为这点小利重新回到磋商阶段，因此往往会很快答应这个请求，尽快签约。

6. 强调双赢策略

当商务谈判结束后，双方已签订了或即将签订协议，此时可谓大功告成。可能你在谈判中获得了较多的利益，而对方只得到了较少的利益，但这时一定要注意为双方庆贺，强调谈判的结果是双方共同努力的结晶，并充分肯定对方的合作精神。同时，不要忘记赞扬对方谈判人员的才干。这样做会使对方心理得到平衡和安慰。如果你只认为本次谈判的结果是个人或己方的杰作，只强调己方的胜利，或者只顾自己高兴，喜形于色，带有讽刺的语气与对方交谈，那么只能是自找麻烦。对方可能会被这种行为所激怒，或者托词拒绝签约，或者勉强签订了协议，但在今后执行过程中，也会想方设法予以破坏，以示报复。所以要强调双赢，即使对方获得的利益不多，他也会觉得自己有面子，从心理上得到一定程度的满足。

案例应用

精明的设备老行家

我国JQ机器制造公司向东南亚某国出口30台K5657型机床。该厂技术人员为K5657型机床指定的技术指标是测角精度为＋0.1，测角重复精度为＋0.01。

当时参加出口谈判的是进出口公司的小赵。小赵在谈判合同附件里将K5657型机床性能指标误写成：测角精度为：＋0.01。

参与进口谈判的东南亚某国商人，是一个很熟悉机器设备的老行家。在讨论合同附件时，他字斟句酌，非常仔细。但对于有关测角精度的条款，他在发现中方的这个错误后，暗中高兴。表面却一言不发，视而不见。因为，作为买方，精确度高的，价格自然就高，精确度达不到规定，只会使卖方受损。

买方收到设备以后，要求中方派技术员去参加验收。在验收现场，中方技术人员见到合同附件以后，指出了附件有误，机床的测角精度多写了一个数量级。但买方坚持要按合同接收。验收时，K5657机床表现出色，但仍然达不到＋0.01的测角精度。

最后,经过多次谈判交涉,对方勉强同意中方赔偿货物总价的20%来了结此事。

问题思考:

(1) 你认为应如何避免出现案例中类似的损失。

(2) 请评点一下东南亚设备老行家的谈判做法。

(资料来源:鲁小慧主编.商务谈判.长春:东北师范大学出版社,2012.12)

第二节 商务谈判的收尾工作

案例导入

日方谈判代表的睡眠

日本甲公司为向中国乙公司出售一条成套的电子产品生产线,已在东京与北京之间往返多次,历经四个多月。双方好不容易把技术方面的问题解决了,价格条件的谈判却又陷入僵持之中。尽管价格谈判很艰苦,但中日双方谈判人员均清楚:双方必须成交。所有的问题均在寻找成交点,双方加大了谈判力度,使不少分项交易内容的价格达成了协议,最后仅剩设备价格存在分歧。由于设备有150多套,价格合理性不同,中方采取分类谈判价格的方式,日方也只好相随。

周末双方加班进行谈判,日方谈判组建议晚上到其所住宾馆继续谈判。晚八点双方准时开始谈判。尽管双方热情很高,可到了深夜12点多双方的价格差距还有50多万美元。

双方休会各自研究了半个多小时,中方提出了新的方案,选出一部分可由中国供货的设备由中方自己负责,以减少价格差距20多万美元,另外要求日方降价20多万美元。日方的新方案是再降8万美元。20多万美元的纯降价要求与8万美元的降价条件仍然相差十几万美元。

双方主谈又回到本已谈完的技术指导费、培训费、技术费、工程设计费上。中方认为有些部分还有调整的余地,中方可以配合;但供货部分,日方也还有不合理之处应予以改正。双方立刻进入细节谈判,先在指导、培训费上进行服务量的研究,看有没有减少的可能,然后看在工程设计任务分配上可否再做调整,以减少费用支出。虽然这些讨论很烦琐,却有了效果,双方差距有所减少,不过量仍不够。最后双方又回到供货上,这部分价值约500万美元。日方建议再减少供货内容。中方不同意,认为应降价,谈判再次陷入僵局。最后,中方采纳了日方的建议:中方再减几万美元的货,日方再降几万美元的价。

谈判结束时已到次日凌晨4点,日方人员躺在沙发上睡着了。中方主谈让谈判组人员检查了一遍合同文本及附件,发现没有遗漏之处,才起身离开饭店会议室。看到日方人员已经入睡,就不辞而别了。

一个月后,双方互换打印的合同文本,并组织签字仪式。

两个月后,双方互相通报政府对合同审批的结果,合同自相互通报之后正式生效。

三个月后,日方开始备货。这时中方收到日方传真,称:“合同的供货附件清单里,有十几台设备应减去却没有减。”

中方回复："不可能。因为谈判过程中，多次调整价格与供货范围，别的都减了，为什么这十几台设备会没减呢？目前状态应是讨价还价后的结果，贵方不能后退。"

日方又来电："当时的谈判很辛苦，到了次日凌晨，双方达成协议后，我方人员都睡觉了，没与贵方全面核对供货内容，才造成了目前局面。"

中方回复："这不是理由，因为双方签合同是在一个月以后，而双方报政府审批是在两个月以后，贵方这一觉睡得也太长了吧。这个理由不充分。"

问题思考：

(1) 谈判人员应如何相互策应，以保持工作的连贯性，同步完成价格谈判与形成合同条款的固定？

(2) 谈判双方人员应如何对协议文本的所有部分进行审核？

(资料来源：鲁小慧主编. 商务谈判. 长春：东北师范大学出版社，2012.12)

一、商务谈判的记录

要完成价格谈判与形成合同条款的固定，必须借助于谈判记录。从始至终的谈判记录是撰写合同文本最重要的依据。谈判小组应对本项谈判进行总结，梳理各项交易条件。

在谈判的整个过程中，应有一位专员进行谈判记录。谈判记录的主要内容分两部分：一是谈判过程中对方言辞中对己方有利的话语，如对方的承诺、对方的错误表达、对方言语中的漏洞等，二是双方就谈判议题达成的协议，要及时记录下来。以便更好地控制谈判流程，并为结束阶段的总结做准备。一般来说，双方在结束阶段有以下几种利用谈判记录的内容。

(1) 通读谈判记录或条款以表明双方在各点上均一致同意。

(2) 对于长期谈判，因为时间长、内容涉及面广、条款复杂，所以作为谈判双方来说，每日的谈判记录，由一方在当晚整理就绪，并在第二天作为议事日程的第一个项目宣读后由双方通过，只有这个记录通过后再继续进行谈判。虽然这样花费的力气比较多，但从长远的角度来看，对于整个谈判的成功是很有帮助的。

(3) 短期谈判由于内容简单，所涉及的内容也比较少，所以是由一方整理谈判记录后，在谈判结束前宣读通过。

在记录人员记录的过程中，往往会记下他所接受的事情，有时会忽略掉一些实际发生的事情。这对最后记录的总结和合同的最终签订是极为不利的，所以作为谈判人员全面地记录是十分重要的。

二、商务谈判交易条件的梳理

在双方都确认可以签订合同之前，双方应对彼此所列的条款进行全面的梳理，以避免因为社会文化、政治经济、语言等方面的差异，使谈判双方的理解不一致。特别是对下面所列各项应给予重视。

1. 合同履行问题

关于合同履行问题，要注意合同中是否明确提到一旦我方或对方解除合同的解决方法；是否对履约有明确地解释；合同的履行是否分阶段进行，是否明确规定了各阶段的条件；在合同的履行过程中，如果遇到干扰应如何解决等。

2. 价格问题

在履行合同期间，价格是否受汇率变化的影响？如果原材料价格有波动，合同价格是否需要变化？价格是否受供求关系的影响，如果形势发生了变化，那么成交的产品价格是否也随之发生变化？价格是否包括各种税款、运费、保险或其他法定的费用？

3. 标准化问题

合同中的条例是否参考了国家标准或某些国际标准的规格，合同中对产品的规格是否做了明确的规定。

4. 仓储及运输问题

仓储及运输问题由哪方负责？一些永久性或临时性的工作由谁来负责安排与处理。

5. 索赔的处理

是否确定了索赔范围和金额，是否确定了索赔方案，依照的是哪种法律，以及在何地处理索赔事项。

上述这些问题，适用于各种谈判。对于这些问题及其他有关问题，谈判双方在最终签订合同时应彻底检查，以保证双方能真正理解一致。如果理解不一致就草草签订了合同，就会给双方带来极大的风险。

案例应用

穷人和富人的谈判

穷人甲和富人乙是邻居。富人乙家翻修屋顶，拆掉的坯土都落到了穷人甲家的院子里。正赶上那天下了一场大雨，落下来的土让穷人家的院子变得泥泞不堪。

于是，穷人甲就对富人乙说："邻居啊，你们翻修屋顶，你房顶上的土都积在我家院里了，你能不能处理一下？"富人乙盛气凌人地说："那又怎么样，泥水自然会排掉，太阳出来就蒸发了。"穷人甲气愤地说："你怎么这么讲话？""你能怎么样？"富人乙说。"那我告官去！"穷人甲说。富人乙说："官是我的朋友。"

穷人甲最后对富人乙说："我告诉你，你在两天内要是不给我解决问题，我就赔给你一条命！"富人乙听到这样的话，很快派人解决了问题。

问题思考：富人乙为什么会被穷人甲说服？对你有何启示？

（资料来源：陈文汉主编.商务谈判实务.北京：人民邮电大学出版社，2011.2）

三、合同的签订与生效

如果是一个成功的谈判，在结束阶段，双方有必要对技术和商务等交易条件进行梳理。而签字仪式的相关事宜，如来宾名单、邀请、座席、仪式议程也能为该次谈判的结束画上圆满的句号，为以后的合作打下良好的基础。

1. 合同签订

签字仪式中最重要的环节是合同签字。谨慎起见，双方应约定合同签字的具体安排。

(1) 文本审核

对合同文本的审核应从两个方面考虑:如果文本使用两种文字撰写,则要严格审核两种不同文字的一致性;如果使用同种文字,则要严格审核合同文本与协议条件的一致性。

其次是核对各种批件,包括项目批文、许可证、用汇证明、订货卡等,是否完备及合同内容与各种批件的内容是否一致。这种签约前的审核工作相当重要,因为常常发生两种文本与所谈条件不一致的情况。审查文本务必要对照原稿,不要只凭记忆阅读审核。同时,要注意合同文本不能太简约。

在审核中发现问题,应及时相互通告,并调整签约时间,使双方互相谅解,不致因此而造成误会。对于合同文本中的问题,一般指出即可解决,有的复杂问题需经过双方主持人再谈判。对此,要有思想准备,同时要注意礼貌和态度。

(2) 签字仪式的安排

对比较重要的谈判,在双方达成协议、举行合同缔结或签字仪式时,要尽量争取在我方所在地举行。因为缔约地点往往会决定采取哪国法律解决合同中的纠纷问题。

合同的分量和影响不同,其签字仪式也不同。一般合同的签订,只需要双方主谈人签字即可,在谈判地点或举行宴会的地方都行,仪式可从简。重大合同的签订,由领导出面签字时,仪式比较隆重,要安排好签字仪式,仪式繁简取决于双方的态度。有时需专设签字桌,安排高级领导,会见对方代表团成员,请新闻界人士参加等。国际商务谈判的签字活动,若有使馆、领馆的代表参加,联系工作最好由外事部门经办,如果自己与有关使馆、领馆人员熟悉,也可以直接联系,但也应向外事部门汇报,请求指导,这样做既不失礼,又便于顺利进行工作。

(3) 签约仪式的步骤程序

① 仪式正式开始。各方人员进入签字厅,按既定的位次各就各位。双边合同的双方签字时同时入座,助签人在其外侧协助打开合同文本和笔。

② 正式签署。各方主签人再次确认合同内容,若无异议,在规定的位置上签名,之后由各自助签人相互交换合同文本,再在第二份合同上签名。按惯例,各方签字人先签的是己方保存的合同文本,交换后再签的是对方保存的合同文本。

③ 交换各方已经签好的合同文本。各方主签人起身离座至桌子中间,正式交换各自签好的合同文本,同时热烈握手,互致祝贺,还可以交换刚刚签字用过的笔作为纪念,其他成员则应鼓掌祝贺。

④ 饮香槟酒庆祝。交换合同文本后,全体成员可合影留念,服务接待人员及时送上倒好的香槟酒。各方签字人和成员相互碰杯祝贺,当场干杯,将喜庆气氛推向高潮。

商务合同正式签署后,还要提交有关方面进行公证,公证后才能正式生效。签约仪式结束后,主方可设宴招待所有参加谈判或签约的人员,以示庆祝。

(4) 新闻报道

为了扩大影响,可以请新闻媒体进行报道,如报社、电视台。但文字报道的问题,则应与记者们进行详细推敲。

2. 合同生效

对于敏感的许可证管理的产品,或成套的出口项目合同,有关部分会受政府的法律约束。合同内容是否符合国家规定,需受其相关部门的审查批准后,合同才能正式生效。慎重起见,在合同生效条款中也有该程序的规定。

(1) 报审

合同签字后，为了尽快执行，应立即安排人员向各自所在地政府主管部门报审合同。为此，需拟请求审核合同的报告，并附上合同副本。报告中要简要地列明合同号、合同内容、金额以及审批的请求。同时，需准备向审批部门补充解释。当有异议时，若据理力争不成，就要准备与交易对方再谈判修改相关问题，以获政府批准合同生效。

(2) 通知生效

在双方均完成法定报审手续后，应马上书面通知交易的另一方。该通知是一个正式的法律文件，故文体要清晰、明确，格式要有法律效力。合同生效日期以最后发出生效通知告之一方的通知日期为准。

四、谈判后的管理

1. 谈判结束后的归纳总结

合同签订后，本方谈判小组应对本项谈判进行总结。总结的内容主要包括以下两个方面：

(1) 对本次谈判的内容及过程做出总结。签订合同后，谈判人员需就本次谈判从总体上对谈判的准备工作及谈判的技巧、方针、策略、计划进行全面的评价。从而可以发现哪些是成功的，哪些是失败的，哪些方面还有待改进。同时，每个谈判人员还应从个人的角度，对自己在谈判中的工作进行反思，总结经验和教训，以提高自身的谈判能力。

(2) 对签订的合同进行再审查。虽然合同已经签字生效，在一般情况下没有更改的可能性。但是，如果能尽早地发现其中的不足，就可以主动地准备应对策略，采取弥补措施，早做防范，以免造成更大的损失。

2. 谈判资料的保存与保密

后再与对方进行交易时，上述材料即可成为非常有用的参考材料。

在保存资料的同时，还应就有关资料的保密工作进行恰当地安排。如果有关本项谈判的资料，特别是关于本方的谈判方针、策略和技巧方面的资料，被对方了解，那么，不仅为对方在今后的交易中把握我方的行动提供了方便，而且也可能直接损害目前合同的履行和双方的关系。例如，谈判中在某个方面本来对方是可以不让步的，或者是可以争取我方让步的，结果因我方采取了某些策略和技巧而使对方做出了让步，或者没有争取到我方的让步。这一信息如果被对方了解，必然心生懊悔，甚至产生想重新争取回来的想法。这样，其履行合同的热情与诚意就可能大打折扣。

3. 保持与谈判对象的友好关系与持续联系

谈判双方保持关系是企业发展壮大、拓宽业务的一个重要保障。协议的达成并不意味着双方关系的了结。相反，它表明双方的关系进入了另一个新的阶段。一方面，合同把双方紧紧地联系在了一起；另一方面，本项交易又为以后的交易奠定了基础。因此，为了确保合同得到认真彻底的履行，以及维持今后双方的业务关系，应该安排专人负责与对方进行经常性的联系，以使双方的关系保持在良好的状态。

案例应用

A供应商反悔有效吗?

某采购代理机构组织办公园区绿化项目采购,由于项目总金额未达到公开招标限额,因此采用了竞争性谈判方式。在接下来的采购过程中,有4家供应商进入了谈判阶段。谈判共分3轮,由于这4家供应商平时就是对手,因此谈判气氛比较紧张,竞争很激烈。

在这样的氛围中,两家供应商先后做出了比较大的让步:供应商A许诺,愿意在原绿化面积基础上再赠送一定的面积,并可由采购人随意选择绿化的时间;供应商B承诺,愿意赠送两个月的免费绿化护理。

谈判小组成员恰到好处地使用了谈判技巧,供应商A为了中标,也给出了赠送免费护理的承诺。

在几家供应商全部满足采购需求的基础上,供应商A的报价最低,成为最后的胜者。可谁知,就在谈判文件规定的合同签署时间点上,供应商A反悔了。他们表示,谈判小组成员有一些误解,免费赠送的绿化面积其实是半价出售即"半卖半送",两个月的绿化带免费护理需要采购人支付一定数额的成本费,否则整个项目就要亏本。A公司的法人代表也出面表示,才几十万元的项目,他们不可能给出那么多优惠,一定是谈判的时候授权代表没有表达清楚,造成谈判小组成员的误解。

就在这时候,采购代理机构拿出了整个谈判过程的详细书面记录。上面清清楚楚地显示供应商A在谈判时做出的各项承诺。更为重要的是,该谈判记录已被所有参与谈判的人员包括供应商A的授权代表在内签字确认,想抵赖恐怕是不行了。

问题思考:

(1) A供应商反悔有效吗?为什么?

(2) 该案例要说明什么问题?对我们有何启示?

(资料来源:https://www.caigou2003.com/cz/cz3w/2015-03-04/27460.html)

本章小结

◆ 商务谈判终结的判断标准:交易条件、谈判时间、谈判策略、谈判者发出的信号

◆ 商务谈判可能结果或结束方式:成交、中止、破裂

◆ 商务谈判终结前的注意问题:回顾和总结、最终报价及最后让步、记录及整理

◆ 促成签约的策略:最后期限策略、最后报价策略、速战速决策略、场外交易策略、最后获利策略、强调双赢策略

◆ 商务谈判交易条件的梳理内容:合同履行问题、价格问题、标准化问题、仓储及运输问题、索赔的处理

◆ 合同的签订与生效

◆ 谈判后的管理:谈判结束后的归纳总结、谈判资料的保存与保密、保持与谈判对象的友好关系与持续联系

思考与练习

1. 简答题

(1) 如何处理最后阶段的让步时机和让步幅度问题?

(2) 谈判终结的方式有哪些?

(3) 什么是最后期限策略?

(4) 签订合同应注意的事项有哪些?

(5) 合同签字时应注意哪些问题? 合同生效时又应注意哪些问题?

2. 单项选择题

(1) 在谈判中,对方(　　)值得关注,往往代表着成交倾向。

A. 眉头紧皱　　B. 表情冷漠向番　　C. 表情怀疑　　D. 仔细研究说明书

(2) (　　)是所有成交信号中最直接、最明显的表现形式。

A. 事态信号　　B. 表情信号　　C. 行为信号　　D. 语言信号

(3) 成交阶段最主要的目标是(　　)。

A. 做出让步　　B. 庆贺达成协议

C. 力求尽快达成协议　　D. 场外交易

(4) 价格条款的谈判应由(　　)承担。

A. 法律人员　　B. 商务人员　　C. 财务人员　　D. 技术人员

(5) 谈判人员精力和注意力的变化是(　　)。

A. 不可控的　　B. 无规律性的　　C. 有次序性的　　D. 有规律性的

(6) 假如你是一位从事承包旅行社的采购主管。正与桂林一家饭店就下个旅游旺季的预订客房问题进行谈判。对方要价是每人每周 400 元,比现行价格 200 元高出许多。你知道由于旅客增多,桂林酒店下个旅游旺季的预订价格都不同程度地提高了,下个旺季桂林的廉价星级酒店会比较紧张。谈判中,对方提出了一个折中方案,将价差各让一点,被你拒绝了。经过反复讨价还价,最后对方说如果低于 380 元就不签了,请你另找酒店。这时你会选择(　　)方案。

A. 知道这已经是对方的底价了,同意按 380 元签约

B. 不接受这个价格,坚持 300 元签约

C. 先结束谈判,了解一下其他同行的签约情况后再做决定

D. 同意按 380 元签约,但要求对方解决空调老化经常遭顾客投诉的问题

3. 多项选择题

(1) 商务成交的一般原则包括尽快达成交易和(　　)。

A. 尽快达成交易　　B. 尽力保障己方利益

C. 消除文化差异　　D. 建立互惠双赢的合作关系

E. 最大限度满足对方的要求

(2) 商务谈判终结的方式主要有(　　)。

A. 成交　　B. 中止　　C. 破裂　　D. 僵持

(3) 对方的成交意向总会通过一些方式表现出来,如表情信号、语言信号和(　　)等。

A. 事态信号　B. 报价信号　C. 还价信号　D. 行为信号

E. 时间信号

(4) 对方在商务谈判中(　　),说明他已产生了成交的意图。

A. 详细询问产品的使用方法　B. 与己方讨论政治形势

C. 询问交货的具体时间　D. 对质量提出具体要求

E. 与己方讨论行业发展

(5) 表达成交意图时,要(　　)。

A. 语意清晰　B. 态度诚恳

C. 阐明达成交易是双赢　D. 表现出己方的强势

E. 表现出己方的洒脱

4. 案例分析题

铁证如山

在谈判中,准确无误地掌握事实,是非常重要的。

北京一家制衣厂通过日本某商社出口了一批衬衫。3个月以后突然收到了日本商社的退货函,理由是北京的衬衫里有蚂蚁存在,顾客争相退货,给商社造成了很大的损失。日本要求北京的制衣厂退货并赔偿损失,随信还附来了两份蚂蚁样品。

收到退货函以后,制衣厂立即对全厂的各个车间和办公室进行了全面仔细的检查,最后得出结论,蚂蚁不是从制衣厂内进入衬衫的。为了澄清事实,维护工厂的品牌,该厂来到我国某著名农业大学,请有关专家协助查找蚂蚁的来源。专家鉴定表明,日方送来的蚂蚁样品是"伊氏臭蚁",这种蚂蚁的分布地区在日本,而在我国根本就没有这种蚂蚁。为了进一步证实农业大学的鉴定结果,制衣厂派人沿着衬衫运输的路线,逐站收集蚂蚁样品,行程数千里,充分证实了专家的鉴定结果。

制衣厂在充分掌握了证据以后和日本代表进行了谈判。在谈判中,中方代表指出,衬衫中的蚂蚁是在货到日本以后,在运输和存放的过程中侵入的。日方代表在事实面前只好承认错误并表示道歉。此后日方又向该厂增订了100万件衬衫。蚂蚁事件,最终得以圆满解决。

问题思考:

(1) 中方的谈判代表因何会在与日方的谈判中获胜?

(2) 制衣厂是从哪些方面取证的?

(3) 试分析制衣厂取证的现实意义。

(资料来源:鲁小慧主编.商务谈判.长春:东北师范大学出版社,2012.12)

5. 实训题

(1) 实践决策

你根据合同向一家电影制片厂提供舞台布景,但是他们不断以各种方式刁难你,比如改变主意,追加各种新鲜玩意儿,提出迅速交货的额外要求等等。同时他们要把合同的价格压到最低限度。这一工作已是毫无赚头了,可是电影并没拍完。你应该(　　)。

A. 立刻做出一份详细报告,记录下对合同的修改及每一项额外的费用,然后立即通知

制片人

B. 一直等到知道全部费用的额度后，再按通常的方式给他送去账单，你有权根据法律索取全部额外费用

C. 把各种费用都登在账单上，以便将来你与对方谈判讨论一个解决办法时派上用场

D. 威胁对方说，除非他们同意付清到目前为止的费用，否则就要撤销合同，并对本合同未完成的部分重新谈判，他们没有你是干不下去的

(2) 全创公司谈判方案的设计或完善

全创公司的小刘去年曾参与过一个合同谈判，刚开始一切都还比较顺利，最后争论的焦点集中在了价格上，对方希望尽量少花钱、多办事，而全创公司坚持的底线不能降，于是双方陷入了僵局。在这紧要关头，全创公司拒绝了对方的提议，并告知对方，这件事情的确很难决定，无法再让价了，如果你方坚持降价，我方只好暂停谈判。说完之后，全创公司撤离了谈判现场。

之后，全创公司考虑到对方的谈判人员是被授权来参加谈判的，谈判出现了僵局，回去没法交代。全创公司也希望能把合同签下，有个结果。于是由小刘给对方的老总打了个电话，告诉他：所有的问题都达成了共识，唯一的是价格没有谈拢；并告诉他，他的人员非常优秀，为了共同的目标双方一起研究，达成了很多共识，但对价格不肯放松。把这个信息告诉对方老总的目的是帮助他的谈判人员免遭老板的责怪，因为谈判出现僵局，老板会怪罪他们，这个电话可以帮助他们，他们会因此而感激全创公司，这可能会有利于第二天的谈判。

在肯定了对方的谈判人员之后，小刘又告诉对方老总：虽然谈判陷入僵局，但我们还是希望能够合作成交，希望老总有时间直接来谈，因为这不是其下属的权利范围，我方也有难处，希望约一个时间再谈。考虑到对方的谈判人员向领导汇报和沟通需要一定的时间，所以我方把时间约在第二天的晚上下班时。这样做的目的是考虑到第二天上班时，他的下属一定是怀着惴惴的心情，去找他的总经理汇报工作。但小刘打过电话之后，总经理一定会因此而夸他们，说对方谈判人员已经打过电话了，你们处理得非常好。这些人会如释重负，因此而感激我方，这样谈判的气氛就变愉悦了。而且对方在沟通之后也发现现在的价格是我方的底线，对方就会抬高价格。

问题：你认为结局会是怎样？你认可小刘的做法吗？请你帮小刘设计一个更有效的方案(或完善本方案)。

(3) 关于薪酬下调的谈判方案设计或演练

假如你所在公司的经营出现问题，销量减少，利润下降。公司老板提出将所有人员的工资下调 20%，以帮助公司渡过难关，待公司经营好转之后再调回原来的工资标准。从实际出发，以薪酬谈判为例，分析你和公司各自的利益情况(主次要利益、局部与整体利益、哪些利益可以让步)。以利益分析为基础，便于进行谈判，对互惠互利的让步策略进行演练。

第七章　商务谈判礼仪

学习目标

◆ 理解商务谈判礼仪的含义

◆ 熟悉会面、过程、宴请、馈赠等日常礼仪

◆ 掌握商务谈判的仪容仪表与过程礼仪

技能目标

◆ 会面、过程、宴请、馈赠等日常礼仪在商务谈判中的运用

第一节　会面礼仪与过程礼仪

案例引入

柯经理与马经理

某年夏天，东海县木炭公司经理柯女士到天门市金属硅厂谈判其木炭的销售合同一事。东海县木炭公司是生产木炭专业厂，想扩大市场范围，对这次谈判很重视。会面那天，柯经理脸上粉底打得较厚，使涂着胭红的脸尤显白嫩，带着垂吊式的耳环、金项链，右手戴有两个指环、一个钻戒，穿着大黄衬衫、红色大花真丝裙。天门市金属硅厂销售科的马经理和业务员小李接待了柯经理。马经理穿着布质夹克衫、劳动布的裤子，皮鞋不仅显旧，还蒙着车间的硅灰。他的胡茬发黑，使脸色更显苍老。

柯经理与马经理在会议室见面时，互相握手致意，马经理伸出大手握着柯经理白净的小手，马上就收回了，并抬手检查手上情况。原来柯经理右手的戒指、指环扎了马经理的手。看着马经理收回的手，柯经理眼中掠过一丝冷淡。小李眼前一亮，觉得柯经理与马经理反差大了些。

双方就供货量及价格进行了谈判，东海县木炭公司想独占天门市金属硅厂的木炭供应，以加强与别的金属硅厂的竞争力，而天门市金属硅厂提出了最低保证量及预先付款作为滚动资金的要求。马经理对最低订量及付款原则表示同意，但在数量上与柯经理分歧很大。柯经理为了不空手而回，提出暂不讨论独家问题，那么预付款也可放一放，等于双方各退一步，先谈眼下的供货合同问题。

马经理问业务员小李，小李没应声。原来小李在观察研究柯经理的服饰和化妆，柯经理

也等小李的回话，发现小李在观察自己，不禁一阵脸红。但小李没提具体合同条件，只是将天门市金属硅厂“一揽子交易条件”介绍了一遍。柯经理对此未做积极响应。于是小李提出，若谈判依单订货，可能要货比三家，愿先听东海县木炭公司的报价，依价下单。柯经理一看事情复杂化了，心里很着急，加上天热，额头上的汗珠汇集成流，顺着脸颊淌下来，汗水将粉底冲出了一条沟，使原本白嫩的脸变得花了。

见状，马经理说道：“柯经理，别着急。若贵方价格能灵活，我方可以先试订一批货，也让您回去有个交代。”柯经理说：“为了长远合作，我们可以在这笔交易上让步，但还请贵方多考虑我厂的要求。”双方就第一笔订单做成了交易，并同意就“一揽子交易条件”存在的分歧继续研究，择期再谈。

问题思考：

(1) 试对柯经理、马经理与小李在谈判中的仪表、着装及表现进行评价。

(2) 你从本案例学到了什么？

（资料来源：鲁小慧主编. 商务谈判. 长春：东北师范大学出版社，2012. 12）

一、仪容仪表

1. 男士的仪容仪表

从事商务活动的男士需要从以下几方面注意自己的仪容仪表。

(1) 发型发式。男士的发型发式的要求就是干净整洁，并且要经常地注意修饰、修理。头发不应该过长，男士前部的头发不要遮住自己的眉毛，侧部的头发不要盖住自己的耳朵，同时不要留过厚和过长的鬓角，后部的头发，应该不要长过自己西装衬衫领子的上部。

(2) 面部修饰。男士在面部修饰的时候要注意两方面的问题：一是每天要修理胡须以保持面部的清洁；二是男士在商务活动中经常会接触到香烟、酒这样有刺激性气味的物品，所以要注意随时保持口气的清新。

(3) 着装修饰。在正式的商务场合，男士着装总的要求是穿西装，打领带，衬衫的搭配要适宜，杜绝穿夹克衫；也不允许西装和高领衫、T 恤衫或毛衣进行搭配。男士着装的具体要求包括以下几点。

第一，男士的西装一般以深色调为主，避免穿有花格子，或者颜色非常艳丽的西服。男士的西服一般分为单排扣和双排扣两种。在穿单排扣西服的时候，如果是两粒扣子的西服，只系上面的一粒，如果是三粒扣子的西服，只系上面的两粒。穿着双排扣西服的时候，应该系好所有的纽扣。

第二，衬衫的颜色和西装整体的颜色要协调，衬衫不宜过薄或过透。男士穿着浅色衬衫的时候，在衬衫的里面不要套深色的内衣，或者是保暖防寒服，也不要将里面的内衣露出领口。打领带的时候，衬衫上所有的纽扣，包括领口、袖口的纽扣，都应该系好。

第三，领带的颜色和衬衫、西服颜色相互配合，整体颜色要协调，系领带的时候要注意长短的配合，领带的适宜长度应该是正好抵达腰带的上方，或者有一两厘米的距离。

第四，皮鞋以及袜子的选择要适当。男士在商务着装的时候，要配以皮鞋，不允许穿运动鞋、凉鞋或者布鞋，皮鞋要每天保持光亮整洁。袜子的质地、透气性要良好，同时袜子的颜色必须保持和西装的整体颜色相协调。如果是穿深色的皮鞋，袜子的颜色也应该以深色为主，同时避免出现比较花的图案。

（4）必备物品。在与西装进行搭配的时候，注意以下修饰物的搭配：一是公司的徽标。需要佩戴公司徽标时，佩戴位置就是男士西装的左胸的上方。二是钢笔。从事商务活动要经常使用钢笔，钢笔正确的携带位置应该是男士西装内侧的口袋里，而不应该在男士西装的外侧口袋里，一般情况下尽量避免把它携带在衬衫的口袋里面，这样容易把衬衫弄污。三是名片夹。应该选择一个名片夹来放自己的名片，这样可以保持名片的清洁整齐。同时接受他人名片的时候，应该有一个妥善的位置能够保存，这样避免直接把对方的名片放在自己的口袋中。四是纸巾。男士在着装的时候，应该随身携带纸巾，或者是携带一块手绢，可以随时清洁自己面部的污垢，避免一些尴尬场面的出现。五是公文包。一般男士在选择公文包的时候，它的式样、大小应该和自己整体着装保持一致。男士在着西装的时候，应该尽量避免在口袋中携带很多的物品使衣服显得很臃肿，一般情况下男士的一些物品，像手机、笔记本、笔可以放在自己的公文包当中。

2. 女士的仪容仪表

和男士一样，女士仪容仪表的标准也分为发型发式、面部修饰、商务着装、丝袜及皮鞋的配合，以及携带的必备物品等。有些内容与男士着装标准相同，我们就不再一一介绍了。女士在商务活动中，仪容仪表方面需要注意以下细节。

（1）发型发式。女士的发型发式应该美观、大方，需要特别注意的是，在选择发卡、发带的时候，样式应该庄重大方。

（2）面部修饰。女士在正式的商务场合，面部修饰应该是以淡妆为主，不应该浓妆艳抹，也不应该不化妆。

（3）着装修饰。女士在商务着装的时候总的要求是干净整洁。同时女士在着装的时候要严格地区分职业套装、晚礼服以及休闲服，在着正式的商务套装的时候，应该避免穿无领、无袖，或者是领口开得太低，太紧身的衣服，同时衣服的款式要尽量合身，以便活动。

（4）丝袜及皮鞋。女士在选择丝袜以及皮鞋的时候，需要注意的是丝袜的长度一定要高于裙子的下摆，同时在选择皮鞋的时候应该尽量避免鞋跟过高、过细。

（5）必备物品。商务礼仪的目的是为了体现出对他人的尊重，女士在选择佩戴物品的时候，修饰物应该尽量避免过于奢华，例如，在戒指、项链的选择上，也要注意这一点。必备物品的携带和男士的携带标准基本相同。

二、介绍礼仪

介绍礼仪是谈判中双方见面时相互认识的重要环节，是谈判交往的重要起点，因此商务谈判者要重视介绍礼仪。

1. 自我介绍礼仪

自我介绍是谈判双方互不相识，又没有中间人的情况下而采用的一种介绍方式。在自我介绍时要说明自己的姓名、身份、单位等，并表达出愿意和对方结识的意愿。介绍自己时要不卑不亢，面带微笑，陈述要简洁、清楚。

2. 介绍他人礼仪

商务谈判中，在很多情况下谈判负责人充当介绍人，在介绍他人时要注意以下问题。

(1) 为他人做介绍时，要将介绍人的姓名、身份、单位等情况，简要做说明，更详细的内容待被介绍者根据其意愿去介绍。

(2) 正式介绍的商务谈判惯例一般是：先将年轻的介绍给年长的；先将职务、身份较低的介绍给职务、身份较高的；先将男性介绍给女性；先将客人介绍给主人；先将未婚的介绍给已婚的；先将个人介绍给团体。

(3) 当两位客人正在交谈时，切勿立即将其中一人介绍给第三者。这一规则在商务谈判中很重要。

(4) 对于远道而来的，又是首次洽谈的客人，介绍人应准确无误地把客人介绍给主人。

(5) 介绍双方认识时，应避免刻意强调一方，否则会引起另一方的反感。

3. 被人介绍礼仪

被介绍时，除女士和年长者外，一般应起立面向对方，但在宴会桌上、谈判桌上可不必起立，被介绍者只要微笑点头，距离较近可以握手，远者可举右手致意。

三、握手礼仪

握手是交际的一个重要部分。握手的力量、姿势与时间的长短往往能够表现出一方对另一方的态度，显露自己的个性，给人留下不同印象，也可通过握手了解对方的个性，从而赢得商务谈判的主动。

1. 握手的基本要求

握手时距受礼者约一步远，两脚立正。脚并拢或脚尖展开站成八字步，上身稍向前倾，肘关节微曲抬起至腰部，目视对方伸出右手，四指并拢、拇指张开与对方相握或者微动一下即可，礼毕后松开。行礼者与受礼者间距适度，不要太远或者太近，否则都不雅观，尤其是不可将对方的手拉近自己的身体区域。握手时，只可上下摆动，而不能左右摆动。

2. 握手的注意事项

(1) 握手的次序取决于握手人双方的年龄、地位、性别等因素。在商务谈判场合，通常握手的次序为：主人先伸手，客人随之；年长者先伸手，年轻者随之；职位高者先伸手，职位低者随之；女士先伸手，男士随之。

(2) 握手时间通常以 3～5 秒为佳，尤其是第一次见面时。如果一方握住对方的手持续时间过长，会被对方认为热情过度，不懂礼貌。一般握一下即可，如果是熟人，时间可稍长些。男女之间不管生熟与否，都不宜用力握手，只握一下女士手指部分，女方若不提手，男士只能点头或鞠躬致意。

(3) 女士可以戴手套握手，尤其是在戴晚礼服手套时，但男士必须摘下手套，不能戴手套握手。

(4) 人比较多时，握手应该按照次序进行，不能交叉握手，而应等待对方与他人握手后再伸手。谈判中，既可站着握手，也可坐着握手。

(5) 在任何时候，拒绝对方主动握手的行为都是最失礼的。但当手上有水或不清洁时应谢绝握手，并说明理由。

(6) 握手要注意面部表情。面部表情是配合握手举止的一种辅助动作，对加深双方情感和印象有重要的作用。握手时，双目注视对方，要面带笑容真诚地与对方握手，不能用冷淡呆板的表情与对方握手。

四、寒暄与问候礼仪

1. 寒暄

寒暄是谈判双方进行顺利洽商的前提。寒暄的基本原则是：积极认真，争取主动，迅速调动自己的情绪，表现出与之交往的愿望和真诚；善于选择话题，互致问候；注意场合，讲究方式。寒暄的主要方式有以下几种。

（1）问候式寒暄。谈判双方可以根据不同的环境、场合、对象进行问候。

（2）赞扬式寒暄。谈判者可以根据对方的容颜、精神状态、衣着和发式等进行适当的赞扬。

（3）言他式寒暄。这常见于陌生的谈判者，谈判者彼此难以找到话题，可以谈谈天气，谈谈交通，谈谈体育赛事，这样可以打破尴尬的局面。

寒暄的禁忌主要有：心不在焉，一心二用；匆忙应对，词不达意；急于接触实质性问题；引出易于产生争议的议题；提出谈判双方避讳的话题；有违对方特定的风俗习惯等内容。

2. 问候

在商务谈判中问候语言的运用既表示尊重，显示亲切，也充分表现出说话者有良好的风度和教养。如果初次跟客商见面，问候语言与寒暄语言没有区别。在商务谈判中经常使用的“您好”既可以用作问候，也可以用作寒暄。

3. 称呼

在国际商务谈判中，一般对男子称“先生”，对女子称“夫人”“女士”，这些称呼均可以冠以姓名、职称、职务等。对英国人不能单独称“先生”，而应称“××先生”。美国人较随便，容易亲近，很快就可直呼其名。对不了解婚姻情况的女子可称其“女士”。在日本对妇女一般不称呼“女士”而称呼“先生”。

称呼顺序的基本原则是“先长后幼、先上后下、先疏后亲、先外后内”，这样做比较礼貌得体和周到。

五、名片

日常交往中，名片作为介绍身份的一种方式已成为普遍的现象。名片一般为 10 cm×6 cm的白色或有色卡片，在社交中以白色名片为最佳。名片是自己的符号，它在商务谈判活动中是必不可少的，因为名片能反映出一个人的基本信息，也便于对方记忆。

1. 名片的递送

在社交场合，名片是自我介绍的一种简便方式。交换名片的顺序一般是：客先主后；身份低者先，身份高者后。与多人交换名片时，应依照职位高低的顺序，或是由近及远，依次进行，切勿跳跃式地进行，以免对方误认为厚此薄彼。如果是圆桌应按顺时针的顺序递送名片。递送名片时应用双手拇指和食指执名片两角，让文字正面朝向对方，双手递上。眼睛应注视对方，面带微笑，大方地说：“这是我的名片，请多多关照。”参加会议时，应该在会前或会后交换名片，不要在会中擅自与别人交换名片。不要递送修改过的、不清洁的名片。

2. 接受名片

接受名片时应起身，面带微笑注视对方。接过名片时应说“谢谢”，接着微笑阅读名片，阅读时可将对方的姓名职衔念出声来，并抬头看看对方的脸，令对方产生一种受重视的满足感。然后，回敬一张本人的名片，如身上未带名片，应向对方表示歉意。如果接下来与对方谈话，不要将名片收起来，应该放在桌子上，并保证不被其他东西压起来，这会使对方感觉你很重视他。

3. 名片的存放

接过别人的名片切不可随意摆弄或扔在桌子上，也不要随便地塞在口袋里或丢在包里，应放在西服左胸的内衣袋或名片夹里，以示尊重。

这里强调的是：除非必要，外国人是不轻易交换名片的，因此到国外，一般不要像发传单那样发放名片。

第二节　商务谈判过程礼仪

案例应用

小李的签约准备

小李大学毕业后在南方某家公司工作。由于其踏实肯干、业务成绩突出，即将被提升为业务经理。最近小李主持同美国一家跨国公司谈妥一笔大生意，双方在达成合约之后，决定正式为此举办一次签约仪式。小李看成功在望，就派工作人员准备签约仪式。工作人员准备了签字桌、双方国旗等，并按照中国“以左为上”的做法把美国公司的国旗放在签字桌的左侧，将中方国旗摆到签字桌的右侧。当美方代表团来到签约场地时，看到这样的场景立即拂袖而去，一场即将达成的生意临场变卦。总经理很生气，小李提升计划也被搁浅。

问题思考：请指出小李在签约仪式准备工作中的不足之处。

（资料来源：陈文汉主编. 商务谈判实务. 北京：人民邮电大学出版社，2011.2）

一、座次安排

1. 座次安排的要求

座次安排的基本要求是“以右为尊”。谈判者身份、地位高的坐右边，低者则坐左边。在双边谈判中，大多使用长方形的桌子。通常宾主相对而坐，各占一边。谈判桌一端对着入口时，以进入正门的方向为准，来宾居右而坐，东道主相对而坐。当谈判桌横对入口时，来宾对门而坐，东道主背门而坐。双方的主坐人是谈判中的主宾和主人。主宾和主人居中相对而坐，其余人员按职务高低分坐左右，原则上以右为尊。主谈人右手第一人为第二位置，左手第一人为第三位置，右手第二人为第四位置，左手第二人为第五位置，依此类推，记录员一般位于来宾的后侧，翻译人员位于主谈人右侧。

若以正门为准，主人应坐背门一侧，客人则面向正门而坐，其中主谈人或负责人居中。

我国及多数国家习惯把翻译安排在主谈人的右侧即第二个席位上，但也有少数国家让翻译坐在后面或左侧。

若谈判长桌一端向着门，则以正门的方向为准，右为客方，左为主方。其座位号的安排也是以主谈者(即首席)的右边为偶数，左边为奇数，即所谓"右边为大"。

另外一种安排就是随意就座，双方在围成一圈的沙发上混合就座。这种就座方式适合于双方比较了解、关系比较融洽的谈判。它的好处是双方不表现为对立的两个阵营，有利于融洽关系，活跃谈判气氛，减轻心理对立情绪。不利之处是双方人员被分开，每个成员有一种被分割、被孤立的感觉，同时也不利于己方谈判人员之间协商问题和资料保密。

总之，谈判场景的选择和布置要服从谈判的需要，要根据谈判的性质、特点，根据双方之间的关系及谈判策略的要求而决定。

2. 座次安排的注意事项

(1) 在国际商务谈判中，参与谈判人员的总数不能是 13 人，东道主可以通过增加临时陪坐的方法来避免这个数字。

(2) 多边谈判一般是采用圆桌的形式，有时为了强调对贵宾的尊重，己方人员有不满座的习惯，坐 2/3 即可，但须视情况而定。

(3) 座次排列属于重要的礼节，不能出现半点错误。为了避免因为出错而失利或导致尴尬的局面，在座次安排妥当后，在每个位置前可以放置一个标牌以便识别。

(4) 如果条件允许，可以对入座的人员进行导引。

二、会谈礼仪

1. 交谈

交谈是商务谈判活动的中心，在谈判活动中，遵守交谈礼仪有十分重要的意义。在商务谈判中可以这样说：遵守了交谈礼仪未必一定会使谈判成功，但违背了交谈礼仪，必定会造成许多不必要的麻烦，甚至造成谈判破裂。因此在商务谈判活动中必须遵守交谈礼仪。

(1) 尊重对方，谅解对方。在交谈中只有尊重对方、理解对方，才能赢得对方的尊重和信任。因此谈判人员在交谈之前，应当调查研究对方的心理状态，选择对方容易接受的交谈方法和态度；分析对方讲话的语言习惯、文化程度、生活阅历等，做到多手准备，有的放矢。千万不可信口开河，更不可咄咄逼人。当发现对方失言或有语病时，不要立即加以纠正，更不要当场表示惊讶，的确有必要告诉对方时，应当委婉。交谈中，当自己出现失言或失态时，应当立即向对方道歉，不要自我辩解。

(2) 态度和气，言语得体。交谈内容一般不要涉及病亡等不愉快的事情，不要直接询问对方履历、工资收入、家庭财产、衣物价格等个人生活问题。与西方谈判者谈判时不要询问妇女年龄、婚姻、体态等。对方不愿意回答的问题不要追问。一旦涉及对方反感的问题要表示歉意。不要批评长者、身份高的人，不要讥讽别人，不要随便议论宗教问题，不要议论他国内政。争论问题要有节制，不可进行人身攻击。交谈词语选择得体，能准确表达自己的意思。

(3) 及时肯定对方。当双方的观点出现类似或基本一致时，谈判者应当迅速抓住时机，用溢美的言辞，肯定共同点。如有可能还要想办法及时补充、发展双方一致的论点，引导、鼓励对方畅所欲言，将交谈推向高潮。

(4) 注意语速、语调和音量。交谈中陈述意见时要尽量做到平稳中速，因为说话太快，对方难于集中注意力正确领会和把握你的实际意图，有时还会给对方留下敷衍了事、完成任务的印象，认为不必要做出什么反应，导致双方交谈不畅。如果说话太慢，节奏不当，吞吞吐吐，欲言又止，容易被对方认为不可信任。当然在特定情况下，可以通过改变语速来引起对方的注意，加强表达的效果。在交谈中要保持适当的音量，切忌出现失控，以免损害自己的礼仪形象。

2. 目光

人的眼睛富有表现力，谈判人员必须正确运用自己的眼神。一般说来，目光以看着对方脸的上部三角部分，即以双眼为底线、前额为上顶角的部位为宜，这样既能把握谈判的进程，又不至于因为无礼而令对方感到不愉快。在正常情况下，视线接触对方脸部的时间应占全部谈话时间的39％～60％，超过或不足都不合适。如果对方人员是女性，注视时间过长就会显得失礼。如果注视时间太短，表明对其谈话兴趣不大，心不在焉。

目光注视对方的比较规范的做法是散点柔视，这样既显示真诚，又不会使对方感到不自在。要正确把握对视的时机，一般可以视交谈内容而定。当强调某一问题，或对方注视你发出的交流信号时，可以与之对视。其他情况下，要视对方脸部为一个整体，不要将目光集中在对方的某一部位，目光要柔和。比如，有位企业经理讲过这样一件事情："有一回，我同某销售公司经理共进午餐。每当一位漂亮的女服务员走到我们桌子旁边，他总是目送她走出餐厅。我对此感到很气愤，我感到自己受到了侮辱。心里暗想，在他看来，女服务员的两条腿比我要对他讲的话更重要。他并没有听我讲话，他简直不把我放在眼里。"

需要特别注意的是，由于文化背景、风俗习惯的不同，目光的运用在不同国家也有较大的差异。欧美国家一般倾向于在谈话时双方对视，认为这样才能显得坦诚与相互依赖。但也有例外，例如，英国人在交谈时不喜欢打量对方，对两眼紧盯着对方的人特别反感，认为这是不礼貌的行为。

三、签约礼仪

谈判过程的最后阶段是签约，签约也有一定的礼仪和规范需要遵循。

1. 签约的方式

签约表示谈判过程的完成。签约的方式主要有以下几种：

(1) 直接签约。即双方法人代表针对洽谈达成的协议直接签订合同的方式，大部分交易都采用直接签约的方式。

(2) 指定签约。即第三人在取得一方代表就某项交易的委托证明后，按照委托书的授权范围签订合同的方式。

(3) 会议签约。即双方法人代表或法人委托人就某项在交易会洽谈并达成协议后所签订合同的方式。有时主管部门征得所属企业的同意，亦可在会议上代其签订协议。

2. 签约的规范

签约仪式是谈判双方或多方就达成的交易签订协议的一种仪式。它往往比较正式、隆重，礼仪规范比较严格。

(1) 签约的准备。在签约仪式前，应做好各种文本的准备工作，包括定稿、翻译、校对、印刷、装订等,包括签字笔、吸墨器等物品,指派助签人员,安排洽谈仪式程序和其他有关细节。正式参加签约仪式的一般是各方参与谈判的全体人员,有时还邀请各方的高层人士出席仪式,以示正式和庄重。签约仪式的场所布置应有所考究,符合一定的礼仪规范。国际商务谈判中,还要悬挂、摆放双方国旗时,右挂客方国旗,左挂本国国旗。

(2) 签约过程。签约仪式开始,各方参加人员应按礼宾次序进入签约厅;主签人员入座时,各方人员按身份顺序入位排列;助签人员分别站立于本方签约人员的外后侧,协助翻揭文本,指明签字处;必要时待双方签字人在本国文本签毕后,双方主签人交换文本,相互握手;此时,一般还要安排礼仪小姐或礼仪先生分别为主客方的主签人或全体人员每人呈上香槟酒,双方干杯、祝贺、道谢。最后,一般还要在签约厅合影留念。

3. 签字厅的布置

可将会议室、洽谈室、会客厅临时用作签字厅。签字厅布置应该整洁庄重。将长方形签字桌(或会议桌)横放在签字厅内,台面摆设绿色台布。座椅应该根据签字方的情况来摆放。签署双边合同,在正面对门的一边摆两张座椅;签署多边合同,则可根据签字人数配备桌椅。签字人签字时必须正面对门就座,除桌椅外,其他家具陈设则可免去。

4. 签约的禁忌

签约是谈判最后一个环节的工作,如果把握不好,就可能使洽谈前功尽弃。因此,要特别注意签约的禁忌。签约的禁忌有以下方面。

(1) 协议不完整,存在矛盾、漏洞或有含糊之处。

(2) 文本有错漏,翻译不准确,印刷、装订不好,正本数量不够。

(3) 签约的助签人员没有做好准备,文具、物品准备不充分。

(4) 双方参加签约仪式的人员,尤其是主签人不对等。

(5) 签约仪式的场所布置不庄重,准备仓促,座次安排不规范,国旗倒置或悬挂不同比例的国旗。

(6) 签约的顺序颠倒、程序错漏等。

四、送别礼仪

送别人员应事先了解对方离开的准确时间,提前到达来宾住宿的宾馆,陪同来宾一同前往机场、码头或车站,也可以直接前往机场、码头或车站恭候来宾,与来宾道别。在来宾上飞机、轮船或火车之前,送行人员应按照一定的顺序同来宾一一握手道别。当飞机起飞、轮船或火车开动之后,送行人员应向来宾挥手致意。

第三节 宴请礼仪

案例引入

痛苦的客人

某公司的业务员小陈有一次去北方的一个城市出差。事情谈完后,对方在城内一家有名的餐厅请小陈吃饭。小陈一进餐厅,主人便殷勤地将他带到"上座"坐。保守的主人认为将客人安排在“上座”是他义不容辞的最大礼貌与义务。然而时值炎热的夏季，此“上座”是离冷气最远的座位，小陈为了满足主人招待周到的愿望，不得不坐在“上座”忍受着热的煎熬，虽难受也不好说。

很快酒菜上来了，这里的人招呼客人有劝酒的习惯。像北方很多地方一样，只要主人敬酒，你就不能不接受，不管客人的酒量如何，凡是有敬就必须喝，才算是符合传统的礼节。酒量是因人而异的，过量人就受不了。小陈一再解释自己不会喝酒，却敌不过热情的主人，不得不一杯又一杯，忍受痛苦喝下去。足足半斤“五粮液”下肚，刚一出餐厅的门口，小陈就趴在路边的栏杆上“喷涌而出”，回去后痔疮发作，休息了好几天才缓过劲来。之后再回想起这次做客，小陈只觉得是一场活受罪，丝毫谈不上什么愉快的享受。

问题思考：怎样的宴请才是令人满意的？

（资料来源：https://www.shangxueba.com/ask/13690203.html）

一、宴请的形式

国际上通用的宴请形式有四种：宴会、招待会、茶会、工作餐。每种形式均有特定的规格和要求。

1. 宴会

宴会，指比较正式、隆重的设宴招待，宾主在一起饮酒、吃饭的聚会。宴会是正餐，出席者按主人安排的席位入座进餐，由服务员按专门设计的菜单依次上菜。按其规格又有国宴、正式宴会、便宴、家宴之分。

(1) 国宴。特指国家元首或政府首脑为国家庆典或为外国元首、政府首脑来访而举行的正式宴会，是宴会中级别最高的。按规定，举行国宴的宴会厅内应悬挂两国国旗，安排乐队演奏两国国歌及席间主、宾双方有致辞、祝酒。

(2) 正式宴会。这种形式的宴会除不挂国旗、不奏国歌及出席规格有差异外，其余的安排大体与国宴相同。有时也要安排乐队奏席间乐，宾主均按身份排位就座。许多国家对正式宴会十分讲究排场，对餐具、酒水、菜肴及上菜程序均有严格规定。

(3) 便宴。这是一种非正式宴会，常见的有午宴、晚宴，有时也有早宴。其最大特点是简便、灵活，可不排席位、不做正式讲话，菜肴也可丰可俭。有时还可以用自助餐形式，自由取餐，更显亲切随和。

(4) 家宴。即在家中设便宴招待客人。西方人士喜欢采取这种形式待客，以示亲切。且常用自助餐方式。西方家宴的菜肴往往远不及中国餐丰盛，但由于通常由主妇亲自掌勺，家人共同招待，因而不失亲切、友好的气氛。

2. 招待会

招待会是指一些不备正餐的宴请形式。一般备有食品和酒水饮料，不排固定席位，宾主活动不拘形式。较常见的有以下几种形式。

(1) 冷餐会。此种宴请形式的特点是不排席位，菜肴以冷食为主，也可冷、热兼备，连同餐具一起陈设在餐桌上，供客人自取。客人可多次进食，站立进餐，自由活动，边谈边用。冷餐会的地点可在室内，也可在室外花园里。对年老、体弱者，要准备桌椅，并由服务人员招待。这种形式适宜于招待人数众多的宾客。食品和饮料事先放置于桌上，招待会开始后，自行进餐。

(2) 酒会。又称鸡尾酒会，较为活泼，便于广泛交谈接触。招待品以酒水为主，略备小吃，不设座椅，仅置小桌或茶椅，以便客人随意走动。酒会举行的时间较灵活，中午、下午、晚上均可。请柬上一般注明酒会起止时间，客人可在此间任何时候入席、退席，来去自由，不受约束。鸡尾酒是用多种酒配成的混合饮料，酒会上不一定都用鸡尾酒。通常鸡尾酒会备置多种酒品、果料，但不用或少用烈性酒。饮料和食品由服务员托盘端送，也有部分放置桌上。

3. 茶会

茶会是一种更为简便的招待形式。它一般在西方人早、午茶时间(上午 10 时、下午 4 时左右)举行，地点常设在客厅，厅内设茶几、座椅，不排席位，如为贵宾举行的茶会，入座时应有意识地安排主宾与主人坐在一起，其他出席者随意就座。

茶会顾名思义就是请客人品茶，故对茶叶、茶具及递茶均有规定和讲究，以体现该国的茶文化。茶具一般用陶瓷器皿，不用玻璃杯，也不用热水瓶代替茶壶。外国人一般饮用红茶，略备点心、小吃，也有不用茶而用咖啡的情况，组织安排与茶会相同。

4. 工作餐

这是一种非正式的宴请形式。按用餐时间分为工作早餐、工作午餐、工作晚餐，主客双方可利用进餐时间，边吃边谈。它的用餐多以快餐分食的形式，既简便、快速，又卫生。此类活动一般不请配偶，因为多与工作有关。双边工作进餐往往用长桌安排席位，座位与会谈桌座位排列相仿，便于主宾双方交谈、磋商。

二、宴请的安排

1. 宴请的方式

宴请的方式主要根据谈判活动的需要来确定。如果是以礼节性为主，采用宴会形式比较合适；如果是以庆祝性为主，则采用招待会比较合适；如果是以讨论某项工作为主，则采用工作餐形式较为适宜。

2. 宴请的日期和时间

宴会时间的选定，应以主客双方的方便时间为适宜。注意不要选择对方的节假日、有重要活动或有禁忌的日子或时间。例如，对信奉基督教的人士不要选 13 日；伊斯兰教在斋月内白天禁食，宴请宜在日落后举行。小型宴请的时间，应首先征询主要客人的意见，主宾同意后再约请其他宾客。

3. 邀请的方式

一般正式宴请，都应该发送请柬或请帖，这既是礼节，也是对被邀请者的提醒与备忘。请柬应注明邀请人姓名、被邀请人姓名、尊贵的称呼、宴请的方式及时间地点、着装要求或提示等。请柬应提前一至两周发出，以便被邀请人及早安排时间。需要安排座次的宴请必须在请柬上注明要求被邀请人答复能否出席，正式宴会在请柬上注明席次号。非正式的宴请通常只需口头打个招呼，在得到对方明确首肯后进行。

4. 宴会座次的安排

正式宴会，一般都事先排好座次，以方便宴会参加者各得其所，入席时井然有序；同时也是对客人的尊重礼貌。非正式的小型宴会，有时也可不必排座次。安排座位时，应考虑以下几点。

(1) 以主人的座位为中心。如有女主人参加时，则以主人和女主人为基准，以靠近者为上，依次排列。

(2) 要把主宾和夫人安排在最尊贵的位置上。通常做法，以右为上，即主人的右手是最主要的位置；其余客人，按礼宾次序就座。

(3) 在遵照礼宾次序的前提下，尽可能使相邻就座者便于交谈。例如，在身份大体相同时，把使用同一语种的人排在邻近位置。

(4) 主人方面的陪客，应尽可能安排在客人之间就座，以便同客人接触交谈。

(5) 夫妇一般不相邻而坐。西方习惯，女主人可坐在男主人对面，男女依次相间而坐。女主人面向上菜的门。

(6) 译员可安排在主宾的右侧，以便于翻译。有些国家习惯，不给译员安排席次，译员坐在主人和主宾背后工作，另行安排用餐。

(7) 座位安排还要注意尽量把身份大体相当、专业相同、语言相同的人排在一起；而意见分歧、关系紧张的人应该尽量避免安排在一起。

三、宴请程序

非正式宴请当然无须讲究程序，只要双方能彼此呼应就行。正式宴请分为迎宾、致辞、席间交流、送别。

1. 迎宾

一般主人应在宴会厅门口迎接客人的到来。客人抵达后，主人应与之握手问好，并由专人将客人引到休息厅。休息厅内应有主方人员照顾客人。没有休息厅则可直接进入宴会厅，但不入座。

2. 致辞

客人差不多到达时，尤其是主要客人已经到齐时，预定时间一到，即可开宴。正式宴会由主宾双方发表致辞。致辞的时间一般安排在宾主双方入座后，或在热菜之后，甜食之前。非正式宴请通常由主宾双方代表以敬酒方式简单说几句便可开始就餐。

3. 席间交流

按照国际惯例，主、宾致辞后，大家彼此先敬酒、用餐。酒过三巡之后，再安排正式讲话，主人先讲，宾客后讲，也可安排即席发言。席间主人及客人之间相互碰杯，并说些祝愿的话。在就餐时，一方面要注意用餐气氛的调节，另一方面还要注意相关的礼仪。

4. 送别

一般吃过水果后，主人应向宾客示意，让其做好离席准备，然后从座位上起立，这是全体离席的信号，即意味着宴会结束。也可以由主人宣布宴会结束。客人起身告辞，主人应将其送至门口，热情友好地话别。有时主方人员可以列队门口，与客人一一握手话别，表示热情。

四、就餐礼仪

1. 中餐餐桌礼仪

(1) 先请客人入座上席，再请长者入座客人旁，依次入座，最后自己坐在离门最近处的座位上。如果带孩子，在自己坐定后就把孩子安排在自己身旁。入座时，要从椅子左边进入，坐下以后要端正身子，不要低头，使餐桌与身体的距离保持在10～20厘米。入座后不要动筷子，更不要弄出什么响声来，也不要起身走动，如果有什么事情，要向主人打个招呼。动筷子前，要向主人或掌勺者表示赞赏其手艺高超、安排周到等。

(2) 进餐时先请客人、长者动筷子；夹菜时每次少一些，离自己远的菜就少吃一些，吃饭时不要出声音，喝汤时也不要发出声响；最好用汤匙小口喝，不宜把碗端到嘴边喝，汤太热时凉了以后再喝，不要一边吹一边喝。有的人吃饭时喜欢用劲咀嚼食物，特别是使劲咀嚼较脆的食物，发出声音，特别是和众人一起进餐时，这些都是不合乎礼仪要求的。

(3) 进餐时不要打嗝，也不要出现其他声音，如果出现打喷嚏等不由自主地声响时，就要说一声"真不好意思""对不起""请原谅"之类的话，以示歉意。

(4) 如果要给客人或长辈夹菜，最好用公用筷子，也可以把离客人或长辈远的菜肴送到他们跟前。按我们中华民族的习惯，菜是一个一个往上端的，如果同桌有领导、老人、客人的话，每当上来一个新菜时，就请他们先动筷子，或者轮流请他们先动筷子，以表示对他们的尊敬和重视。

(5) 吃到鱼头、鱼刺、骨头等物时，不要往外面吐，也不要往地上扔，要慢慢放到自己的碟子里，或放在紧靠自己的餐桌边，或放在事先准备好的纸上。

(6) 要适时地抽空和左右的人聊几句风趣的话，以调和气氛。不要光低着头吃饭，不顾及别人，也不要狼吞虎咽地大吃一顿，更不要贪杯。

(7) 最好不要在餐桌上剔牙，如果要剔牙时，就要用餐巾挡住自己的嘴巴。

(8) 要明确此次进餐的主要任务，以谈生意为主，还是以联络感情为主，或是以吃饭为主。如果是前者，在安排座位时就要注意，把主要谈判人的座位相互靠近便于交谈或沟通情感；如果是后者，只需要注意一下常识性的礼节就行了，把重点放在欣赏菜肴上。

(9) 最后离席时，必须要向主人表示感谢，或者邀请主人方便时到自己家做客，以示回谢。

总之，和客人、长辈等众人一起进餐时，要使他们感到轻松、愉快、气氛和谐。我国古代就有所谓的站有站相，坐有坐相，吃有吃相，睡有睡相。这里说的进餐礼仪就是指吃相，要使吃相优雅，既符合礼仪的要求，也有利于我国饮食文化的继承和发展。

2. 西餐礼仪

吃西餐与中餐有很大的差别。其中，刀叉、餐巾的使用，座位的安排都有讲究，切不可失礼。

(1) 刀叉的使用。刀叉是西餐餐具的主角，人们在提到西餐餐具时，往往将二者相提并论，正确使用刀叉要注意以下几点。

第一，正确地区分刀叉。在正规的西餐宴会上，讲究吃一道菜换一副刀叉。吃每道菜，都要使用专门的刀叉，既不能乱拿乱用，也不能从头到尾仅用一副刀叉。

第二，正确地使用刀叉。通用的刀叉使用方法主要有两种：一种是英国式，要求在进餐时，始终右手持刀，左手持叉，一边切割，一边用叉食用，叉背朝着嘴的方向进餐，这种方式比较文雅；另一种是美国式的，先右手刀左手叉，把餐盘的食物全部切割好，再品尝，这种方法比较省事。使用刀叉要注意：不要动作过大，影响他人；切割食物不要弄出声响；切下的食物要刚好一口吃下，不要叉起来再一口一口咬着吃；不要挥动刀叉讲话，也不要用刀叉指点他人；掉落到地上的刀叉不可拾起再用，应请服务员换一副。

第三，知道刀叉的暗示。如果就餐过程中，需暂时离开一下，或与人攀谈，应放下手中的刀叉，刀右、叉左，刀口向内、叉齿向下，呈“八”字形摆放在餐盘上。它表示：此菜还没有用完。如果吃完了，或者不想吃了，可以刀口向内、叉齿向上，刀右、叉左并排放在餐盘上。它表示：不再吃了，可以连刀叉带餐盘一起收走。切记不要把刀叉摆放在桌面上，尤其不要将刀叉交叉放成“十”字形，这在西方人看来，是晦气的图案。

(2) 餐巾的使用。在西餐中，餐巾也是一个重要的角色。同中餐餐巾相比，虽有许多用途、用法相似，但也有更严格特殊之处，在就餐时要注意以下几点。

第一，注意西餐餐巾的铺放。西餐餐巾通常会叠成一定的图案，放置在就餐者的水杯中，有时直接平放于就餐者的右侧桌面上或就餐者前的垫盘上。形状有长方形和正方形。餐巾应平铺在自己并拢的大腿上。如果是正方形的餐巾，应将其对折，然后折口向外平铺在腿上。餐巾的打开、折放应在桌下进行，不要影响他人。

第二，了解西餐餐巾的用途。餐巾对服装有保洁作用，防止菜肴、汁汤落下来弄脏衣服；餐巾也可以用来擦拭口部，通常用其内侧，但不能用其擦脸、擦汗、擦餐具；餐巾还可以用来遮掩口部，在非要剔牙或吐出嘴中的东西不可时，可用餐巾遮掩，以免失态。

第三，注意餐巾的暗示作用。西餐以女主人为第一主人，当女主人铺开餐巾时，暗示用餐开始；当主人把餐巾放于桌上时，暗示用餐结束。就餐者如果中途离开，一会儿还要回来继续用餐，可将餐巾放在本人所坐的椅面上；如果放在桌面上，则暗示：我不想吃了，餐具可以撤掉。

(3) 西餐用餐方法及礼仪。西餐同中餐的吃法相比有很大的不同。享用西餐，掌握正确的吃法，才能既吃好，又吃出品位。

开胃菜：开胃菜既可以是色拉，也可以是由海鲜、蔬菜组成的拼盘，如果已经切好，用餐叉食用。

面包：面包一般放在自己的左前方，可以在吃第一道菜时食用。正确的做法是：左手撕下一块大小合适，刚好可以一次吃下的面包，用黄油刀涂上黄油或果酱，再送入口中。不能拿起一大块面包，全部涂上黄油，双手托着吃；不能用叉子叉着面包吃；不能用刀切开吃；也不能把面包浸在汤内捞出来再吃。如果是烤面包片，则不要撕开。甜食上来后，最好就不要再吃面包了。

汤：喝汤时，要用右手拇指和食指持汤匙，从汤盘靠过自己的一侧伸入汤里，向外侧将汤盛起。注意不要将汤匙盛得太满，身子也不要俯得太近。当盘内剩下的汤不多时，可以用左手将盘子内侧稍稍托起，使其外倾，用右手持汤匙取余下的汤来喝。喝汤时，一不要端起汤盘来喝汤；二不要喝汤时发出“嘶嘶”的声音；三不要身子俯得太低，趴到汤盘上去吸食；四不要用嘴吹，或用汤匙搅拌降温。

主菜：西餐的主菜品种繁多，吃鱼时，可以用餐刀将其切开，将鱼刺、骨剥出后，再切成小块，用叉子食用。吃鸡时，也应切下一块，用叉取食，直接用手去撕是失礼的。肉菜指的是西餐的猪、牛、羊肉,平常人们所说的主菜,一般都是指肉菜。在肉菜中,猪排、羊排、牛排,尤其是牛排,是西餐中的“重中之重”。吃肉菜时,要用叉子固定住食物,用餐刀切下一小块,吃完后再切第二块。

点心甜品:西餐中的蛋糕、饼干、三明治、土豆片等,可以用手拿着吃。通心粉,又叫意大利面条,吃时不能一根一根挑着吃或吸着吃,应该右手握叉,在左手用汤匙的帮助下,把面条缠绕在餐叉上,然后送入嘴中。布丁和冰激凌应用餐匙取食。

水果:苹果最正规的吃法,是将一个苹果用刀切成大小相仿的四块,然后去皮,去核,再以刀叉食用;在餐桌上吃香蕉,要先剥皮,再用刀切成段,然后用叉子食用;菠萝(果肉)的吃法很简单,吃鲜菠萝片时,始终使用刀和叉;切成块的西瓜一般用刀和叉来吃,吃进嘴里的西瓜子要及时清理,并吐在手中,然后放入自己的盘子;对于无子葡萄没特别的讲究,一粒粒地吃就可以。若葡萄有子,要把葡萄放入口中嚼吸肉质,然后把子吐到手中。要想容易地剥去葡萄皮,则要持其茎部放在嘴边,用中指和食指将肉汁挤入口中,最后把剩在手中的葡萄皮放在盘里。

咖啡和红茶:在西餐中饮用咖啡和红茶是很有讲究的。一是杯的持握。一般要用右手的拇指和食指握住杯耳,轻轻端起杯子,慢慢品尝。不能双手握杯,也不能用手端起碟子去吸食杯子里的咖啡。用手握住杯身、杯口,托住杯底,或用手指穿过杯耳,都是不正确的持握方法。二是碟的使用。咖啡是盛入杯中,放在碟子上一同端上桌的。碟子是用来放置咖啡匙,并接收溢出杯子的咖啡。喝咖啡时,如果离桌子近,只需端起杯子,不要端起碟子;如果离桌子较远,或站立、走动时,则可用左手将杯、碟一起端起,至齐胸高,用右手持杯饮用。三是匙的使用。咖啡匙只是用来在加入牛奶和糖之后,加以搅拌,使其融合。咖啡匙的使用忌讳是:用匙去饮用咖啡或把匙放在咖啡杯中。四是饮用的数量。饮用咖啡数量不能过多,一般情况下一杯足矣,最多不应超过三杯。饮用时不能大口吞咽,更不能一饮而尽,小口细细品尝才能显示出品位和高雅。五是配料的添加。饮用时,可根据自己的爱好,往咖啡中添加一些牛奶、方糖之类的配料。添加时应当互相谦让,添加适量。加糖时要用专用的糖匙取,不要用自己的咖啡匙,也不要用手直接取。六是咖啡的食用。喝咖啡时,取甜点时要先放下咖啡杯,饮用咖啡时,手中不能拿着甜点品尝。

酒水搭配:在正式西餐宴会上,酒水是主角,讲究与菜肴的搭配。一般来讲,每吃一道菜,便要换上一种酒水,宴会上所用的酒水可以分为餐前酒、佐餐酒和餐后酒三种,每种酒又有许多具体分类。一是餐前酒。餐前酒又叫开胃酒,是在用餐之前饮用,或在吃开胃菜时饮用。开胃酒有鸡尾酒、味美思、威士忌和香槟酒。二是佐餐酒。佐餐酒是在正式用餐期间用的酒水。西餐的佐餐酒均为葡萄酒,而且多为干葡萄酒或半干葡萄酒。选择佐餐酒的一条重要原则是“白酒配白肉,红酒配红肉”。白肉指的是鱼肉、海鲜,红肉指的是猪、牛、羊肉,即白葡萄酒配海鲜类,红葡萄酒配肉类、禽类菜。三是餐后酒。餐后酒是在餐后帮助消化的酒水。常用的有利口酒、白兰地酒。饮用不同的酒水,还要用不同的专用酒杯。在每位就餐者右边、餐刀的前方,都会横排着三四个酒水杯,它们分别为香槟酒杯、白葡萄酒杯、红葡萄酒杯及水杯。取用时,也要按照由外侧向内侧的顺序依次取用,也可根据女主人的选择而紧随其后。

此外,宴会上如果主人为每个出席者准备了小纪念品,可以在活动结束时带走,并对主人表示感谢。但宴会上的招待品,如糖果、水果、香烟及其他食品等不应带走。

出席私人宴会后,应在三日内向主人致函表示感谢。

第四节 馈赠礼仪

案例引入

美国代表团的礼物

1992年,国内某公司12名不同专业的专家组成一个代表团,去美国采购约3 000万美元的化工设备和技术。美方为令我们满意,精心安排准备,其中一项是送给我们每人一个小纪念品。纪念品的包装很讲究,是一个漂亮的红色盒子,红色代表发达。可当我们高兴地按照美国人的习惯当面打开盒子时,每个人的脸色却都显得很不自然——里面是一顶高尔夫帽,但颜色却是绿色的。美国商人的原意是:签完合同后,大伙去打高尔夫球。但他们却不知道,“戴绿帽子”是中国男人最大的忌讳。

合同我们没和他们签,不是因为他们“骂”我们,而是因为他们对工作太粗心。连中国男人忌讳“戴绿帽子”都搞不清,怎么能把几千万美元的项目交给他们?

问题思考:

(1) 分析本案例,你认为该项谈判失败的原因是什么?

(2) 你认为商务谈判人员应具备哪些职业素养和职业能力?

(资料来源:丁玉书,时永春主编.商务谈判实务(第2版).北京:清华大学出版社,2012.7)

一、馈赠目的和选择礼品的原则

1. 馈赠目的

(1) 交际需要。礼品的选择,要使礼品能反映馈赠者的寓意和表达的感情。

(2) 为了巩固和维系人际关系。礼尚往来是人之常情,也是交往中的基本礼仪要求。这种情况以“来而不往非礼也”为基本准则。因此无论从礼品的种类、价值的大小,档次的高低、包装的式样、蕴涵的感情等方面都呈现多样性和复杂性。

(3) 酬谢需要。这类馈赠是为答谢他人的帮助而进行的,因此在礼品的选择上十分强调其物质利益。

2. 选择礼品的原则

(1) 投其所好。选择礼品时一定要考虑周全,投其所好。可以通过仔细观察或打听了解受礼者的兴趣爱好,然后有针对性地精心挑选合适的礼品。尽量让受礼者感觉到馈赠者在礼品选择上是花了一番心思的,是真诚的。

(2) 考虑具体情况。选择礼物要考虑具体的情况或场合。如厂庆可送花篮,逢节可送贺卡等。

(3) 把握馈赠的时机和场合。一般情况下,各国都有初交不送礼的习惯。英国人多在晚餐或看完戏之后送礼,法国人习惯下次重逢时赠送礼品,我国以离别前赠送纪念品较多。

(4) 尽量别出心裁。一般情况下,欧美等国家的外商比较注重礼物的意义价值而不是其货币价值，他们往往只把礼物看成是友谊和感情的载体。故馈赠价值昂贵的礼物有时效果会适得其反，对方会怀疑此举是否有贿赂嫌疑，或另有图谋，会引起对方的戒备心理。礼物的价值多少较为合适，各国有所不同。

二、馈赠礼仪和受礼礼仪

1. 馈赠礼仪

要使对方愉快地接受馈赠并不是件容易的事情。即使是精心挑选的礼品，如果不讲究赠礼的艺术和礼仪，也很难达到馈赠的预期效果。

(1) 注意礼品的包装。精美包装不仅使礼品的外观更具艺术性，更显示出赠礼人的艺术品位，给人超凡脱俗的感觉。

(2) 注意赠礼的场合。当众给某人赠礼是不合适的，给关系密切的人赠礼不宜在公开场合进行。只有象征着精神方面的礼品，如锦旗、牌匾、花篮等才可当众赠送。

(3) 注意赠礼的态度和动作。赠送礼品时，要态度平和友善、动作大方、语言得体，这样才容易让受礼者接收礼品。

(4) 赠礼时要讲究数字。我国一向以偶数为吉祥，而日本人却以奇数表示吉利。日本人和韩国人忌数字“4”，西方国家通常忌讳“13”这个数字。因此，无论送水果或其他数量较多的礼物时都应注意数字。

(5) 注意赠送礼品的特殊要求。礼品往往是有一定的暗示作用，必须小心谨慎，不要因为赠送礼品造成误解。例如，我国一般忌讳送梨或钟，因为梨与“离”同音，钟与“终”同音，“送离”和“送终”都是不吉利的字眼。男性对一般关系的女子，不可送贴身内衣、腰带和化妆品，更不宜送项链、戒指等首饰品，否则极易引起误解。

2. 受礼礼仪

有礼有节的馈赠活动，有利于增加合作的机会，因此相互馈赠礼品已成为商务活动的重要内容。正所谓“礼尚往来”，除馈赠礼品外，商务谈判人员也常会遇到受礼问题。在接受礼品时应注意如下礼仪。

(1) 收礼致谢。受礼者应在收下礼品之后表示感谢，一般应赞美礼品的精致、优雅或实用，夸奖赠礼者的周到和细致。

(2) 当面拆封。接受礼物时，不管礼品是否符合自己的心意，都应表示对礼物的重视。当收到贺礼、谢礼以及精美礼物，一般除中日两国外，欧美人一定要当场亲自拆开包装，并表示欣赏。

(3) 如有可能应予以回礼。还礼可以是实物，也可在适当的时候，再次感谢对方。

需要注意的是，在双方商务活动中，对于能否接受赠送的礼品要心中有数，因为如果接受了一件礼物，就容易失去一些控制权。在国际商务谈判中，接受礼物须符合国家和企业的有关规定。

三、馈赠中应注意的问题

由于各国文化宗教信仰存在差异，送礼是一种复杂的礼仪。如果运用得当，送礼能巩固双方的业务关系；运用不当则会有碍业务发展。选择适当的礼物、赠送礼物的时机都是送礼时要注意的问题。

1. 亚洲国家

(1) 日本。日本人有送礼的爱好,因此给日本朋友送礼,往往采取下面的做法,即送对其本人毫无用途的物品以便收礼的人可以再转给别人,那个人还可以再转送下去。日本人对装饰着狐狸和獾的图案的东西甚为反感。狐狸是贪婪的象征,獾则代表狡诈。到日本人家里做客,携带的菊花只能有15片花瓣,因为只有皇室徽章上才有16瓣的菊花。此外,选择礼物时,要选择"名牌"礼物,日本人认为礼品的包装同礼品本身一样重要,因此要注重礼物的包装。

(2) 韩国。韩国的商人对初次来访的客人常常会送当地出产的手工艺品,要等客人拿出礼物来,然后再回赠他们本国产的礼品。

(3) 阿拉伯国家。在初次见面时送礼可能会被视为行贿,切勿把用旧的物品赠送他人,不能把酒作为礼品。建议送办公室里可以用得上的东西。阿拉伯商人习惯赠送给他人贵重礼物,同时也希望收到同样贵重的回礼。因为阿拉伯商人认为来而不往是有失尊严的,不允许他们表示自己的慷慨大方是不恭的,也会危害到双方的关系。他们喜欢丰富多彩的礼物,喜欢"名牌"产品,而不喜欢不起眼的古董;喜欢知识性和艺术性的礼品,不喜欢纯实用性的东西。他们忌讳烈性酒和带有动物图案的礼品(因为这些动物可能代表不吉祥)。送礼物给阿拉伯人的妻子被认为是对其隐私的侵犯,然而礼物送给孩子则是受欢迎的。

2. 欧美国家

欧美国家一般只有在双方关系确立后才互赠礼物。赠送礼物通常是此次交往将结束时才进行的,同时表达的方式要恰如其分。

(1) 英国。在这里应尽量避免感情的外露。因此应送较轻的礼品,由于花费不多就不会被误认为是贿赂。适当的送礼时机应定在晚上,请人在上等饭馆用完晚餐或在剧院看完戏之后。英国人也像其他大多数欧洲人一样喜欢高级巧克力、名酒和鲜花。对于标有客人所属公司标记的礼品,大多数人并不欣赏,除非主人对这种礼品事前有周密的考虑。

(2) 法国。初次结识法国人就送礼是很不恰当的,应该等到下次相逢时再送礼。礼品应该表示出对他的智慧的赞美,但不要显得过于亲密。法国人很浪漫,喜欢知识性、艺术性强的礼物,如画片、艺术册或小工艺品等。应邀到法国人家里用餐时,应带上几枝不加捆扎的鲜花。但菊花是不能随便赠送的,在法国只有在葬礼上才用菊花。

(3) 德国。"礼貌是至关重要的",故赠送礼品的适当与否要悉心注意,包装更要尽善尽美。玫瑰是为情人准备的,绝不能送给主人。德国人喜欢应邀郊游,但主人出发前必须做好细致周密的安排。

(4) 美国。美国人很讲究实用,故一瓶上好的葡萄酒或烈性酒、一件高雅的名牌礼物,都是合适的。与其他欧洲国家一样,给美国人送礼应在此次交往结束时进行。

3. 拉丁美洲国家

黑和紫是忌讳的颜色。刀剑应排除在礼品之外,因为它们暗示友情的完结。手帕也不能作为礼品,因为它和眼泪是联系在一起的。可送些小型家用电器,例如,一只小小的烤面包炉。在拉美国家,征税很高的物品极受欢迎,只要不是奢侈品。

第五节　日常礼仪

案例引入

“女士优先”应体现

在一个秋高气爽的日子里，迎宾员小贺着一身剪裁得体的新制服，第一次独立地走上了迎宾员的岗位。她目视客人，站姿标准，动作规范，礼貌亲切地迎接着客人。

这时，一辆白色高级轿车向饭店驶来，司机熟练而准确地将车停靠在饭店豪华大转门的雨棚下。小贺看到后排坐着两位男士、前排副驾驶座上坐着一位身材较高的外国女宾。

小贺一步上前，以优雅姿态和职业性动作，先为后排客人打开车门，做好护顶关好车门后，小贺迅速走向前门，准备以同样的礼仪迎接那位女宾下车，但那位女宾满脸不悦，使小贺茫然不知所措。

通常后排座为上座，一般凡有身份者皆在此就座。优先为重要客人提供服务是饭店服务程序的常规。

问题思考：这位女宾为什么不悦？小贺错在哪里？

（资料来源：https://wenda.so.com/9/1369826904066141）

一、公共礼仪

在商务谈判中，言谈、举止、风度是十分重要的，特别应注意一些细节问题。

1. 遵守时间

在商务活动中，如果有拜访约会，应该按约定时间到达。过早到达，主人会因为没有准备好而感到尴尬；如果迟到，会让主人长久等待，担心牵挂，也是失礼的行为。万一因为特殊原因不得不迟到，应向主人表示歉意。

2. 尊重老人和妇女

尊重老人和妇女是一种美德，也是一种社会公德。在许多国家的公共场合和日常生活中，都奉行“女士优先”的原则。在上下楼梯与车辆、出入门厅等，应该让妇女和老人先行。若与女士结伴参加活动，进门或出门时，男士应协助女士脱下或穿上上衣。与老人或妇女同行时，应主动帮助提拿较重的物品。尤其是在国际商务活动中，不注重这一点是非常不礼貌的行为。

3. 举止得体

在社交场合，应该做到举止端庄、落落大方，表情自然诚恳，态度亲切和蔼。商务谈判中，举止行为要端庄稳重，表情诚恳自然，平易可近。站立时，不要将身体斜靠在一边，不要半坐在桌子或椅子背上。坐时不能摇腿晃脚。坐沙发时，不要躺在沙发上，摆出懒散的态度，更不要将脚搭在扶手上，甚至坐在椅子扶手上。行走时，脚步要轻，抬头挺胸，不要慌张奔跑，如果遇到急事，只可加快步伐。数人同行时，不可勾肩搭背或有意无意地排成队形。

谈话时，手势不宜过多，不要在社交场合放声大笑或高声喊人。

4. 应注意吸烟场合

主人或在场的多数人或同座身份较高的人不吸烟，又未请吸烟，则最好不要吸烟，更不要边走路边吸烟。在剧场、酒店、博物馆等公共场合不要吸烟，在工作、进餐时一般不吸或少吸烟，谈判过程中一般也不吸或很少吸烟。另外，不能将已掐灭的香烟再点燃或放入烟盒内，这会被认为是很不文明和极丢身份的举动。在私人住宅、办公室等，应先询问一下是否允许吸烟，得到肯定答复后再吸烟。如果有女士在场，最好不要吸烟；若实在忍不住，应事先征求其意见。

二、付小费

小费源自18世纪的英国伦敦。当时一些酒店的餐桌上放着一只“保证服务迅速”的碗，顾客将钱放入碗中，就能得到周到的服务。这种做法不断延续，便成为时下的付小费，作为对为你服务的人的一种感谢和报酬。

1. 付小费的场合

在欧美国家，付小费已成为一种规矩。如果受到了服务人员的热情接待，通常是以小费的形式答谢的。小费的给付范围十分广泛，常见的场合主要有：一是到酒店时要给付门童、行李员、送餐者和客房服务人员的小费；二是到餐馆用餐时要付给领位员、侍者、乐手和卫生间保洁员的小费；三是美容美发时付给美容美发师的小费；四是乘坐出租车付给司机的小费；五是观看音乐会、歌剧等时付给侍者和服务人员的小费；六是旅游观光时付给导游员和驾驶员的小费。

2. 小费的计算方法

小费的计算方法有三种：一是按账单金额的10%～15%计算，二是按件数计算，三是按服务次数计算。小费的给付要适当，过多或太少都会被认为失礼。在美国和加拿大，对搬运行李的饭店服务员，可按每件行李1美元付费，客房服务员每天可付2美元左右小费。在美国的餐馆就餐后千万不要忘记加付15%的小费，因为这里的账单与世界上大多数国家不同，一般不包括服务费。如果你无法确定账单里是否包括服务费，可以问清楚后再决定付与不付。在英国，付给机场、饭店行李搬运工的小费一般在每件30便士左右。在法国，对出租车司机、博物馆解说员等付2法郎就够了。但是在日本、澳大利亚、韩国和新加坡等国则没有付小费的传统。

3. 支付小费的方式

为了方便付小费，无论去哪个国家，都最好备上一些小面额货币。付小费在私下进行。一般将小费放在菜盘或酒杯底下，也可在感谢服务人员时放入手中，还可以在付款时将找回的整钱拿走，零钱算作小费，或者多付款，余钱不要。如果几个人同时帮你搬运行李，应将小费交给最后把行李送进你房间的人。

需要说明的是，付小费时，要尊重对方，不能怀着居高临下、高人一等的心态。付小费不是显示你的富有，而是对对方服务的感谢，还要掌握恰当的时机。

本章小结

◆ 商务礼仪是礼仪的重要组成部分，是指在商务活动中，商务人员为了树立良好的个人和企业形象，应该遵守的社会公认的程序或行为规范。礼仪与礼节是商务谈判人员必须具备的基本素质

◆ 会面是商务谈判活动的初始阶段，会面中谈判人员的着装打扮、言谈举止会极大影响谈判人员的相互交流与进一步沟通。会面礼仪主要包括仪容仪表、介绍礼仪、握手礼仪和名片使用礼仪

◆ 商务谈判的每个环节都要注重礼仪。开局礼仪主要包括座次安排和寒暄与问候；会谈礼仪主要包括交谈礼仪和体态礼仪；签约阶段和送别客人时也不能掉以轻心，注意各种礼仪的运用

◆ 宴请的形式有宴会、招待会、茶会、工作餐。宴请的安排包括宴请的方式、日期和时间、邀请的方式和宴会座次的安排。正式宴请分为迎宾、致辞、席间交流、送别等几个步骤。中餐和西餐的就餐礼仪值得重视

◆ 馈赠是商务活动中不可缺少的交往内容，能起到联络感情、加深友谊、促进交往的作用，越来越受到人们的重视

思考与练习

1. 简答题

（1）从事商务谈判活动的男士应从哪些方面注意自己的仪容仪表？

（2）介绍是交际场合结识朋友的主要方式，在介绍中要注意什么问题？

（3）握手的礼仪有哪些？

（4）商务谈判的交往中如何使用名片？

（5）商务谈判活动中必须遵守的交谈礼仪有哪些？

（6）商务谈判中正式宴请的程序有哪些？

（7）西餐的礼仪有哪些？

（8）在商务交往中馈赠的礼仪有哪些？

（9）在国际交往中应注意哪些公共礼仪？

2. 单项选择题

（1）正式商务谈判场合男性应着（　　）。

A. 深色西装　　B. 中山装　　C. 风衣　　D. 休闲装

（2）目前国际上公认的介绍顺序中，不正确的是（　　）。

A. 将男性介绍给女性

B. 将职位低的人介绍给职位高的人

C. 将老者介绍给年轻者

D. 将客人介绍给主人

(3) 以下关于握手礼仪正确的说法是(　　)。

A. 通常握手的次序为客人先伸手,主人随之

B. 握手时间越长越好

C. 男士必须摘下手套,不能戴手套握手

D. 握手可以交叉握手

(4) 以下关于名片使用的礼仪,不正确的说法是(　　)。

A. 双手递上名片　　B. 反面朝向对方

C. 接受名片时应双手去接　　D. 名片夹或皮夹应置于西服内袋

(5) 在谈判座次安排上,下列说法正确的是(　　)。

A. 当谈判桌横对入口时,东道主对门而坐而来宾背门而坐

B. 在座次安排上原则以左为尊

C. 主谈人左手第一人地位高于主谈人右手第一人

D. 翻译人员位于主谈人的右侧

(6) 当你在火车站欢送对方谈判人员离开时,一般情况下,你应当遵守的礼仪是(　　)。

A. 比他们先离开车站

B. 火车开车的同时转身离开

C. 挥手致意,客人随火车离远后再转身回公司

D. 必须到酒店接到车站

(7) 在比较正式的场合用西餐的时候,你应该(　　)。

A. 左手拿刀,右手拿叉

B. 右手拿刀,左手拿叉

C. 左右手都可以拿刀或拿叉

D. 刀右、叉左并排放在餐盘上,它表示用餐结束,可以将刀叉带餐盘一起收走

(8) 在国际谈判中下列悬挂国旗中正确的是(　　)。

A. 右挂客方国旗,左挂本国国旗

B. 右挂主方国旗,左挂客方国旗

C. 只挂主方国旗

D. 只挂客方国旗

(9) 宴会上相互敬酒表示友好,可以活跃气氛。但切忌喝酒过量,应控制在本人实际酒量的(　　)左右,以免失言、失态。不要劝酒,更不得灌酒。

A. 1/3　　B. 2/3　　C. 1/2　　D. 1/4

(10) 常规接待中的并排行进时,中央高于两侧,内侧高于外侧,一般要求让客人走(　　)。

A. 外侧　　B. 中央　　C. 中央或内侧　　D. 内侧

3. 多项选择题

(1) 从事商务活动的男士需要从以下哪几个方面注意自己的仪容仪表(　　)。

A. 发型发式　　B. 面部修饰　　C. 着装修饰　　D. 必备物品

E. 丝袜及皮鞋

(2) 正式介绍的国际惯例一般是(　　)。

A. 先将年轻的介绍给年长的

B. 先将职务、身份较低的介绍给职务、身份较高的

C. 先将男性介绍给女性

D. 先将已婚的介绍给未婚的

E. 先将身材魁梧的介绍给身材瘦小的

(3) 寒暄的方式主要有(　　)。

A. 问候式寒暄　　B. 赞扬式寒暄　　C. 接触实质性问题寒暄

D. 言他式寒暄　　E. 真诚式寒暄

(4) 签约的方式主要有(　　)。

A. 协商签约　　B. 直接签约　　C. 指定签约

D. 会议签约　　E. 委托签约

(5) 国际上通用的宴请形式有(　　),每种形式均有特定的规格和要求。

A. 宴会　　B. 招待会　　C. 茶会　　D. 自助餐　　E. 工作餐

(6) 在商务交往中馈赠时应注意的礼仪有(　　)。

A. 注意礼品的包装　　B. 注意礼品的场合

C. 注意赠礼时的态度和动作　　D. 赠礼时要讲究数字

E. 注意礼品的特殊要求

(7) 接受对方,就是要求人们在交谈时要宽以待人,善于接受对方,应注意(　　)。

A. 不打断对方　　B. 不补充对方

C. 不质疑对方　　D. 不纠正对方

E. 不批评对方

(8) 商务交往宜选(　　)的话题。

A. 拟谈　　B. 格调高雅　　C. 轻松愉快

D. 时尚流行　　E. 对方不擅长

(9) 交谈时一般不询问(　　)。

A. 女士的年龄　　B. 婚姻状况　　C. 对方的履历

D. 家庭财产　　E. 对方值得骄傲的话题

(10) 在商务谈判中,须遵循一定的要求及惯用礼仪,包括(　　)。

A. 服饰礼仪　　B. 会谈礼仪　　C. 宴请礼仪

D. 馈赠礼仪　　E. 日常礼仪

4. 案例分析题

(1)"以貌取人"获订单?

陈宏是某服装厂的业务员,论口才和业务能力,都令他的老板"一百个放心"。可没想到,在国际性的订货会上,当他风尘仆仆找到一家商场后,接待人员见他胡子拉碴,又衣冠不整,连看也不看他带的样品,就给打发走了。因为这家商场认为:"就这样一副尊容,厂里能生产出高档服装?"陈宏很窝火,这不是以貌取人吗?可连续跑了几家商场,费尽口舌也没有如愿。一气之下,他来到美容院做了美容,然后换上本厂生产的名牌服装,气宇轩昂地找到一家商场的总经理。对方见陈宏气度不凡,且产品又属上乘,当即签订了100万元的订货合同。

问题思考：请认真分析陈宏失败与成功的原因。

（资料来源：http://www.daanhome.com/qmVRF/GhkbeY.html）

（2）接待

张一今年大学毕业，刚到一家外贸公司工作，经理就交给他一项任务，让他负责接待一下最近将来公司的一个法国谈判小组。经理说这笔交易很重要，让他好好接待。

张一想这还不容易，大学时经常接待外地同学，难度不大。于是他粗略地想了一些接待顺序，就准备开始他的接待。张一提前打电话和法国人核实了一下来的人数，乘坐的航班以及到达的时间。然后，张一向单位要了一辆车，用打印机打了一张A4纸的接待牌，还特地买了一套新衣服，到花店订了一束花。小张暗自得意，一切都在有条不紊地进行。

到了对方来的那一天，张一准时到达了机场，谁知对方左等不来，右等也不来。他左右看了一下，有几位老外比他还倒霉，等人比他等得还久。他想，该不就是这几位吧？于是又举起手中的接待牌，对方没反应。等到人群散去很久，张一仍然没有接到。于是，张一去问询处问了一下，问询处说该国际航班提前15分钟降落。张一怕弄岔了，赶紧打电话回公司，公司回答说没有人来。张一只好接着等，周围只剩下那几位老外了，他想问一问也好，谁知一询问，就是这几位，小张赶紧道歉，并献上由8朵花组成的一束玫瑰，对方的女士看看他，一副很好笑的样子接受了鲜花。张一心想，有什么好笑的。接着，小张引导客人上车，客人们便大包小包地上了车。

张一让司机把车直接开到公司指定的酒店，谁知因为旅游旺季，酒店早已客满，而张一没有预订，当然没有房间。张一只好把他们一行拉到一个离公司较远的酒店，这家条件要差一些。至此，对方已露出非常不快的神情。张一把他们送到房间，一心将功补过的他决定和客人好好聊聊，这样可以让他们消气。谁知在客人房间待了半个多小时，对方已经有点不耐烦了。张一一看，好像又吃力不讨好了，心想：以前同学来我们都聊通宵呢！张一于是告辞，并和他们约定晚上七点饭店大厅等，公司经理准备宴请他们。

到了晚上七点，张一在大厅等待客人，谁知又没等到。张一只好请服务员去通知法国人，就这样，七点半人才陆续来齐，到了宴会地点，经理已经在宴会大厅门口准备迎接客人，张一一见，赶紧给双方做了介绍，双方寒暄后进入宴会厅，张一一看宴会桌，不免有些得意：幸亏我提前做了准备，把他们都排好了座位，这样总万无一失吧。谁知经理一看对方的主谈人正准备坐下，赶紧请对方坐到正对大门的座位，让张一坐到刚才那个背对大门的座位，并狠狠瞪了张一一眼。张一有点莫名其妙，心想：怎么又错了吗？突然，有位客人问："我的座位在哪里？"原来张一忙中出错，把他的名字给漏了。法国人都露出了一副很不高兴的样子。好在经理赶紧打圆场，神情愉快地和对方聊起一些趣事，对方这才不再板面孔。一心想弥补的张一在席间决定陪客人吃好喝好，频频敬酒，弄得对方有点尴尬，经理及时制止了张一。席间，张一还发现自己点的饭店的招牌菜——辣炒泥鳅，老外几乎没动。张一拼命劝对方尝尝，经理悄声地告诉小张不要动，张一不知自己又错在哪里。好在健谈的经理在席间和客人聊得很愉快，客人很快忘记了这些小插曲。

等双方散席后，经理当夜更换了负责接待的人员，并对张一说："你差点坏了我的大事，从明天起，请你另谋高就。"张一就这样被炒了鱿鱼，但他始终不明白自己究竟错在哪里了？

问题思考：请你帮张一分析一下，他的错误在哪里？正确的做法应该怎样？

（资料来源：田雨来主编.国际商务谈判.北京：电子工业出版社，2008.6）

5. 实训题

（1）情景模拟

不良习惯误生意

情景：风景秀丽的某海滨城市的朝阳大街，高耸着一座宏伟建筑，楼顶上“远东贸易公司”六个大字格外醒目。某照明器材厂的业务员金黄按原计划，手拿企业新设计的照明器材样品，兴冲冲地登上六楼，脸上的汗珠未及擦一个，便直接走进了业务部张经理的办公室，正在处理业务的张经理被吓了一跳。

“对不起，这是我们企业设计的新产品，请您过目。”金黄说。张经理停下手中的工作，接过金黄递过的照明器材，随口赞道：“好漂亮啊！”并请金黄坐下，倒上一杯茶递给他，然后拿起照明器材仔细研究起来。金黄看到张经理对新产品如此感兴趣，如释重负，便往沙发上一靠，跷起二郎腿，一边吸烟一边悠闲地环视着张经理的办公室。

当张经理问他电源开关为什么装在这个位置时，金黄习惯性地用手搔了搔头皮。好多年了，别人一问他问题，他就会不自觉地用手去搔头皮。虽然金黄作了较详尽的解释，张经理还是有点半信半疑。

谈到价格时，张经理强调：“这个价格比我们预算高出较多，能否再降低一些?”金黄回答：“我们经理说了，这是最低价格，一分也不能降了。”张经理沉默了半天没有开口。金黄却有点沉不住气，不由自主地拉松领带，眼睛盯着张经理。

张经理皱了皱眉，“这种照明器的性能先进在什么地方?”金黄又搔了搔头皮，反反复复地说：“造型新、寿命长、节电。”张经理托词离开了办公室，只剩下金黄一个人。金黄等了一会，感到无聊，便非常随便地抄起办公桌上的电话，同一个朋友闲谈起来。

这时，门被推开，进来的却不是张经理，而是办公室秘书。

问题思考：分析指出金黄的失礼之处。

（资料来源：丁玉书，时永春主编. 商务谈判实务(第2版). 北京：清华大学出版社，2012.7）

（2）根据所学国际商务礼仪专业知识，结合本章内容，由6～8名同学组成一个小组，设计一个国际商务谈判签约仪式的情景，包括仪表礼仪、服饰礼仪、见面礼仪、介绍礼仪、握手礼仪、名片礼仪、电话礼仪、接待礼仪、会议礼仪、谈判礼仪、仪式礼仪、宴请礼仪、办公礼仪、文书礼仪、涉外礼仪，并模拟演示出来。

第八章　国际商务谈判中的文化差异及谈判风格

学习目标

◆ 理解文化差异对国际商务谈判行为的影响
◆ 掌握世界各地商务谈判者的谈判风格

技能目标

◆ 能够根据不同文化的谈判者采取不同的谈判风格

国际商务谈判要面对的谈判对象来自不同国家或地区，每个国家和地区都有着迥然不同的历史、文化传统和风俗习惯，各国商人的文化背景、价值观念和逻辑思维方式也存在着明显的差异。因此，他们在商务谈判中的风格也各不相同。文化上的差异导致国际商务谈判中的文化发生碰撞甚至冲突，相当一部分谈判因此而失败，直接影响了国际商务活动的顺利进行。因此，在国际商务谈判中，正确把握文化因素至关重要。

第一节　文化差异对国际商务谈判行为的影响

案例引入

开胃酒中的苍蝇

A公司在一家大饭店宴请各国商人，有人在先上来的开胃酒中发现了一只死苍蝇。美国商人看见了，笑着把侍者招来说："请你们以后把酒和苍蝇分开来放。"日本商人看见了，严肃地对侍者说："请你把经理找来。"经理来了后，日本商人把他教训了一顿。阿拉伯商人看见了酒中的苍蝇，不客气地把侍者拉过来说："请你把这杯酒喝下去。"说着，硬要拿酒灌到侍者的嘴里。英国商人看见了，一声不响地从口袋里摸出一些钱，然后拂袖而去。

问题思考：

1. 总结以上四国商人的说话风格。
2. 本案例说明什么问题？对你有何启示？

（资料来源：鲁小慧主编．商务谈判．长春：东北师范大学出版社，2012.12）

文化是一个国家和民族特定的观念和价值体系，这些观念构成人们生活和工作中的行为方式，世界各民族由于特定的历史和地域而形成了自己独有的文化传统和文化模式，这些文化传统和文化模式无形地存在于人们的周围，对商务谈判产生微妙的影响。不同国家之间的文化差异主要体现在语言习惯、风俗习惯、思维差异、价值观和人际关系等方面。

一、语言与非语言习惯

语言是由语音、词汇、语法构成的符号系统，是文化的重要载体之一，也构成了不同文化间的重要区别。成功的国际商务谈判者必须善于交流，不仅会运用语言，而且要能够透彻地理解语言的差异。模拟谈判研究表明，谈判人员所使用的语言行为在各种文化中具有较高的相似性，但也有明显的差异，不同的语言中，作为信息交流技巧的语言行为方式的使用频率呈现一定的差异性，如不了解这些差异，很容易误解对手所传播的信息，从而影响谈判目标的实现。不同国家语言的各种交流技巧的使用频率如表 8－1 所示。

人们在实际交流过程中，除了语言符号之外，还使用非语言符号。非语言符号的一个重要特征就是社会性。因此非语言符号的词义和应用在很大程度上受文化的影响。在不同的文化下，相同的非语言符号经常具有不同，甚至是完全相反的含义。不同文化中几种同一非语言符号的含义对照如表 8－2 所示。

在国际商务谈判中语言及非语言行为之间的差异很复杂，唯有弄清楚这些差异，方能理解其真实含义，从而取得国际商务谈判的成功。

表 8－1　不同国家语言的各种交流技巧的使用频率

项目使用频率	中国	日本	韩国	俄罗斯	德国	英国	法国	巴西	加拿大	美国
承诺	6	7	4	5	7	11	5	3	7	8
威胁	1	4	2	3	3	5	5	2	2	4
推荐	2	7	1	4	5	6	3	5	5	4
警告	1	2	0	0	1	1	3	12	3	1
报偿	1	1	3	3	4	5	3	2	2	2
惩罚	0	1	5	1	2	0	3	3	2	3
肯定规范评价	1	1	1	0	0	0	0	0	1	1
否定规范评价	0	3	2	0	1	1	0	1	2	1
保证	10	15	13	11	9	13	10	8	11	13
自我泄露	36	34	36	40	47	39	42	39	28	36
提问	34	20	21	27	11	15	18	22	36	20
命令	7	8	13	7	12	9	9	14	8	6

表 8－2　不同文化中几种同一非语言符号的含义

点头	同意（中国人）	不同意（希腊人）
摇头	不同意（中国人）	同意（希腊人）
竖大拇指	高度赞扬（中国人）	滚蛋（希腊人）
讲话时抬下巴	自信和礼貌（英国人）	傲慢自在或摆架子（美国人）
双手举过头顶鼓掌	战胜对手后的骄傲（美国人）	友谊（俄罗斯人）

二、风俗习惯

每一个国家都有自己的文化背景，不同的文化背景造就了不同的风俗习惯，而风俗习惯会影响着人们做事情的方式。这些所谓的“心灵软件”“集体程序”使得每个人都是自己文化氛围熏陶下的产物，使得人的行为举止受其文化制约，而文化又是通过人的行为予以体现。从另一个角度来说，这限制了人们对异国文化的理解。对文化差异缺乏敏感的人用自己的文化模式为依据来评价另一种文化中人们的行动、观点、风俗，往往会导致文化冲突。

阿拉伯人在社交活动中常邀请对方喝咖啡。按他们的习惯，客人不喝咖啡是很失礼的行为，拒绝一杯咖啡会造成严重后果。曾经有一位美国商人拒绝了阿拉伯人请他喝咖啡的友好提议，这种拒绝在阿拉伯世界被认为是对邀请人的侮辱。结果这位美国商人因此而丧失了一次很好的商机。

在日本，很多交易都是在饭店、酒吧中达成的。

在南美洲，不管当地天气怎样炎热，都以穿深色服装为宜。南美商人与人谈判时相距很近，表现得亲热。说话时把嘴凑到对方的耳边。有些南美国家的商人乐于接受一些小礼品。

中东地区的商人好客，但在谈判时缺乏时间观念，同他们谈判不能计较时间长短，而应努力取得其信任，即要先建立起朋友关系，这样就容易达成交易。

在与法国人进行紧张谈判的过程中，与他们共进工作餐或游览名胜古迹，对缓和气氛、增进彼此的友谊大有裨益。但千万不能在餐桌上、在游玩时谈生意，因为这样会败坏他们的食欲，让他们觉得扫兴。法国人的习惯是在吃饭时称赞厨师的手艺。

德国人在绝大多数时候都是穿礼服，但无论穿什么，都不会把手放在口袋里，因为这样做会被认为是粗鲁的。他们很守时，如对方谈判者迟到，就可能会冷落对方。另外，德国人不习惯与人连连握手，若你与他连连握手，他会惶惶不安。

三、思维差异

进行国际商务谈判时，来自不同文化背景的人在谈判时常会遇到障碍，其原因多种多样，而思维方式的不同应是一个重要因素。理解中西方的传统思维方式的各种差异有助于商务谈判者在谈判中赢得主动地位。各个民族的思维方式各不相同，思维差异往往成为国际商务谈判成功的主要绊脚石。

以美国人和日本人为例，美国谈判者能看到的往往只是日本对手脸上友善的笑容，对其真实思想却不得而知。然而一旦建立起合作关系，日本人就会毫无保留地与你沟通。相反，美国人初次见面便很愿意沟通，但不会轻易吐露内心秘密。因此对东西方思维差异问题的正确把握在很多时候是国际商务谈判能否取得预期目标的关键所在。

以东方文化和英美文化为例，英美文化偏好抽象分析思维，美国学者斯图亚特在《在美国文化模式》一书中指出美国人具有抽象分析和实用的思维取向，他们的思维过程是从具体事实出发，进行归纳概括，从中得出结论性的东西。欧洲人则是看重思想和理论，他们的演绎型思维方式侧重的是感知世界，他们喜欢运用逻辑手段从一个概念推导出另一个概念，他们依靠思想的力量。东方文化偏好形象思维和综合思维，习惯将对象的各个部分合为整体，将它的属性、方面、联系等结合起来考虑。由于谈判人员思维方式的差异，不同文化的谈判者呈现出决策上的差异，形成顺序决策方法和通盘决策方法之间的冲突。当面临一项复杂的谈判任务时，采用顺序决策方法的西方文化的英美人经常将大任务分解为一系列的小任务，将价格、交货、担保和服务合同等问题分次解决，每次解决一个问题，从头至尾都有让步和承诺，最后的协议就是一连串小协议的总和。采用通盘决策方法的东方文化则注重对所有问题整体讨论，不存在明显的次序之分，通常要到谈判的最后，才会在所有问题上做出让步和承诺，从而达成协议。例如在美国，假如一半的问题定下来了，那么谈判就算完成了一半，但是在日本，这时似乎什么事也没定下来，后来，忽然间一切又全都定下来了，结果是美国商人经常在日本人公布协议之前做出了不必要的让步，美国商人所犯的这种错误反映出来的是双方思维决策方式上的差异。

四、价值观

作为文化重要组成部分的价值观是跨文化交际的核心，是社会文化的精神之所在，也是社会决策的动机和目的之所在。不同文化间的差异最主要的是价值观的差异，不同文化间的冲突最主要的是价值观的冲突。国际商务谈判既是一种经济活动，同时也是一种跨文化活动。因此，隶属于不同文化的谈判双方会持有不同的价值观，其谈判行为也会因价值观的不同而受到影响。正确认识中西方价值观差异及其影响有助于国际商务谈判的顺利进行。

美国学者萨姆瓦等人在其著作《跨文化传统中》对各种特定的价值观念进行了研究，研究显示，国际商务谈判中价值观方面的差异远比语言及非语言行为差异隐藏得深，因此更难以克服。东方文化与西方文化在“谦逊”“争先”“集体责任感”“尊老爱幼”等方面的价值观差异最大，几乎是两个极端；“感恩戴德”“和睦”“金钱”“守时”“殷勤好客”“效率”等方面的价值观差异稍微小些，而在“尊敬青年”“男女平权”“人的尊严”“教育”“率直”等方面的价值观比较接近。

五、人际关系

人际关系是人与人之间在活动过程中直接心理上的关系或心理上的距离。人际关系反映了个人或群体寻求满足其社会需要的心理状态，因此，人际关系的变化发展决定于双方社会需要满足的程度。比如，法国人天性比较开朗，具有注重人情味的传统，因而很珍惜交往过程中的人际关系。对此有人说，在法国“人际关系是用信赖的链条牢牢地相互联结的”。在日本，人们的地位意识浓厚，等级观念很重，因而与日本商人谈判时搞清楚其谈判人员的级别、社会地位是十分重要的。在德国，人们重视体面，注意形式，对有头衔的德国谈判者一定要称呼其头衔。澳大利亚商人参与谈判时，其谈判代表一般都是有决定权的，因而与澳大利亚商人谈判时，一定要让有决定权的人员参加，否则澳大利亚商人会感到不愉快，甚至中断谈判。

综上所述，语言表达、风俗习惯、思维差异和人际关系等因素的文化差异塑造了不同的谈判风格，从事国际商务谈判活动必须对此进行深入了解。

第二节　欧美国家商人的谈判风格

案例引入

很遗憾，我决定不与贵公司技术合作！

美国的电子机械制造商华格纳公司，向台湾的三友公司提议双方共同研究半导体。虽然三友公司规模不大，仅有200名员工，但是它在这个专业领域中却开发出世界上最先进的技术。华格纳公司极欲得到这项技术，便以典型的美式做法向三友公司提出技术合作的要求。

华格纳公司的高级主管用其三寸不烂之舌，向三友公司的董事长游说这项研究的发展前景。三友公司董事长考虑周详，一来担心技术合作会削减自己技术开发的独立精神，而造成依赖华格纳公司的局面；二来忧虑将来若是达到生产的阶段，势必得由资金雄厚的华格纳公司来发号施令。除此以外，三友公司董事长也慎重考虑到是否有技术合作的必要性。双方谈判了将近10个月，彼此互访对方的总公司，但是三友公司董事长仍然犹豫不决。

华格纳公司的副总裁是出自哥伦比亚大学的优秀人才，对于谈判迟迟没有进展感到焦躁不满。这时华格纳公司此时犯下致命性错误。"事实上，本公司拥有足够买下三友公司的雄厚财力。"他在会议上说出这句带着威胁性质的语言。

三友公司董事长一手创建这家公司，研发了数百种产品，不但深深引以为傲，更具有一份浓厚的感情，他听到这句话之后便不再迟疑，"很遗憾，我决定不与贵公司技术合作！"

问题思考：本次商务谈判因何失败？对你有何启示？

（资料来源：https://max.book118.com/html/2016/0319/38050753shtm）

所谓谈判风格，主要是指在谈判过程中，谈判人员所表现出来的言谈举止、处世方式以及习惯爱好等特点。由于文化背景不一样，不同国家、地区的谈判者具有不同的谈判风格，而这些都是我们在进行国际贸易谈判时应当了解和掌握的。谈判人员只有了解世界不同地区和国家商人的谈判风格，才能在谈判中游刃有余，才能采用适当的谈判策略取得谈判的成功。

一、美国人的谈判风格

1. 干脆坦率，直截了当

美国人性格开朗、自信果断。在谈判中，他们精力充沛，热情洋溢，不论在陈述己方的观点，还是表明对方的立场态度，都比较坦率。如果对方提出的建议他们不能接受，他们会毫不隐讳地直言相告，甚至唯恐对方误会了。所以美国人常常对于中国人在谈判中用微妙的暗示来提出实质性的要求而感到不习惯。他们常常惋惜，不少美国厂商因不善于品味中国人的暗示，失去了不少极好的交易机会。比如，美国西屋电气公司加拿大分公司，同中国东方汽轮机厂的一个访问团谈妥向该公司销售几台大型汽轮机，可是接下来的不是签订合同，而是两次在北京紧急磋商，西屋公司不得不一次又一次重申最初的动机，而中方则一次又一次地要求按照最初的要求去办，最后西屋公司才弄明白，中方无非是要确定一个最理想购买价。这项协议一直到西屋公司的代表二次回国后才通过电传签订了，美国人不理解，一开始中国人为什么不说明价格问题。这启示我们，美国人属于外向的民族，在谈判中比较直率，喜欢直奔主题，对中国人的迂回技巧莫名其妙，所以才有谈判中的波折。

2. 自信心强

美国是世界上经济技术最发达的国家之一。国民经济实力也最为雄厚，不论是美国人所讲的语言，还是美国人所使用的货币，都在世界经济中占有重要的地位。英语几乎是国际谈判的通用语言，世界贸易有50%以上是用美元结算的。美式谈判反映了美国人的性格特点。他们总是十分自信进入谈判大厅，不断地发表意见。美国人的这些特点，很多都和他们取得的经济成就有密切的关系。他们有一种独立行动的传统，并把实际物质利益上的成功作为获胜的标志。美国人不但崇拜力量，并且深信这套美国式的思考理论可以通用于世界各地，他们认为自己的决定是正确的。在磋商阶段，他们精力充沛，能迅速把谈判引导至实质阶段。

美国人的自信还表现在他们坚持公平合理的原则。他们认为两方进行交易，双方都要有利可图。在这一原则下，他们会提出一个"合理"的方案，并认为是十分公平合理的。他们喜欢在双方接触的初始就阐明自己的立场、观点，推出自己的方案，以争取主动。

3. 讲究效率，注重经济利益

美国人重视效率，喜欢速战速决。美国人有句谚语"不可盗窃时间"，在美国人看来，时间就是金钱。在谈判过程中，他们不会去做无聊的毫无意义的事情，十分珍视时间、遵守时间。美国人常常抱怨其他国家的人员拖延，缺乏工作效率，而这些国家的人则抱怨美国人缺少耐心。美国人认为，最成功的谈判人员能熟练地掌握一切事物最简洁、最令人信服的语言并将其迅速地表达出来。因此，美国谈判人员为自己规定的最后期限往往很短。谈判中，他们十分重视办事效率，开门见山。

4. 重合同，法律观念强

美国是一个高度法制的国家。据有关资料披露：平均450名美国人当中就有一名律师，这与美国人解决矛盾纠纷习惯于诉诸法律有直接的关系。他们这种法律观念在商业交易中也表现得十分明显。美国人认为，交易最重要的是经济利益。为了保证自己的利益，最公正、最妥善的解决办法就是依靠法律、依靠合同。因此，他们特别看重合同，十分认真讨论合同条款，而且特别重视合同违约的赔偿条款。一旦双方在执行合同条款中出现意外情况，就按双方事先同意的责任条款处理。因此，美国人在商业谈判中对于合同的讨论特别详细、具体，当然也关心合同适用的法律，以便在执行合同中能顺利地解决各种问题。

二、英国人的谈判风格

1. 较强的优越感

英国是最早的工业化国家，早在17世纪，它的贸易就遍及世界各地，曾经是世界上的经济大国之一。

2. 等级观念较强

同时英国人的等级观念是非常严格而深厚的。与英国人谈生意时，在人员的选择上应注意级别对等原则，以示平等和尊重。在观念中，等级制度依然存在，这就是为什么英国还保留象征性的王室统治。在社交场合,“平民”与“贵族”仍然是不同的。例如,在英国上流社会,人们喜欢阅读的是《时报》《金融时报》;中产阶层的人阅读《每日电讯报》;而其他人则读《太阳报》或《每日竞报》。在对外交往中,英国人比较注重对方的身份、经历、业绩,而不是像美国人那样更看重对手在谈判中的表现。所以,在必要的情况下,与英国人谈判,派有较高身份、地位的人,有一定的积极作用。他们不轻易相信别人、依靠别人。这种保守、传统的个性,在某种程度上反映了英国人的优越感。但是你一旦与英国人建立了友谊,他们会十分珍惜,长期信任你。所以,如果你没有与英国人长期打交道的历史,没有赢得他们的信任,没有最优秀的中间人做介绍,你就不要期望与他们做大的买卖。

3. 谨慎认真,时间观念强

英国人对谈判本身不如日本人、美国人那样看重。相应的,他们对谈判的准备也不充分。他们善于简明扼要地阐述立场,陈述观点;在谈判中,表现更多的是沉默、平静、自信、谨慎,而不是激动、冒险和夸夸其谈。他们对于物质利益的追求,不如日本人表现得那样强烈,不如美国人表现得那样直接。他们宁愿做风险小、利润也少的买卖,而不喜欢冒大风险去赚大利润的买卖。英国人严格遵守约定的时间,与他们进行商务活动一定要事先预约,并最好提早到达,以取得他们的信任和尊重。在商务活动中,接待客人的时间往往较长。

4. 具绅士风度,谈判比较灵活

英国人具有绅士风度,这使得英国人善于交往、讲究礼仪、对人比较友善和容易相处。当你受到英国人款待之后,一定要写信表示谢意,否则你就会被认为是不懂礼貌的人。要约会的时候,假如之间没有见过面,就一定要写信告诉他面谈的目的,然后再定时间。英国人在谈判中比较灵活,他们常常在开场陈述时十分坦率,愿意让对方得到有关他们的立场和观点。他们能够提出积极性意见,并对别人提出的建设性方案做出积极的反应。在洽谈中即使形势对他们不利,他们也仍会保持真诚。

案例应用

游泳池里谈生意

英国某啤酒公司的副总裁在去南美作商务旅行时接到总部的传真,要他在归途中顺便去牙买加和当地一家甜酒出口公司的经理谈生意。但问题是他没有去牙买加做公务旅行的签证,想临时办一个,时间又来不及。

于是,他只好以旅游者的身份来到金斯敦的诺尔曼雷机场。在检查护照的关口,移民官从他皮包的工作日志及来往信函中判明他是在做公务旅行,所以不许他入境。他反复向移民官声明,自己不过是在返回伦敦前来这儿做短暂的休整,这才勉强被允许入境。

他在旅馆一安顿好,便打电话和那位甜酒出口商联系。刚打完电话,就来了位移民局的官员,说他是怀着商务目的来到此地,而没有取得应有的签证。对他说,他将受到有关方面的严密监视,一旦发现从事商务活动,便将立即被驱逐出境,并处以高额罚款。

足足两天,他身边总有一位警察,像个影子似的,使他不得不像个旅游者一样打发时光。看来此行只能是白费时间和金钱了。

但是他在离开之前却在警察的眼皮底下与那位出口商谈成了生意。旅馆设有游泳池,池旁有个酒吧是供客人喝喝饮料、稍事休息的。监视的警察只见他与一位身着比基尼泳装的妙龄女郎正坐在酒吧前喝酒，还有一搭没一搭地和酒吧服务员聊天。

谁知那位服务员竟是出口商假扮的，而那名妙龄女郎则是他的女秘书。

只要会想办法，任何官样文章都阻止不了英国人谈生意，任何地方、任何场景都可以用来谈生意。在英国，很多私人老板特别会利用与客人吃饭的时间做成生意，也有很多人会在陪客人游玩时把生意谈成。

问题思考：总结分析本案例英国商人的做事风格。

（资料来源：鲁小慧主编. 商务谈判. 长春：东北师范大学出版社，2012. 12）

三、法国人的谈判风格

法国是一个老牌的资本主义国家。法国人具有浓厚的国家意识和强烈的民族文化自豪感。他们性格开朗、热情、对事物比较敏感，工作态度认真，十分勤劳，善于享受。法国是一个讲究等级制度和社会地位的国家。在法国，受教育程度、家庭背景以及财产共同决定了人们社会地位的高低。

1. 天性开朗，比较注重人情味

法国人不喜欢过于直接地提出自己的观点，但又很容易发生争执，并且在谈判的过程中，如果他们有不同意见，他们会坦率提出。再有，尽管“平等主义”一词来自法语，但是法国仍然是欧洲国家中社会等级制度较为明显的国家之一。

法国人天性比较开朗，比较注重人情味。他们非常珍惜交易过程中的人际关系，有人说，在法国“人际关系是用信赖的链条牢牢地互相连接的”，这种性格也影响到商业上的交往。一般说来，在尚未互相成为朋友之前，法国人是不会与你做大笔生意的。因此，你如果和法国人洽谈生意，就必须和法国人建立友好关系，这需要做出长时间的努力。在社会交往中，法国人比较顾全对方的面子。有这样一个例子可以说明这点：法国一家公司的经理邀请日本商人到自己家做客。在宴席上，主妇端上洗手指用的水，这个日本商人一时大意，竟然把碗中的水喝了下去。主人看到后，马上就向同座的孩子们示意，两个孩子也就一声不响地跟着喝下了碗中洗手指的水，顾全了对方的面子。

2. 坚持使用法语

法国人认为法语是世界上最高贵的语言，在大多数的交易中，即使他们的英语讲得很好，他们往往也会坚持用法语来谈判，只有恰好他们是在国外而且在商业上对你有所要求时，他们才会做出让步。因此，如果你想和法国人长期做生意，最好学一些法语，或者在洽谈时选择一名好的法语翻译。因此，专家指出，如果一个法国人在谈判中使用英语，那么这可能是你争取到的最大让步。

3. 法国人偏爱横向谈判

就是说，他们喜欢先为谈判协议勾画出一个大致的轮廓，然后再达成原则协定，最后再确定协定中的各项内容。因此在洽谈中喜欢搞各种书面的“纪要”或“备忘录”一类的文件，这为以后的谈判及签订正式的协议奠定了基础和基调。所以，法国人不像德国人那样签订协议之前认真、仔细地审核所有具体细节。法国人的做法是：签署交易的大概内容，如果协议执行起来对他们有利，他们会若无其事，如果协议对他们不利，他们也会毁约，并要求修改或重新签署。

4. 重视个人力量

法国的管理者们需要有很强的能力，甚至需要知道出现的每一个问题的解决办法。他们不愿意采取委托管理的方式。重视个人的力量，很少有集体决策的情况。这是由于他们的组织机构明确、简单，实行个人负责制，个人权力很大。在商务谈判中，也多是由于个人决策负责，所以谈判的效率也较高。即使是专业性很强的洽谈，他们也能一个人独当几面。

四、德国人的谈判风格

德国是世界著名的工业大国。1990 年东德和西德合并为统一的德国。虽然统一前东德和西德的意识形态、价值观念等方面存在差异，但从整个民族的特点看，德国人具有自信、谨慎、保守、刻板、严谨的特点，做事富有计划性，注重工作效率，追求完美的特征都有充分的展现。其具体表现如下。

1. 严谨保守

德国商人在谈判前往往准备得十分周到。他们会想方设法掌握大量详细的第一手资料，不仅要研究对方要购买或销售的产品，还要仔细研究对方的企业，以确定对方能否成为可靠的商业伙伴。他们只有在充分了解对方的基本情况后，才会坐到谈判桌前。因此，如果与德国人做生意，一定要在谈判前做好充分准备，以便回答他们的详细提问。

2. 讲究效率

德国人享有名副其实高效率的声誉，他们不喜欢对方支支吾吾，“研究研究”“考虑考虑”等拖拖拉拉的谈判语言。他们具有极为认真负责的工作态度，高效率的工作方式。所以，在德国人的办公桌上，看不到搁了很久、悬而未决的文件。德国人认为，一个谈判者是否有能力，只要看一看他经手的事情是否快速有效地处理就清楚了。德国人在做出一项重要的决定之前，会花时间跟一些值得信赖的同事进行商讨。在这方面花费的时间比美国人多，但是要比日本人和大多数其他的亚洲人少。

3. 自信

德国商人自信而执着，他们对自己的产品极有信心，在谈判中常会以本国的产品为衡量标准。他们对企业的技术标准要求相当严格，如果要与德国人谈生意，务必要使他们相信你公司的产品可以满足德国人要求的标准。德国商人的自信与执着，还表现在他们不太热衷于在谈判中采用让步方式。他们考虑问题比较系统、缺乏灵活性和妥协性。他们总是强调自己方案的可行性，千方百计迫使对方让步，常常在签订合同之前的最后时刻，还在争取使对方让步。

4. 重合同，守信用

德国人素有“契约之民”的雅称，他们崇尚契约，严守信用，权利与义务的意识很强。在商务谈判中他们的权利与义务分得十分清楚，涉及合同的任何一项条款，他们都非常细心。德国商人对交货期限要求严格，外国客商要想成功地同德国人打交道，就得严格遵守交货日期，而且还要同意严格的索赔条款。

5. 时间观念强

德国人非常守时，不论工作还是干其他事情，都是有板有眼，因此在商务谈判中不应迟到。

第三节　亚非拉等国家商人的谈判风格

案例引入

年轻的美国谈判代表团

美国一家医药公司准备与日本人谈一笔买卖，他们派出一组认为是“最精明的人”来进行谈判。这个小组是由一些头脑敏捷的年轻人组成，其中包括一位女士，年龄大都在20～30岁。结果他们访日三次，均失败，甚至未能与日方的首脑们见面，更不用说讨论具体的内容了。百般无奈之下，他们找到著名的谈判专家齐默尔曼先生，并听取了他的建议，在谈判小组中增补了一位在公司任职25年以上的有经验的人员，职位是公司的副总经理。结果日方立刻转变了态度，双方开始了积极谈判。

问题思考：本案例体现了日本人的何种谈判风格？

（资料来源：胡海主编.商务谈判实务.北京：北京邮电大学出版社，2012.5）

一、日本人的谈判风格

日本是一个人口密集的岛国，资源相对匮乏，日本人有较强的民族危机感，因此，日本人讲究团队和协作。在20世纪60～70年代，日本创造了经济上的奇迹，从战后的废墟中一跃而成为世界第二大经济强国。日本的文化受到中国文化的影响很深，儒家思想中的等级观念、忠孝、宗教观念深深影响着日本人，不过日本人又在中国文化的基础上创造出其独特的东西，现代日本人兼有西方的观念。他们讲究礼仪、注重人际关系；等级观念强，性格内向，不轻易相信外人；有责任感，群体意识强；工作认真、有耐心；精明能干，进取心强，勇于开拓；讲究实际，吃苦耐劳，富有实干精神。这些特点体现在谈判上，具有以下几个方面内容。

1. 具有强烈的群体意识，集体决策

日本有世界闻名的团队精神，体现在谈判中就是集体决策、集体负责。日本企业并未实行高层集权，采用自上而下的决策流程，任何个人都不能对谈判全过程负责，也无权不征求组内其他人的意见而单独赞同或否决一项提议。由于日本人的决策是集体制定且任何决策只有在全组人员均认可后才能实施，故他们的决策过程和决策时间往往很长。但日本人一旦做出决策，行动起来十分迅速。

2. 讲究礼仪

日本是一个礼仪的社会，日本人所做的一切，都要受严格礼仪的约束。比如，在待人接物方面，见面鞠躬，日本人习以为常。不仅是走亲访友、商店开门营业，甚至家里人见面也是如此。因此，在与日本人的谈判中，应该理解和尊重日本人的礼仪，这样才能引起日本人的重视，获得日本人的好感和信任，使谈判获得成功，反之，则会使谈判陷入僵局。在谈判中应注意以下几点内容。

（1）日本人很重视人的身份地位。日本人的等级观念较强，即讲究自己的身份、地位等，甚至同等职位的人，都具有不同的地位和身份。因此，在交易过程中，一定要注意自己的地位、身份,以及对方的地位和身份。对于不同身份、地位的人要给予不同程度的礼遇,处置要适当。

(2) 充分发挥名片的作用。与日本人谈判,交换名片是一项必不可少的礼节。而且,在谈判的过程中,你要向对方的每个人交换名片,因此,在谈判之前,把名片准备充足是必要的。

如果日本人首先递上名片,我方不要急着装起来,最好把名片拿在手中,反复仔细确认对方的名字、公司名称、电话号码、地址等,既显示了对对方的尊重,又记住了主要的内容。同时传递名片,一般是职位高、年长者先出示。另外,很随意地交换名片被日本人认为是一种失礼。

3. 信任是合作的前提

日本人做生意更注重建立个人之间的人际关系。要与日本人进行良好的合作,朋友之间的友情、相互之间的信任是十分重要的。在商务谈判中,如果与日本人建立了良好的个人友情,特别是赢得了日本人的信任,合同条款是次要的。日本人认为,双方既然已经十分信任了解,一定会努力合作。合同在日本一向就被认为是人际关系协议的一种外在形式,如果周围环境发生变化,有损于公司利益,那么合同的效力就会丧失。

4. 以耐心实现谈判目标

日本人在谈判中的耐心是举世闻名的。在许多场合日本人谈判非常有耐心,不愿意率先表达自己的观点和意见,而是耐心等待,静观事态的发展,时间对于他们来说不是最重要的。时间对于欧美人来讲,就是效率,但是对于日本人而言,耐心不仅仅是缓慢,而是准备充分,考虑周全,洽商有条不紊,决策谨慎小心。为了一笔理想的交易,他们可以毫无怨言地等待两三个月,只要能达到他们预期的目标,或取得更好的结果。

案例应用

错过销售旺季的布鞋

上海一家鞋厂与日本一家企业成交了一笔布鞋生意,但当鞋运到时,已错过了销售旺季,产品大量积压,日方提出想退货。由于责任不在中方,所以,中方既可以拒绝对方的退货要求,也可以体谅日方的困难,采取一些变通的办法。经认真研究,中方接受了日方退货的要求,想法将这批货调到国内其他市场。此事被新闻媒体报道后,马上又有几家日本客户来函与该厂合作,而原日方的企业则成为中方厂家在国外销售的总代理。

问题思考:上海这家鞋厂的做法有何意义?说明了什么问题?

(资料来源:鄢岳浩主编.商务谈判实务.北京:对外经济贸易大学出版社,2010.9)

二、韩国人的谈判风格

韩国人在长期的对外贸易实践中,积累了丰富的经验,常在不利的商务谈判中占据上风,被西方发达国家称为“谈判的强手”。其谈判方面的特点主要有以下几个方面。

1. 谈判前重视咨询

韩国人十分重视商务谈判的准备工作。在谈判前,通常要对对方进行咨询了解。一般通过有关海外咨询机构了解对方情况：经营项目、规模、资金、经营作风以及有关商品行情等。如果对对方没有一定的了解，他们是不会与对方一同坐在谈判桌前的。而一旦同对方坐到谈判桌前，那么可以肯定韩国人已经对这场谈判进行了周密的准备。

2. 注重创造谈判氛围

韩国人十分注意选择谈判地点，一般喜欢选择有点名气的酒店、饭店会晤。会晤地点如果是韩国方面选择的，他们一定会准时到达。如果是对方选择的，韩国人则不会提前到达，往往会推迟一点时间到达。在进入谈判地点时，一般是地位最高的人或主谈人走在最前面，因为他是谈判的拍板者。

韩国人十分重视会谈初始阶段的气氛，一见面就会全力创造友好的谈判气氛。见面时总是热情打招呼，向对方介绍自己的姓名、职务等。落座后，当被问及喜欢用哪种饮料时，他们一般选择对方喜欢的饮料，以示对对方的尊重和了解，然后再寒暄几句与谈判无关的话题如天气、旅游等，以此创造一个和谐的气氛，然后才正式开始谈判。

3. 讲究谈判技巧

韩国人逻辑性强，做事喜欢条理化，谈判也不例外。在谈判开始后，他们往往是与对方商谈谈判的主要议题。而谈判的主要议题虽然每次各有不同，但一般包括下列五个方面的内容，即阐明各自意图、报价、讨价还价、协商、签订合同。尤其是较大型的谈判，往往是直奔主题，开门见山。在谈判中他们善于讨价还价，他们会针对不同的谈判对象使用谈判策略和技巧。

三、阿拉伯人的谈判风格

1. 重视感情与朋友关系

阿拉伯人十分看重对家庭和朋友所承担的义务，相互提供帮助、支持和救济，家庭关系在社会经济生活中占有重要地位。他们十分好客，对于来访的客人，他们都会十分热情地接待。因此，谈判过程也常常被一些突然来访的客人打断，主人可能会抛下谈判者，与新来的客人谈天聊地。所以，与他们谈判必须适应这种习惯，学会忍耐和见机行事。这样，就会获得阿拉伯人的信赖，这是达成交易的关键。

2. 不喜欢冲突和激烈对抗

阿拉伯人不喜欢同人面对面发生争吵，也不喜欢一见面就匆忙谈生意。他们认为，一见面就谈生意是不礼貌的。他们希望能花点时间谈谈社会问题和其他问题，一般要占去15分钟或更多的时间，有时要聊几个小时。

3. 重视当地代理商

在大多数阿拉伯国家，通过当地的中介来做生意已经成为惯例。交易能否成功很大程度上取决于其所选择的中介及合作的情况。找个关系比较广泛的、具有合适的分销商和分销渠道的中介是十分重要的。中介的佣金不是不变的，要支付5%～8%。

需指出的是，在任何场合都要得体地表示对当地宗教的尊重与理解。

案例应用

阿拉伯代表谈判的习惯

美国有家石油公司的经理曾经与石油输出国组织的一位阿拉伯代表谈判石油进口协议。谈判中,阿拉伯代表谈兴渐浓时,身体也逐渐靠拢过来,直到与美方经理只有约15厘米的距离才停下来。美方经理稍感不舒服,就向后退了一退,使二人之间保持约60厘米的距离。只见阿拉伯代表的眉头皱了一下,略为迟疑后又边谈边靠了过来。美方经理并没有意识到什么,因为他对中东地区的风俗习惯不太熟悉,所以他随即又向后退了退。

这时,他突然发现他的助手正在焦急地向他摇头示意,用眼神阻止他这样做,美方经理虽然并不完全明白助手的意思,但他终于停止了后退。于是,在阿拉伯代表感到十分自然,美方经理感到十分别扭的状态下达成了使双方满意的协议,交易成功了。

事后,经理在了解了阿拉伯人谈判习惯以后,感慨地说:"好险!差一点断送了一笔重要的石油生意。"

问题思考:阿拉伯代表谈判的习惯对我们有何启示?

(资料来源:李文新,谢海燕主编.商务谈判.武汉:华中师范大学出版社,2012.8)

四、犹太人的谈判风格

犹太民族是世界上历史最悠久、最有特点的民族之一。犹太人的经商智慧和能力为全世界所称道。犹太人的谈判特点有以下几点。

1. 精于谈判业务

犹太人的商业意识极强,极具经商的才能。交易条件比较苛刻,很难讨价还价,他们在谈判中不会轻易接受对方的条件,对于价格也不会轻易让步。他们对协议条款也是字斟句酌。

2. 谈判前准备充分

犹太人参加谈判总是有备而来,他们深知事前准备的重要性,他们常常在谈判之前阅读大量的有关资料,有时还搜集相关情报,由于准备充分,所以在谈判中常常能出奇制胜。

3. 谈判中讲究效率

犹太人在谈判中讲究效率,喜欢直接进入主题,特别不喜欢客套,或说一些与生意无关的话。在谈判中,他们集中注意力,并且会重视每一个细节和每一个谈判的机会。

4. 精于计算

犹太人在谈判中精于计算,尤其擅长心算。在商务谈判中,他们常能根据得到的数据立即计算出相关的结果和利润,因此在谈判中他们常常能抢先做出判断,使对方陷于被动。

5. 处事温和

犹太人由于历史原因,生存环境相当艰难,逐渐养成了温和的为人处世的态度。在商务谈判中犹太人常常会为某一问题而与对方争执得不可开交,之后他仍会温和友善地与对方打招呼。在他们看来据理力争是正常的事情,同时保持友谊又是一条很重要的原则。

案例应用

犹太商人的订单

一位日本商人接到犹太商人的一大笔订单，由于订购数量很大，日本商人对订单上的条件就比较马虎。订单末尾写着："交货以前，如遇市场变化，可以由一方通知，解除合同。"日本人认为那是犹太人急于催货的表示，只要尽快交货是没有问题的。他们没有仔细推敲，就开始扩大生产，以便提前交货。实际上，这订单末尾所写的条件是犹太人的细心和精明所在，这个条件一加上，犹太人就万无一失了。事实也恰巧是这样，当日本人还来不及交货时，犹太商人发现市场发生了与原来预期相反的变化，立刻通知日本商人解除合同。由于订单上明确地写着，日本商人只好自认倒霉。

问题思考：本案例体现了犹太商人谈判的何种风格？

（资料来源：李炎炎主编. 国际商务沟通与谈判. 北京：中国铁道出版社，2012. 1）

五、拉美人的谈判风格

1. 坚持平等互利原则

与拉美人做生意，要表现出对他们风俗习惯、信仰的尊重与理解，努力取得他们的信任。一定要坚持平等、友好互利的原则。

2. 文化差异大

拉丁美洲和北美洲同处一个大陆，但人们的观念和行为方式却差别很大。一般来讲，拉美人的生活节奏比较慢，这是非工业化国家的特点。由于拉丁美洲是由众多的国家和地区构成，国家间的矛盾冲突较多，因此要避免在谈判中涉及政治问题。

拉美人不会轻易让步。拉美人执着、不妥协的性格特点反映在谈判中就是不轻易让步。他们不喜欢妥协，妥协意味着失败、放弃，意味着牺牲个人的尊严和荣誉。在谈判中，他们坚信自己观点的正确性，往往要求对方全盘接受，很少主动让步。不过，他们一般不愿意直接阐述自己的观点，一般采用迂回曲折的方式进行说明。

3. 贸易管制

在一些南美洲国家中，各国政府对进出口和外汇管制都有不同程度的限制，而且差别较大。一些国家对进口证审查很严，一些国家对外汇出入国境有繁杂的规定和手续。所以，一定要进行认真调查研究，相关合同条款也要一一列明。

本章小结

◆ 每个国家和地区都有着迥然不同的历史、文化传统和风俗习惯，各国商人的文化背景、价值观念和逻辑思维方式也存在着明显的差异

◆ 不同国家之间的文化差异主要体现在语言习惯、风俗习惯、思维差异、价值观和人际关系等方面。这就意味着在国际商务谈判中了解各国不同文化背景，熟悉商业活动的文化

差异是非常重要的

◆ 谈判风格主要是指在谈判过程中，谈判人员所表现出来的言谈举止、处世方式以及习惯爱好等特点

思考与练习

1. 简答题

(1) 文化差异主要是指哪些方面的差异？

(2) 美国人的谈判风格是怎样的？

(3) 日本人的谈判风格如何？

(4) 简述俄罗斯人的谈判风格。

(5) 阿拉伯人的谈判风格是怎样的？

2. 单项选择题

(1) 国际商务谈判是跨国界的商务沟通，这种沟通是通过(　　)两种形式的完美配合来完成的。

A. 语言与非语言　　B. 外语与技术

C. 人际关系与思维　　D. 国际环境与国内环境

(2) 每一个国家都有它自己的文化背景，不同的文化背景养就了不同的(　　)，而它会影响着人们做事情的方式。

A. 语言习惯　　B. 风俗习惯　　C. 人际关系　　D. 价值观

(3) 日本人的谈判风格一般表现为(　　)。

A. 直截了当　　B. 不讲面子　　C. 等级观念弱　　D. 集团意识强

(4) 在谈判中，意大利人一般不习惯提及国名，而更愿提及的是(　　)。

A. 自己的名字　　B. 故乡的地名　　C. 家族的名字　　D. 夫人的名字

(5) 英国人的谈判风格一般表现为(　　)。

A. 讲效率　　B. 守信用　　C. 按部就班　　D. 有优越感

(6) 法国人的谈判风格一般表现为(　　)。

A. 人情味浓　　B. 偏爱纵向式谈判

C. 对商品质量要求不严　　D. 时间观念强

3. 多项选择题

(1) 不同国家之间的文化差异主要体现在(　　)方面。

A. 语言习惯　　B. 风俗习惯　　C. 思维差异　　D. 价值观

(2) 美国人的谈判风格有(　　)。

A. 干脆坦率，直截了当　　B. 自信心强，自我感觉良好

C. 讲究效率，注重经济利益　　D. 重合同、法律观念强

(3) 日本人的谈判特点有(　　)。

A. 注重合同中的法律术语　　B. 注重私人关系

C. 集体决策　　D. 委婉间接交流

E. 决策过程缓慢

（4）英国人的谈判风格是（　　）。

A. 等级观念较强　B. 谨慎、认真　C. 时间观念强　D. 有灵活性

（5）德国人的谈判特点是（　　）。

A. 集体负责　B. 准备充分　C. 重视合同　D. 风格强硬

E. 讲究效率

4. 案例分析

船长是怎么说服大家的

某一天，在一只游船上，来自各国的一些贸易代表边观光边交谈。突然，船出事了，并开始慢慢下沉。船长命令大副："赶快通知那些先生，穿上救生衣，马上从甲板上跳海。"几分钟后，大副回来报告："真急人，谁都不肯马上跳。"

于是，船长亲自出马。说来也怪，没过多久，这些代表们都顺从地跳下海去。

这时，大副请教船长："你是怎样说服他们的呀？"

船长说，"我告诉英国人，跳海也是一项运动；对法国人，我说跳海是一种别出心裁的游戏；我同时警告德国人，跳海可不是闹着玩的；在俄国人面前，我就认真地表示，跳海是革命的壮举；我对日本人说，跳海是命令"。

"你又怎样说服那个美国人呢？"

"那还不容易，"船长得意地说，"我只说已经为他办了巨额保险。"

问题思考：试分析船长有效说服各国贸易代表成功的原因。

（资料来源：庞岳红主编. 商务谈判. 北京：清华大学出版社，2011. 6）

三洋电机公司采购真空管的妙招

1950年4月，井植薰与其大哥合资2 000万日元成立了三洋电机公司，井植薰负责三洋的第一个主要产品——三洋收音机。井植薰每天上班非常守时，他到达公司的时间几乎分秒无差，日子一长，从门卫到办公室所有员工都把他的行动当作标准钟。

当时市场上收音机的售价在1万日元以上，并不旺销，其症结在于价格太高。井植薰计划把三洋收音机的价格控制在1万日元以内，以打开销路，抢占市场。为此，首先要压低元器件的采购成本。由于三洋公司名不见经传，许多著名的元器件生产商都有意与三洋合作。井植薰就按自己的要求选择一些并不著名的元器件生产商，不求名牌，但求质量。

没过多久，除真空管以外的大小元器件的货源均一一落实，现在就缺真空管了。真空管是收音机的核心元件，它的质量直接影响收音机的性能，它的价格通常为700日元。一个五管收音机，单真空管一项的成本就是3 500日元。井植薰找到新日本电气公司，与片冈总裁进行了买卖真空管的谈判。事前他做了许多准备，调查了许多真空管生产厂商和收音机生产厂商的情况，计算出一般真空管价值约为收音机批发价格的8%。于是，他在谈判中向片冈总裁建议以比8%这个比例高2个百分点的价格向新日本电气公司订购真空管。

"总裁先生，你们的真空管质量是最好、最令人信服的。我们现在正在筹备大批量生产收音机，需要很多的真空管。由于市场原因，我们的收音机价格暂时还属于商业机密，还不能告诉你，请你涵谅。但是我们愿意以收音机批发价10%的价格订购你公司的真空管，你觉得如何？"接着，井植薰把自己的调查资料送到片冈总裁面前。

片冈总裁从来没有碰到过这样以百分比来确定价格的情况，鉴于10%比市场比例高，显然有利可图。片冈答应了这个定价方法，与井植薰就真空管的订货达成了协议。

后来，三洋收音机的零售价定在8 000日元，批发价为6 000日元，按协议井植薰从新日本电气公司弄到了600日元的低价真空管。

1952年3月，三洋收音机以8 950日元的零售价进入市场，由于产品新颖、价格低廉、性能良好，很快就压倒了其他品牌的收音机，受到顾客的青睐。

问题思考：

(1) 结合案例谈谈三洋电机公司的井植薰如何说服新日本电气公司片冈总裁的？

(2) 根据本案例谈谈日本商人的谈判风格。

(资料来源：夏圣亭主编. 商务谈判. 北京：高等教育出版社，2014. 1)

5. 实训题

以下是给出的背景资料，请根据内容回答以下问题。要求学生参照本章相关内容或上图书馆及网上查阅相关资料找出问题。老师组织学生进行交流。

(1) Mountain Bell 公司经历了这样一件事情，该公司将董事双脚放在桌上打电话的照片用于宣传广告，结果引发了中东地区和远东地区人们的愤怒。

思考题：为什么照片会引发人们的愤怒？

(2) 中东阿拉伯国家的商人，往往在咖啡馆里洽谈贸易。与他们会面时，宜饮酒、吸烟、谈女人、拍照；严禁喝咖啡、茶或清凉饮料；也可以谈论中东政局和国际石油政策。

思考题：本段文字表述有三处违反了阿拉伯国家商人的习俗，请指出。

(3) 到英国洽谈贸易时，有三条禁忌：① 忌系有纹的领带(因为带纹的领带可能被认为是军队或学生校服领带的仿制品)；② 严禁以皇家的家事为谈话的笑料；③ 不要把英国人称呼为“英国人”。

思考题：你认为为什么不要把英国人称呼为“英国人”？

(4) 一家美国公司的经理与一位沙特阿拉伯商人谈生意，开始时双方谈得很投机，沙特阿拉伯商人盛情邀请美国人一起喝咖啡，美国人基于要回宾馆发传真，就好心回绝了沙特阿拉伯商人的邀请。结果第二天发现情形完全不同，不知为什么沙特阿拉伯商人越来越冷淡，使原本大有希望的洽谈陷入僵局。

思考题：请你分析原因。

(5) 美国一家软饮料公司由于将几组六角形引入商标而大大激怒了阿拉伯的消费者，虽然公司一再解释说这些六角形不过是一种简单的装饰，但阿拉伯人却认为它反映了这家公司支持以色列的情感，必须被替换。

思考题：课外查询还有什么图形或颜色是阿拉伯人忌讳的？

第九章　商务谈判中的沟通

学习目标

◆ 认识沟通在商务谈判中的重要作用
◆ 掌握商务谈判中的沟通类型
◆ 在商务谈判中，能熟练运用有声和无声语言沟通的基本技巧与方法

技能目标

◆ 能够运用有声语言沟通和无声语言沟通的基本方法，有效地进行商务谈判

第一节　有声语言的沟通

案例引入

某营销人员与客户的对话

一次，某公司的营销人员拜访一位客户，具体对话如下。

营销人员问："什么时候决定订购我们的产品啊？"

客户说："对不起，我们还没有进行讨论。"

营销人员说："这么久了，能不能这两天就讨论呢？"

客户说："这是我们自己的事情，我们愿意什么时候讨论就什么时候讨论！"

这位营销人员并不气馁，又谈起了别的话题："某某客户已经与我们合作了，你们也应该与我们合作。"

客户生气地说："某某客户是个小公司，我们是大公司，请你不要拿小公司与我们比较。"

问题思考：

(1) 在与客户的沟通中，该营销人员的不足主要有哪些？

(2) 请为该谈判人员设计更好的沟通方法。

（资料来源：冯华亚主编. 商务谈判（第3版）. 北京：清华大学出版社，2015.8）

美国企业管理学家哈里·西蒙曾经说过："成功的人都是出色的语言表达者。"成功的商务谈判是谈判各方出色运用语言艺术的结果。在商务谈判中，各种策略的实现都离不开沟通。谈判者通常借助多种方式进行信息交换，谈判者的语言和行为表现都是其思想、愿望和隐蔽需求的反映，必须随时注意听、问、答、叙、辩，以便准确把握谈判者的行为和想法，及时

传递信息，获取信息，以达到商务谈判的目的。

一、商务谈判语言的特点和要求

1. 商务谈判的特点

(1) 功利性

谈判语言是一种目的性非常明确的语言交流，不管是谈判中的陈述也好、说服也好、回答也好、提问也好，甚至是沉默不语或是一个形体动作，都是为了己方的利益需要而进行的。因此，在谈判活动中，不带有任何功利目的的语言表达，也无求于对方的沟通交流是根本不存在的。20 世纪 70 年代初，中美建交谈判时，美国前国务卿基辛格在与邓小平对话时曾说："我们的谈判是建立在健全的基础上的，因为，我们都无求于对方。"第二天，毛泽东主席接见基辛格时，就其前一天的谈话进行了反驳。毛泽东主席说，"如果双方都无求于对方，你到北京干什么？如果双方都无所求的话，我们为什么要接待你和你们的总统?"毛泽东主席指出，谈判是一种双向的需要，谈判带有明确的目的性。谈判的目的性决定了谈判语言的功利性。

(2) 随机性

商务谈判是双方对交易价格、交易条件都经过充分准备的讨价还价的过程。一般来说，对谈判的内容、己方的条件、可以做出的让步幅度、对方的情况、对方可能采取的策略等内容，谈判一方事前都已经进行了充分地研究，并对谈判过程进行了周密地筹划。但是，谈判过程往往又不是一成不变的，而是充满了变化，随着谈判的不断深入，谈判中出现的需要随时处理的情况就更为频繁，对谈判语言的要求也就更高。这绝不是按照谈判前的准备，一字不变地照本宣科就可以做到的。谈判者必须根据谈判的不同内容和阶段，根据谈判对象的变化，根据主客观环境的变化，随时调整自己谈判语言的内容和形式。一个打扮入时的女人牵着一条狗上了公共汽车。她问售票员："我可以给狗买一张票，让它也和人一样坐个座位吗?"售票员说："可以，不过它也必须像人一样，把双脚放在地上。"售票员没有否定答复，而是提出一个附加条件：像人一样，把双脚放在地上，去限制对方，从而限制了对方。

(3) 策略性

谈判需要智慧、需要策略、需要胆略，而这一切，又都必须通过语言在谈判桌前不失时机地、准确地表达出来。这就要求谈判中的语言表达须讲究策略、注重技巧，方能在不显山不露水之中，向对方无可置疑地传递一个信息，让对方对你的观点和态度不能不加以考虑。1984 年秋天，我国外交部副部长周南与英国代表伊文思就香港主权的收复问题再次举行谈判。谈判一开始，周南就讲了这么一段话："现在已经是秋天了，我记得大使先生是春天前来的，那么已经经历了三个季节了：春天、夏天、秋天——秋天就是收获的季节。"周南副部长表达的这段话，就是策略性地暗示谈判已经经历了很长一段时间，这次谈判应该有所突破，得出一些明确的结论。周南副部长以这样的语言作为开场白，既表达了自己的真实想法，又策略性地含而不露，为展开实质性的谈判起了一个良好的开端。

(4) 迅捷反馈性

在谈判活动中，最难能可贵的就是体现一个"快"字。谈判中双方斗智斗勇，往往会出现许多稍纵即逝的机会。这就要求谈判者不仅要反应敏捷，而且要能够立即做出判断和回答。抓住了机会，也就抓住了成功。所以，谈判的语言表达，一方面要对己方的谈判条件争取做到最大的满足；另一方面又要迅速捕捉对方讲话中的矛盾之处或其他漏洞，不失时机地加以利用，即脑筋转得活、嘴巴跟得快，这就是谈判语言的迅捷反馈性。

特别是在营销谈判中，如果语言的运用能达到这种出神入化的境界，就会为谈判者赢得意想不到的有利条件。例如在与外商洽购香料油的一次谈判中，我方企业就是用语言表达的一个“快”字，抢占先机，最终获得了“不战而屈人之兵”的效果。一次，某外商向我国一企业求购香料油，出价为每公斤 40 美元，我方要价 48 美元。对方一听我方要价就急了，说：“不，你怎么能指望我出 45 美元以上来买呢?”我方代表立即抓住了这一机会，巧妙地反问道：“这么说，贵方是愿意以 45 美元成交了。”外商情急之下露了底，只好说可以考虑。结果双方以每公斤 45 美元的价格成交，比我方原定的成交价高出 3 美元。

2. 运用谈判语言的基本要求

(1) 表达要准确

谈判语言的准确性原则要求谈判者在谈判中必须审慎地讲话，恰如其分地把想要传递的信息传达给对方，使对方正确了解己方的观点、态度、谈判意向和原则等。切不可信口开河、言不及义，让对方有空子可钻。特别是对一些关键性词语，要弄清它的确切含义，避免产生歧义，给任何一方带来损失。谈判大师迈克尔·唐纳森在《如何进行商务谈判》中告诉我们一些具体的方法，以促使我们掌握清晰表达的技巧：使用短句，使用简单的词，避免专门术语和缩写，句子要完整，每段紧扣一个中心，整个谈话应有开头、发展和结束语，要准确。语言表达要真正符合准确性原则并不是一件很容易的事，这里有个故事能做最好的说明：黄公有一个漂亮的女儿，旁人未得见。求婚者纷纷打听，问黄公：“听说你女儿长得十分美丽，已到待嫁年龄?”黄公谦虚，回答说：“哪里，哪里，小女丑陋不堪。”反复数次，黄公之女丑名传遍四方。后来委屈下嫁，得以露面，人们才知不是丑女而委实是个大美人。这里黄公犯了一个错误：他没有分清求婚者的具体场合与一般礼节性之间的差别，看上去是自谦，实则是对自己要表达的本意缺乏准确性。

(2) 因人而施语

语言交流的针对性是指谈判者要针对不同的谈判对象，采取不同的交流方法，做到因人而施语。谈判对象由于性别、年龄、职业、文化程度、性格、兴趣等的不同，接受语言的能力、习惯及使用的谈话方式也有很大差异。一般来讲，男性运用语言理性成分较多，喜欢理性思辨的表达方式；女性则偏重情感的抒发，使用情感性号召效果明显；性格直爽的人说话喜欢直截了当，对他们旁敲侧击很难发生效用；性格内向又比较敏感的人，谈话时喜欢琢磨弦外之音，甚至会无中生有地品出些话里没有的意思来。如果在谈判中无视这些个人之间的差异，想怎么说就怎么说，势必难以取得良好的效果。中国古代有一则笑话就讽刺了这种说话不看对象的现象：一个书生上街买柴，他向一个卖柴者说道：“荷薪者过来。”卖柴者听不太明白，但听到“过来”二字，便挑着担子走到他跟前，书生又问：“其价几何?”卖柴者听到“价”字，便告诉了他。书生听了嫌贵，便又说道：“外实而内虚，烟多而焰少，请损之。”这位卖柴者实在听不懂，便挑起柴担子走了。这位书生讲话不看对象，致使买卖无法进行。其实，细细品味，书生的话不可谓不好，像“外实而内虚，烟多而焰少”，对仗工整，简洁准确，可为什么却没有产生作用呢？因为话是讲给别人听的，听者能否正确理解并接受才是最重要的，否则，话讲得再漂亮也是废话。

(3) 语言要贴切得体

在谈判过程中，语言的运用要讲求贴切、得体、有效。在运用语言进行谈判的过程中，交谈双方都要讲究“切己又切人”“合时又合地”及“切旨又切境”的原则，否则就会出现表达的失当。

切己是指，谈判者的言谈举止要切合自己的身份、职业、年龄、思想修养等。否则就变成了越轨行为而被人取笑了。你是男士，说话就不能娘娘腔、女人气；你是高学历者，就不要满口脏话、粗话、黑话；你是青年，就不必故作老成、一脸严肃；你是长者，就不要总是嘻嘻哈哈，“老顽童”般。符合身份的言语交际是一个人有无修养及文明程度高低的重要标志。切人是指谈判者的语言表达必须切合交际对象的特点，人们常说的语言表达要“看人下菜”“量体裁衣”，正是切人的具体要求。比如要想询问一位女性的年龄，如果直截了当地发问是不礼貌的，但把话讲得含蓄婉转一些同样能达到目的。如问：“你哪年大学毕业的?”对方一定乐意回答。

合时又合地，即是语言表达总是在一定的时间、地点、场合中进行的。时间、地点、场合，可以说是语境中的客观因素。要想使语言表达取得好的效果，就应当根据一定的空间条件和场合特点去选择语言的表达手段，确定话语的总体结构、规模和想要传递的适当信息，做到“因时制宜”“随机应变”。比如，谈判开局时的话题应该是自然、随意、轻松的；畅谈双方合作的愉快经历时不宜用公文程式的表达；在阐述己方的见解时，为使对方在理智上信赖，不宜用过分的文艺腔调来说明；在以情感方式劝说对方时，不宜用过多的说理口吻去交流。在语言表达中，如果做到了合时又合地，那么就既能实现有效地沟通，又能避免矛盾的产生。

切旨是指讲话要与交际的目的相吻合，不能侃之千言，离题万里，或牛头不对马嘴地瞎说一通。谈判中的语言表达要紧紧围绕目的而发，语言可以灵活，目的不能背离。这就是谈判中所谓的语言表达的切旨。切境是指语言表达必须真诚、热情，并掌握好分寸，不矫揉造作，不虚伪。“言出心声，动之以情，是任何消极对立的观点都难以招架的。”要想动之以情，首先自己要富有诚意。听话者的反应总是同讲话者的言谈分不开的，你不冷不热，他就半心半意；你轻率言之，他便视为儿戏；你出言不逊，他会对你侧目而视。这些都说明了“切境”的重要性。

二、商务谈判中有声语言的技巧

1. 交谈陈述技巧

常言道“一句话可以让人跳，一句话可以让人笑。”谈判怎样才能谈得好，怎样谈才能达到如期的目的，这里面大有学问。叙述不是夸夸其谈，更不是谨小慎微，谈判者可以选择以下技巧进行叙述，以获取最佳效果。

(1) 友善的态度

在叙述过程中谈判者的态度很重要，正所谓你眼中的别人就是别人眼中的你。态度可以影响对方对你的看法，所以保持友善的态度是至关重要的。谈判者在叙述时，要表现出对对方所提及过的问题有浓厚的兴趣，目光不要仅仅停留在对方主谈者身上，而应不停地在对方所有人员身上交替注视，以表示对对方所有人的尊重。谈判者应以愉悦的神情、微笑的表情进行叙述，并且对对方表现出友善的态度，不能对对方谈判人员表现出不满，更不能对他们的发言进行讥讽和挖苦，甚至轻视对方，即使在双方发生激烈的冲突时，也要言语温和、措辞得体。

(2) 恰当运用入题技巧

在谈判之初,双方往往由于刚刚见面,难免有所拘谨,谈判者在开题叙述时要恰当运用入题技巧,可以先将目前的流行话题(新闻、历史、地理、文娱、体育等)作为叙述内容,以建立轻松的谈判气氛。当谈判者作为主方进行谈判时,可以先谦虚地表示自己照顾不周,希望在今后的谈判中建立友好合作的关系。可以介绍己方谈判人员的职务,而且在谈判中的角色、年龄、经验等也可以作为入题的方式。在大型谈判中,谈判要经过多次洽谈才能成功,每次洽谈时都可以先确定某一具体议题而后针对该问题进行洽谈,或者先就一般原则性问题进行商讨。总之,入题要注意迂回,通常情况下不可单刀直入。

(3) 语言准确规范、通俗易懂

谈判者表达立场、澄清事实都需要运用叙述语言,因此必须在叙述时做到语言准确规范、通俗易懂。叙述的过程就是向对方提供资料、论据的过程,为了增加可信度,谈判者第一次叙述的时候就要十分准确,尽量用数字进行说明,不要模棱两可、含糊不清,尽量避免带上下限的数据,更不要在不清楚的情况下妄加断言。为了使对方容易听明白,在使用专业术语时要以简明的习惯用语加以解释,尽量避免生僻的专业术语,保证双方沟通渠道畅通。人的记忆十分有限,要想使对方记住你所叙述的全部内容是不可能的。为了使对方记住主要内容,应该使用条理清晰、简明扼要的语言表达,否则对方不仅无法把握要领,更有可能因此对你产生厌烦心理。

(4) 增强语言的说服力

谈判者在叙述之前首先要确定对方是否有决策权,因为需要说服的对象是有决策权的人。叙述的目的是要对方记住并同意你的建议、满足你的要求,所以叙述语言一定要具有很强的说服力。增强语言的说服力可以使用文件、政策、国际惯例作证,取得有权威的专家的支持。在叙述时要避免无理要求,尽量提出切实可行的论点,并且要使叙述始终紧扣主题。谈判者在叙述时不要对自己路人皆知的弱点避而不谈或故意进行遮掩,因为对方绝对不是糊涂的人,让对方提出则会使结果更糟,不如自己主动提出,但是在提出弱点的同时要用自己的强势加以抵消,这样既可以让对方感到己方的诚意,又容易让对方接受。为了增加语言的可信度,还应该辅以适当的肢体语言,避免言行不一。

(5) 注意叙述方式

叙述要针对谈判对手的学历、学识、修养、特点、态度、性格等不断地进行调整,例如,如果对手有较高的文学修养,谈判者在叙述时就要多运用文学语言来拉近彼此之间的距离。语调、语速、声音、停顿和重复均能使叙述表达出不同的含义,所以在叙述时,语调要富于变化、语速要适中、声音要悦耳,并适当地进行停顿和重复。这是因为:语调的高低可以体现发言者疑问、认可、感叹等情绪;语速太快不能使对方记住己方的叙述,太慢则不会引起对方的兴趣;声音要悦耳,要让对方感到自然、舒适;适当地进行停顿和重复能帮助对方回顾己方的叙述,加深对叙述内容的印象。

(6) 适当使用解围语言

当谈判出现困难时,可以在叙述中加入解围用语进行解围。例如:“真遗憾,只差一步就成功了”“就快要达到目的了,最后的阶段是最难的呀”“这样做肯定对双方都不利”“再这样拖延下去,只怕最后结果不妙”“既然事已至此,懊恼也没有用,还是让我们再做一次努力吧”“我相信,无论如何,双方都不希望前功尽弃”等。只要双方均有谈判的诚意,并且解围语言使用得当,就可以使谈判继续进行。

(7) 适时转移话题

当谈判者在面对精明的谈判对手时,往往会面临其步步逼问的情况,此时,为了避开不利于己方的话题,回避某些问题,说出不便于直接说出的与对方不同的意见和观点,谈判者可以选择折中迂回的方法进行转移话题,将问题引向对己方有利的方面,换一个角度阐述问题。

谈判者如果发现对方对当前话题感到愤怒或过敏时,应该注意察言观色,及时将话题转移到对方感兴趣的问题上,以缓和气氛。当谈判者面对对己方不利的问题时,应主动避开锋芒,不可纠缠于原话题之上,应及时地将话题转移到有利于己方的问题上来,在新问题上向对方发起进攻。当谈判者面对不好回答的问题时,可以答非所问或不回答问题,谈一些题外话,冲淡一下主题,改变原定的程序和计划,建议一个对方不能马上接受的方案,提议某些问题必须调查后才能讨论等,以此来拖延时间和转移视线。但是,在转移话题时注意一定要以理服人、以礼待人。

(8) 用打岔摆脱窘境

在谈判中,谈判者往往会遇到不愿继续谈下去的话题,又不好当面拒绝,这时可以运用打岔技巧巧妙地摆脱窘境。打岔不仅要注意时机,还应该注意隐蔽,使对方在不知不觉中离开原来话题。打岔的技巧主要有以下几种:

① 同音异义字打岔,例如:“身世”和“绅士”。

② 用一词多义打岔,例如:“破”既指“损坏,使东西破损”,又指“突破,超出”。

③ 用对方的好奇心理打岔,提出一个比原有话题更能让对方感兴趣的话题。例如:当前谈的是产品质量问题,可以用对方更为关心的价格问题将其岔开。

④ 用相近概念打岔,例如,有一次,一位外国记者问周总理:“请问总理先生,中国银行有多少人民币?”这关系到国家机密,周总理回答说:“中国银行发行一百元、五十元、二十元、十元、五元、两元、一元、五角、两角、壹角,一共一百八十八元八角。”

⑤ 用眼前的景物打岔,例如:室外的景物、室内的摆设、忽然而至的声音等。

2. 倾听的技巧

美国科学家富兰克林曾说:“与人交谈取得成功的重要秘诀,就是多听,永远不要不懂装懂。”因此,作为商务谈判人员,一定要学会如何“听”,在认真、专注地倾听的同时,积极地对讲话者做出反应,以便获得较好的倾听效果。

(1) 克服听力障碍

拉夫·尼可拉斯是一位专门研究如何“听”的大学问家。经过多年的研究,他发现,即使是积极地听对方讲话,听者也仅仅只能记住不到50%的讲话内容。在商务谈判中,谈判者彼此频繁地进行着微妙、复杂的信息交流。如果谈判者一时疏忽,就会失去不可再得的信息。为什么“听”是这么不容易呢?一系列试验表明,“听”是存在听力障碍的。为了能够听得完全、听得清晰,就必须了解听力障碍。需要克服的听力障碍主要有以下方面。

① 注意与己有关的讲话内容

谈判时,人的大脑处于高度紧张状态,很容易出现只考虑自己头脑中的问题,而不顾对方的全部讲话内容。从心理学的角度来看,人与人之间进行沟通和信息传递最密切的心理过程之一就是“注意”。在谈判中,注意就是指对信息的关注。人们总是自然不自然地只对与自己有关系的事情才加以注意，或者是在对方开始讲话时还能十分注意听，可过一会儿，注意力就转移到与自己有关的问题思维中去了，这就形成了听的一种障碍。

② 精力分散，或思路较对方慢，或观点不一致所造成的少听、漏听

商务谈判是十分耗费精力的，如果谈判日程安排得很紧张，使谈判人员得不到充分休息，那么即使是精力十分旺盛的人，也会因精力不集中而产生少听或漏听的现象。一般来说，谈判人员的精力和注意力的变化是有一定规律的：在开始时精力比较充沛，但持续的时间较短，约占整个谈判时间的 8.3%～13.3%；谈判过程中，精力趋于下降，时间较长，约占整个时间的 83%；谈判要达成协议时，又出现精力充沛时期，时间也是很短。约占 3.7%～8.7%。

另外，由于人与人之间客观上存在着思维方式的不同，如果一方的思维属于收敛型的，而另一方的思维属于发散型的话，那么由于收敛型的人思维速度较慢，发散型的人思维速度较快，双方就很难做到听与讲的一致，这样就造成了少听或漏听。

③ 凭借感情、兴趣的变化来理解对方讲话内容，从而曲解了对方的原意

一系列试验表明，积极倾听对方讲话，其中只有 1/3 的讲话内容是按原意听取的，1/3 的讲话内容是被曲解听取的，还有 1/3 则是丝毫没有被听进去的。特别是在谈判中，人们的思想或意见的表达，有的是很明确的、直截了当的，有的则是比较含糊的，或故意谈此而言彼，甚至还会正话反说或反话正说，因此，最容易出现误解，从而形成听的障碍。

④ 听者受自身文化知识、语言水平等的限制，而听不懂对方的讲话内容

商务谈判，总是针对某一具体业务而言的，毫无疑问地会涉及大量的专业知识。因此，如果谈判人员对专业知识掌握得有限，一旦谈判中涉及这方面知识，就会造成由于知识水平的限制而形成的听力障碍。特别是对于国际商务谈判，由于语言上的差别，也会造成听力障碍。因为我国翻译人员往往是从外语学院毕业的，对某些业务知识掌握得比较有限，一旦需要对某些技术含量较高的业务进行全过程的翻译时，则很容易出现对某些精微细小的环节一带而过，或者是只译个大概意思。实际上，正是这些细小环节，有时又恰恰是理解对方讲话的内容、把握对方立场和观点的关键。另外，由于语言的一词多义现象在英语当中十分常见，这也会给翻译人员带来困惑，从而形成听力障碍。

⑤ 因环境的干扰而形成听力障碍

由于各地环境不同，商务谈判环境也是千差万别，环境的干扰常常会使人们的注意力分散，而形成听力障碍。比如，天气突然变化而电闪雷鸣，过往行人及飞过的鸟类，修建房屋的噪声等，都会使收听者分散注意力。生活中也有体验：我们不可能同时听清楚两个人的讲话内容，当我们需要进行复述时，只能复述清楚一个人的讲话内容，而必须放弃另一个，否则，要想兼顾两者的讲话内容，就会什么也听不见。

（2）“听”的要诀

① 专心致志、集中精力地倾听

集中精力地听，是倾听艺术的最基本、最重要的问题。心理学家统计显示，一般人说话的速度为每分钟 120～180 个字，而听话及思维的速度，则大约要比说话的速度快 4 倍左右。因此，往往是说话者话还没有说完，听话者就大部分都能够理解了。这样一来，听者常常有精力的富余而“开小差”。那么，万一这时对方讲话的内容与我们所理解的内容有偏差，或是传递了一个重要信息，这时真是聪明反被聪明误，后悔已是来不及了。

因此，我们必须注意时刻集中精力倾听对方讲话。用积极的态度去听，而不是消极地去听，这样倾听成功的可能性就比较大。注意在倾听时注视讲话者，主动地与讲话者进行目光接触，并做出相应的表情，以鼓励讲话者。比如，可扬一下眉，或是微微一笑，或是赞同地点点头，抑或否定地摇摇头，也可不解地皱皱眉头等，这些动作配合，可帮助我们精力集中，起到良好的收听效果。

② 通过记笔记来达到集中精力

通常，人们即席记忆并保持的能力是有限的，为了弥补这一不足，应该在倾听时做详尽的笔记。记笔记的好处在于，一方面，可以帮助自己回忆和记忆，而且也有助于在对方发言完毕之后，就某些问题向对方提出咨询，同时，还可以帮助自己充分地分析、理解对方讲话的确切含义与精神实质；另一方面，通过记笔记，给讲话者的印象是重视其讲话的内容，当停笔抬头望望讲话者时，又会对其产生一种鼓励的作用。

对于商务谈判这种信息量较大且较为重要的活动来讲，一定要动笔做记录，不可过于相信自己的记忆力。因为谈判过程中，人的思维在高速运转，大脑要接受和处理大量的信息，加上谈判现场的气氛又很紧张，所以只靠记忆是办不到的。实践证明，即使记忆力再好也只能记住一个大概内容，有时甚至会忘得干干净净。因此，记笔记是必不可少的，也是比较容易做到的用以清除倾听障碍的好方法。

③ 有鉴别地倾听

在专心倾听的基础上，为了达到良好的倾听效果，可以采取有鉴别的方法来倾听对方发言。通常情况下，人们说话时是边说边想，想到哪说到哪，有时表达一个意思要绕着弯子讲许多内容，从表面上听，根本谈不上什么重点突出，因此，听者就需要在用心倾听的基础上，鉴别传递过来的信息的真伪，去粗取精、去伪存真，这样即可抓住重点，收到良好的效果。

④ 克服先入为主的倾听

先入为主地倾听，往往会扭曲说话者的本意，忽视或拒绝与自己心愿不符的意见，这种做法实为不利。因为这种听者不是从谈话者的立场出发来分析对方的讲话，而是按照自己的主观框架来听取对方的谈话，其结果往往是听到的信息变形地反映到自己的头脑中，导致本方接收的信息不准确、判断失误，从而造成行为选择上的失误。所以必须克服先入为主的倾听，将讲话者的意思听全、听透。

⑤ 创造良好的谈判环境

人们都有这样一种心理，即在自己所属的领域里交谈，就无须分心于熟悉环境或适应环境；而在自己不熟悉的环境中交谈，则往往容易变得无所适从，导致发生正常情况下不该发生的错误。可见，有利于己方的谈判环境，能够增强自己的谈判地位和谈判实力。事实上，科学家的实验也证实了人在自己客厅里谈话，比在他人客厅里谈话更能说服对方这一观点。因此，对于一些关系重大的商务谈判工作，如果能够进行主场谈判是最为理想的，因为这种环境下会有利于我方谈判人员发挥出较好的谈判水平。如果不能争取到主场谈判，至少也应选择一个双方都不十分熟悉的中性场所，这样也可避免由于客场谈判给对方带来便利和给己方带来的不便。

⑥ 不要因轻视对方、抢话、急于反驳而放弃倾听

人们在轻视他人时，常常会不自觉地表现在行为上。比如，对对方的存在不屑一顾，

或对对方的谈话充耳不闻等。在谈判中，这种轻视的做法百害而无一利。因为这不仅表现了自己的狭隘，更重要的是难以从对方的话语中获得我们所需要的信息，比如判断对方真伪的信息、反驳对方的信息等。同时，轻视对方还可招致对方的敌意，甚至导致谈判关系的破裂。

谈判中，抢话的现象也是经常发生的。抢话不仅会打乱别人的思路，也会耽误自己倾听对方讲话的全部内容。因为在抢话的同时，大脑的思维已经转移到如何抢话上去了。这里所说的抢话是指急于纠正别人说话的错误，或用自己的观点来取代别人的观点，是一种不尊重他人的行为。因此，抢话往往会阻塞双方的思想和感情交流的渠道，对创造良好的谈判气氛非常不利，对良好的收听更是不利。

另外，谈判人员有时也会在没有听完对方讲话的时候，就急于反驳对方的某些观点，这样也会影响到收听效果。事实上，如果我们对对方的讲话听得越详尽、全面，反驳起来就越准确、有力。相反，如果在对对方谈话的全部内容和动机尚未全面了解时，就急于反驳，不仅使自己显得浅薄，还常常会使己方在谈判中陷入被动，从而对自己十分不利。

不管是轻视对方，还是急于抢话和反驳，都会影响倾听效果，必须加以避免。

⑦ 不可为了急于判断问题而耽误倾听

当听了对方讲述的有关内容时，不要急于判断其正误，因为这样会分散我们的精力而耽误倾听其下文。虽然人的思维速度快于说话的速度，但是如果在对方还没有讲完的时候就去判断其正误，无疑会削弱本方听话的能力，从而影响倾听效果。因此，切记不可为了急于判断问题而耽误听。

⑧ 听到自己难以应付的问题时，不要充耳不闻

商务谈判中，往往会涉及一些诸如政治、技术、经济，以及人际关系等方面的问题，有些问题可能会令谈判人员一时回答不上来，但在这时，切记不可持充耳不闻的态度。因为这样回避对方，恰恰是暴露了本方的弱点。在遇到这种情况时，我们要有信心、有勇气去迎接对方提出的每一个问题。只要用心去领会对方提出的每个问题的真实用意，即可找到摆脱难题的真实答案。另外，为了培养自己的急中生智、举一反三的能力，应多加训练、多加思考，以便自己在遇到问题时不乱、不慌。

案例应用

在听的基础上下结论

甲方和乙方就供货合同的谈判已进入了讨价还价的阶段。这时，由作为卖方的甲方首先开价。甲方："刚才已经谈到了，我们厂的产品不但在质量方面无可挑剔，而且售后服务工作也相当完善，现在市场上供不应求。因此，我们认为此次产品的价格应定为 2 万元。"这时，对方可能有多种反应。

① 吃一惊："别开玩笑了，上次价格才一万五。你们的价格难道是在坐飞机吗?"

② 很平静："噢，太高了吧。能不能再让利一些?"

问题思考：试分析两种反应的真实心里想法及效果。

（资料来源：鲁小慧主编. 商务谈判. 长春：东北师范大学出版社，2012.12）

3. 提问的技巧

(1) 提问的要诀

在商务谈判中,提问的要诀有四点:① 注意提问的对象;② 明确提问的内容;③ 选择提问的时机;④ 巧用提问的方式。以上四点是一个有机整体,相互联系、相互制约。如对方坦率、耿直,提问就要简洁;对方爱挑剔,善抬杠,提问就要周密;对方羞涩,提问就要含蓄;对方急躁,提问就要委婉;对方严肃,提问就要认真;对方活泼,提问就可以诙谐。又比如,假若你希望别人注意你的话题,就可以运用发问,甚至运用连续提问的方式,把对方的叙述引导到你所希望的结论上。而且,由于提问的对象、内容和时机最后也落实到提问的方式上,所以提问的方式又是"会问"的关键。下面我们就来进一步讨论提问的方式及其应用。

(2) 提问的方式

提问技巧的关键是依据提问的对象、内容和时机等选择适当的提问方式。商务谈判中常见的提问方式及其适用范围如表 9-1 所示。

表 9-1　商务谈判中常见的提问方式及适用范围举例

提问方式	特点	适用范围	举例
启发式	开放性	畅所欲言的议题	贵公司对本公司的产品质量有什么看法?请问贵方需要我公司提供哪些售后服务?
选择式	限制性	需要对方明确回答的议题	贵方是愿意支付现金,享受优惠价格,还是乐意按现有价格成交而实行分期付款?贵公司对这些商品的款式有没有兴趣?
证实式	证明性	需要证实我方理解准确与否的议题	你刚才说这宗交易可以尽快发货,这是不是说可以在 5 月 1 日以前交货?
延伸式	扩散性	需要进一步探求对方信息的议题	贵方已表示如果我方承销 3 000 吨的话,可按定价 10% 的折扣批货。如果我方答应承销 5 000 吨,是否可以按更大的折扣批货?
引导式	可控性	需要对方认同的议题	讲究信誉和商业道德的厂家都不会以次充好、降低产品质量,是不是?

(3) 提问的时机

① 在对方发言完毕之后提问。在对方发言的时候,一般不要急于提问。因为打断别人的发言是不礼貌的,容易引起别人的反感。当对方发言时,我们要认真倾听。即使你发现了对方的问题,很想立刻提问,也不要轻易打断对方,可先把发现的和想到的问题记下来,待对方发言完毕再提问。这样,不仅反映了自己的修养,而且能全面地、完整地了解对方的观点和意图,避免操之过急,导致曲解或误解了对方的意图。

② 在对方发言停顿时提问。如果谈判中对方的发言冗长,或者不得要领,或者纠缠细节,影响谈判进程,那么,我们可以借对方停顿、间歇时提问。这是掌握谈判进程、争取主动的必然要求。例如,当对方停顿时,可以借机提问:"您刚才说的意思是……""细节问题我们以后再谈,请谈谈您的主要观点好吗?""第一个问题我们听明白了,那第二个问题呢?"

③ 在自己发言前后提问。在谈判中,当轮到自己发言时,可以在谈自己的观点之前,对对方的发言进行提问。这时提问,不必要求对方回答,而是自问自答。这样可以争取主动,

防止对方接过话题，影响自己发言。例如："您刚才的发言要说明什么问题呢？我的理解是…… 对这个问题，我谈几点看法……""价格问题您讲得很清楚，但质量和售后服务怎么样呢？我先谈谈我们的要求，然后请您答复。"在充分表达了自己的观点之后，为了使谈判沿着自己的思路发展，通常要进一步提出要求，让对方回答，例如："我们的基本立场和观点就是这些，您对此有何看法？"

④ 在议程规定的辩论时间提问。大型经贸谈判，一般要事先商量谈判议程，设定辩论的时间。在双方各自陈述的时间里一般不进行辩论，也不向对方提问。只有在辩论时间里，双方才可以自由地提问，并进行辩论。在这种情况下提问，要事先做好准备，可以设想对方的几种方案，针对这些答案考虑己方对策，然后再提问。在辩论前的几轮谈判中，要做好记录，归纳出谈判桌上的分歧，再进行提问，提出的问题应问到点子上。

(4) 高效提问的要点

① 提问的速度。提问时说话的速度太快，容易使对方感到提问者很不耐烦，甚至会感到是在被审问，容易引起对方反感。但如果语速太慢，就容易让对方感到沉闷，引起对方不耐烦，也就降低了提问的质量。因此，提问的速度应该快慢适中，既要使对方听懂问题，又不要使对方感到拖沓和沉闷。

② 留意谈判对手的情绪。谈判者受情绪的影响在所难免。在谈判中，要随时留意对方的情绪，在认为适当的时候提出相应的问题。例如，对方心情好的时候，常常会轻易满足我方提出的要求，而且还会变得粗心大意，容易透露一些相关信息。此时，抓住机会提出问题，常常会有意外的收获。

③ 留给对方足够的答复时间。提问的目的是让对方答复，并最终收到令我方满意的效果。因此，谈判者在提问后应该给对手以足够的时间答复。同时，自己可以利用这段时间对对手的答复以及下一步的提问进行必要的思考。

④ 提问应尽量保持问题的连续性。在谈判中，双方都有各种各样的问题。同时，不同的问题又存在着内在的联系。所以，提问时如果是围绕着某一事实，则提问者应考虑到前后几个问题的内在逻辑关系。不要正在谈某个问题时忽然提出另外一个无关的问题，使对方无所适从。而且，这种跳跃式的提问方式会分散对方的精力，使各种问题纠缠在一起，没办法理出头绪来。在这种情况下，你的提问当然不会获得对方的圆满的答复。

⑤ 注意谈判对手的特点。对方坦率耿直，提问就要简洁；对方爱挑剔，善抬杠，提问就要周密。(见"提问的要诀")总之，提问时应注意对方的性格特点，投其所好，以保持良好的关系和谈判氛围。

4. 回答的技巧

(1) 回答之前，要留有思考时间

商务谈判中所提出的问题，不同于同事之间的生活问话，必须经过慎重考虑后，才能回答。有人喜欢将生活中的习惯带到谈判桌上去，即对方提问的声音刚落，这边就急着马上回答问题，这种做法很不理智。其实，在谈判过程中，绝不是回答问题的速度越快就越好，因为它与竞赛抢答的性质是截然不同的。

人们通常有这样一种心理，就是如果对方问话与我方回答之间所空的时间越长，越会让对方感觉我们对此问题欠准备，或以为我们几乎被问住了；如果回答得很迅速，就显示出我们已有充分的准备，也显示了我方的实力。其实不然，谈判经验告诉我们，在对方提出问题之后，我们可通过点支香烟或喝一口茶，或调整一下自己坐的姿势和椅子，或整理一下桌子上的资料文件，或翻一翻笔记本等动作来延缓时间，考虑一下对方的问题。这样做既显得很自然、得体，又可以使对方看得见，从而减轻和消除对方的上述心理感觉，何乐而不为呢？

(2) 把握对方提问的目的和动机

谈判者在谈判桌上提出问题的目的往往是多样的，动机也往往是复杂的。如果我们没有深思熟虑，弄清对方的动机，就按照常规来做出回答，结果往往是效果不佳。如果我们经过周密思考，准确判断对方的用意，便可做出一个独辟蹊径的、高水准的回答。比如，在一次谈判中，买主很想了解卖主的实际销售量，便突然问道："请问贵厂年销量有多少？"在买卖合同尚未签订之前，这一类属于商业机密的问题，不宜过早向对方泄露，但不答话又未免失礼。于是，供货方的首席代表灵活机动地开了腔："我厂产品的年销量在全国同行业中多年一直名列前茅，去年是名列第三，货源充足，质量可靠，价格适中。完全可以满足你们的需要。如果市场上我们的产品脱销了，那就说明我们厂破产了……"供货方首席代表的这一番机智、风趣的即兴应答，既巧妙地回答了对方的问题，又保守了商业机密，同时还趁机宣传了己方的信誉、实力，真可谓一箭双雕。

(3) 不要彻底地回答问题

商务谈判中并非任何问题都要回答，要知道有些问题并不值得回答。在商务谈判中，对方提出问题或是想了解我方的观点、立场和态度，或是想确认某些事情。对此，我们应视情况而定。对于应该让对方了解，或者需要表明我方态度的问题要认真回答，而对于那些可能会有损己方形象、泄密或一些无聊的问题，谈判者也不必为难，不予理睬就是最好的回答。当然，用外交活动中的"无可奉告"一语来拒绝回答，也是回答这类问题的好办法。总之，我们回答问题时可以自己将对方的问话范围缩小，或者在回答之前加以修饰和说明，以缩小回答范围。有一位推销人员在市场上推销灭蚊剂，他滔滔不绝的演讲吸引了一大堆顾客，突然有人向他提出了一个问题："你敢保证这种灭蚊剂能把所有的蚊子都杀死吗？"这个问题很难回答，无论说"能"或"不能"都会遭到对方的反驳。这位推销员灵机一动。回答说："这我可不敢保证，在你没打药的地方，蚊子照样活得很好！"

(4) 逃避问题的方法是避正答偏

有时，对方提出的某个问题我方可能很难直接从正面回答，但又不能以拒绝回答的方式来逃避问题。这时，谈判高手往往用避正答偏的办法来回答，即在回答这类问题时，故意避开问题的实质，而将话题引向歧路，借以破解对方的进攻。其实，这是应付对方的一个好办法。比如，可跟对方讲一些与此问题既有关系又无关系的问题，东扯西拉，不着边际。说了一大堆话，看上去回答了问题，其实并没有回答，其中没有几句话是管用的。经验丰富的谈判人员往往在谈判中运用这一方法。此法看上去似乎头脑糊涂、思维有问题，其实这一种人非常高明，对方也拿这类人毫无办法。

案例应用

幽默法化僵局

有一段时期，苏联与挪威曾经就购买挪威鲱鱼进行了长时间的谈判。在谈判中，深知贸易谈判诀窍的挪威人，开价高得出奇。苏联的谈判代表与挪威人进行了艰苦的讨价还价，挪威人就是坚持不让步。谈判进行了一轮又一轮,代表换了一个又一个,还是没有结果。为了解决这一贸易难题,苏联政府派柯伦泰为全权贸易代表。柯伦泰面对挪威人报出的高价,针锋相对地还了一个极低的价格,谈判像以往一样陷入僵局。

挪威人并不在乎僵局,因为不管怎样,苏联人要吃鲱鱼,就得找他们买,那是"姜太公钓鱼,愿者上钩"。而柯伦泰是拖不起也让不起,而且还非成功不可。情急之余,柯伦泰使用了幽默法来拒绝挪威人:"好吧!我同意你们提出的价格。如果我的政府不同意这个价格,我愿意用自己的工资来支付差额;但是,这自然要分期付款。"

堂堂的绅士能把女士逼到这种地步吗?所以,在忍不住一笑之余,挪威谈判人员就一致同意将鲱鱼的价格降到一定标准。柯伦泰用幽默法完成了她的前任历尽千辛万苦也未能完成的工作。

问题思考:分析本案例柯伦泰的幽默效果。

(资料来源:钟立群,孙彦东主编.商务谈判(第二版).北京:中国人民大学出版社,2014.2)

(5) 对于不知道的问题不要回答

参与谈判的所有的人都不是全知全能的人。谈判中尽管我们准备得很充分,也经常会遇到陌生难解的问题,这时,谈判者切不可为了维护自己的面子强作答复。因为这样不仅有可能损害自己利益,而且对自己的面子也是丝毫无补。有这样一个实例,我国内某公司与美国外商谈判合资建厂事宜时,外商提出有关减免税收的请求。中方代表恰好对此不是很有研究,或者说只是一知半解,可为了能够谈成,就盲目地答复了,结果使己方陷入十分被动的局面。经验和教训一再告诫我们:谈判者对不懂的问题,应坦率地告诉对方而不能回答,或暂不回答,以避免付出不应付出的代价。

(6) 答非所问

有些问题可以通过答非所问来给自己解围。答非所问在知识考试或学术研究中是不能给分的,然而从谈判技巧的角度来研究,却是一种对不能不答的问题的一种行之有效的答复方法。例如,古代有一个较为精明的骗子,他从别人那里偷来一匹马,便牵去与一个财主进行交换。财主问:"你的马是从哪里来的?"他回答道:"我想卖马的念头有两年了。"财主又问:"为什么要换?"他回答道:"这马比你的马跑得快。"这两句话的回答全是答非所问,换马的骗子就是这样运用灵巧的方式,回避了一个事实,即马是他人的,换马是想要骗走财主的马。此人的计谋于是得逞了。谈判中,我们并不主张像这个骗子一样的在谈判双方之间行骗,谈判必须是建立在相互信赖的基础上的。但是在双方利益相冲突时,如何巧妙地回答对方的有关利益分割方面的问题,倒是应该从这一例子中借鉴点什么。

(7) 以问代答

商务谈判中有时可以以问代答。顾名思义,以问代答是用来应付谈判中那些一时难以回答或不想回答的问题的方式。此法如同把对方踢过来的球又踢了回去,请对方在自己的领域内反思后寻找答案。例如,在商务工作进展不是很顺利的情况下,其中一方问对方:"你对双方合作的前景怎样看待?"这个问题在此时可谓是十分难回答的问题。善于处理这类问题的对方可以采取以问代答的方式:"那么,你对双方合作的前景又是怎样看待的呢?"这时双方自然会各自在自己的脑海中加以思考,对于打破窘境起到良好的作用。商务谈判中运用以问代答的方法,对于应付一些不便回答的问题是非常有效的。

(8)“重申”和“打岔”

商务谈判中，要求对方再次阐明其所问的问题，实际上是为自己争取思考问题的时间的好办法。在对方再次阐述其问题时，我们可以根本不去听，而只是考虑如何做出回答。当然，这种心理不应让对手有所察觉，以防其加大进攻的力度。

另外，如果有人打岔那将是件好事，因为这可为我们赢得更多的时间来思考。在有谈判经验的国家里，有些富有谈判经验的谈判人员，估计到谈判中会碰到某些自己一时难以回答而又必须回答的、出乎意料的棘手问题，于是，为了能够赢得更多的时间，就事先在本组内部安排好某个人，专门在关键时间打岔。打岔的方式是多种多样的，比如借口外面有某某先生电话、有某某紧急的文件需要某某先生出来签个字等。有时，回答问题的人自己可以借口去洗手间方便一下，或去打个电话等等来拖延时间。

案例应用

请您稍等

上海某合资针织企业的产品销路非常好，有人拿了某领导的批条来找销售经理，要以低于批发的价格购买一大批货。销售经理看日近中午，便灵机一动，先把来人让进了饭厅，招待吃饭，并对来人说：“你要的东西数量大，批价低，已经超出我的权限。不过你放心，这件事我马上全力去办，你先吃饭。”饭后，他又对持条人说：“你的条子要我们总经理批，可总经理刚到北京开会去了。你是否先回去，过两天再打电话来问问。”这家伙碰了个软钉子，发不出火，只好怏怏而返。

过了两天，此人打电话去问，销售经理告诉说，他向总经理汇报过了，总经理答复：这种大事要开董事会研究。他安慰持条人说他会尽力向董事会争取的，要持条人过两个星期再打电话问情况。持条人一听这么麻烦，心里早就凉了半截，他明白要董事会里那些外国人点头同意是不可能的事，所以再也不打电话问结果了。

问题思考：销售经理对问题的处理方式对你有何启示？

（资料来源：鲁小慧主编.商务谈判.长春：东北师范大学出版社，2012.12）

5. 辩论的技巧

(1) 观点要明确，立场要坚定

商务谈判辩论的目的就是论证自己的观点，反驳对方的观点。辩论的过程就要通过摆事实、讲道理以说明自己的观点和立场。为了能更清晰地论证自己的观点和立场的正确性及公正性，在辩论时要运用客观材料，以及所有能够支持自己论点的证据，以增强自己的辩论效果，从而反驳对方的观点。

(2) 思路要敏捷、严密，逻辑性要强

商务谈判中的辩论往往是双方进行磋商遇到困难时才发生的，因此，一个优秀的辩手应该是头脑冷静、思维敏捷、措辞严密且富有逻辑性的人，只有具有这种素质的人才能应付各种各样的困难，从而摆脱困境。为此，商务谈判人员应加强这些方面素质的提高与培养，使自己具有较强的逻辑思维能力，有利于在谈判中随机应变。特别是在其他谈判条件相当的情况下，思路敏捷、严密，逻辑性较强的一方将处于更有利的位置。

(3) 掌握大的原则,不要纠缠枝节

在辩论过程中,要有战略眼光,掌握大的方向与原则,不应在枝节问题上与对方纠缠不休,避免影响谈判进程和偏离谈判的重点。在主要问题上要集中精力,并把握主动,在反驳对方错误观点时要能切中要害,做到有的放矢,同时要切记不可断章取义、强词夺理。

(4) 态度要客观公正,措辞要准确犀利

不论辩论双方观点如何针锋相对,辩论如何激烈,谈判人员都必须以客观公正的态度,准确地选择措辞,切记用侮辱、诽谤、刻薄的语言进行人身攻击。如果某一方违背了礼貌用语的原则,其结果只能损害自己的形象和双方的关系,不会给谈判带来丝毫帮助,反而极可能置谈判于破裂的边缘。

(5) 辩论时应掌握好进攻的尺度

商务谈判中运用辩论技巧的目的是要证明自己的观点的正确性,反驳对方的观点的不足,以便能够争取到有利于自己的谈判结果,但决不能将谈判的辩论视为一场对抗赛,不必置对方于死地。因此,辩论时应掌握好进攻的尺度,一旦已经达到目的,就应适可而止。因为谈判中,如果某一方被另一方逼得走投无路,则会产生更强的敌对心理,甚至于产生更强烈的反击念头,这样即使对方暂时可能认同某些事情,事后也不会善罢甘休,最终对双方的合作都不利。

(6) 要善于处理辩论中的优劣势

在谈判的过程中,双方可能在不同的阶段处于优势或劣势。当我们处于两种不同状态时,就需要懂得如何处理好两种截然不同的情况。当处于优势地位时,谈判人员要注意充分展示优势,并注意借助语调、手势的配合,渲染自己的观点,以维护自身的利益。切忌在处于优势时,表现得轻狂、放纵和得意忘形。

6. 说服的技巧

(1) 说服他人的基本要诀

① 取得他人的信任。在说服他人的时候,最重要的是取得对方的信任。只有对方信任你,才会正确地、友好地理解你的观点和理由。社会心理学家们认为,信任是人际沟通的“过滤器”。只有对方信任你,才会理解你友好的动机,否则,如果对方不信任你,即使你说服他的动机是友好的,也会经过“不信任”的“过滤器”作用而变成其他的东西。因此说服他人时取得他人的信任,是非常重要的。

② 站在他人的角度设身处地的谈问题。要说服对方,就要考虑到对方的观点或行为存在的客观理由,亦即要设身处地地为对方想一想,从而使对方对你产生一种“自己人”的感觉。这样,对方就会信任你,就会感到你是在为他着想。如此,说服的效果将会十分明显。

③ 创造出良好的“是”的氛围。从谈话一开始,就要创造一个说“是”的氛围,而不要形成一个“否”的氛围。不形成一个否定氛围,就是不要把对方置于不同意、不愿做的地位,然后再去批驳他、劝说他。比如说:“我晓得你会反对……可是事情已经到了这一步,还能怎么样呢?”这样说,对方仍然难以接受你的看法。在说服他人时,要把对方看作是能够做或同意做的。比如“我知道你是能够把这件事情做得很好,却不愿意去做而已”,又比如:“你一定会对这个问题感兴趣的”等。事实表明,从积极的、主动的角度去启发对方、鼓励对方,就会帮助对方提高自信心,并使其接受己方的意见。

④ 说服用语要推敲。在商务谈判中,欲说服对方,用语一定要推敲。事实上,说服他人时,用语的色彩不一样,说服的效果就会截然不同。通常情况下,在说服他人时要避免用“愤

怒""怨恨""生气"或"恼怒"这类字眼，即使在表述自己的情绪时，比如表达担心、失意、害怕、忧虑等时，也要在用词上注意推敲，这样才会收到良好的效果。

(2) 说服"顽固者"的要诀

① "下台阶"法。当对方自尊心很强，不愿承认自己的错误，从而使你的说服无济于事时，你不妨先给对方一个"台阶"下，说一说他正确的地方，或者说一说他的错误存在的客观根据，这也就是给对方提供一些自我欣慰的条件和机会，这样，他就会感到没有失掉面子，从而容易接受你善意的说服。

② 等待法。有些人可能一时难被说服，不妨等待一段时间，对方虽然没有当面表示不改变看法，但对你的态度和你所讲的话，事后他会加以回忆和思考的。必须指出，等待不等于放弃。任何事情，都要给他人留有一定的思考和选择的时间。同样，在说服他人时，也不可急于求成，要等待时机成熟时再和他交谈，这样效果往往比较好。

③ 迂回法。当有的人正面道理已经很难听进去时，不要强迫他，而应该采取迂回前进的方法。就像作战一样，对方已经防备森严，从正面很难突破，解决办法最好是迂回前进，设法找到对方的弱点，一举击破对手。说服他人也是如此，当正面道理很难说服对方时，就要暂时避开主题，谈论一些对方感兴趣的事情，从中找到对方的弱点，针对这些弱点，逐步发表己方看法，让他感到你的话对他来说是有用的，使他感到你是可信服的，这样你再逐渐把话转入主题，晓之以厉害，他就会更加冷静地考虑你的意见，容易接受你的说服。

④ 沉默法。当对方提出反驳意见或者有意刁难时，有时是可以作些解释的。但是对于那些不值得反驳的抗议，倒是需要你讲求一点艺术手法，不要有强烈的反应，相反倒可以表示沉默。对于一些纠缠不清的问题，如果又遇上了不讲道理的人，只有当作没听见，不予理睬，对方就会觉得他所提出的问题可能没有什么道理，人家根本就没有在意，于是自己也就会感到没趣了，从而可能不会再坚持自己的意见了，这样就达到了说服对方的目的。

(3) "认同"的要诀

所谓认同，就是人们把自己的说服对象视为与自己相同的人，寻找双方的共同点，这是人与人之间心灵沟通的桥梁，也是说服对方的基础。在人与人的交往中，首先应求同，然后随着谈话的深入，即使是对陌生人，也会发现越来越多的共同点。商务谈判更是如此，双方是本着合作的态度走到一起来的，共同的东西本来就很多，随着双方谈判的进展，也就越来越熟悉，在某种程度上会感到比较亲近，这时某些心理上的疑虑和戒心也会减轻，从而也就便于说服对方了。同时，对方也容易相信和接受己方的看法和意见。寻找共同点可以从以下几个方面人手：

① 寻找双方工作上的共同点。比如，共同的职业、共同的追求、共同的目标等。

② 寻找双方在生活方面的共同点。比如，共同的国籍、共同的生活经历、共同的信仰等。

③ 寻找双方兴趣、爱好上的共同点。比如，共同喜欢的电视剧、体育比赛、国内外大事等。

④ 寻找双方共同熟悉的第三者，作为认同的媒介。比如，在同陌生人交往时，想说服他，可以寻找双方共同熟悉的另外一个人，通过各自与另外一个人的熟悉程度和友好关系，相互之间也就有了一定的认同，从而便于在交谈中说服对方。

(4) 抓住时机、列举实证

谈判成功的一个重要方面在于把握时机。时机会给谈判者的说服工作增添力量。这里所讲的时机包括两个方面的含义：一是己方要把握对说服工作有利的时机，趁热打铁，重点突破；二是向对方说明，这正是接受意见的最佳时机。通过向对方讲清人往往由于未能很好地听取别人的意见，而永远地失去了成功机会的道理，对方就会自动做出抉择。

在抓住时机的同时，能够列举实证，讲一讲实证例子的具体情节，对帮助己方证明自己观点的正确性，也是非常有帮助的。比如，在证明自己能够如期履约的问题时，只靠保证或决心是不能说明问题的，对方也不会信服。这时可在适当的时候，列举本方过去与某客商如期履约的实例，特别是如果能够列举自己在比较艰难的情况下仍如期履约的事实，这对说服对方相信自己是非常有效的。

(5) 切忌用胁迫或欺诈的手法

说服不同于压服，也不同于欺骗，成功地说服结果必须体现双方的真实意见。采取胁迫或欺诈的方法使对方接受己方的意见，会给谈判埋下危机，因为没有不透风的墙，也没有纸能包得住的火，因此，切忌用胁迫或欺诈的手法进行说服，事实上，这样做也根本达不到真正的说服。

综上所述，说服工作的关键在于抓住对方的心理，在此基础上，再结合前边所述的“听”“问”“答”“看”“叙”“辩”的技巧，本着谈判的需求原理，综合地加以运用，统筹兼顾，方能收到良好的效果。

案例分析

美丽的亚美利加

1972年2月，美国总统尼克松访华，中美双方将要展开一场具有重大历史意义的国际谈判。为了创造一种融洽和谐的谈判气氛，中国方面在周恩来总理的亲自领导下，对谈判过程中的各个环节都做了精心而又周密地准备，甚至对宴会上要演奏的中美两国民间乐曲都进行了精心地挑选。

在欢迎尼克松一行的国宴上，当军乐队熟练地演奏起由周总理亲自选定的“美丽的亚美利加”时，尼克松总统简直听呆了，他绝没有想到能在中国的北京听到他如此熟悉的乐曲，因为，这是他平生最喜爱的并且指定在他的就职典礼上演奏的家乡乐曲。敬酒时，他特地到乐队前表示感谢，此时，国宴达到了高潮，融洽而热烈的气氛也同时感染了美国客人。

一个小小的精心安排，赢得了和谐融洽的谈判气氛，这不能不说是一种高超的谈判沟通艺术。

问题思考：请对周总理的谈判沟通艺术进行评价。

（资料来源：陈文汉主编．商务谈判实务．北京：人民邮电大学出版社，2011.2）

第二节　身体语言的沟通

案例引入

汤姆被招见

汤姆是凯鲁克公司的一名资深职员，多年来勤勤恳恳工作，但一直未获晋升。最近经济形势不太好，有传闻说公司即将裁员。上午，公司总裁史密斯先生突然召汤姆面谈。汤姆心中忐忑不安,觉得凶多吉少,难道是通知自己被解雇的消息?

走进史密斯先生宽敞高大的办公室,汤姆不由得呼吸短促起来,史密斯先生示意他在一张扶手椅中坐下。

史密斯先生首先开口:"汤姆,你在本公司已任职多年了吧?"

"是的,先生。"

"那么你认为本公司近来表现如何?"

"我想……我想公司目前也许遇上些麻烦,但总会渡过难关的。"

"你在本公司最有价值的经历是什么,汤姆?"

"这个……这个……"汤姆一时不知如何作答。

"呵,汤姆,你今年快到45岁了吧?"

"是的,先生,我还可以为公司服务多年。"

"你和同事们相处得很好吧?"

"是的,当然,我们都是老同事了……"

"平时还去桥牌俱乐部吗?"

"怎么? 您知道……您也喜欢桥牌吗? 总裁先生?"

"偶尔玩一玩,汤姆,你是否听到传闻,本公司即将裁员?"

"下面有一些风声——不过,总裁先生,这不会是真的吧?"汤姆的声音有些颤抖,扶手椅中的身体更加僵硬了,两只手神经质地紧紧抓住椅子扶手。

"汤姆,今天就谈到这里吧,再见。"

"再见,先生。"

汤姆沉重的脚步声远去了。史密斯先生想:本来想提拔他任业务助理,现在看来他未必适合做管理工作,不过这倒是一名忠心耿耿的职员,还是让他在目前的岗位上一直干下去吧。

问题思考:你认为汤姆在面谈时出于哪些原因而表现得不够理想? 具体体现在哪些地方?

(资料来源:鲁小慧主编.商务谈判.长春:东北师范大学出版社,2012.12)

一、身体语言传递的途径

很多时候,即使对方不说话,我们也能感觉出对方的恐惧、悲伤、快乐等情感,这正是由于对方的身体语言在向我们传递信息,而且我们读懂了它们的含义。培养使用和判断身体语言的能力是提高谈判技巧的最佳方法之一。因为身体语言所传达的信息通常是内心的真正感受,读懂对方的身体语言将使我们在谈判中处于有利的位置。

身体语言指的是,语言和文字之外的交流方式。这种交流方式是人们与生俱来的。人们可以从四个不同的部位发送或接收身体语言,按照这些部位的表达能力从强到弱排列如下:面部表情和眼神;胳膊和手;腿和脚;姿势和姿态。

人们接受非语言的暗示最多是来自于面部,因为人们在交流时,通常望着对方的脸,特别是眼睛,所以能够较好地理解表情暗示。例如,职业纸牌选手非常注意控制他们的面部表情,但即使是最老练的牌手,在拿到好牌时,也不能阻止他们的瞳孔放大。

一般来说,胳膊、手、腿和脚做出封闭的姿势(如抱胸和跷腿)代表对抗,做出开放的姿势则表示接受。而人的身体姿势最难解释,因为手势和坐姿通常只是个人习惯,没有特定的规律。并且,在谈判中,人们不是常常有机会观察到对方的全部姿势的。但对于经验丰富的观察者来说,姿势有着重要的意义。

在世界各地,人们用身体来表达感情的方式几乎是一样的,面部表情尤其一致。微笑是一种国际通行的打招呼方式,笑声表示快乐。不管在哪个地方,任何沉思的人看起来都像罗丹著名的雕塑《思想者》。不管是什么种族、性别或国籍,人们哭泣和痛苦的表情看起来都是一样的。以上几种身体语言看起来是天生的,而其他姿势则是学来的,也就是说,一些姿势的形成是由所处的文化和社会决定的。例如印度人用点头表示拒绝,摇头表示接受,而这些姿势在其他国家却有相反的意思。

二、学习身体语言的目的

1. 协调有声与无声语言

为了在谈判时能将自己所想要表达的信息准确地表示出来,避免对方的误解,谈判人员应学会使自己的身体语言与有声语言协调一致。造成人们的身体语言与有声语言不一致的原因主要有:

(1) 你已经筋疲力尽

当一个人已经累了的时候,用身体语言表达适合的想法需要额外的精力,这时人的身体很可能无意识地做出与言语不符的动作。要避免出现这样的情况,就尽量不要做长时间的谈判,或在谈判中途适当地稍做休息,又或者随身带上一些能补充精力的食品。

(2) 你没有集中精神

当你与对方进行交流时,发现他在说话时心不在焉,许多神情与动作显示出他在想别的事情。如果这种事情发生在自己身上,就要请求暂时休会,处理好让你牵挂的事情,或者休息一下,让自己冷静下来,好集中精神再谈下去。

(3) 你在交流中有不好的习惯

与人谈判不同于与人闲谈,平时谈话时的一些小动作应尽量避免,更不能用反语和古怪的表情表达内心的意思,因为这样容易引起对方的误会。若你有这些毛病,就应该及时改正。

2. 分析他人的身体语言

正确分析谈判对手的真实态度和想法的能力非常重要。成年的人很少会用手捂住他们的耳朵以表示不愿意听,但他们会用其他方式表示,比如眼神不集中,或者把注意力集中在其他事物上。

读懂他人身体语言的能力可以使你随时调整处理事情的方法,提高应变能力。观察出对方的情绪和态度后,你可以适当调整语气与动作。比如,你可以把一个人的火气降下来,也可以把一个懒洋洋的人的兴致激起来。

观察对方的身体语言是增进交流的一种方法。人们在做着不协调的身体语言时,通常并不知道他们的语言和动作流露出来的与真实思想并不相符。观察出这些不协调之处,并将其调节好,是给自己和对方帮了大忙。如果你发现对方身体表现的和嘴里所说的不是一回事，就应该知道一定有问题。

通常问题有以下几种情况：这个人并没有意识到自己对别人的影响；这个人的身体语言另有所指；这个人太累了，或者很迷惑。

不管怎么样，谈判人员应弄清楚事实的真相，可以向对方提出试探性的问题，看看他到底是怎么想的，怎么感觉的。

身体语言不符合场合的最常见的例子是僵笑，对一些并不幽默的事情发笑，这表示这个人很紧张或者很拘谨。事实上，这是一种逃避方式。如果你听到僵硬的笑声，等这几声笑声过后，直接同发笑的人交谈，鼓励他说出他的想法。也许你会得到直截了当的回答，也许会被尖锐地拒绝。

如果发现对方的言行不一致，并且拒绝承认这一点，那么，你发现的是一个"盲点"，即发现了对方本身都意识不到的东西。在谈判中，如果你怀疑对方存在盲点，你就得注意查查看自己是否理解了对方的身体语言。这时你可以说："我需要进行核对。"然后直接进入话题："我想我没能跟上你的步调。"或者说："我觉得我们应该休息一下。"当对方的觉察性降低时，你就更容易获得真实的信息。这样，你就能发现对方的真实想法，有时，甚至能发现一些潜在的利益。

许多人都至少有一个盲点，在这个盲点，人们无法看到他们的语言和行为是怎样影响他人的。盲点就如口臭一样，除了自己意识不到，别人都能闻到。要找到自己的盲点，最好的办法是虚心听取反馈信息。

三、身体语言的特点

1. 广泛

身体语言所表现的范围十分广泛，从人们的喜、怒、哀、乐，到人们的惊、恐、静、急，几乎无所不包。例如在谈判交往和传情达意方面，人们在很大程度上要依靠身体语言：扬眉张目，喜乐悲伤，举手投足，坐、立、行、看的姿态等。如人们大都以摇头表示拒绝或不同意；用点头表示同意、肯定、赞赏；用手舞足蹈、开怀大笑表示高兴；用怒发冲冠、双目怒睁表示气愤。一种简单的动作姿态能生动地表达出人们丰富的思想情感，达到互相"引荐"的作用。

2. 直观

在人们的语言交流中，口头语言作用于人的听觉器官，并不具有视觉的可感性。而身体语言则能给人以更形象直观的感觉。例如，如果在有人和你说话或注意你时，你的身体或面部表情显得松弛，这表明你对这次谈判缺乏热情；在众人面前如果你将双手横交在胸前，低垂着头，避免看他人，这表示你感到自己不适应这个场合；如果你不时用手抚摸领口、衣服，那么你可能别有他事，想尽早离开这个谈判场合；如果你双肩向后，收紧双臂、挺起胸膛，这可能表示你已受到某种场合的感染，你的活力已得到激发。透过以上种种形体动作，对方都可直观地感受到你的态度和心境。

3. 依赖

依赖性是指某种表情与动作在不同的情况下会有不同的语义。比如同是瞪眼，就有可能是表示愤怒，或是表示好奇，或是表示诧异，或是表示仇恨。因此，如果离开了一定的语境及口头语言的综合，就有可能对体态语表达者的真实含义产生误解。所以，体态语又有依附于语境和口头语言的特点。

4. 准确

人们对有声语言和书面语言信息的反应，一般是按常规进行的，这往往也就容易带来虚伪的可能。比较之下，身体语言大多是在无意识状态中“发言”的，因而它所传递的信息就较为准确、可靠。心理学家弗洛伊德曾说：“凡人皆无法隐藏私情，他的嘴可保持缄默，他的手却会‘多嘴多舌’。”例如，对方嘴上说毫不介意，而表情上却流露着局促不安；对方嘴里说要留客吃饭，却以体态与手势表达要送客；当你向对方提出条件时，他嘴上说“我们会认真加以考虑的”，而动作却是双臂交叉胸前，按灭烟头等，这“此时无声胜有声”的动作已表明了结果。由此可见，人们不仅可以借助非言语辨认出口头语言所未表达的态度与意向，而且可以用来验证言辞信息的真伪。

5. 差异

由于民族文化习惯之间的差异，人们在对同一情感和同一体态语的表达与理解上都存在着很大的区别。

例如，同是见面打招呼，中国人是双方握手或点头以示问好，欧美人是以拥抱和亲吻的方式进行，日本人则盛行鞠躬，东南亚信奉佛教的国家是以双手合掌来表现；大多数民族以摇头表示反对、不同意，以点头表示赞成、同意，而保加利亚人、尼泊尔人以及我国的独龙族却相反，他们是“点头不算摇头算”；阿拉伯人认为相互推挤的动作是有福同享的意思，而美国人对此却觉得可憎；国人把跺脚当作生气的表现，而法国人则认为这是在叫好；阿拉伯人喜欢触碰他的同伴，甚至去抚摸和闻嗅对方以示亲切，而英国人则重视双方所保持的严格的空间距离。

总之，身体语言在各民族的运用中差异很大，必须认真对待，以免造成不必要的误会。

四、有关身体语言的知识

1. 眼睛所传达的信息

“人的眼睛和舌头所说的话一样多，不需要词典，却能够从眼睛的语言中了解整个世界，这是它的好处。”这是爱默生关于眼睛的一段精辟论述。眼睛能反映人们的深层心理，其动作、神情、状态是最明确的情感表现，因此眼睛被人们誉为“心灵的窗户”。眼睛所传达的信息主要有如下方面内容：

(1) 根据目光凝视讲话者时间的长短来判断听者的心理感受。通常，与人交谈时，视线接触对方脸部的时间，正常情况下应占全部谈话时间的 30%～60%。超过这一平均值者，可认为对谈话者本人比对谈话内容更感兴趣。低于这个平均值者，则表示对谈话者和谈话内容都不怎么感兴趣。当然，有些人可能有自己的独特习惯，比如不愿凝视对方，而只是用心倾听，这应另当别论。

(2) 眨眼频率较高，有不同的含义。正常情况下，一般人每分钟眨眼 5～8 次，每次眨眼一般不超过 1 秒钟。如果每分钟眨眼次数超过 5～8 次这个范围，一方面表示神情活跃，对某事物感兴趣；另一方面也表示个性怯懦或羞涩，因而不敢正眼直视对方，而做出不停眨眼的动作，但在谈判中，通常是指前者。从眨眼时间来看，如果超过 1 秒钟的时间。一方面表示厌烦，不感兴趣；另一方面也表示自己比对方优越，因而藐视对方而不屑一顾。

(3) 根本不看对方,而只听对方讲话,是试图掩饰什么的表现。据一位有经验的海关检查人员介绍,他在检查海关人员已填好的报关表时,还要再问一问:“还有什么东西要呈报没有?”这时,他的眼睛不是看着报关表,而是看着过关人员的眼睛,如果对方不敢正视过关人员的眼睛,那么就表明在某些方面可能有情况,否则,可能就没什么问题。

(4) 眼神闪烁不定,则是一种反常的举动,常被认为是掩饰的一种手段,亦是性格上不诚实的表现。人们有一个共同的特点,那就是做事虚伪或者当场撒谎的时候,常常眼神闪烁不定,以此来掩饰其内心的秘密。

(5) 眼睛瞳孔放大,炯炯有神,则表示此人处于欢喜与兴奋状态;若神情呆滞、目光无神、眉头紧锁,则表示此人处于消极、戒备或愤怒的状态。实验证明,瞳孔所传达的信息是无法用人的意志来控制的。有经验的企业家、政治家、职业赌徒,为了防止对方察觉到瞳孔的变化,往往喜欢佩戴上有色眼镜。如果谈判桌上有人戴着有色眼镜,就应加以提防,因为他可能很有经验。

(6) 瞪大眼睛看着对方讲话的人,表示他对对方有很大的兴趣。眼神传递的信息还有很多,人类眼睛所表达的思想,有些确实是只能意会而难以言传。这就要靠谈判人员在实践中用心加以观察和思考,不断积累经验,争取把握种种眼睛的动作所传达的信息。

2. 眉毛所传达的信息

通常,眉毛和眼睛的配合是密不可分的,二者的动作往往共同表达一个含义,但是仅就眉毛而言,也能反映出人的许多情绪变化。

(1) 眉毛上耸,表示人们处于惊喜或惊恐状态。人们常用“喜上眉梢”来形容人的喜悦状态。

(2) 眉角下拉或倒竖,表示人们处于愤怒或气恼状态。人们常说“剑眉倒竖”,即形容这种气恼的状态。

(3) 眉毛迅速地上下运动,则表示亲切、同意或愉快。

(4) 紧皱眉头,则表示人们处于困窘、不愉快、不赞同的状态。

(5) 眉毛向上挑起,则表示询问或疑问。

眉毛所传达的动作语言是不容忽视的。人们常常认为没有眉毛的脸十分可怕,因为它给人一种毫无表情的感觉。

3. 嘴的动作所传达的信息

人的嘴巴除了说话、吃喝和呼吸以外,还可以有许多动作,借以反映人的心理状态。

(1) 紧紧地抿住嘴,往往表示意志坚决。当我们的烈士走向刑场时,嘴角往往是抿着的,表现出革命烈士宁死不屈的英雄气概。

(2) 撅起嘴是不满意和准备攻击对方的表现。这种情况在影视剧的人物表情上常可见到。

(3) 遭受失败时,人们往往咬嘴唇,这是一种自我惩罚的动作,有时也可解释为自我解嘲和内疚的心情。

(4) 当听对方谈话时,如果听者嘴角稍稍向后拉或向上拉,则表示听者是比较注意倾听的。

(5) 嘴角向下拉,则表示出不满和固执。

4. 吸烟动作所传达的信息

除了嘴形变化的上述几种动作语言之外，与嘴的动作紧密联系的是吸烟的姿势。在现代社会中，吸烟能够表现一个人的心理和情绪变化。谈判中，吸烟的姿势具有较强的表现力，而且也是评判一个人态度的重要依据。现将吸烟动作所传达的信息概括如下：

（1）吸一口烟后，将烟向上吐，则往往表示积极、自信，因为此时伴随吐烟动作的身体上半部的姿势，也是向上昂起的。而当将烟朝下吐时，则表示情绪消极、意志消沉、有疑虑，因为此时身体上半部的姿势是向下的，有“垂头丧气”的意味。

（2）烟从嘴角缓缓吐出，给人一种消极而诡秘的感觉，一般反映出吸烟者此时的心境与思维比较曲折复杂，力求从纷乱的思绪中清理出头绪来。

（3）吸烟时不停地磕烟灰，表明内心有冲突或不安的感觉。此时，吸烟已不是一种生理需要，完全成了吸烟者减缓和消除内心冲突与不安的一种道具。因为人的内心冲突和不安往往使人手足无措，通过不停地磕烟灰这个动作，可以使人有事可做，从而转移这种冲突与不安。

（4）烟灰烧了很长，却很少去抽一口，表明在紧张思考或等待紧张情绪的平息。这种情况通常是吸烟人大脑在专注于某个问题的思考，而暂时忘记了吸烟一事。

（5）点燃香烟后，没抽几口即把烟掐掉，表明其想快速结束谈话，或已下决心要干一件什么事情。掐掉烟是为了不让吸烟来分散其精力，干扰其刚刚决定的事情的进行。其实，吸烟本身可能不会给他带来什么干扰，这样做却暴露了其内心的活动。

（6）斜仰着头，烟从鼻孔吐出，表现出一种自信、优越感，以及一种悠闲自得的心情。通过斜仰着头这一动作，主动地拉开了与谈话对象及其目光交流的距离，从而体现出吸烟者内心那种自信、优越和悠闲自得的心态。

5. 手和臂膀的动作所传达的信息

手和臂膀是人体比较灵活的部位，也是使用最多的部位。人们借助手势或与对方手与手的接触，可以帮助我们判断、分析出对方的心理活动或心理状态，同时，也可帮助我们将某种信息传递给对方。

（1）拳头紧握，则表示向对方挑战或自我紧张的情绪。握拳使人肌肉紧张、能量比较集中，如果同时伴有响声，或用拳击掌，则表示向对方进行无言的威吓或发出攻击的信号。通常，只有在遇到外部的威胁或挑战时，人们才会紧握拳头，以准备进行抗击。

（2）用手指或手中的笔敲打桌面，或在纸上乱涂乱画，则往往表示对对方的话题不感兴趣、不同意或不耐烦的意思。这样做，一方面可以打发和消磨时间；另一方面也起到暗示或提醒对方注意的作用。

（3）两手指并拢并置于胸的前上方呈尖塔状，表示充满信心。这种动作西方人常用，特别是在主持会议、领导者讲话、教师授课等情况下。这种动作通常可表现出讲话者的高傲与独断的心理状态，起到一种震慑听话者的作用。

（4）手与手连接放在胸腹部的位置，是谦逊、矜持或略带不安的心情的反映。在给获奖运动员颁奖之前，主持人宣读比赛成绩时，运动员常常有这种动作。另外，在文艺晚会或中央台正大综艺节目中，当主持人介绍某某嘉宾时，嘉宾们也常有这样的姿势。

（5）两臂交叉于胸前，往往表示保守或防卫。如果两臂交叉于胸前并握拳，则往往是怀有敌意的标志，要严加提防。

6. 握手所传达的信息

握手的动作来自原始时代的生活，可谓由来已久了。早在原始时代，原始人在狩猎或战争时，手中常持有石块和棍棒等武器。如果是没有任何恶意的两个陌生人相遇，常常是放下手中的所有东西，并伸开手掌，让对方摸一摸自己的掌心，以此来表示手中未持武器。久而久之，这种习惯逐渐演变成为今天的“握手”习惯。

原始意义上的握手不仅表示问候，而且也表示一种信赖、契约和承诺之意。标准的握手姿势应该是，用手指稍稍用力握住对方的手掌，对方也用同样的姿势用手指稍稍用力回握，用力握手的时间约在 1～3 秒钟之内。如果双方握手出现与标准姿势不符时，便有除了问候、礼貌以外的附加含意，主要包括以下几种情况：

(1) 正常情况下，双方握手时，如果感觉对方手掌出汗，则表示对方处于兴奋、紧张或情绪不稳定的心理状态。

(2) 如果对方用力同我们握手，则表明此人具有好动、热情的性格，这类人往往做事喜欢主动。美国人大都喜欢采用这种握手方式，这主要与他们好动的性格是分不开的。如果感觉对方的握手不用力，一方面，可能是对方个性懦弱，缺乏气魄；另一方面，可能是傲慢矜持，爱摆架子的表现。

(3) 握手前先凝视对方片刻，再伸手相握，在某种程序上，这种人是想在心理上先战胜对方，将对手置于心理上的劣势地位。先注视对方片刻，意味着对对方的一个审视，观察对方是否值得自己去同他握手。

(4) 伸手的瞬间，如果是掌心向上伸出与对方握手，则往往表现其性格软弱，处于被动、劣势或受人支配的状态。在某种程度上，手掌心向上伸出去握手，有一种向对方投靠的含义。如果是掌心向下伸出与对方握手，则表示想取得主动、优势或支配地位。另外，手掌心向下，也有居高临下的意思。

(5) 用双手紧握对方一只手，并上下摆手，往往是表示热烈欢迎对方的到来，也表示真诚、感谢，或有求于人，或肯定某种契约关系等含义。在荧屏上，或是现实生活中，我们常常可以看到，人们为了表示感谢对方、欢迎对方或恳求对方等，往往会用双手用力去握住对方的一只手，并且边握手边说着希望双方合作愉快。

7. 腿和足所传达的信息

腿和足部虽然是身体的下端，但却不能加以忽视，因为它往往是最先表露潜意识情感的部位，它所传达的信息主要有如下方面：

(1) 坐在椅子上抖动腿部，并带动足部左右抖动，或摇动足部，或用足尖拍打地板，都表示焦躁不安、无可奈何、不耐烦，或欲摆脱某种紧张感之意。通常，在候车室等车的旅客常常伴随此动作，谈判桌上这种动作也是常见的。

(2) 双足交叉而坐，对男性来讲往往表示从心理上压制自己的表面情绪。比如对某人、某事持保留态度；表示警惕、防范；或表示尽量压制自己的紧张或恐惧。对女性来讲，如果再将两膝盖并拢起来，则表示拒绝对方或一种防御的心理状态。这往往是比较含蓄而委婉的举动。

(3) 张开腿而坐，表明此人很自信，并愿意接受对方的挑战。如果一条腿架到另一条腿上就座，一般在无意识中做出这种动作，表示拒绝对方并保护自己的势力范围，不让他人侵犯。如果频繁变换架腿姿势，则表示情绪不稳定、焦躁不安或不耐烦。

综上是谈判及交往中常见的动作语言，及其可能传送的信息。当然，这些动作语言仅仅是就一般情况而言的，不同的民族、地区，不同的文化层次及个人修养，其在动作、姿态及其所传达的信息方面都是不同的，应视具体环境区别对待。

另外，我们在观察对方动作和姿态时，不能只从某一个孤立的、静止的动作或姿态去进行判断，而应从其连续的、一系列的动作去进行分析和观察，同时应结合某人讲话时的语气、语调等进行综合分析，这样才能得出比较真实、全面、可信的结论。

需要指出的是，在商务谈判过程中，对方完全可能会利用某些动作、姿态来迷惑我们，这就需要我们从对方连续一贯的动作来进行观察，或者与他前后所做的动作，以及当时他讲的话的内容、语音、语气和语调等相联系，以便从中找到破绽，识别其真伪性，进而采取相应的对策。

本章小结

◆ 商务谈判语言基本要求：表达要准确、因人而施语、语言要贴切得体

◆ 商务谈判陈述技巧：友善的态度；恰当运用入题技巧；语言准确规范、通俗易懂；增强语言的说服力；注意叙述方式；适当使用解围语言；适时转移话题；用打岔摆脱窘境。

◆ “听”的要诀：专心致志、集中精力地倾听；通过记笔记来达到集中精力；有鉴别地倾听；克服“先人为土”的倾听。不要因轻视对方、抢话、急于反驳而放弃倾听；不可为了急于判断问题而耽误倾听；听到自己难以应付的问题时，不要充耳不闻。

◆ 商务谈判提问的要诀：注意提问的对象、明确提问的内容、选择提问的时机、巧用提问的方式。

◆ 商务谈判提问方式：启发式、选择式、证实式、延伸式、引导式。

◆ 商务谈判回答技巧：回答之前，要留有思考时间；把握对方提问的目的和动机；不要彻底地回答问题；逃避问题的方法是避正答偏；对于不知道的问题不要回答；答非所问；以问代答；“重申”和“打岔”。

◆ 商务谈判辩论的技巧：观点要明确，立场要坚定；思路要敏捷、严密，逻辑性要强；掌握大的原则，不要纠缠枝节；态度要客观公正，措辞要准确犀利；辩论时应掌握好进攻的尺度；要善于处理辩论中的优劣势。

◆ 商务谈判说服他人的基本要诀：取得到他人的信任、站在他人的角度设身处地地谈问题、创造出良好的“是”的氛围、说服用语要推敲。

◆ 商务谈判中眼睛、眉毛、嘴、吸烟、手和臂膀、握手、腿和足等所传达的信息含义。

思考与练习

1. 简答题

（1）如何理解商务谈判的语言特点？

（2）常见的提问、回答和倾听技巧有哪些？

（3）怎样才能有效地说服对方？

（4）身体语言主要有哪些传递途径？特点有哪些？

2. 单项选择题

(1) 最能体现谈判特征的沟通行为是(　　)。

A. 问　　B. 叙　　C. 辩　　D. 说

(2) 商务谈判中,作为摸清对方需要,掌握对方心理的手段是(　　)。

A. 问　　B. 听　　C. 看　　D. 说

(3) 谈判成为必要是由于交易中存在(　　)。

A. 合作　　B. 辩论　　C. 攻击　　D. 冲突

(4) 在谈判中达成一致意见最理想的话题是(　　)。

A. 单刀直入的话题　　B. 轻松愉快的话题

C. 抓住谈判问题的中心话题　　D. 敏感性的话题

(5) 双方谈判人员适当互赠礼品的做法是(　　)。

A. 贿赂　　B. 求助　　C. "润滑"策略　　D. 暗盘交易

(6) "为什么要更改原已定好的计划呢? 请说明道理好吗?"属于(　　)发问方式。

A. 启发式　　B. 延伸式　　C. 引导式　　D. 证实式

(7) "已经到期了,对不对?""买卖不成情义在,我们不能为小事伤了和气,以后抬头不见低头见,您说是吧?"这是运用的是(　　)提问技巧。

A. 启发式　　B. 选择式　　C. 证实式　　D. 引导式

(8) "您刚才所说的 5 万元是指美元还是指欧元?"这是运用的是(　　)提问技巧。

A. 启发式　　B. 选择式　　C. 证实式　　D. 引导式

(9) 先把对方容易接受的、分歧性小的内容放在前面,把困难较大,双方分歧较大的内容放在后面。这是说服策略必要原则中的(　　)。

A. 一致性原则　　B. 先易后难原　　C. 首尾原则　　D. 先好后坏原则

(10) 要有充分的思考时间。例如,喝口水、点支烟等,延缓一下时间,以便进行一些思考,然后再行回答。这是答复技巧中的(　　)。

A. 重复要求　　B. 断章取义　　C. 延缓答复　　D. 答非所问

3. 多项选择题

(1) 商务谈判的特点有(　　)。

A. 功利性　　B. 随机性　　C. 策略性　　D. 迅捷反馈性

E. 友好性

(2) 运用谈判语言的基本要求(　　)。

A. 表达要准确　　B. 因人而施语　　C. 语言要贴切得体　　D. 见风使舵

E. 态度友善

(3) 商务谈判中提问方式(　　)。

A. 启发式　　B. 选择式　　C. 证实式　　D. 延伸式

E. 引导式

(4) 谈判的语言沟通包括(　　)等手段。

A. 听　　B. 说　　C. 问　　D. 答

E. 写

(5) 若谈判者分开腿而坐，通常表明其内心(　　)。

A. 警惕　　B. 防御　　C. 自信　　D. 愿意接受挑战

E. 紧张

(6) 商务谈判中叫停的方式包括(　　)。

A. 让对手澄清其立场

B. 预先安排不速之客或电话在紧要关头插进

C. 借口身体方面原因

D. 更换己方成员

E. 声称手头缺乏必要的资料或数据

4. 案例分析题

讲给总统的历史故事

美国经济学家萨克斯是罗斯福总统的私人顾问，受爱因斯坦等进步科学家的委托，要设法说服罗斯福总统重视原子能的研究。1939 年 10 月 11 日，在萨克斯面见罗斯福时，他先把爱因斯坦的信当面交给总统，然后朗读了科学家们关于核裂变的备忘录，竭力想说服罗斯福总统。罗斯福听了那些论证严密、道理深奥生涩的论述后，反应十分冷淡地说："这些都很有趣，不过政府若在现阶段干预此事，看来还为时过早。"

纳粹德国在 1939 年春夏之交，连续多次召开了原子能科学家会议，研究制造铀设备的问题。萨克斯又根据可靠消息得知，德国人突然禁止从他们的占领国捷克斯洛伐克出口铀矿石。如果数百万德国钢铁军团再装备上当时绝无仅有的核武器，欧洲战局将难以设想，问题的严重紧迫性使萨克斯下定决心，一定要想办法说服总统。

第二天早上 7 点，罗斯福总统因为昨天对萨克斯提案的断然拒绝而感到有些歉意，便邀请萨克斯共进早餐。于是，萨克斯感到这是一个大胆进言的好机会。但见面后，还没等萨克斯开口，罗斯福就以攻为守地说："你又有什么绝妙的想法？你究竟要用多长时间才能把话说完？"总统把刀叉递给萨克斯时又补充说："今天不许再谈爱因斯坦的信，一句话也不许说，明白吗？"

萨克斯胸有成竹地看了一眼总统，见总统正微笑地看着自己，便说道："我今天想讲点历史，不谈核武器。英法战争时期，在欧洲大陆上不可一世的拿破仑，在海上却屡战屡败。这时，一位年轻的美国发明家富尔顿来到了这位法国皇帝面前，建议把法国战舰的桅杆砍掉，撤去风帆，装上蒸汽机，把船上的木板换成钢板。可是拿破仑却想，船没有帆就不能走，木板换成钢板，船就会沉没，于是，他断然轰走了富尔顿。历史学家在评论这段历史时认为，如果当时拿破仑采纳了富尔顿的建议，19 世纪的历史就得改写。"

萨克斯说完之后，目光深沉地注视着总统。罗斯福沉思了几分钟，然后取出一瓶拿破仑时代的法国白兰地，斟满了酒，把酒杯递给萨克斯，说道："你胜利了。"萨克斯激动得热泪盈眶。从此，揭开了美国制造原子弹历史的第一页。

问题思考：

(1) 萨克斯在说服罗斯福总统时采用了什么样的表达方式？

(2) 对你的观点，强有力的支持论据在说服中具有怎样的力量？请结合本案例谈谈你的看法。

(资料来源：鲁小慧主编. 商务谈判. 长春：东北师范大学出版社，2012. 12)

5. 实训题

(1) 实践决策

假设你是一艘拖轮的船长，正在10级风暴中作业。一希腊货船因为引擎故障正陷入危险的境地。如果你能将货船船长救回，作为海难救助，你和你的船员们将可以分到一笔酬金，但是你首先应征得这位希腊船长的同意，他可能留在船上试图自己把船救回。现在你用无线电向他喊话，你应该(　　)。

A. 告诉他，靠获得保险金他可以弄一条新船(也许他弄不到，也许他保的险很低)

B. 告诉他，根据你个人的观察，他的船若没有你的帮助就会完蛋的，因为你非常熟悉这一带的海域

C. 向他解释说，你刚刚收到你的老板发来的指示，要你赶快改变航向以免船只受损，他必须马上靠拢，否则永远没有机会了

D. 向他解释说，他的船最多再过3年就要送拆船厂，现在作为海难而将其放弃，虽然会使他损失约10万美元的赢利，但除去税收后只合每天50美元。他是为公司每天多50美元的利润去冒生命危险呢，还是现在一次就把保险金弄过来

(2) 情景演绎与分析

情景：从下述案例的谈话中挑出模糊表达的词语，并进行分析。

史密斯：王先生，我想知道你方报盘。

王先生：好的，史密斯先生。我方一直替你留着该盘：80打羊毛套头衫，每打160美元。

史密斯：价格太高了！我们很难做成。

王先生：听你这么说，我感到吃惊。你要知道，自去年以来，羊毛套头衫的价格上涨幅度很大，可我们的价格却无大的变动，相比而言，是很优惠的。

史密斯：对此，我恐怕难以同意你的说法；日本人市价就较低一些。

王先生：不过，经营此衫的商家都知道，中国的质量是上乘的。从质量方面来考虑，我认为价格是合理的。

史密斯：毫无疑问，贵方的产品质量是高，但现在市场竞争激烈，我知道有些国家在降价。

王先生：我方的产品是以质量取胜，很少有产品能在性价比上竞争过我方。

史密斯：但是要说服我的客户接受你们的价格是很难的。

王先生：坦率地说，如果不是鉴于我们的友好关系，我本来不考虑以此价来报实盘的。

史密斯：看来我别无选择，只好接受了。

王先生：我很高兴我们能谈妥价格。

问题：分析以上谈判哪些方面用了模糊用语？有何作用或效果？

(3) 肢体语言表演

每小组挑1～2名同学，上台表演。台下同学依据台上同学的表演，解释其身体和行为语言的含义。

具体情景：面向全体同学，伸出并张开双掌；谈话时掌心向上或向下；食指伸出，其余手指紧握，呈指点状；双手相握，或不断玩弄手指；十指交叉，放在胸前；背手在讲台上来回走动；搓手；双臂交叉于胸前；双臂交叉置于胸前，同时两腿交叉；握拳并看着对方；用手拨弄指甲；架腿而坐；腰板挺直，使颈部和背部呈直线；鞠躬、弯腰；双手横叉腰间；轻拍自己腹部；用单手或双手捂胸；缩肩、耸肩、斜肩。

第十章　21世纪商务谈判新技术

学习目标

◆ 了解网络时代的特征及网上商务谈判的发展前景
◆ 深刻理解网络技术给商务谈判带来的影响
◆ 熟悉电话商谈及网上商务谈判的特点
◆ 掌握网上商务谈判常见方式

技能目标

◆ 通过学习和训练，能熟练运用电子邮件、网络电话、网络会议、手机短信方式等商务谈判常见方式

21世纪，迅猛发展的计算机网络技术完全改变了人类世界的图景。人类社会正经历着前所未有的变化，包括人类的组织、生存和发展都已离不开计算机网络。现今没有一个国家、没有一个组织、没有一个家庭、没有一个个人会拒绝领取进入网络世界的通行证。网络时代，一切全在变化：组织在变化；产品和服务在变化；商务观念、谈判技术也在与时俱进。为了把握时代的脉搏，应对时代的挑战，研究网络时代商务谈判技术和发展趋势已成为当前商务谈判中的一项重要课题，本章着重探讨电话商谈和网上商务谈判的技巧与发展前景。

第一节　网络时代的特征、影响与对策

案例引入

江宁电器连锁超市的E-mail谈判

某年年底，江宁电器连锁超市部分诺基亚（NOKIA）手机脱销，他们随即与诺基亚本地代理商进行网上联系，报上需进货的手机型号，包括诺基亚1600、3120等，并要求以优惠价采购。当天即收到回复的E-mail：

江宁，陈先生：

贵方需求信息已知，鉴于贵方为老客户，经我方讨论特以比前价格低5%～10%供货，详见所附报价表，请尽快成交。

为了谨慎起见，江宁电器连锁超市于第二天分头采集了多方面的信息，发现诺基亚将有新品6235、6255应市，诺基亚6255是一款高端手机产品，具有：内屏65536色TFT彩色屏

幕、内置30万像素CMOS摄像头、MPS和FM收音机、2MB可扩展多媒体存储卡、支持蓝牙和红外传输、支持联通Unija下载等拓展功能,是一款理想的有高附加值的手机。经过分析他们认为:

(1) 在未来新的一年里诺基亚有可能推出多款新品,一些较老型号的产品会被市场淘汰,次新型号的产品有较大的压价空间;

(2) 手机的高端产品技术含量高,代表未来发展方向,市场周期刚刚开始,利润相对丰厚;

(3) 手机市场产品更新速度快,有明显的喜新厌旧趋势。

经过反复探讨,他们决定:撤销对诺基亚1600等的一些较老型号的订购,减少3120等一些相对新型的订购,新增订购最新6020、6235型少量订购6255型手机。下面是江宁(简称"江")与诺基亚本地代理商(简称"诺")E-mail谈判过程的简要摘录:

江:请问最近诺基亚将有哪些新款手机?并报价。

诺:已有新款6020型,批价1 175元;6235型,批价1 390元;6255型尚未到货,订购价2 180元。欲购从速。

江:现决定变更订单(详见附件),要求老产品按以往价格低15%,新款各型低10%。

诺:特照顾贵方诚意,同意老订购品按前价降低的上限10%供货;新款6020、6235按批价低5%供货,因贵方对6255型的订数较少,购价难以下降,敬请见谅!

江:现将6255型的订数扩大与6235型相同,订购价亦同比下降,若同意则交易可成。

诺:同意贵方意见,附上订单合同,请签订。

江:合同已签,明日前来提货交割。

在本案例中,由于江宁及时获知新品信息,及时展开讨论分析,最终在竞争激烈的手机市场上避免了一起重大订货失误。因此,网上商务谈判尤须注意信息的及时获取和分析。也正因为网络时代,信息更趋于公平,所以在网上商务谈判中更倾向于采用透明双赢策略。即以双方利益进行透彻分析为基础,理性地均衡双方利益,使双方都容易接受的一种谈判策略。

问题思考:江宁电器连锁超市因何能以较低的价格谈判成功?

(资料来源:夏圣亭主编.商务谈判.北京:高等教育出版社,2014.1)

因特网(Internet)是目前全球最大的计算机国际网络,是由千千万万个散布于世界各地,可以制造、发送、传递、接收数字形式信息的电脑,通过有线或无线连接而成的一个巨大的网络系统。抽象地来看,在这个网络中,每一个独立的电脑就是网络的一个节点,若干个节点连在一起,组成错综复杂的网络分支,这些分支集成了整个计算机网络。网络中流动的各种各样的信息以前所未有的力量对人类及其社会发展构成了显著的,既深且远的影响,计算机网络成为当前时代最重要、最突出的特征,因此我们称这一时代为计算机网络时代,简称网络时代。由于信息的制造、传递和运用是计算机网络的主要功能,而信息又是以数字形式处置的,因此,也有人称网络时代为信息时代或数字化时代。

一、网络时代的特征

人类利用智慧创造了计算机网络,而计算机网络正以前所未有的速度和规模改变人类世界的方方面面。上网用户正以每年超越百万的惊人速度递增，网页也在以每秒超过一页的速度扩张。计算机网络对人类的影响越来越显露出来，商务活动、商务谈判也因此发生显著变化。每个关心社会考虑自身生存和发展的人，都在积极实践和研究网络时代的今天和明天，而了解网络时代的特征是进入这个时代的第一层阶梯。这里，首先阐述网络时代的主要特征。

1. 经济全球化

（1）高度发展的网络经济

网络时代高度发展的网络经济是因特网对人类发展影响最大、最深刻的方面，网络经济是泛指通过网络实现的经济活动，其中电子商务已在世界范围内发展起来，成为人们欣喜接受的一种消费方式和商家们愿意推广的一种营销方式。电子商务消除了地域和国界，将大千世界琳琅满目的商品都搬到了网上，犹如在你的计算机里建立了一个巨大无比的商厦，让你手握鼠标，就可以进去观赏，轻轻松松货比万家，挑选自己满意的商品。人们通过网络交易，节省了时间，提高了工作效率，弹指一“击”间交易就完成了。商家和企业家利用电子商务为企业的生产经营活动开创出一些全新的经营方式和全新的经济组织模式，网上广告、网上店铺、网上超市等虚拟企业如雨后春笋，遍网皆是，有的还组成大型虚拟经济圈。确实，网上有无限商机，等待着有志于此的人们去开拓、去创造。

网上金融是网络经济发展的又一杰作，譬如网上证券交易、网上期货交易、网上银行、网上资金调度、网上外汇买卖等。在我国网上证券交易已很普遍，人们可以通过计算机网络了解证券行情，进行技术分析，通过联网的证券交易系统可以迅速委托下单，实现实时的买入、卖出交易，这种网上证券交易的正确快速的特性对于掌握证券市场瞬息万变，稍纵即逝的交易时机来说是绝对重要的。

此外，网上经济活动还有网上招标、投标，网上拍卖、竞价，网上展览等。同时，伴随着网络经济、网上商务的飞跃发展，催生并促进了各种各样的网上商务谈判活动，探讨、研究网上商务谈判实用技术的趋势正方兴未艾，值得从事商务活动的人士积极参与。

网络经济以它特有的超时空的迅捷、正确、方便的特征，成为网络时代经济发展的亮丽标志，它不仅影响着现代人的经济活动，影响社会经济，而且它促进了经济重组、加速了经济全球化。它的影响犹如飓风，席卷地球。

（2）发达的远程服务

网络时代发达的远程服务是时代的又一亮点。网上咨询、网上协作，特别是网上技术协作以及网上医院、远程教育的出现突破了时空制约，一方面使过去许多难以解决的问题得到了解决，另一方面也创造了网络时代技术服务、医疗服务和教育服务的新模式。

相对而言，网上技术协作现在已经比较普遍，如美国洛克希德和波音这两家飞机制造公司，就曾利用因特网合作开发了一个重要项目，开发周期从需要几年一下子缩短到 11 个月，取得了很好的经济效益。

网上医院虽是虚拟的医院，但它与许多医疗专家和医院实体相连，它能通过因特网将服务范围扩大到天南海北。当有疑难病症出现需要专家会诊时，远程医疗系统就能发挥超越时空的效能，病人的病历、病情数据经网络传送到专家的电脑上，专家就像身在现场一样，即时进行远程诊断，然后提出治疗意见或方案。需要时还能在专家指导下进行复杂的手术，或直接由专家通过精密的智能医疗器械，进行远程手术操控。同时网上存有大量可供借鉴的病例，为医疗工作者和科学研究者提供了丰富的资料。

远程教育是利用虚拟技术构建网上校园、网上教室、网上图书馆、网上阅览室、网上实验室、网上实习基地等虚拟环境，实现教学和学习指导活动的一种新型教育方式。你通过简单的登记注册就可成为学员，进“校”学习。不论何时何地只要你轻轻点一下鼠标，教师就开始上课。远程教育的教学是将文字、声音、图形、动画、影视等融为一体的多媒体教学活动，形象而有趣。在远程教育的网上课堂里，师生可以进行充分的交互活动。学员通过网络可以放心大胆地提问，不用害怕别人嘲笑。教师通过网络可以了解每个学员的学习情况，实施因材施教。而且，网络能使同学之间开展积极的讨论又不影响各自的上课。远程教育的网上实验室是一种智能型的人机世界，借助虚拟技术，学员能模拟完成在现实中难以操作或具有危险性的试验，感受客观真实世界无法观察的自然现象与事物变化过程。

2. 社会信息化

(1) 空前开放的信息浪潮

计算机网络技术使信息的加工、处理、传递、运用变得非常容易，需要的信息鼠标轻点随手可取，信息成了社会的公共资源，甚至是比其他自然资源更重要的资源。信息加工、信息服务正在成为网络时代的重要产业，信息技术与信息消费的发展不仅在绚丽的现代社会景色中闪烁出迷人的风采，而且势不可当。

另一方面，人类活动对信息的依赖程度日益提高，社会生活的各个方面包括政治、经济、文化和日常活动都通过计算机网络而被信息化了，人们犹如生活在信息的海洋中，丰富的信息使人类的生活变得更有趣、更美好，这就是社会信息化的内涵，它是人类发展的新里程碑，而正是计算机网络技术奠定了社会信息化的技术基础。

社会信息化使商务谈判有关信息的获取与沟通，变得方便、容易、快捷。网上不仅有关于商品质量、价格、运输方面的竞争性信息，而且可以通过进入相关厂商的网页，了解厂商的运营情况，也可在网上进行询问、沟通。于是，及时掌握信息成为谈判活动与决策的一项新兴的重要技术，谁信息灵通、把握正确，谁就最有可能在商务谈判中获得主导与优势。

(2) 第四媒体的主要特点

计算机网络作为信息传播的媒体被称为继报刊、广播、电视之后的第四媒体，它具有比前面所有媒体更多、更优越的特点。

① 信息量大面广。网上信息，古今中外无所不包，大至政治、军事、经济、社会、文化，小至求职、购物、学习、游戏，各种各样，应有尽有。

② 信息及时、实时。计算机网络传递的高速、高效，加上联网的计算机遍布世界各个角落。因此，只要愿意，人人都可以是信息的制造者，人人都可以是信息的享受者。网站记者的普及，使得网上信息更及时、更实时。

③ 高效与可选择性。这与以前的媒体完全不同，网上信息是互动的，可以根据使用者的需要，进行选择。因特网上有许多强有力的搜索引擎，如提供中文上网搜索服务的百度、雅虎、搜狐及 360 导航等，还有许多分类的搜索引擎，搜索起来，既方便又快捷。

④ 空前的开放与自由。网络世界除了技术上的制约外，几乎是完全开放的，信息的发布与利用极其自由，没有等级、没有权威，大家都可平等共享。

⑤ 竞争性。网络世界空前的开放与自由，使信息，尤其是商务信息的竞争十分激烈，真的、假的、圈套等都有。因此，一方面发布信息要注意技巧、注意竞争方的策略；另一方面，运

用网上信息必须注意分析、辨别，千万别受诱上当。

3. 生存模式网络化

网络正在引起人类生存模式的变化，人们的生活、工作和娱乐无不因网络而更加绚丽、更加便捷、更加欢乐，人类的生存已明显地打上了网络的印记。

（1）全新的网络生活

网络改变了人们不少的习惯生活方式：譬如购物，你可以足不出户，先在网上逛，然后下单，享受送货上门服务。特别在网上选购你需要的图书资料，比跑书店省力多了。网上订票、网上交易等也已日益在我们生活中普及。

网上有许多娱乐，譬如休闲时，上网下载自己喜爱的小说，听听优美的音乐，欣赏电视、电影，与人闲聊等，特别是正在兴起的具有灵活互动特征的网络电视 IPTV，可以随意点播、返看，放映中随意前进、倒退，悠闲自得。

网络带来的游戏更是吸引了众多的人群，喜欢游戏是人类与生俱来一种共有的天性，迷恋网络游戏的有男人也有女人，有小孩也有大人，网络游戏丰富了人们的生活，增加了人们生活的乐趣。

在网上，还有虚拟环境，可以在虚拟的环境里进行想象的生活，实现人们在现实中无法实现的美妙向往。因特网正在成为而且必将成为人们生活的“开心乐园”。

（2）全新的联系交流方式

网上的信息崇尚民主、自由、平等，没有限制，信息的发布和利用是自由的、开放的，没有等级，大家都可平等共享。这些特点，或者说优势，使它赢得了人们的青睐，从而改变了人类联系与交流的方式。

① 电子邮件。E-mail 是由因特网传送的电子信函，与传统的利用邮局发送的信件、电报相比具有无可比拟的优越性，首先因特网上时空距离几乎为零，收件人不论在什么地方，只要有计算机连接在网络上，立刻就能收到，而且还能保存在电脑上；其次 E-mail 的内容图文并茂，除文字外可以有声音、动画，既生动又有趣；此外费用低廉。现在人们使用 E-mail 代替普通邮件进行联系已很普遍，许多人通过 E-mail 互致问候、讨论问题、洽谈商务、传送文件，甚至学生向老师交作业也用 E-mail。如果与电话、传真相比，E-mail 的内容含量大，而且丰富多彩，电话、传真有时很扰人，特别在你不想有人打扰时，在这一点上 E-mail 比较自由。E-mail 使人们的联系方式变得快捷、便利和多媒体化。

② 手机短信。与电子邮件相媲美的是通过手机发送的短信，手机短信发送方便、快捷，往往胜过电子邮件，而且也能发到网上。如通过手机将拍摄的现场照片，即刻“晒”在网上共享。但 E-mail 能做的，手机短信不一定能做，主要是手机短信发送的内容有限，在容量上无法与 E-mail 相比。

③ 网上聊天。通过最早发展起来的电子公告栏系统 BBS，稍后的也是现今最流行的即时信息传递系统 ICQ 和个人网络日志系统 Blogger，人们在网上开创个人网页、博客、微博及微信，组织起网上论坛、虚拟社区、聊天室、博客群、微信群等传递信息、想法，进行广泛深入的交流。

可以说 BBS、ICQ、Blogger 和微信，特别后两者，是继 E-mail 之后开发出来的最受欢迎的网络交流系统，而且这方面的发展日新月异。比较著名的即时通信（Instant messaging，简称 IM）有腾讯 QQ、新浪 UC、Skype 等，还有手机即时通信，即中国移动开发出来的“飞信”。在微博方面，国际上最老、最著名的微博网站是Twitter，堪称是微博类网站的鼻祖，包括美国总统、美国白宫、福布斯、通用汽车等很多国际知名个人和组织在Twitter上发布信息和与用户进行交流。如英国前首相，人称“铁娘子”的玛格丽特·希尔达·撒切尔(1925—2013)2013年4月8日去世的消息，即是Twitter网于第一时间发布的，引发了全球媒体的关注。在国内，较著名的微博网站有新浪微博等。

④ 网络电话。网上电话比之普通电话更优越，不仅费用低廉，而且通过视频传输，将通话人即时的容貌和背景传给对方，又可传送相关文件，使电话有声有色且内容充实，增加了交流的情趣，为人们所喜欢。尤其对于远距离的国际通话，如今的网络电话几乎完全代替了旧式的国际长途电话。比较常用的有QQ、Skype和微信。

网络突破时空限制实现了即刻、实时交流，同时虚拟的网络空间突破了社会身份的制约，使人类无束缚的无限沟通愿望得以实现，有史以来人类的联系方式因网络的出现而获得了革命性的改变。网络改变人类联系方式的同时也促进了商务谈判方式的变化，出现了通过互联网进行迅速有效的商务谈判方式。

(3) 工作条件的变化

计算机网络改进了人们办公和工作的条件：网络使相当一部分资源实现了共享，包括信息、工作数据、业务文件、技术档案、应用软件等办公资料和打印机、扫描机等办公设备；网络也使原本分散各地的工作人员能够在网络上协同办公，协同完成同一项目。因此，网络大大提高了工作的效率，降低了组织的办公成本。

在一些比较现代、比较先进的公司里，如摩托罗拉、IBM、惠普等，已有相当一部分员工利用网络实现了在家里或小办公室里快捷舒适地办公的愿望，通常称他们为SOHO(small office，home office)族。“SOHO族”在一些发达国家里已有相当数量，美国现有“SOHO族”2 000万左右。我国也有一小部分公司职员成了“SOHO族”。

网络给各种各样的研究者也带来许多帮助，有不少研究人员利用网络了解课题和课题进展来启发自己的研究思路，许多设计人员利用计算机和网络实现三维图像的扫描、模拟、传输、收集和综合，最终实现自己的与众不同的创造性设计。

网络也给商务谈判者学习、研究谈判技术带来帮助，网上有许多实际谈判的知识、案例、经验可供参考、借鉴，很贴切，很有启发，而且非常方便，网络是提高谈判技术的一大实用途径。

网络给人类的生活和工作带来了深刻的变化，现今人类的发展已离不开计算机网络，网络已经并仍将继续改变人类的生存模式。同时，这种变化也改变了人类组织的生存模式和企业的商务活动。

二、影响与对策

1. 网络技术给商务谈判带来的影响

计算机网络技术的发展使人类进入了网络时代，网络时代环境在变，人们的活动在变，组织结构在变，思想方法在变，网络时代气象万千的变化是人类进步的旅程。同样这种无处不在的变化也给商务及商务谈判带来了影响，了解这种影响、把握这种影响、研讨应对的办法成为在网络时代进行成功商务谈判的必修课。其中，最主要的影响是：

(1) 网络谈判将占据主导地位

由于网络对人类生存的影响和网络经济的发展，商务活动已经与网络世界紧密相连，商务谈判过程越来越多地依赖计算机网络来实现，通过网络收集谈判资料、获得客户和本领域的内外信息、比较分析反馈信息、策划谈判方案与策略、进行交互谈判，直至最后决断、签署合同等。商务谈判的质量和技术随着网络使用的普遍深入而不断提高，娴熟、巧妙地利用网络技术成为商务谈判成功的重要因素，对具有网络时代特征的商务谈判技术进行研究，比以往任何时候都显得更加重要。

(2) 商务谈判全球化

计算机网络将整个世界联系在一起，促成了人类社会各方面的全球性交流和竞争，形成全球化的发展。网络不仅推进了经济的全球化而且推动了技术、知识、信息的全球化，推动了全球商务和商务谈判的发展，也推动了全球规则的创建和在全球规则基础上进行的全球较量与协调发展。

21世纪商务全球化已经取得相当成效，2010年我国已经超越日本成为世界第二大经济体。从商务关系的角度看，这是我国商务谈判的发展与成功。

全球化带来了发展的机遇和挑战，全球性竞争使商务谈判分外激烈，并且商务谈判还得适应全球各地传统社会中的各种民族、宗教、政治、经济、文化、语言上的差异，从而既是拓展商务的机遇也为商务谈判增加了困难。

(3) 信息成为谈判的关键因素

网络信息的迅捷、丰富，使商务谈判犹如一场信息战的意味更加浓烈。现今人们越来越强烈地认识到，信息是商务谈判制胜的重要资源。如果你在与谈判目标相关的信息的掌握上落后于对方，面对对方的新鲜信息，你又如何可能战胜对方呢？失败是不言而喻的。

只有更快地获知信息，包括不利的信息和有利的信息，及时策划化解不利的信息，充分利用有利的信息，才能决策有方，在商务谈判过程中立于不败之地。其实，任何有效的谈判和决策都是建立在数据和信息分析的基础上，计算机网络提供的丰富、准确的数据和信息大大降低了组织在谈判和决策活动中的盲目性，给谈判成功提供了实事求是的根本保证。

计算机技术对于谈判决策上的成功与失败的记忆，还提供了追溯分析、寻根究源的信息依据，使以后的谈判得以吸取教训、提高效率。

(4) 商务谈判趋向高速度、高效率

网络时代，信息速度快，市场变化快，要求相应的商务谈判的节奏也快。客户的查询信息、意向信息一出现，应立即触发沟通与谈判机制，确认有关细节，做出回应。商务谈判趋向高速度、高效率，谁掌握谈判的先机、应对的速率，谁就能掌握瞬息万变的市场，否则就将失去市场。

同时谈判的信息还应在第一时间传向组织的有关部门，迅速组织起相应的生产与服务能力，以满足客户需求。

(5) 商务谈判的知识与科技内涵增强

在日益激烈的全球竞争中，一方面产品在市场上的生存周期较短，产品更新频率不断提升，新产品层出不穷；另一方面产品正逐渐由劳动密集型向知识密集型演化，产品的知识技术含量不断提高。特别是智能产品的出现和开拓，软件产品的出现和开拓，知识技术的作用表现得尤为明显。知识和技术正在成为具有主导地位的资源和生产要素，知识生产力将比劳动生产力更为重要。根据世界经济合作组织的统计，其主要成员国中，知识生产力所创造的产值早已超过国内生产总值的60%以上。在技术发达的美国,从事体力劳动的工人的比例只占劳动人口总数的17%,估计到2020年这一比例最高不会超过2%。知识和技术占主导地位的趋势已经相当明显。于是商务谈判的知识与科技内涵大大增强,谈判人员必须学习、掌握相关的科技知识,甚至某些谈判人员本身就是由科技研究人员出任。

2. 应对网络时代商务谈判发展的对策

时代的变化和发展,对于商务谈判相关的软件和硬件提出了更高的适应性要求,发展商务谈判、提高商务谈判技术及应变能力是当前商务活动中急需研究的问题,可以而且应该迅速采取的主要发展对策包括:

(1) 推进网络工程

网络时代发展商务谈判、提高商务谈判技术,首先就是要推进作为基础的网络工程建设,为利用网络开拓商务活动空间,奠定硬件基础。然后在此基础上,进行网络系统的软件建设并逐渐优化,现今已知各种网上商务谈判支持系统正在开发,相信不久即可投入应用。

根据调查,我国的重点企业已经全部接通因特网,其中80%建立了内部局域网,约50%拥有自己开创的企业网站。利用网络资源、开展网上业务已经成为时尚的商务潮流。近年来,利用网络进行商务谈判的比例也在逐渐提升。网络资源和信息的利用不仅能使组织抢在第一时间进行有效的商务谈判,而且能使谈判者得心应手地运用各种信息,给谈判增添强劲的推力,促进谈判朝成功的方向发展。能否利用好网络资源对于组织和个人的发展具有极其重要的意义。

近年来,网络经济的发展速度非常快,全球网上业务的营业额(这里是指通过网络成交的营业额,但付款方式并不限定在网络上完成)高速增长,其中中国发展速度最快。《2016年度中国电子商务市场数据监测报告》显示,2016年中国电子商务交易额22.97万亿元(人民币,下同),同比增长25.5%。其中,B2B市场交易规模16.7万亿元,网络零售市场交易规模5.3万亿元,生活服务O2O交易规模9 700亿元。截止到2016年12月,中国电子商务服务企业直接从业人员超过305万人,由电子商务间接带动的就业人数,已超过2 240万人。直接就业人员上,随着电商的规模化发展以及不断向农村市场下沉,更多的传统企业加入电商的行列,带动了电商从业人员的不断攀升。与此同步发展的是网上商务谈判和联网的商务谈判系统。

(2) 提高商务谈判的竞争能力

商务谈判的成败与谈判的竞争能力有密切关系,这种竞争能力主要表现在下述诸方面:

① 掌握相关信息的先见能力。商务谈判往往是一场信息战,尤其因为网上信息丰富而及时,谈判方谁能利用网络信息,及早预料可能的谈判问题,事先筹划好应对的策略,使谈判尽在控制中,谁就能赢得谈判。

掌握相关信息,除了一般的有关市场、对方意图、己方情况、第三方竞争信息外,科技时代特别要注意科技知识和创新的信息。例如关于某种商品的贸易谈判,商品的科技含量、创新性和领先市场的信息就非常重要,如果产品在某一方面领先潮流,谈判中就应突出说明这一点,此时价格的作用就在其次。还有时代的动向、组织的发展前景等强势信息对谈判都有正面的影响。

② 增强价值判断和决断能力。网络时代"货比三家"是常事,这里不成那里成,客户流动性很大,谈判中要抓住客户就离不开对一些条件所引起的风险和价值的判断。例如谈

判对方提出苛刻条件时，首先要做的就是对在这种条件下是否还有盈利空间或其他好处的判断。利用计算机网络这样的评估应该比较容易进行，或者早就有对于这种情况的预案，这样在谈判中就会有较强的竞争能力。然后试试能否软化对方的立场，以获取更多的收益。在计算机网络时代，激烈的竞争使除了引领潮流的高科技产品或服务具有相对丰厚的利润空间外，大多利润微薄。因此，谈判中的价值判断和计算往往是很精细的，谈判的盲目或含糊性大大降低。另外，成功的谈判是双赢的谈判，这也要求有精细的计算和精明的决断。

③ 利用网络渠道，拓展联系能力。网络不仅增强了人与人之间的联系，而且大大增强了企业间的商务联系。事实上，任何有拓展商务关系意识的业务人员都能利用网络渠道如愿以偿。如你可以通过上网搜索，寻找你的特定客户或创建新的潜在的客户群，也可以通过网络，定期维护你的客户群或开展优惠客户的活动。商务与商务谈判的主要对象是客户或供户，任何企业都有其赖以为生的特定的客户群或供户群，显然对企业来说这样的集群越大越有利，网络为此提供了一条成功之道，因此把握好网络的联系功能十分重要。

④ 熟练运用科技新知识的能力。在现代，知识和技术的领先对组织的生存和发展具有决定性的意义，早在20世纪80年代末，美国的一些竞争能力研究者就认为竞争力的标准首先不是提高生产率，而是使产品和技术具有“领导潮流”的能力，强调企业引导市场的主动性。许多世界知名企业的成功都是按照这个观念调整各自战略的结果。于是产品或服务的科技知识含量越来越高，使得现今的商务谈判必然会涉及一定的科技知识。因此谈判人员熟练运用相关科技知识，已经成为谈判成功的不可忽视的因素。常常有这种情况，当你用你的科技知识或具有创新性的理念去引领谈判意识时，会取得意想不到的好气氛或好结果。

(3) 建立高效的商务谈判机制

所谓高效的商务谈判机制，主要是指必须具备下述功能：

① 一触即发。积极的甚至是主动的谈判态度，即一有信息、一有可能，就能立刻进入谈判操作，努力争取先机，主导谈判过程。

② 多种应对预案。即对可能的谈判情况，有充分的准备，制订有多种应对预备程序与应对方案，能从容掌控谈判过程。

③ 超前的前瞻性战略。即在一定范围内，对产业、组织、技术、产品和服务的未来发展有一定预计，有超越现时的战略眼光和发展策略。

④ 主动出击。选择适宜的时机，运用适宜的方法，主动寻求商机，寻求谈判伙伴。建立高效的商务谈判机制，旨在把握稍纵即逝、瞬息万变的商机，且志在长远。唯有如此，才能适应不断变化的市场和客户需求，适应不断加速的需求变化和产品变化。因此，建立高效的商务谈判机制是网络时代商务谈判的重要应对策略。

案例应用

“优势”与“优惠”的思考

“科博”是一家网上代客组装计算机的销售商，在竞争激烈的计算机市场上并不著名。有一次，一个客户在网上留言，直截了当地询问：“由你们组装计算机有什么优势？”

“有什么优势？”这是一个绝对重要的问题，客户提的是“优势”，而不是“优惠”！这引起了“科博”方面的思考，其实这是涉及科博生存的根本问题。

首先要弄清客户在想什么，关心什么，不放心什么。不言而喻，组装计算机的优越在于可以根据客户的要求进行功能配置且价格相对低廉。但这不是“科博”独家的“优势”，大凡代客组装计算机的都是这样，组件价格能在网上查到，利润率都差不多，不相上下。也许，这正是客户不提“优惠”，而提“优势”的原因吧！经过进一步分析，认为对组装机客户最担心的是组装中以次充好，质量不稳定，维修困难。针对这些问题，“科博”提出解决方案为：

(1) 组装中，详细说明组件品牌、型号、价格，并上门指导客户一起验证；

(2) 半年内两次免费上门维护，客户若要长期维护，只收少量定期维护费用；

(3) 接到报修电话，一个工作日内上门维修，一年内免维修费，对于非不当使用的零配件损坏免费更换。

心中有底以后，“科博”即对该客户做出正式答复，除上述各点外，还罗列了下述优势：

“科博”有熟练的组装技术，能依据客户要求，策划最佳结构方案；凭借业内广泛的关系，获得适用的优价配件；组装费用透明；愿与客户建立长期的服务关系，为客户提供维护与升级更新方便。

这份通过 Internet 传送的答复，完全切中了客户思想的核心，赢得客户的信任。原来这是一个准备开网吧的客户，正计划购置 40 台计算机和 1 台服务器。不久，经过几轮谈判，他就与“科博”成交了。

问题思考：本案例要说明什么问题？对你有何启示？

（资料来源：夏圣亭主编. 商务谈判. 北京：高等教育出版社，2014.1）

第二节　现代网络商务谈判技术

案例引入

美国自发生“9·11”恐怖袭击事件以后，对于“EXIT”出口通道指示灯箱的需求骤然旺盛起来。灯箱是塑料制件，美国本土造价较高，大批量生产利润难于保证。相关美商考虑向中国订购，他们在网上找到一家塑料制品厂，开始用 E-mail 实施该项谈判。下面是部分内容摘录（已略去涉外商务函件的信头、地址、结束语、签名等非紧要件）。

美方：兹需大批量塑制“EXIT”出口通道指引灯箱，今询你方是否具有制造的技术能力与兴趣，附件是指引灯箱的照片，本询单有效时间 24 小时。

中方：我厂是专业塑料制品厂，现有各型注塑机 13 台，具有制造各种塑料器件的精湛技术和相当的加工生产能力，能胜任贵方要求的塑制出口通道指引灯箱的生产，附件是我厂生产的多种精巧塑料产品的照片与介绍。请详细说明需生产的灯箱的各项参数与要求。

美方：这里所附是“EXIT”出口通道指引灯箱的三维设计视图与材料要求，特别注明要用“阻燃”塑料制造，其中“EXIT”字样部分为透明红色塑料。请速报价。

中方：急询：加工每单批量是多少？以便我们尽可能降低造价，坦率地说塑料制品加工是微利业务，希望有足够的加工量支持。

关方：先期每月给予 3 单，每单 11 178 件，以后扩展成每月 6 单以上。由于塑制品技术含量低，潜在竞争多，关键是价格。

中方：经详细核算，最低报价为每件人民币 18.33 元。为取得贵方信任，下面以一个月 3 单，列出主要项目的成本费用，总计人民币 574 410 元，还不包括维修、杂项费用。其中各项单价，互联网上都能查到，完全公开透明。加上毛利率 7%，为人民币 614 618.7 元。再要去掉税务成本，真的是微利，而且不能有风险，否则就可能亏本。我方着眼于与贵方的长期合作，希望至少 1 年，请贵方审核。

表 10-1　"EXIT"出口通道指引灯箱成本预测

序号	成本项目	单价/元	需要量	金额/元
1	主要原料			
	ABS(阻燃)	18 700	24 吨	44 800
	AS	14 200	3.75 吨	53 250
	色母料	28 000	0.2 吨	5 600
2	包装材料			2 000
3	人工	38	270 工	10 260
4	动力(电)	0.20	100 000	20 000
5	运输			2 000
6	磨具与机械折旧			23 500
7	场地			3 000
8	管理费用			6 000
	总计			574 410

美方：经审核，贵方开价真实，现同意你方的价格，订单自下月起，每月至少 3 单，交货期 15 天，每单预付款 50%，请贵方即刻准备生产。

问题思考：本案例中方采用完全透明的价格策略，有何作用和效果？

（资料来源：夏圣亭主编. 商务谈判. 北京：高等教育出版社，2014.1）

一般将通过计算机网络进行的商务谈判称为网上商务谈判，与利用电话网进行的商务谈判合称网络商务谈判。随着网络时代一些全新的经营方式和全新的经济组织模式的出现，适应新的网络时代的商务活动、商务谈判也出现了一些值得注意和研究的新特征、新模式。其中，商务谈判中的信息特征和网上商务谈判模式是最重要的，掌握驾驭它们的技术就获得了探讨网络时代商务谈判的入场券。

一、电话商务谈判

1. 现代电话技术

电话以其方便、快捷、节省等特点，已经成为人们日常生活和工作中不可或缺的通信工具，被广泛应用于各项商务活动。现代电话是建立在迅速发展的遍布全世界的电话网络（PSTN）或宽带数字网络（ISDN）技术上，一般称前者为普通电话，后者为网络电话。由于公共的电话网络伸展广、普及率高，仅我国就有2.5亿个电话终端接口，因此在当前，普通电话比网络电话在商务应用上更普遍一些。

虽然一般电话“只闻其声，不见其人”，但自1964年美国贝尔实验室正式提出可视电话的相关方案以来，可视电话在发达国家发展迅速。特别是随着1996年国际电信联盟PSTN多媒体可视电话国际标准ITU—IH-IH.324标准的公布，符合该标准的可视电话在美国、日本、德国纷纷开发出来，我国也于2003年开发成功全球领先的可视电话核心技术。然而，近年来网络电话的发展盖过了普通可视电话，网络电话不仅有视频传输的人物实时图像，还可方便地转动摄像头传输各种图景或物件的影像，使通话双方充分体验身临其境的现场感觉。

另外，无线视频技术的开发使3G手机成为生活中的热门。3G是“3rd Generation”第三代移动通信技术的简称，它将无线通信与因特网、卫星网络等多媒体通信结合在手机系统里，使手机能随时随地以图文、音乐、谈话、视频与世界相联系，实现灵活完美的信息交流。可以预见，已经到来的4G手机和即将到来的5G手机通信必将在手机商务谈判中展现它们的无限魅力。

2. 电话商务谈判概述

电话技术的发展也使商务谈判出现了新的形式，通常将利用电话技术进行的商务谈判称为电话商务谈判，简称电话商谈，它是网络商务谈判的一种方式。目前应用最广泛的电话商谈是通过公共电话网(PSTN)的终端非可视的普通电话机进行的商务谈判，也许迅速发展的可视电话、网络电话等在不久的将来会代替普通电话成为电话商谈的主要工具，使电话商谈几乎与晤面谈判一样贴切。不过，这里研究的电话商谈主要是指用普通电话机进行的商务谈判。

电话商谈是一种一对一的即时商务谈判。在进行过程中，为提高谈判效率，应特别注意下述各项：

(1) 成分有效的准备。通常电话商谈是一句接着一句地交互说话的，时间紧凑而短促，匆忙中难免思虑不周，或疏忽、遗忘，因此事前应做好充分准备，拟好谈话要点，做好必要的计算，准备好必要的资料和记录用品。

(2) 找准要找的人。接通电话，首先报上自己组织的名称，要求对方给找的谈判人姓名，或相关部门领导。当问清对方确是要找的谈判人时，即开展谈判。千万别在尚未确认接话的谈判人时，稀里糊涂地急着大讲特讲。最好能注意对方的工作时间，若能掌握对方情绪较佳的时机打电话，则更胜一筹。如果要找的谈判人不在，可以留下简短的话语或另约时间，并留下联系电话，请对方转达。

(3) 以礼相待。对于电话对方的接话人和谈判人都要以礼相待，注意使用礼貌用语，诸如“您好！”“请……”“麻烦您……”“对不起……”“谢谢！”等。

(4) 语言正确，语音清晰，语调平和。电话是通过语音来传递信息的，因此，在电话商谈过程中应确保语言正确、口齿清楚、语音清晰，避免出现歧义或误听；语调最好能保持自然平和，传递愉快的心情，不宜忽高忽低，切忌装腔作势、大惊小怪。

(5) 勤做摘记。电话商谈往往比较容易发生搞错或遗漏对方意思的事情，必须勤作摘记。一来免除误解和疏漏，二来便于自己根据摘记的内容对对方意图做概要勾勒，进行合适的思考和回答，更便于电话商谈后的处理。必要时，也可进行电话录音。

(6) 切莫轻言放弃。当这一次电话商谈不能达成一致,需要暂停时,可以“需要请示”“需要讨论”“再考虑一下”等因由,礼貌再见。若能在放下电话前,约定下一次电话商谈的时间,则更好。一次电话商谈不成后,应郑重考虑下一次继续谈判,切莫轻言放弃。

3. 电话商谈的特点与技巧

(1) 谈判成本低,适合现代商务的高频率与快节奏

电话商谈是一种便捷的商务谈判方式,谈判成本很低,不需要差旅、招待、安排及复杂的设备,而且谈判相当直接,比较适合现代商务的高频率与快节奏。

(2) 尤其适用于相互间有一定基础的对象或作补充磋商

由于在电话中往往不可能将问题讲得很清楚,特别是需要资料来辅助解释的时候,相对容易发生误解。所以,通常不使用电话商谈来进行复杂的商务谈判。电话商谈比较适用于谈判双方比较熟悉,或有长期合作关系,或谈判条款较为明确的一些相对较为简易的商务谈判,或作为正式商务谈判的补充。例如,双方对合同已经达成基本一致,只是需要对个别条款的字句、含意进行一下探讨,此时常利用电话商谈解决问题。当然,也不尽是如此,有时陌生的双方或复杂谈判前,常采用电话商谈,彼此先行沟通,了解彼此意图。而熟练谈判者常能掌握电话商谈的特点,灵活发挥自身优势和谈判技巧,获取成功。对于电话商谈中发生的误解或问题,一定要先弄清问题所在,善做解释,务使释疑,不宜生硬回绝。

(3) 对于说和听有相当高的要求

由于普通电话商谈是说话听声不见人,因此,对于说和听的要求是相当高的。对于说话,首先谈判的内容和切入点需要能引导对方的兴趣,其次是左右谈判气氛的、通过语言传递的情感。要将电话商谈看作是一件愉快的任务,始终以饱满的热情和真心诚意的态度去谈判,真正做到循循善诱,用自己的心灵去打动对方的心灵。只有这样的谈判,才会有感染力,才能给人留下好印象。不论事情成与不成,均应保持这种心态。对于谈判来说,良好的印象是成功的必要保证,是十分难能可贵的。同时,对于听,应该十分仔细,不要错漏。有不清楚的,一定要问明白。关键语言在听对方讲好后,要用自己的语言复述一遍,防止误解。商谈中把握好节奏,轻易不要去打断对方的讲话,即使需要打断,也要把握打断的分寸。万一出现难以应付或难以回答的情况,应采用一个妥当的理由,不影响情绪地中断本次电话商谈,约定下次再谈。

(4) 由于双方不照面,谈判的心理影响较弱

一般的电话商谈由于双方互不见面,彼此间的心理影响较弱,谈话不受拘束,比较放得开。这是电话商谈有利的一面,特别对不善面谈的人相当有利。不过,也正因为如此,制约了相当一部分谈判技巧的运用。更由于电话中不用顾虑对方面子是否下得来,相对容易采用强硬的策略,甚至出现僵局。对这种情况事前要思考好应对的策略,有一定的精神准备。如想取得成功,遇到此种情况切莫急躁,在商谈中可用耐心解释的方法去化解,犹如春风化雨,绝对不宜硬碰硬。

(5) 主动打电话的一方有先发制人的优势

电话商谈比较有利于主动打电话的一方,这一方具有有备而来、先发制人的优势;而接电话的对方,往往缺乏准备,不仅心理情绪常跟不上变化,而且信息资料常不在身边,一旦拿起电话又不太可能草率地中止谈判,这给接电话一方造成相当压力。因此,接听方应注意倾听并记录,将对方意图和整个事情搞清楚再回话。或者,找借口说:“这里环境不好,过一会

儿换个电话给你答复”,变被动为主动。然而这种对谈判双方的不对称,并非总是有利于打电话的一方,有时也可能会带来一些后遗症。如接电话方拒绝谈判,或事后推翻原来的约定等。为了使双方不因谈判方式产生不平衡,电话商谈最好能事先预定好谈判的时间。

(6) 具有一对一单人谈判的所有特点

电话商谈有极强的针对性,你来我往一句紧接着一句,没有其他人来插话,没有太多的考虑时间,具有一对一单人谈判的特点,整个过程不免有些紧张。电话中,如果一方讲话少时,另一方说的就越多,毫无疑问言多必失的情况是存在的。所以电话商谈中,要克服紧张情绪,语言简明扼要,有的放矢。不要采用啰唆的、模糊的、会引起对方反感的语言,无关紧要的话尽量不说或少说。

案例应用

周文与刘主任的电话谈判

周文所在的保洁公司是同行中的佼佼者,而周文更是一名对保洁技术有研究的业务员。那天早晨刚上班,就接到昨天刚去现场勘测的要求进行室内保洁的某外商驻沪办事处刘主任打来的电话。

“刘主任,你好!有什么需要我们服务的吗?请讲。”周文一面接听,一面找出昨天的现场勘测记录。

“周先生吗?嗯,我看了你们昨天提出的报价,似乎你们的报价贵了一些,这是为什么?”刘主任开门见山提出了疑问。

“喔,刘主任,昨天我们拜访你处,得到你们热情的接待,真谢谢你!我们的报告是在实地勘测后提出的,报价很详细,是吗?”

“是的,在这一点上,你们做得比较周到。”从刘主任的认可中可以知道,他并非不了解其他大多数保洁公司都采用笼统报价的做法。

“那么,刘主任能告诉我是哪一项报价稍微贵了些呢?"

“不是‘贵了些’,是贵很多!因为以前我们请另一家保洁公司做,价格就只是你们的八折,具体我并不知道是哪一项。总之,我们这里沙发、地毯比较多,保洁的价格应该从这些项上下来吧!”刘主任提出了他的依据。

“这就对了!刘主任,我昨天数了一下,你处单是大、小沙发就有 26 只,其中有 12 只面子是皮的,8 只面子是布料的,6 只是呢绒的。其中好几只沙发,都有一些褪色的疤斑,尤其是放在会客室的 8 只色彩鲜艳的布料沙发,上面的疤斑很惹眼。这是上次保洁时技术不正确,洗的方法不对,而且洗后没有采用保护技术的后遗症。这不仅损害了沙发的使用寿命,而且有碍外观。”

周文结合昨天的勘测记录,点明了不正确的保洁技术所造成的影响与损害,进一步解释说:“其实这里面有很多技巧,单单以清除污渍来说,首先要正确判断是何种污渍,不同的污渍要使用不同的清洁剂和不同的清洁方法,判断错了、弄错了就会留下难以磨灭的损害。特别是布料沙发,清洁时极易引起褪色,一定要有过硬的技术,清洁后一定要喷上一层布料保洁剂,这是我们公司保洁操作的特色,至于地毯就更有讲究了。我公司是著名品牌公司,拥有保证保洁质量的可靠技术,并保证对因清洁技术不过关而造成的损害进行赔偿。刘主任,其实你处的家具都很名贵，我公司等于既为你们保洁又上了保险，你们尽可放心！”这一番话，完全切中要害，将刘主任的疑惑一扫而光。

“好吧，价格就依你们，但是活儿要保证做好。”

“好的，一定！谢谢刘主任！”

显然，这是一次成功的电话商谈，周文娴熟的谈判技术起了决定性的作用。

问题思考：

(1) 你能理解并指出周文在电话商谈中运用了哪些谈判技巧吗？

(2) 你认为电话商谈中最要紧的是要注意哪些事情？

(资料来源：夏圣亭主编. 商务谈判. 北京：高等教育出版社，2014. 1)

二、网上商务谈判

1. 几种常用方式

网上商务谈判的方式随着网络技术的发展而发展。通常网络商务谈判有下列几种方式，其中使用最为普遍的是 E-mail 方式。

(1) 电子邮件方式

电子邮件(E-mail)方式的商务谈判是通过计算机网络传递的邮件来实现的，商务双方交互发送信息进行沟通与谈判，信息可以是文书、表格、图片、照片、动画、录音，甚至一段录像，方式鲜明，内涵丰富，每次传递的容量相当大，传递速率基本上是即时的。

通常的操作程序是：首先了解、分析对方来函的意图与真实性，探讨、策划应对方案，包括怎样理解对方的说明和目的、怎样解释对方的问题、怎样推销自己、是否同意对方的要求、怎样提出自己的要求等，策划定当以后，组织编制答复的信息，上网发送，形成谈判的一个回合。按国际惯例，一般应在收到 E-mail 两天之内做出回复。经过几个回合的继续进展，双方意向趋于一致，形成合同，成功结束谈判。

(2) 网络电话方式

网络电话方式的商务谈判是通过计算机网络即时传递语音信息来实现沟通与谈判的，基本上与电话商务谈判方式相同。若双方网络终端配置有摄像头，则通过视频传输就与可视电话一样，双方犹如坐在一起的一对一谈判，还可即时传递文件信息，比电话商务谈判有过之而无不及。

(3) 网络会议方式

网络会议方式的商务谈判是通过计算机网络以网上会议(NetMeeting)形式进行的、可以是多人的、网上实时的沟通与谈判。它能超越空间地域的制约，节省以交通、住宿、招待费用构成的谈判成本，给商务谈判带来了方便。基本过程与现场面对面谈判相同。

(4) 手机短信方式

这是利用手机上网，通过短信在对方的网页上交谈或留言的一种微型商务谈判方式。其特点是：快捷、简要、方便。特别是临时遇到紧急需求，就常采取这种方式，用手机上网搜寻商务对象，即时进行商谈，敲定业务，以解燃眉之急。

上述网络商务谈判方式在实际运用时，可以灵活应用，也可与电话商谈、普通会面谈判结合起来，穿插进行。

2. E-mail谈判运用须知

网上商务谈判使用最为普遍的是电子邮件(E-mail)方式。电子邮件是全球性的,快速、简便且经济,一般在几分钟内即可传送至世界任何一处,比长途电话便宜,不需要纸张,没有废弃文件处置的问题,是一种极好的商务谈判方式。但运用 E-mail 进行商务谈判有一系列必须知道的准则,以保证谈判的顺利进行和保护谈判双方的权益。

(1) 主题要鲜明、正确

邮件不仅应指定一个主题来标识,而且主题要鲜明、正确,以引起接收者的注意和重视,防止接收者不小心错过,或作垃圾邮件处理。

(2) 给出联络信息

在正确发送邮件的同时,不要忘记给出自己的联络信息,如 E-mail 地址、电话号码、组织名称、联系人等。可以把这些联络信息制作成一个标准的信头或信尾,使标识方便。

(3) 使用一定的加密机制

对于拟发送的邮件,依据是否含有商务机密,使用一定的加密机制。

(4) 避免使用优先或紧急标志

除非确有需要,一般避免使用优先或紧急标志,否则会引起不必要的猜测、怀疑。

(5) 及时接收与处理

及时接收、阅读相关邮件,不要等邮件成堆时才去匆促处理,以免错过重要邮件的处理。

(6) 语言准确、简练

语言要准确、简练,尽量删除冗长的、无意义的字句,一则要让对方能正确理解所表达的意思;二则不要使接收者因文字冗长、空洞而失去阅读的兴趣和耐心。

(7) 避免过激

绝对不要使用过激语言,不要开玩笑。在需要反驳时,应仔细考虑采用的语气和内容,否则会导致谈判对方无可挽回的反感和反击。

(8) 回答要充实且有针对性

回答对方的提问,要有充分的依据,有针对性,能切中问题的要害。最好能将对方来件复制在后,以便对照。

(9) 利用好附件

特别注意在邮件的附件中,尽量提供有吸引力的参考文件,如资料、照片、视频,发挥附件的补充作用。

(10) 注意书写语言的语种选择

所有的电子邮件都支持英文,但不一定支持中文。对于用中文书写的电子邮件,如果接收者没有支持中文的电子邮件应用软件,就无法阅读。此时发送者可将写好的中文邮件打开,用屏幕抓图软件将窗口中的邮件内容以图像形式摄制成图像文件,然后复制、粘贴在空白文页上或作为附件发送过去。对方只要利用普通的图像软件,即可阅读制成图像形式的文件内容。

(11) 定期回访

定期采用邮件回访是保持良好商务关系的一项简单、有效的方法,尤其适合现代的快节奏。

(12) 防黑客侵扰

采用计算机系统安全防护软件,防止黑客侵袭。对于来历不明的电子邮件的附件,不要随便打开，慎防病毒感染和恶意攻击。

3. 网上商务谈判的特点与实用技巧

网上商务谈判是一种较新形式的商务谈判，有一些不同寻常的特点，因而也派生出一些技巧和需要注意的事项。由于E-mail式网上商务谈判是网上商务谈判的主要和普遍采用的方式，因此，这里的研究将主要针对E-mail式网上商务谈判。

(1) 信息特征明显

网上商务谈判的信息特征是一个非常突出的要素，谈判双方都能在网上获得及时的相关信息，通常双方信息是对称的。若有一方稍为大意，常会陷入信息滞后的误区，以至双方信息不对称，造成重大损失，其影响十分明显。

(2) 超越时空的低成本、高效益

网络使世界变小，地球村的概念应运而生，网上商务谈判犹如在一个乡村里发生的聚会，具有超越时空的特征。它使处于世界不同地方、不同时间的双方能实现商务谈判，节省了谈判成本。尤其是E-mail式的商务谈判，不仅节省了因差旅、招待等所消耗的费用和精力，而且节约了往返的时间和适应时差的消耗。因此，网上商务谈判受到普遍的欢迎和重视，逐渐成为一种重要的、不容忽视的谈判方式。又常被作为正式晤面谈判的前奏性谈判来应用，以减少不必要的周折，提高谈判效率。在语言上，网上E-mail式的商务谈判往往比较简明扼要，实质性强，也常穿插网上时兴的语言，以拉近双方距离。有时网上商务谈判还能运用多媒体来增强谈判效果。

(3) 隐蔽性

E-mail式的网上商务谈判，由于没有神态表情、声调音量等的信息，双方的谈判心情易于隐藏，使谈判方不易捉摸对方的喜怒忧乐，不易判断谈判方案对对方的有利或不利程度，因此具有一定的隐蔽性，相对容易发生策略偏差，甚至受骗上当。技术娴熟的谈判人员则可利用E-mail式网上谈判的这种隐蔽性来谋取己方利益。

(4) 相对充裕的运筹应对时间

E-mail式的网上商务谈判，按国际惯例一般有两天宽裕的回复期，可供分析对方意图，研究己方对策，相对于面对面的谈判较为从容。因此，应积极利用E-mail式网上谈判的时间间隙，运筹把握谈判的经脉，创造成功的条件。

(5) 文件化互动性质

E-mail式网上商务谈判虽然对参与谈判人员的仪态、语言、灵动、应变和控制能力的要求不是太高，但由于这种谈判是通过文字方式交互传递信息的，每一份E-mail相当于一份文件，与口头应答相比较，具有较为正式的、确定的含意，一旦出错，不易改变或扭转。因此，E-mail式的网上商务谈判要求谈判参与人员充分重视这种文件化互动性质，认真对待每一份E-mail。

案例应用

谈判中的汇率风险

胜德机械厂曾经接到外商来样要求加工制造某种编号为SD203的金属零件，加工要求与图样均已通过E-mail发来。胜德机械厂经过研究，认为在材料与加工工艺技术上没有问题，经成本测算每件报价人民币 34.80 元。外方接到 E-mail 信息，即要求以美元计价，确定价格为 5.107 美元，并在获得胜德厂肯定后，定下了一年的订单。然而，在合同审核中，胜德厂发现一年的合作期较长，是好事，但也存在汇率风险。因为当时美元兑人民币的汇率是 6.816 1，即 100 美元兑人民币 681.61 元，按此计算人民币 34.80 元相当于美元 5.105 559 元，虽然小于 5.107 美元，但人民币是强势，不应不考虑潜在的升值趋势。

为此特向外商提出加价，但外商拿出胜德厂此前发给他的 E-mail，认为胜德前已同意 5.107 美元价，现在又反悔，太不讲信用了。几经周折，才同意以 5.120 美元的价格修订合同。胜德厂自知失误在先，只得认同。果不其然，后来美元兑人民币的汇率跌破 6.81，为 6.643 4，5.120 美元的价格折算成人民币不足 34.02 元。该项加工本来利润就比较微薄，此时更受影响。所以，在对外贸易谈判中，急需在意汇率策略的掌握，在发出每一份 E-mail 之前更应郑重其事。

问题思考：结合本案例谈谈你对汇率风险的理解。

（资料来源：夏圣亭主编. 商务谈判. 北京：高等教育出版社，2014. 1）

（6）竞争性“一对多”谈判

计算机网络的广泛联系性使得网上商务谈判可以同时与多个对象进行激发竞争的谈判，并通过对多个对象的谈判的比较，选择对自己最为有利的对象进行最终谈判。因此，在网上商务谈判中，常采用“鹬蚌相争，渔翁得利”的促使竞争策略。即是在“一对多”的情况下，设法促使多个谈判对象间展开或明或暗的竞争，以获取己方最大利益的谈判策略。

案例应用

校服的网上订购

上海的一所中学需要定制一批校服，校方自己并没有好的设计，仅有一个大致的构想，他们决定利用互联网展开竞争性“一对多”谈判来解决这个问题。他们将想法做成简单的计划书向有关的制衣企业发送。下面是校方发出的第一回合 E-mail：

兹因本校需要定制一批校服，特向贵企业征求设计及制衣方案，并询承接该项业务的意向，具体要求见《校服制订计划》。

校服制订计划

一、要求

（1）校服设计要能显示青年朝气蓬勃、活泼可爱的个性特征，符合本校“学习知识，奋发向上，为人类进步贡献青春”的校训。

（2）用料朴实，质量耐久，价格适宜，兼顾季节变化（2 套）。

二、程序

（1）如有意向，请通过网络递送制作方案，包括校服设计效果图样（含男、女生）、所用材料和详细报价。

（2）方案递送截止日期为本月底以前。

（3）下月上旬以前，本校将对有意承接本项业务且有合适方案的企业做出答复。如果到时候没有收到我方答复，即为方案不合适，敬请谅解。

三、注意

凡没有设计图或报价的回复均属无效，作放弃论处，恕不继续受理。

××中学后勤处

响应的企业很多，全都附来了不同的校服设计样式，在众多的候选方案中，学校将价格在210～240元/2套之间的挑选出来，然后发动全校师生对服装款式进行集中投票评选，最后遴选出3家继续进行网上谈判。下面是校方发出的第二回合E-mail：

我们很高兴地通知贵方，经过我校师生的评选，你们的校服设计名列前茅。现将获得好评的一些设计，展示在附件中，请参考改进。但请注意知识产权，切勿抄袭、挪用！

制衣材料一定要朴实耐久。

价格方面请考虑照顾学生负担，重新报价，我们将选择最合适的供应商定制校服。

希望能合作成功！

××中学后勤处

结果这三家企业都先后做出回复，其中一家改进设计后排名第一，衣料基本上都用涤盖棉，价格最低已降至210元/2套以下，具体情况如下表10-2所示。

表10-2　三家企业的设计与价格

序号	企业	设计排名	价格(元/2套)
1	永茂制衣	第一	210
2	吉祥服装	第二	204
3	康乐公司	第三	228

学校选择永茂制衣做最后谈判，下面是校方发出的第三回合E-mail：

永茂制衣：

贵方设计的校服较另外一家服装单位稍优，但价格高6元，是否能以204元/2套成交？速复！

××学校后勤处

在此种竞争势态下，永茂制衣最终同意学校的要求，以204元/2套成交，学校采用竞争性谈判策略获得圆满成功。

问题思考：本案例要说明什么问题？对你有何启示？

（资料来源：夏圣亭主编．商务谈判．北京：高等教育出版社，2014.1）

三、网上商务谈判的发展前景

1. 全新的非线性思维

线性思维，是一种按一定的时空顺序和逻辑顺序来进行的单向思维方式，是一种一步一步推演的、缺乏变化的思维。如按时间先后顺序思维、按线路前后顺序思维、按逻辑因果推断顺序进行思维等。这种思维方式由来已久，是受传统的时空局限影响而形成的思维方式，传统的写作和阅读，即经常采用这种线性思维的方式来写出和读出。

网络的出现打乱了线性思维方式，网络连接的浩瀚信息，可以自由组织，因此思维不再被限制在线性的方向上运行，而是可以从各个不同的信息点出发，随意发散、随意遐想，或是将各个不同的信息点，随意联结起来思考。因此，运用网络形成了一种全新的非线性思维形式，一种从多点出发的或由众多点相互连接起来的、发散的网状结构形式的思维，或称之为网络思维。通常传统文书的信息是按书的编页和字句的前后顺序喂给读者的，网上信息则是按读者的要求提供的，信息是多点并举，其间的联系是非线性、非平面的，呈现立体之网络状结构。在运用网络信息的同时，思维即呈现非线性的网络思维形式。

在计算机网络运用过程中，你可以发现网上信息的多点集成和网络的超时空特性对于你形成网络思维是很有帮助的。譬如，运用计算机网络研究某一课题时，你完全可以突破时空和逻辑的线性轨道，进行随意的跳跃。你可能在穿梭往来于网络信息间时，从某一信息点突发灵感，对研究中的某一部分有创造性发挥，这种思考往往并不符合线性思索，甚至你可能想到要将研究的顺序倒过来，或前后穿插着利用网上数据进行思索，研究的成果将由于采用非线性思维而更具创造性。

网络时代是创造性时代，商务谈判非常需要创造性思维，非常需要随机应变，在疑难商务谈判中，这种创造性思维往往能使谈判走出困境，呈现柳暗花明又一村的成功前景。

事实上大多数创造性灵感的发生，并不是线性思维的结果，而是发散的非线性思维的结果。研究网络信息、研究网上谈判，将会发掘出更多、更新的商务谈判实用技术，值得有进取心的青年积极参与，转变思维的固有方式。

2. 网上商务谈判系统的开发

计算机软件的发展和网上商务谈判的需要，支持开发网上商务谈判系统。2004 年 12 月 28 日在中国黑龙江省科技厅的主持下首次成功召开“基于 Internet 电子商务的谈判支持系统研究”成果鉴定会，由专家组成的鉴定委员会认为“该项目研究成果总体上处于国内领先水平，在谈判模型理论研究方面居于国际先进水平”。2005 年已经发展出多种版本的网上商务谈判系统，不仅适用于电子商务，也适用于一般商务的网上谈判。这些网上商务谈判系统归纳、发展了网上商务谈判的理论与方法，建立了交互式多目标协商、信息分析与判断决策模型，实现了音、视频结合的谈判功能和多媒体信息传示功能，拥有充分的与谈判有关的资料数据库，能同时进行多方网上商务谈判。

由于商务谈判的多样性和灵活性，这些版本的网上商务谈判系统尚未能被普遍接受，但相信这一发展趋势是不会停滞的。同时，可以憧憬的是网上商务谈判系统的发展将在不远的将来导致自动应答的网上商务谈判系统的出现，届时将有部分网上商务谈判会被这种自动谈判系统所取代，并将极大地提高网上商务谈判的效率。

3. 商务谈判链与多维商务谈判

网络技术的发展为网上商务谈判的多方向同时开展奠定了技术基础。处在商务链上的组织可以同时与同一商务链的“上家”和“下家”展开纵向的网上商务谈判，形成多种商务谈判链，或者与并立的客户展开横向的网上商务谈判，形成多维的网上商务谈判，进一步提升网上商务谈判的效能。

特别是计算机网络互联技术实现了组织之间的紧密联结，在业务协同的组织之间形成紧密的、优势互补的关系链或供销链，出现了值得研究的网络化组织，这种组织是依赖网络，将原来一些有一定专长、一定竞争能力的组织作为一个个节点，联结在一起而组成。这种组织的中心是能抓住市场机遇、积极应变，具有积极开发适应或引导市场的新产品或新服务的核心能力的节点。网络化组织的结构是一张密切联系的网络，组织规模能伸能缩，节点可以变更，节点的多少可视情况增减，其灵活变化的优势非常明显。

由于这种情况的发展，一项商务谈判就会涉及或引发相关供应链或网络化组织相关节点之间的关联性谈判，形成互动的商务谈判链，使得在一项商务谈判中必须考虑关联谈判的因素，或者考虑同时展开牵连的相关谈判。显然，这要求具有更高的商务谈判技术和更周密的策划。

4. 网上谈判与营销的相互渗透

网上商务谈判与营销策略相结合是商务谈判的又一种新的重要的发展趋势。一方面，现代较大型的企业都有自己的网站或网页，制作精良的网页既是一种十分有效的营销方式，其联系窗口的互动性又为后续谈判提供了有效的沟通平台。另一方面，网上商务谈判往往采用成熟的营销策略，如在谈判中，通过有声有色的介绍，引导对方的潜在需求，拓展谈判方向；主动展示企业发展前景，提高自身声望，鼓动对方与己合作等。为此，常常利用多媒体技术，使对潜在需求与美好向往的诱惑力达到顶峰。

随着网络科技的飞速发展，以及智能操作系统的广泛应用，如今的液晶电视除了基本收视功能之外，还具有花样繁多的新功能，让经销商感到难以适从、难以把握。不知道什么样的新功能是受消费者欢迎的，担心判断失误、销售困难。因此，在商务咨询中既想了解功能情况，又想压低进价，谈判往往久拖不决。

案例应用

液晶电视的网上谈判

下面是一则成功的制造公司与经销商关于液晶电视的网上谈判摘要。

经销商：闻贵公司有新型液晶电视供货，请告批发价。

制造公司：欢迎来询。附件是我公司最新一代网络液晶电视系列的批发价，你可以比较，这是最新、最优的智能型电视机且价格相当低，如你能经销，将给你带来丰厚的利润。

经销商：贵方关于新型网络电视系列的报价对销售不是很有利，就以通常市场畅销的52英寸电视机来说，依据你方批价核算，市场销售价必须定在6 000元以上，才有利可图，比一般液晶电视贵1 500元，相去太远。能否给予试销折扣？

制造公司：我公司提供的新型网络电视系列批发价不贵，虽然比一般电视要贵许多，但重要的是新型网络电视代表未来的消费趋势，买产品就是买未来！特别是本公司的新型网络电视性能先进，质量稳定，具有下述重要优势。如贵方能予经销，可着重通过下述优势实施引导消费者的营销策略，我方将提供配合你方营销的视频资料，相信不仅能打开市场，更能抢占市场先机，引领市场，切莫错过此项良机。

本公司新型网络液晶电视的主要优势：

(1) 能够直接上网点播网络电视(IPTV)，并且观看中可以自由进退，随自己心意暂停或回放，从而将人们传统的、被动的收看方式改变为主动的收看方式，使收看电视变得更富有乐趣。

(2) 内置一个40 GB的大硬盘，可以即时或定时将指定的电视、电影节目录制到硬盘中，再随时“精彩回放”。消费者，特别是球迷，再也不用担心错过在工作时间直播的一些精彩赛事，即实现了消费者掌控观看时间的心愿，这是最大的卖点。

(3) 机内搭载了操作系统，用户可以自行安装和卸载软件、游戏等第三方服务商提供的程序，通过此类程序来实现上网冲浪、游戏，实现功能的自主扩充，实现将电视网与互联网连通的梦想。

(4) 其中的B2型机还能播放网络上下载的三维立体影像电视(3D电视)，让人有身临其境、实物迎面扑来的感觉，这是普通电视绝对不能比的。

经销商：贵方提出的引导消费的策略不错，有一定说服力！我已决定经销贵公司新型网络液晶电视产品，请给予5%～10%的优惠折扣，并将有关营销的视频资料发给我。

制造公司：经公司讨论同意给予5%的优惠折扣，附件为有关液晶电视营销的视频资料和订货合同，如无异议，请即签署。

问题思考：试分析制造公司的谈判经验和效果。

(资料来源：夏圣亭主编．商务谈判．北京：高等教育出版社，2014.1)

本章小结

◆ 网络时代的特征：经济全球化；社会信息化；生存模式网络化。

◆ 网络技术给商务谈判带来的影响：网络谈判将占据主导地位；商务谈判全球化；信息成为谈判的关键因素；商务谈判趋向高速度、高效率；商务谈判的知识与科技内涵增强。

◆ 应对网络时代商务谈判发展的对策：推进网络工程；提高商务谈判的竞争能力；建立高效的商务谈判机制。

◆ 电话商谈的特点：谈判成本低，适合现代商务的高频率与快节奏；尤其适用于相互间有一定基础的对象或作补充磋商；对于说和听有相当高的要求；由于双方不照面，谈判的心理影响较弱；主动打电话的一方有先发制人的优势；具有一对一单人谈判的所有特点。

◆ 网上商务谈判常见方式：电子邮件方式；网络电话方式；网络会议方式；手机短信方式。

◆ 网上商务谈判的特点：信息特征明显；超越时空的低成本、高效益；隐蔽性；相对充裕的运筹应对时间；文件化互动性质；竞争性“一对多”谈判。

◆ 网上商务谈判的发展前景：全新的非线性思维；网上商务谈判系统的开发；商务谈判链与多维商务谈判；网上谈判与营销的相互渗透。

思考与练习

1. 简答题

(1) 简述网络技术给商务谈判带来的影响。

(2) 你认为应对网络时代商务谈判发展的对策有哪些？

(3) 谈谈你对电话商谈的特点的理解。

(4) 简述网上商务谈判常见方式及主要特点。

(5) 谈谈网上商务谈判的发展前景。

2. 不定项选择题

(1) 网络时代的特征有(   )。

A. 经济全球化 B. 社会信息化 C. 生存模式网络化 D. QQ化和微信化

(2) 电话商谈的特点有(   )。

A. 谈判成本低,适合现代商务的高频率与快节奏

B. 适用于相互间有一定基础的对象或作补充磋商

C. 对于说和听有相当高的要求

D. 主动打电话的一方有先发制人的优势

E. 具有一对一单人谈判的所有特点

(3) 网上商务谈判常见方式有(   )。

A. 电子邮件方式 B. 网络电话方式 C. 网络会议方式 D. 手机短信方式

(4) 网上商务谈判的特点有(   )。

A. 信息特征明显 B. 超越时空的低成本、高效益

C. 隐蔽性 D. 相对充裕的运筹应对时间

E. 文件化互动性质 F. 竞争性"一对多"谈判

(5) 网上商务谈判的发展前景有(   )。

A. 全新的非线性思维 B. 网上商务谈判系统的开发

C. 商务谈判链与多维商务谈判 D. 网上谈判与营销的相互渗透

3. 案例分析题

2012年10月18日上午,上海公兴搬场物流有限公司搬运调度部信息中心接到一则由查尔斯帕·帕森集团有限公司上海代表处杜小姐打来的要求进行"办公搬迁"的业务电话,查尔斯·帕森集团有限公司上海代表处的办公地即将搬迁。这是一种大型的将办公地点从一处搬迁到另一处的服务性业务,内容包括:原址的设施、隔断屏、箱柜、家具、电脑、办公设备等的拆卸、打包、防护与运输,新址布局设计与安置等。业务员在接听电话过程中,问清杜小姐的要求后,即刻告诉她"公兴"正是提供此项服务的成熟企业,"公兴"的宗旨是让顾客"放心、省心、称心"。放下电话,信息中心随即将"公兴"提供办公搬迁服务的全程纪实录像剪辑从网上发送给杜小姐,并用E-mail告诉她下午即由运调部(搬运调度部)主任亲自登门进行现场勘察。

本来杜小姐还想找一家办公搬迁服务企业试试,她与办公室同事一起看了网上传来的录像后,对"公兴"办事的认真与效率印象深刻,也就打消了原先想再找一家试试的念头。

下午"公兴"运调部万主任亲自前来勘察,第二天他们通过E-mail互换信息,进行谈判。

19日上午10:27,万主任给杜小姐的E-mail:

杜小姐:

你好!

经过昨天的现场勘察,今将新址办公隔断屏、办公设备及电讯线路的布局设计发送给你(见附件),基本上按原样排列,稍有变动,请你审阅、批准。

根据勘察情况,这次办公搬迁的具体报价如下:

(1) 隔断屏、老板台、会议桌共 20 套，每套拆装及防护费 100 元，计 2 000 元；

(2) 电脑、复印机等办公设备共 20 台，每台线路拆接及防护费 30 元，计 600 元；

(3) 搬运费 2 500 元；

(4) 电讯线路铺设工料费 1 000 元。

总计人民币 6 100 元。

另外，根据勘测还有两个较难处理的情况，请给予协助。

(1) 停车场地较小、车辆调头困难，若遇另有车辆停放在场，则更难实施搬运作业，请与物业管理方面联系，届时给予方便；

(2) 贵处大门最高处仅 3 米，原定 3 吨厢型车辆(高度 3.2 m)不能通过，考虑改用 3 吨拦板车，请见谅！

等待你的回复，谢谢！

公兴搬场物流有限公司运调部

当天，下午 14:45 杜小姐的回复：

万先生：

你好！

我已经将你发来的新址布局设计、报价及有关问题与我们的主管一起商讨过，现有以下几点想法与你协商：

(1) 新址布局设计很好，同意按此搬置；

(2) 关于用车的问题，你建议使用 3 吨的拦板车，但我们考虑到近期天气可能下雨的因素，仍希望能够使用箱式车，可否调整为 2 吨的箱式车？

(3) 关于办公家具与隔断屏拆装的问题，要求拆卸谨慎，加强防护，使在新址上能按照原样组装上去，并且我们不希望台面或屏风上有任何的损伤！

(4) 电脑、打印机、复印机、电视等电器的问题，由于我公司的所有电器用品在搬运至新址后，将立即投入使用，因此对于以上物品的防护工作要求就特别高，你们能否对此做出保证？

(5) 由于我公司搬运拆卸的物品比较多，因此可否在拆卸费用上给予一定的折扣？

请您考虑之后尽快给我答复，盼望与你的合作能够成功，谢谢！

查尔斯·帕森集团　杜

下午 16:25“公兴”的答复：

杜小姐：

你好！

关于搬运质量你们完全可以放心，我们是通过 ISO9001 质量体系认证的企业，搬运作业严格按质量体系规定程序操作，特别是拆装工、电器工都持证上岗。对于办公隔断和家具的拆装，电脑、复印机等电器的防护，我们一定会按要求办妥，请你们放心！如有损坏，将按照我们的行规予以修复或赔偿。具体可由双方事先验看为准，事后检验无损即为搬运合格。

关于车辆，如当天天气预报有雨则用 2 吨厢车，那样将增加车辆与人工；如预报无雨则用 3 吨拦板车加油布罩。

关于费用，考虑到你们的要求，决定在拆卸费用上给予一定的折扣，总计费用下降 500 元，为人民币 5 600 元。

附件是合同草案,请审核。

公兴搬场物流有限公司运调部

19日上午,双方即通过电子签章订立了办公搬迁业务合同。

由此例可见,E-mail式网上商务谈判简洁务实的特征,几乎没有一点惯常的客套或虚情假意,因此谈判效率很高。

问题思考:本商务谈判案例体现了网络商务谈判的哪些特点?对你有何启示?

(资料来源:夏圣亭主编.商务谈判.北京:高等教育出版社,2014.1)

4. 实训题

(1) 网上商务实践:指导学生上机,通过Internet,进行下列实践。

① 撰写、发送一份电子商务文件至某网上供应商,并接收供应商的反馈信息。

② 在感兴趣的商务网页的留言板上留言。

③ 在二手笔记本电脑市场上进行询价与价格谈判。

(2) 设法对网络商务进行调研,如了解"淘宝"网上的店主、员工一天的工作与生活,了解他们把握网上生意及与顾客进行网上谈判的技巧,最后写成一篇报告。

参考文献

[1] 鲁小慧主编.商务谈判.长春:东北师范大学出版社,2012.12
[2] 杨群祥主编.商务谈判——理论、实务、案例、实训.大连:东北财经大学出版社,2012.3
[3] 陈文汉主编.商务谈判实务.北京:人民邮电大学出版社,2011.2
[4] 毛国涛主编.商务谈判.北京:北京理工大学出版社,2006.6
[5] 庞岳红主编.商务谈判.北京:清华大学出版社,2011.6
[6] 田雨来主编.国际商务谈判.北京:电子工业出版社,2008.6
[7] 夏圣亭主编.商务谈判.北京:高等教育出版社,2014.1
[8] 冯华亚主编.商务谈判(第3版).北京:清华大学出版社,2015.8
[9] 丁玉书,时永春主编.商务谈判实务(第2版).北京:清华大学出版社,2012.7
[10] 钟立群,孙彦东主编.商务谈判(第二版).北京:中国人民大学出版社,2014.2
[11] 李文新,谢海燕主编.商务谈判.武汉:华中师范大学出版社,2012.8
[12] 陈媛媛主编.商务谈判教程.北京:航空工业出版社,2012.7
[13] 孙绍年主编.商务谈判理论与实务.北京:清华大学出版社,北京交通大学出版社,2007.3
[14] 肖华主编.商务谈判实训.北京:中国劳动社会保障出版社,2006.6
[15] 周庆主编.商务谈判实训教程.武昌:华中科技大学出版社,2007.4
[16] 陈福明主编,商务谈判,北京:北京大学出版社,2006.3
[17] 刘志超主编.商务谈判.广州:广东高等教育出版社,2006.5
[18] 李炎炎主编.国际商务沟通与谈判.北京:中国铁道出版社,2012.1
[19] 龚荒主编.商务谈判——实务、策略与实训.北京:机械工业出版社,2014.1
[20] 杜宇主编.商务谈判.哈尔滨:哈尔滨工业大学出版社,2011.7
[21] 陈丽清,何晓媛主编.商务谈判理论与实务.北京:电子工业出版社,2011.2
[22] 陈建明主编.商务谈判实用教程.北京:北京大学出版社,中国农业大学出版社,2009.3
[23] 胡海主编.商务谈判实务.北京:北京邮电大学出版社,2012.5
[24] 鄢岳浩主编.商务谈判实务.北京:对外经济贸易大学出版社,2010.9